新业务 新视角

民商事争议解决之道

|第2辑|

国浩律师事务所 编著

法律出版社
LAW PRESS·CHINA

《国浩法律文库》总序

作为我国法治工作队伍的重要组成部分，中国律师已经成为协调推进全面建成小康社会、全面深化改革、全面依法治国、全面从严治党这一治国理政基本方略中一支不可替代、举足轻重的重要力量，并且越来越为党和政府以及社会各界所关注和重视。党的十八届三中全会《中共中央关于全面深化改革若干重大问题的决定》特别指出，要“完善律师执业权利保障机制和违法违规执业惩戒制度，加强执业道德建设，发挥律师在依法维护公民和法人合法权益方面的重要作用”；党的十八届四中全会《中共中央关于全面推进依法治国若干重大问题的决定》更加明确地指出，要“加强律师队伍思想政治建设，把拥护中国共产党领导、拥护社会主义法治作为律师从业的基本要求，增强广大律师走中国特色社会主义法治道路的自觉性和坚定性”。可以说，对律师行业的发展而言，“这是一个最好的时代”！

在律师业的发展过程中，对律师“专业人士”的角色定位已没有异议，而对于专业人士是应以“学者型”为方向还是以“工匠型”为目标之争却始终存在。其实这应是殊途同归的命题。“学者型”要求才高八斗、出口成章、理论扎实、结合实践，因此注重研讨、注重文章；而“工匠型”也要求一丝不苟、中规中矩、一针见血、心得颇多，所以注重琢磨、注重经验。因此，律师队伍中的“学者们”、“工匠们”在日理万机的执业实践中，始终没有放弃研究、忘记总结，不时地成文、著作，并使之成为开拓业务、提高水平的重要手段。而鼓励、引导律师著书立说，一直是律师界的良好传统。

国浩律师事务所作为中国最大的法律服务机构之一，一直专注于服务我国投融资及其相关领域的发展与革新，并持之以恒地坚持在应用法律知识服务于经济社会的同时，不断总结经验，撰写理论与实践相结合的专业文章，并编辑成书。“国浩法律文库”系列丛书就是其成果之一。该丛书因其专业、实用、与时俱进等特点，赢得了各界朋友的较高评价、鼓励和支持。

搭建律师思想碰撞之平台、畅通律师信息传播之渠道、建设律师学问总结之道路、营造律师形象展示之舞台、创建律师文化交流之大厦，这正是我们编辑与出版这一文库的出发点与归宿。

我们真诚地希望《国浩法律文库》能让所有的读者朋友愿意读、读得懂、读后有收获。

中华全国律师协会第六、第七届会长
国浩律师事务所原主席
于　宁

中华全国律师协会副会长
国浩律师事务所首席执行合伙人
吕红兵

目　录

Contents

实体篇

程序篇

实 体 篇

一、金融与资管

证券虚假陈述损害赔偿实证研究：实施日、揭露日、更正日

朱奕奕

一、导言：问题缘起

近期，关于上市公司虚假陈述的案件频繁出现，投资者积极求偿，证券公司等中介机构亦积极践行保荐责任，主动担当，如兴业证券股份有限公司（以下简称兴业证券）发布了“关于设立欣泰电气欺诈发行先行赔付专项基金的公告”，针对欣泰电气所涉虚假陈述的违法事实主动对投资者承担“先行赔付”〔1〕的责任。这既是中介机构的担当〔2〕，亦是投资者止损的重要通道。在“先行赔付”的实施中，确定投资者及赔偿范围是赔付工作的首要任务。易言之，在虚假陈述损害赔偿的确定过程中，向谁赔，赔多少（如何算）乃实操层面的核心问题。虽早在2003年1月9日最高人民法院就颁布了《关于审理证券市场因虚假陈述引发的民事赔偿案件的若干规定》（法释〔2003〕2号，以下简称《虚假陈述若干规定》），其中对相关问题均作出了基本规范，然囿于规范的抽象性及原则性，致使在司法实践中，针对具体问题之认定仍存在较大争议，各地各级法院缺乏统一裁判标准，不同之裁判观点亦层出不穷。基于此，围绕虚假陈述损害赔偿之主题进行实证研究则具重大之参考价值。

---

〔1〕保荐机构的先行赔付是一种投资者在因虚假陈述行为致害后请求相应损害赔偿的便利性机制，对于投资者因欺诈发行等严重违法行为而遭受的损失，由承担保荐责任的保荐机构基于其事先的自律承诺先行赔付投资者，先于其他责任主体、先于法院判决，向适格投资者承担赔偿责任，并相应取得向发行人或上市公司依法追偿的权利。

〔2〕兴业证券总裁刘志辉表示，虽然兴业证券在欣泰电气IPO时没有作出先行赔付的承诺，但为了妥善解决投资者损失的赔付问题，切实保障投资者利益，兴业证券积极响应最高人民法院、中国证监会关于建立证券纠纷多元化解机制要求，自愿主动承担先行赔付责任，减轻投资者的诉累、降低维权成本，以快速实现对投资者合法合理的赔付，从而最大限度地维护欣泰电气适格投资者的合法利益，维护证券市场稳定。

二、实施日、揭露日、更正日——因果关系之始

《虚假陈述若干规定》将虚假陈述行为认定为对投资者的侵权行为，故在侵权行为成立时，虚假陈述行为人应对投资者的损害承担赔偿责任。当然，此项侵权行为的表现不同于传统意义上的侵权行为，尤其体现在构成要件的因果关系上。众所周知，在证券交易行为中，侵权行为人与受害人并非“面对面”地直接发生交易关系，而是借助于交易所平台以集中竞价的方式撮合成交，故在形式上，侵权行为人与受害人间的具体关系难以特定化。有鉴于此，为缓解因果关系的举证责任，《虚假陈述若干规定》第18条吸收了美国法上“欺诈市场理论”，以“推定信赖”原则确定侵权行为（虚假陈述）与损害后果（投资者损失）间是否存有因果关系。换言之，投资者只要证明证券交易满足所规范的条件，法院即推定因果关系成立，当然，侵权行为人亦可依据第19条的规定进行举证以排除因果关系的成立。

《虚假陈述若干规定》第18条规定，投资人具有以下情形的，人民法院应当认定虚假陈述与损害结果之间存在因果关系：

1. 投资人所投资的是与虚假陈述直接关联的证券；
2. 投资人在虚假陈述实施日及以后，至揭露日或者更正日之前买入该证券；
3. 投资人在虚假陈述揭露日或者更正日及以后，因卖出该证券发生亏损，或者因持续持有该证券而产生亏损。

《虚假陈述若干规定》第19条规定，被告举证证明原告具有以下情形的，人民法院应当认定虚假陈述与损害结果之间不存在因果关系：

1. 在虚假陈述揭露日或者更正日之前已经卖出证券；
2. 在虚假陈述揭露日或者更正日及以后进行的投资；
3. 明知虚假陈述存在而进行的投资；
4. 损失或者部分损失是由证券市场系统风险等其他因素所导致；
5. 属于恶意投资、操纵证券价格的。

根据上述规定可知，推定因果关系成立与否主要基于实施日、揭露日或更正日等时间之界定。具言之，投资人唯于虚假陈述实施日及以后，至揭露日或者更正日之前买入该证券，并且于虚假陈述揭露日或更正日及以后卖出或持续持有该证券而发生损害的，推定虚假陈述行为与投资者损害间具有因果关系，于此时间段外所进行的证券交易行为并不当然推定因果关系成立。准此以言，在涉及虚假陈述损害赔偿问题中，首先需明确的是实施日、揭露日、更正日等重要时间点，盖其所涉者乃因果关系之始也。

三、实证归纳

《虚假陈述若干规定》第20条规定，本规定所指的虚假陈述实施日，是指作出

虚假陈述或者发生虚假陈述之日。虚假陈述揭露日，是指虚假陈述在全国范围发行或者播放的报刊、电台、电视台等媒体上，首次被公开揭露之日。虚假陈述更正日，是指虚假陈述行为人在中国证券监督管理委员会指定披露证券市场信息的媒体上，自行公告更正虚假陈述并按规定履行停牌手续之日。

《虚假陈述若干规定》第20条对实施日、揭露日及更正日的定义进行了规范，自汉语语义观之，规范表达明确，但自实务操作而言，却颇具抽象性，加之时点界定与损害赔偿息息相关，直接导致实践认定仁者见仁、智者见智。对此，归纳如下：

（一）实施日

顾名思义，实施日描述的是虚假陈述行为作出或发生之时点，而虚假陈述主要针对的是信息披露义务，因此，对信息披露时点的确认是准确认定实施日的核心要素。虚假陈述的实施行为主要表现为积极的作为与消极的不作为，前者如虚假记载、误导性陈述，后者如披露信息时发生重大遗漏。在积极作为中，义务人积极披露行为的时点一般均为实施日时点；在消极不作为中，实施日的确定则取决于信息披露的法定时限，法定时限的最后一个期日即为消极虚假陈述的实施日。〔1〕例如，上海市第一中级人民法院在“陈某等诉某证券虚假陈述责任纠纷案”中审理认为，根据《上市公司收购管理办法》的相关规定，被告应当在2012年5月21日签订股权转让协议后的3日内编制权益变动报告书，履行公告、报告等信息披露义务，并通知上市公司。鉴于被告的不正当披露行为性质上属于消极虚假陈述，故该虚假陈述实施日的确定取决于信息披露的法定期限，即法定期限的最后一个日期应当为消极虚假陈述的实施日，故2012年5月23日应当为被告虚假陈述行为实施日。〔2〕在现行规则下，义务人的信息披露义务均具较为明确的规定，至于针对非例行信息披露，如在《证券法》中规定的“立即公告”等，应从两个方面理解：一是在合理的期间内及时公告；二是在公告之前的合理期限内，有关重大事件的信息应予保密且不得为内幕人所利用。〔3〕准此以言，关于虚假陈述实施日的确定相对简单，唯以下两种情况尤值得注意：

第一，在判断认定过程中，一定需明确虚假陈述所针对的信息披露具体内容，否则容易发生张冠李戴式的误认。例如，在最高人民法院“付某与山东某化工股份有限公司（以下简称某化工公司）证券虚假陈述赔偿纠纷”一案的再审中，针对虚假陈述实施日的确定，最高人民法院审理认为，根据证监会行政处罚决定书的认定，某化工公司应在2007年年度报告中披露而未披露的事项是合成氨资产停产信息，而

〔1〕李国光主编：《最高人民法院关于审理证券市场虚假陈述案件司法解释的理解与适用》，人民法院出版社2003年版，第263页。

〔2〕上海市第一中级人民法院（2014）沪一中民六（商）初字第43号民事判决书。

〔3〕李国光主编：《最高人民法院关于审理证券市场虚假陈述案件司法解释的理解与适用》，人民法院出版社2003年版，第263页。

不是合成氨资产进行置换的信息。合成氨资产进行置换的信息，已被某化工公司在2006年8月24日发布的2006年中期报告中所披露，经查，某化工公司2007年第一季度报告发布日为2007年4月28日。故2007年4月28日应为本案虚假陈述实施日，一、二审判决认定某化工公司最早进行虚假陈述的时间为2007年4月28日，并以此认定本案的虚假陈述实施日为2007年4月28日并无不当。[1]

第二，在判断认定过程中，针对持续性的虚假陈述行为，要把握虚假信息的连贯性，将系列虚假陈述行为视为一个整体，以首次实施系列虚假陈述行为的时点认定为实施日。例如，在云南省高级人民法院“周某与云南某生态环境科技股份有限公司证券虚假陈述责任纠纷案”中，针对持续性的虚假陈述行为，云南省高级人民法院审理认为，该公司在其公布的2007年12月6日《招股说明书》及其后的2007～2009年年报中均存在不同程度的虚增资产、虚增收入的事实，该公司虚假陈述行为内容均为虚增资产和虚增收入，其实施时间具有连续性和一贯性；在逻辑上，该公司在《招股说明书》中的虚增资产、虚增收入行为必在其后续的半年报、年报中予以体现，存在后行为掩盖前行为的逻辑关联性。故该公司的一系列虚假陈述行为内容一致、性质相同，其虚假陈述实施日应为其一系列虚假陈述行为首次实施之日，即其发布《招股说明书》之日。[2] 针对周某的再审申请，最高人民法院予以驳回。[3]

（二）揭露日

对虚假陈述行为的揭示不仅对投资者投资判断意义重大，而且对法院顺利解决因虚假陈述引发的纠纷至关重要。依据《虚假陈述若干规定》，目前我国对虚假陈述行为的揭示主要从两个角度进行界定：一是“被动式”，谓监管机关、媒体或其他人针对虚假陈述行为的揭露，称之“揭露日”；二是“主动式”，谓义务人主动披露自身虚假陈述的相关事宜，称之“更正日”。显然，无论是主动还是被动，对虚假陈述的揭示往往是一个过程，其中经常掺杂着媒体报道日期，监管机关立案稽查、作出处罚日期，义务人自行更正日期及交易所停牌日期等，因此，在实践操作中，关于揭示时点的具体确定呈现出多种的司法裁判意见，尤其是针对被动式的揭露日。具言之：

1. 以公告证监会的《立案调查书》或《立案调查公告》为揭露日

此种意见认为，上市公司对监管机构发布的《立案调查书》进行公告，已经构

[1] 最高人民法院（2015）民申字第3212号民事裁定书。

[2] 云南省高级人民法院（2015）云高民二终字第196号民事判决书。相似判决亦可参见山东省高级人民法院（2015）鲁商终字第313号民事判决书，云南省高级人民法院（2015）云高民二终字第181号民事判决书，云南省高级人民法院（2015）云高民二终字第175号民事判决书，云南省高级人民法院（2015）云高民二终字第136号民事判决书等。

[3] 最高人民法院（2017）民申字第1451号民事裁定书。

成了对虚假陈述行为的揭示，符合法律的规定，故应将此公告时点认定为虚假陈述揭露日。例如，河北省高级人民法院在“秦某与河北某化工股份有限公司证券虚假陈述责任纠纷案”中审理认为，该公司在2006年12月25日发布的中国证券监督管理委员会对其立案调查的公告中，首次揭露了该公司涉嫌虚假陈述的事实，虽然该调查报告的内容没有全面、具体披露该公司虚假陈述的细节，但法律、法规或司法解释对此并无特别规定，只要符合在全国范围内发行或播放的媒体上披露并对投资者起到警示作用即可构成首次揭露。该公司于2006年12月25日在《中国证券报》披露证监会的调查报告符合虚假陈述揭露日的法律特征，故2006年12月25日应认定为该公司虚假陈述的揭露日。[1]

山东省高级人民法院在“莫某与山东某股份有限公司、山东某集团有限公司侵权责任纠纷案”中审理认为，原审法院认定2010年11月16日，即该公司首次被山东证监局立案调查并发布行政监管措施公告的时间为本案虚假陈述行为的揭露日，并无不当。2011年10月29日的行政监管措施公告是对该公司存在的虚假陈述行为进一步的披露，不应认为是另外的揭露日。2010年11月16日公告发布以后，足以说明该公司存在虚假陈述的可能，已经起到了充分的风险提示作用，具有高度的警示性，足以影响投资决策。[2]

广东省深圳市中级人民法院在“郭某与某地产集团股份有限公司证券虚假陈述责任纠纷案”中审理认为，关于虚假陈述揭露日，双方均认可2010年11月5日（公告收到《立案调查书》之日），双方对该时间点的意见符合法律规定，法院予以认同。[3] 广东省高级人民法院同意此项认定，在二审中予以维持。[4]

北京市第一中级人民法院在“王某与某电信科技股份有限公司证券虚假陈述责任纠纷案”中审理认为，本院据此并结合本案案情，确定该电信公司虚假陈述的揭露日为2005年11月8日，即该电信公司在《中国证券报》上发布关于其收到“北京证监局”因其涉嫌虚假陈述而向其发出决定立案调查通知书公告之日。[5]

上海市第一中级人民法院在“上海某化工新材料股份有限公司与徐某证券虚假陈述责任纠纷案”中审理认为，虚假陈述行为一旦被揭示，即向证券市场发出了警示信号，投资人由此可以对所投资股票的价值作出重新判断，而股票价格将不可避免地因此受到影响，故在判断虚假陈述行为揭露日或更正日时，该揭露或更正行为是否对所涉股票价格产生影响，是一个重要的考量因素。显然，该公司于2013年7

---

[1] 河北省高级人民法院（2014）冀民二终字第56号民事判决书。

[2] 山东省高级人民法院（2015）鲁商终字第313号民事判决书，相似判决亦可参见山东省高级人民法院（2012）鲁商终字第18号民事判决书。

[3] 广东省深圳市中级人民法院（2013）深中法商初字第20号民事判决书。

[4] 广东省（2015）粤高法民二终字第1007号民事判决书。

[5] 北京市第一中级人民法院（2009）一中民初字第5712号民事判决书。

月6日公告证监会立案调查这一行为，对股票价格产生了较为明显的影响，由此可以认为，该行为对股票市场释放了足够的警示信号，故一审法院认为，应以2013年7月6日作为系争虚假陈述行为的更正日（揭露日）。[1] 上海市高级人民法院对此判决进行了认可。[2]

2. 以公告证监会的《行政处罚事先告知书》为揭露日

此种意见认为，虚假陈述被揭示的意义在于对证券市场发出一个警示信号，提醒投资人重新判断股票价值，进而对市场价格产生影响。因此，除须符合首次被公开揭露这一要件外，确定虚假陈述揭露日还应当着重考虑两个因素：一是揭露的内容应与监管机构行政处罚决定书中认定的虚假陈述行为相一致；二是此揭露行为的力度应当足以引起市场内一般理性投资者的警示。

例如，上海市高级人民法院在“陆某与上海某资源开发股份有限公司证券虚假陈述责任纠纷案”中审理认为，在被上诉人发布的关于收到中国证监会《调查通知书》的公告中，仅提及其因涉嫌违反《证券法》及相关法规被中国证监会立案稽查，该公告既没有被上诉人涉嫌违反证券法的具体内容，也没有反映出被上诉人系涉嫌未按规定披露信息违反证券法，故该公告发布不能作为对本案所涉虚假陈述行为的首次公开披露，原审法院未将该公告发布之日认定为虚假陈述揭露日并无不当。2015年6月19日被上诉人发布的公告系其对中国证监会向其下发的《行政处罚事先告知书》进行完整披露，该公告的内容与中国证监会在其后认定的被上诉人信息披露违法违规事实可完全对应，系对被上诉人虚假陈述行为首次完整披露，原审法院认定该日作为本案虚假陈述的揭露日也无不当。[3]

3. 以公告证监会的《行政处罚决定书》为揭露日

此种意见认为，确定虚假陈述揭露日或更正日的关键，在于是否对虚假陈述涉及的事实进行了充分揭示，从而起到有效的提醒或警示作用，上市公司对监管机构发布的《行政处罚决定书》进行公告，此时方才对虚假陈述事实进行了充分彻底的揭示，方能有效地警示投资者的后续投资行为，故应将公告《行政处罚决定书》的时点认定为虚假陈述之揭露日。不可否认，在《行政处罚决定书》中固然对虚假陈述行为的事实进行了完全详细的揭露，但是否唯此时的揭露才构成对投资者后续投资行为的警醒？根据证券交易市场的经验，事实并非如此。况且，根据《虚假陈述若干规定》对揭露日的界定，此时的公示往往已不满足“首次揭示”的要求，故在司法实践中，将公告《行政处罚决定书》的时点认定为虚假陈述揭露日的判决甚为

---

〔1〕 上海市第一中级人民法院（2014）沪一中民六（商）初字第138号民事判决书。

〔2〕 上海市高级人民法院（2015）沪高民五（商）终字第35号民事判决书。

〔3〕 上海市高级人民法院（2016）沪民终160号民事判决书，相似判决亦可参见上海市高级人民法院（2016）沪民终109号民事判决书，上海市第一中级人民法院（2016）沪01民初65号民事判决书等。

罕见，反而，对此进行否认的判决已司空见惯。[1]

4. 以媒体报道时间为揭露日

随着多媒体的发展，媒体积极介入上市公司虚假陈述事件的报道屡见不鲜，且因新闻报道的时效性，媒体频频放出爆炸性新闻。因此，此种意见认为，若相应媒体对虚假陈述行为进行了首次揭露报道，鉴于现代媒体传媒的广泛性，应将媒体公开报道日认定为虚假陈述揭露日。

例如，湖南省长沙市中级人民法院在“马某与岳阳某石化股份有限公司证券虚假陈述责任纠纷案”中审理认为，马某在该公司虚假陈述实施日（2007 年 1 月 11 日）后至《每日经济新闻》刊登《大股东被注销岳阳某石化公司股东大会合法性生疑》即该公司虚假陈述揭露日（2009 年 5 月 26 日刊载财经新闻）前，先后买入该公司股票。[2]

然而，亦正是囿于媒体报道追求的时效性，司法实践对以媒体报道时间认定为虚假陈述行为的揭露日，显得格外慎重，以下为判断时点的四个要点。首先，《虚假陈述若干规定》要求报道媒体发行或播放维度应覆盖全国，具有权威性。其次，报道首次揭露的虚假陈述事实与监管机构认定事实应具关联性。[3] 再次，应对报道真实性进行判断，现代媒体在刻意追求点击量（流量）的背景下出现了大量所谓转载性“报道”，“据知情人获悉”“独家获悉”词眼频繁出现，消息准确性令人存疑。[4] 最后，报道对证券市场交易中的一般理性投资者的警示程度，尤其是在上市公司发布“澄清”事宜后，应结合证券市场的交易进行判断。[5]

例如，吉林省长春市中级人民法院在“曹某与吉林某药业股份有限公司证券虚假陈述责任纠纷案”中，对新闻报道能否认定为揭露日进行了详细的阐述，具言之，法院认为，虚假陈述被揭示的意义在于其对证券市场发出了一个警示信号，提醒投资人重新判断股票价值，进而对市场价格产生影响，并非所有对上市公司不利的新闻报道均可被认定为是对虚假陈述行为的揭露，而应当根据各种具体情形进行判断。首先，在 2011 年 7 月 8 日的金融界网站、华股财经网站、亚洲财经网站、证券之星网站、股吧网站分别刊登了《某药业涉嫌空买空卖人参大肆造假》等类似内容的新闻报道中，仅提及了延边耀某人参贸易有限责任公司、延边劲某人参贸易有限责任公司和吉林某药业有限公司与该药业公司存在关联关系，并未全面揭露该药业公司重大遗漏的所有关联公司和关联交易。其次，2011 年 7 月 8 日的报道媒体并不具有权威性。在各类良莠不齐的网络新闻大量存在，并被以提高点击量增加受众为目的

[1] 上海市第一中级人民法院（2015）沪一中民六（商）初字第 40 号民事判决书。

[2] 湖南省长沙市中级人民法院（2015）长中民四初字第 00451 号民事判决书。

[3] 广东省广州市中级人民法院（2015）穗中法金民初字第 2012 号民事判决书。

[4] 上海市高级人民法院（2015）沪高民五（商）终字第 62 号民事判决书。

[5] 上海市第一中级人民法院（2016）沪 01 民初 65 号民事判决书。

的各种网站不经核实即大量转载的网络现状背景下，仅有“知情人”简单陈述内容的《某药业涉嫌空买空卖人参大肆造假》，对于每天要阅读大量股市新闻的股民来说，并不具有可信度。再次，该药业公司在此之后对于网络的不利报道发布了两次澄清公告，对于以上网络报道中所涉及的关联关系进行了全面否认，令市场对以上媒体报道的真实性更加产生怀疑。最后，从客观上说，2011年7月8日，该药业公司股票的收盘价为21.27元。7月11日开市（周末），该药业公司股票的开盘价为20.77元，收盘价为21.5元，股票价格并未受到网络媒体报道的影响。而2011年8月16日晚中国证券网刊登了标题为《某药业炮制惊天骗局自导自演上下游客户》的报道，内容详尽而且有记者的实地踏查和亲自调研，经新华网转载后被大量传播。该药业公司于2011年8月17日停牌，此后股价仍持续下跌，正反映出虚假陈述被揭露后市场对于侵权行为的剧烈反应，符合虚假陈述揭露日的意义特征，故应当以2011年8月16日为揭露日。[1]

5. 小结：立足于“揭露”的立法本意

虚假陈述导致损害的本质在于，虚假陈述行为人以作为或不作为的方式违反信息披露义务，导致投资人在对股票价值产生误判的情况下对偏离了真实价值的股票进行投资，其后因虚假陈述行为被揭露股票价格向真实价值回归，投资人因股票价格的异常涨落而产生投资损失。因此，虚假陈述一经揭露，股票价格必受影响，虚假陈述揭露日的确定，对判断投资人的股票交易行为是否受虚假陈述的影响、受影响范围和损失金额的认定等均具有重要意义。

揭露具有广度性要求，按照《虚假陈述若干规定》的界定，揭露行为的信息应在全国范围发行或者播放的报刊、电台、电视台等媒体上进行发布，以达在最广的范围内让更多的投资者知晓虚假陈述的信息，从而避免再行投资造成损失。

揭露具有时效性要求，“首次披露”的意义最大，因为在首次披露后，股票市场的交易价格会遭受强烈的反应。虚假陈述行为实施后，无论是主动还是被动揭露客观上均会多次进行，但真正具法律意义的是“首次披露”的时点。恰如有法院审判认为：“该公告登载于全国范围发行的《中国证券报》上，且系首次公开披露。因此，上述事实符合《关于虚假陈述赔偿的规定》中关于‘首次被公开揭露’之规定。”[2]

根据上述内容，鉴于不同的揭露途径，作为对于市场的警示信号，其强弱程度是有差别的。一般言之，监管机构披露的关于虚假陈述行为的调查处罚，其确定性高，具有最高的警示程度，此即为在司法实践中各地裁决大都将公布《立案调查通

---

〔1〕 吉林省长春市中级人民法院（2015）长民四初字第271号民事判决书，类似判决有北京市第一中级人民法院（2017）京01民初104号民事判决书。

〔2〕 北京市第一中级人民法院（2009）一中民初字第5712号民事判决书。

知书》的时点认定为揭露日的根本原因。[1] 一言以蔽之，无论以何种途径揭露，关于揭露日的确定均应立足于立法的本意——揭露日是在虚假陈述行为被确认后，为认定因果关系而追溯的一个时间点，其意义在于发出警示信号，提醒投资者重新判断股票价值，故能否引起理性投资者警示应为判断是否构成揭露日的根本标准。

（三）更正日

更正日系指虚假陈述行为人自行公告更正相关的虚假陈述信息，以“自我勘正”的形式揭示自身的虚假行为，从而向投资者发出警示的信号。因此，自我更正与被动揭露在功能上殊途同归，更正日的确定与揭露日的确定在法律意义上一致。恰如上海市高级人民法院在“上海某化工新材料股份有限公司与徐某证券虚假陈述责任纠纷案”中审理认为，结合本案案情，发布公告的主体均为虚假陈述行为人即上诉人，本案所涉公告的发布均系信息披露义务人主动进行信息披露的行为，与被动地由他人“公开揭露”的情况不同，且“更正”和“揭露”所产生的法律后果并没有不同之处，对案件的处理结果并无实质性影响。[2]

自我更正可揭示虚假陈述行为，但并非所有的自我更正均已达到揭示的程度，判断的关键点仍在于虚假陈述揭示的立法本意，无论是自我揭示抑或他人揭示，最终的落脚点均在于向市场发出警示信号，提醒投资者重新、审慎判断后续股票投资行为。所以，虚假陈述行为人的自我更正信息应是对虚假陈述事实准确、充分的更正。例如，在“上海某（集团）有限公司与柳某证券虚假陈述责任纠纷案”中，上海市第一中级人民法院审理认为，该公司所主张的 2010 年 3 月 31 日，系金某公司公布其年度报告的日期，但该年报并未完整披露相关信息，该公司及金某公司亦未在上述年报发布时提示投资者注意相关持股情况，故此种年报中的揭示行为尚不足以引起投资者的充分注意，在上述年报作出之日，包括柳某在内的证券市场投资者并不必然知晓系争虚假陈述事实的存在，以该日作为虚假陈述的揭露日（更正日）的依据尚不充分；而柳某主张的 2010 年 5 月 11 日，系金某公司就系争虚假陈述事项自行发布公告，向证券市场公示仪电公司的有关持股状况的日期，鉴于金某公司此举已足以达到在全国范围内公开揭示系争虚假陈述行为的效果，而金某公司的投资者对于上市公司就特定事项发布的公告亦应尽其注意义务，投资者通过阅读该公告完

---

〔1〕 李国光主编：《最高人民法院关于审理证券市场虚假陈述案件司法解释的理解与适用》，人民法院出版社 2003 年版，第 264 页。例如，有法院认为，证监会作为国家证券监管机构，其立案调查的性质不仅属于国家的一种行政监管措施，而且属于行政监管力度和行政监管手段都相当强烈的行政监管措施。根据相关行政法规规定，证券监管机构只有在掌握了较为确实充分的证据的前提下，才能对涉嫌证券市场违法、违规者进行立案稽查。因此，大唐电信公司于 2005 年 11 月 8 日发布的关于其收到“北京证监局”因其涉嫌虚假陈述而向其发出决定立案调查通知书的公告内容，对于所有投资者都应属于具有较强警示性的投资信息，足以影响投资者的投资决策，符合有关虚假陈述“揭露”之客观要求。参见北京市第一中级人民法院（2009）一中民初字第 5712 号民事判决书。

〔2〕 上海市高级人民法院（2015）沪高民五（商）终字第 35 号民事判决书。

全有条件知悉仪电公司的相关持股事实，并进而对系争股票的价值予以重新评估，故应以柳某主张的2010年5月11日作为系争虚假陈述行为的揭露日（更正日）。[1]对此，上海市高级人民法院予以认可，并就更正日的判断再次确定，金某公司于2010年3月31日公布的年度报告中并未完整、全面地披露相关信息。该年报亦未提示投资者注意相关持股情况，显然年报内容尚不足以引起投资者的充分注意。该年报发布之日，包括被上诉人在内的证券市场投资者并不必然知晓涉讼虚假陈述事实的存在，该年报的发布尚不足以揭露涉讼虚假陈述行为，故上诉人主张应以该日作为虚假陈述揭露日（更正日）的依据并不充分。[2]

在《最高人民法院关于审理虚假陈述侵权纠纷案件有关问题的复函》中，关于更正日的确定，最高人民法院明确答复到，"1. 1999年4月20日，大庆联谊仅就利润虚假、募集资金使用虚假等行为进行了自我更正，没有涉及发行阶段的虚假陈述行为。2000年4月27日，中国证监会行政处罚公告后，大庆联谊虚假发行的事实才首次得以公开披露。2. 2001年5月19日，圣方科技就所收购的圣方显示器公司虚假注册资本500万元作出了更正，中国证监会事后主要就该虚假陈述内容进行行政处罚，故认定2001年5月19日为更正日，符合客观事实"[3]。

四、余论

在虚假陈述损害赔偿的认定中，因果关系的认定是确定损害赔偿的核心，而因果关系判断之首要因素在于实施日、揭露日或更正日等时间之界定。在证券交易市场上，虚假陈述行为的实施一般系"悄悄进行"，而虚假陈述行为被揭示通常会有一个过程，甚至如剥笋一般，但并非任何一个对虚假陈述行为揭示的时点均构成虚假陈述的揭露日或更正日。

就揭示行为具体实施而言，揭露日的确定建立于虚假陈述行为人被动公告虚假陈述实施信息的基础上，更正日系虚假陈述行为人主动对自身虚假陈述信息进行公告勘正的日期。就揭示行为功能而言，揭露日与更正日的确定均系对虚假陈述涉及的事实进行充分的揭示，从而发出警示信号，提醒投资者重新判断股票价值、审慎进行后续的投资行为。因此，基于相同的功能，针对虚假陈述行为揭露日或更正日的判断不可能重复进行。易言之，针对同一虚假陈述行为，倘若相关监管机构已经对虚假陈述所涉事实进行了立案监管甚至处罚并予以公告，至此，虚假陈述行为即已被揭示，行为人后续对此虚假陈述所涉事实进行公告勘正的时点则并不构成真正意义上的更正日。

［朱奕奕：国浩律师事务所律师（上海），华东政法大学法学博士］

〔1〕上海市第一中级人民法院（2015）沪一中民六（商）初字第30号民事判决书。
〔2〕上海市高级人民法院（2015）沪高民五（商）终字第46号民事判决书。
〔3〕〔2003〕民二他字第22号。

私募基金管理人信义义务的司法判断标准

龚鹏程

一、私募基金管理人[1]信义义务之理论与立法基础

信义义务起源于英美法系的衡平法，最初在信托法领域得以确立，而后逐步运用到代理法和公司法中。到了20世纪初，因具有弥补现有的财产、合同和侵权制度不足的优势，信义义务在英美法国家的商业和金融交易中被视为指引和规范而得到广为适用。学理上通常采用二分法将信义义务分为忠实义务（duty of loyalty）与注意义务（duty of care）。忠实义务是对受托人“道德”方面的要求，强调主观意愿，受托人要将委托人的利益置于自身利益之上；注意义务是对受托人“能力”方面的要求，强调客观技能，受托人在作出经营决策时应当审慎、勤勉，并具有专业水平。

根据Tamar Frankl教授对信义关系特征的总结，私募基金管理人与投资人之间的关系属于典型的信义关系。首先，投资人基于对管理人业务能力和职业操守的信任，将财产和权利全部交给管理人，对财产不再享有控制权。其次，管理人提供专业的资产管理服务，享有对财产的全部控制权，但管理人可能滥用权利和怠于提供服务，为自己谋利和损害投资者利益。然而，投资人很难完全通过约定和市场的方式来规避这种风险和保护自己的利益，故需要通过具有强制力的私法规则来约束基金管理人的行为。[2]因此，基金管理人在管理投资人的财产时，应当审慎、勤勉，避免与投资人的利益产生冲突。

国内理论界对受托人信义义务的讨论主要集中于《信托法》第25条、第26条。

---

〔1〕 马会军、贾勇、周津：《私募基金系列谈：从合伙协议与投资者权利保护谈起（上）》，载中伦律师事务所网站：http：//www. zhonglun. com/Content/2017/08 – 31/1450095241. html。文中论述到，在有限合伙制基金中，普通合伙人、执行事务合伙人、基金管理人可以是同一主体，也可以分别由不同的主体担任（如存在多名普通合伙人但仅一人担任执行事务合伙人、执行事务合伙人委托合伙人以外的主体担任基金管理人等情况，但执行事务合伙人必须为普通合伙人）。本文以“基金管理人”同时指代承担普通合伙人、执行事务合伙人及基金管理人义务与职责的主体，当普通合伙人、执行事务合伙人及基金管理人非同一主体时，相关条款可根据主体的性质分别或同时适用于该等主体。

〔2〕 肖宇、许可：《私募股权基金管理人信义义务研究》，载《现代法学》2015年第6期。

一般认为，第25条是规定我国受托人信义义务的一般条款。该条款规定，受托人应当为受益人的最大利益处理信托事务（忠实义务）；受托人管理信托财产，必须恪尽职守，履行诚实、信用、谨慎、有效管理的义务（注意义务）。第26条规定了受托人不得利用信托财产为自己谋取利益。[1]

在私募基金领域，中国证监会于2014年8月出台《私募投资基金监督管理暂行办法》（以下简称《办法》），《办法》第4条[2]普遍被认为是对我国私募基金管理人信义义务的原则性表述。2017年8月30日，国务院法制办发布《私募投资基金管理暂行条例》（征求意见稿）（以下简称《暂行条例》），向行业公开征求意见。《暂行条例》的出台将此前私募基金领域规定的最高级别从部门规章上升到行政法规。该条例第3条[3]将成为私募基金管理人信义义务的直接渊源。

肖宇副教授、许可博士在《私募股权基金管理人信义义务研究》一文中，结合私募基金管理人的实际操作，按照类型化的方法逐一梳理基金管理人在融资—投资—管理—退出这四个基金运营的主要环节中的信义义务，形成以下框架（见表1）：

表1　基金管理人在不同基金运营的主要环节中的义务

<table>
<tr><th>信义义务</th><th>忠实义务</th><th>注意义务</th></tr>
<tr><td rowspan="2">私募基金融资阶段</td><td>禁止欺诈义务</td><td></td></tr>
<tr><td colspan="2">公平对待义务</td></tr>
<tr><td>私募基金投资阶段</td><td>公平交易义务</td><td>审慎投资义务</td></tr>
<tr><td>私募基金管理阶段</td><td>不转移管理义务</td><td>信息披露义务</td></tr>
<tr><td>私募基金退出阶段</td><td>合法行事义务
公平交易义务</td><td></td></tr>
</table>

私募基金融资阶段的禁止欺诈义务具体表现为，管理人应当全面、客观地反映私募基金的重要特性和投资方向、既往业绩、投资回报、利润分配和或有风险等相关重要事实，语言表述应当真实、准确和清晰，不得违规承诺收益或者承担损失，不得夸大或者片面宣传业绩，不得违规使用安全、保证、承诺、保险、避险、有保障、高收益、无风险等与私募投资基金风险收益特征不匹配的表述等。同时，该阶段的公平对待义务要求管理人应公平对待每一个投资者和每一只基金。

在私募基金的投资阶段，管理人应遵循公平交易义务，原则上不得与基金进行

[1] 姜雪莲：《信托受托人的忠实义务》，载《中外法学》2016年第1期。

[2] 《办法》第4条规定：私募基金管理人和从事私募基金托管业务的机构管理、运用私募基金财产，从事私募基金销售业务的机构及其他私募服务机构从事私募基金服务活动，应当恪尽职守，履行诚实信用、谨慎勤勉的义务。私募基金从业人员应当遵守法律、行政法规，恪守职业道德和行为规范。

[3] 《暂行条例》第3条规定：从事私募基金业务，应当遵循自愿、公平、诚实信用原则，维护投资者合法权益。私募基金管理人和私募基金托管人管理、运用私募基金财产，私募基金服务机构从事私募基金服务活动，应当诚实守信、谨慎勤勉。

直接或间接的交易（自我交易）；同时，管理人对其管理的多只基金，或其与基金投资同一家公司的股权时不得出现厚此薄彼的情况（共同交易）。在此阶段，管理人还应当尽到审慎投资的义务，也即管理人在投资过程中应当有合理的注意、技能和小心，如综合考虑基金投资约定的目的、风格与分配要求等。

私募基金进入管理阶段后，由于负有投资人的信任，管理人原则上必须亲自执行管理事务，在未经投资人一致同意或有不得已的事由外，不得委托第三人代为履行。对于该阶段的注意义务——信息披露义务，《办法》第4条规定，私募基金管理人、私募基金托管人应当按照合同约定，如实向投资者披露基金投资、资产负债、投资收益分配、基金承担的费用和业绩报酬、可能存在的利益冲突情况以及可能影响投资者合法权益的其他重大信息，不得隐瞒或者提供虚假信息。

在私募基金的退出阶段，管理人应当促使被投资企业遵循具体细微的监管规定和程序要求，依法行事，包括遵守相关法律法规和自律组织的规则以及当事人之间的合同约定等。同时，该阶段管理人还应承担公平交易义务。该公平交易义务有别于上述投资阶段的公平交易义务，即管理人应从实质上对转让价格是否公平作出判断。判断标准应结合转让途径、转让时点、转让条件作出全面权衡，并与外部审计师和评估师按照合理估值方法共同确定公平价格的界限。[1]

二、案例分析

截至2017年9月底，中国证券投资基金业协会已登记私募基金管理人21216家，已备案私募基金61522只，管理基金规模10.32万亿元[2]，私募基金行业新一轮热潮正在持续，该轮的“收割期”还尚未到来，目前涉及投资人与私募基金管理人之间的民商事纠纷的判例较少，案由涉及私募基金管理人信义义务的，更是寥寥。以下为该领域我国目前少有的较为典型的案例。

（一）违反忠实义务之管理人宣传不实

在柳丽萍诉上海拙明投资中心（有限合伙）等合伙协议纠纷案[3]中，上海市第一中级人民法院认定，拙明中心和拙远公司在未与华澳信托就“郎溪商会大厦项目”进行业务合作的情况下，即与柳丽萍签订系争合伙协议，并以华澳信托—郎溪商会大厦投资基金（FOT）项目名义收取相关款项，属于法律认定的欺诈行为。现柳丽萍据此要求撤销系争合伙协议，拙明中心和拙远公司共同返还110万元，具有事实和法律依据。

本案中，受托人故意告知投资人虚假情况，诱使其作出错误的意思表示，是受

[1] 肖宇、许可：《私募股权基金管理人信义义务研究》，载《现代法学》2015年第6期。

[2] 《私募基金管理人登记及私募产品备案月报》，载中国证券投资基金业协会：http://www.amac.org.cn/xhdt/zxdt/392343.shtml，最后访问日期：2018年9月1日。

[3] 上海市第一中级人民法院（2015）沪一中民四（商）终字第1669号。

托人违反融资阶段禁止欺诈义务的典型案例。

另外，（2016）云0111民初1654号判决认定：原、被告签订《基金认购书》，原告缴纳认购款后，被告未向原告进行回访确认、投资风险揭示、出具认购确认手续，未向原告报告合伙企业是否成立的情况，未办理投资人作为合伙企业合伙人的登记注册事宜，违反了《办法》的相关规定，故原、被告之间并不成立合法的基金合同关系。由于该案中《基金认购书》约定，被告收取原告投资款20万元，承诺投资存续期限为一年，每年收益率为13%，到期兑付投资款本金及收益，符合借款合同的特征，因此最终法院认定原、被告之间存在名为基金认购，实为借款合同的关系。

本案管理人未全面客观地向投资人反映基金的风险、重要特性等，而是向投资者承诺投资本收益率，违反了融资阶段的禁止欺诈义务。

（二）违反忠实义务之项目投资失败时基金管理人缺位

实践中，部分基金管理人在投资项目失败时，迟迟不追究违约方的责任，甚至直接失联，或联合债务人阻挠有限合伙人行使权利。[1]这些行为是管理人置委托人的利益于不顾的体现，违反了管理人的忠实义务。

例如，在王玉芬与广州国际采购中心有限公司、广州市环博展览有限公司、中信银行股份有限公司广州分行、广州凯德和风投资合伙企业民间借贷纠纷一案[2]中，基金管理人上海清科凯盛投资管理有限公司在债务人违约的情况下失联，有限合伙人在发函催告无果情况下，按照《合伙企业法》第68条第2款第7项“执行事务合伙人怠于行使权利时，有限合伙人有权督促其行使权利或者为了本企业的利益以自己的名义提起诉讼”的规定，向法院起诉债务人。

在安徽瑞智房地产开发有限公司与焦建、刘强、李春红与上海浦东发展银行股份有限公司淮南支行、北京和信恒轩投资中心借款合同纠纷一案［最高人民法院（2016）最高法民终756号］中，基金管理人在债务人一再违约的情况下，未以诉讼或仲裁的方式向债务人主张权利，反而应债务人的请求，书面同意有步骤地解除对债务人抵押物的抵押权，放任债务人一再拖延到期债务。有限合伙人同样按照《合伙企业法》第68条第2款第7项的规定起诉债务人。

（三）违反注意义务之信息披露不充分

实践中，在以对外投资为主要业务的有限合伙企业中，合伙企业的盈利水平取决于被投资项目的盈利水平，在合伙企业收回其投资前，合伙企业自身的财务状况及财务资料并不能体现出合伙企业投资的实际状况，投资者往往需要查阅对外投资

---

[1] 马会军、贾勇、周津：《私募基金系列谈：从合伙协议与投资者权利保护谈起》（上），载中伦律师事务所网站：http：//www. zhonglun. com/Content/2017/08 －31/1450095241. html，最后访问日期：2018年9月1日。

[2] 广州市天河区人民法院（2015）穗天法金民初字第5345号。

的相关文件（如投资合作协议、增资协议/股权转让协议、借款协议、被投资公司章程、合伙企业参与被投资公司管理的相关股东会决议等）及被投资企业的相关财务资料才能了解合伙企业的投资状况。[1] 由于《合伙企业法》规定有限合伙人可以获得的信息与资料较为有限（明确规定有限合伙人有权查阅的资料只有合伙企业会计账簿等财务资料），在王兴学与深圳市蓝色大禹成长投资合伙企业、张光禄、王明章合伙协议纠纷案[2]中，法院仅支持了有限合伙人“获取经审计的财务会计报告”的要求。由于法律规制的局限性，管理人违反信息披露义务，信息披露不充分已成为投资人向基金业协会投诉的主要原因。

（四）其他管理人违反信义义务的常见事由

实践中，基金管理人违反信义义务的表现通常还包括利用合伙财产为自身或关联方融资或者进行利益输送、基金与基金管理人管理的其他基金或基金管理人自有投资产生利益冲突、管理人未能按合理审慎的标准进行投资与管理等。

三、私募基金管理人信义义务标准之司法考量因素

司法实务对私募基金管理人信义义务（尤其是在私募基金投资、管理和退出这三个阶段）的判断所依据的明确而具体的规定并不多，成熟判例也极其缺乏，衡量标准不一。因此实践中法官拥有较大的自由裁量权。为了在裁量权范围之内裁判，避免出现“同案不同判”及两造之争辩的情况，法官在认定管理人履行信义义务的程度时通常会考量如下因素：

（一）以过程判断为主，以结果判断为辅

投资人选择私募基金管理人，系基于对管理人诚信与能力之信赖。但诚信与能力均系主观标准，管理人是否具备诚信品质与资产管理能力，须通过私募基金的收益情况来表现。诉讼争议中，投资人聚焦于财产管理的客观结果管理人则以履行信义义务为由主张免责。从表象上看，受托人是否尽到勤勉谨慎职责，似应以结果判断为据。但在信托法及信托合同未就保底收益作出规定及约定的前提下，以结果为据要求受托人承担责任，并无法律及合同依据。在宏观经济下行以及部分行业利润普遍下滑乃至亏损的情况下，不能将投资收益低，简单归咎于管理人未尽注意义务职责。在收益不佳时，应从管理人是否具备相应的执业资质和投资经验，对相关投资行为是否作出了必要的前期分析、风险评估、防范及配置等方面进行考察。概言之，当以过程判断为主，结果判断为辅。

---

〔1〕 马会军、贾勇、周津：《私募基金系列谈：从合伙协议与投资者权利保护谈起》（上），载中伦律师事务所网站：http：//www. zhonglun. com/Content/2017/08 – 31/1450095241. html，最后访问日期：2018 年 9 月 1 日。

〔2〕 深圳市南山区人民法院（2016）粤 0305 民初 8215 号。

（二）投资失误与商业风险的区分

在基金法律关系中，投资人选择管理人系基于信义关系而非收益保证。管理人也无须就财富管理收益率作出特别保证（如管理人以明示或显著的暗示方式对收益率作出允诺，则另当别论）。因此，管理人履行信义义务标准的认定应当与资产管理中的商业风险相分离，与投资收益结果无关。如果管理人在管理和投资运作基金中穷尽了其专业能力范围内可以在尽责调查、方案设计、信息披露等环节采取的防范措施，做到了合理的风险预判，避免了正常商业风险带来的损失，则可以认定其履行了注意义务职责；若管理人违反《办法》的规定或管理基金时存在故意或过失，因投资失误导致基金损失的，则可以认定其违反信义义务。

（三）私募基金管理人承担举证责任

根据“谁主张，谁举证”规则，如投资人主张管理人违反了信义义务，投资人对此负有举证责任。然而，鉴于私募基金事务客观情况的复杂性，还可能涉及金融、投资等方面的专业知识，单纯将举证责任分配给投资人，忽视了二者举证能力之差异。相对而言，私募基金管理人作为职业经营者，举证能力相对较强，在行为主体、决策过程、客观效果、同行业绩等方面提供证据证明其尽到了信义义务更为容易。因此，将举证责任分配给私募基金管理人，更符合实际。[1]

然而，用信义义务规范管理人的行为也并非完美的选择。首先，法院并不擅长经营管理公司，故其不愿也不敢介入公司商业运作事务之中。[2] 法院须防止自身以司法判决代替组织决策的方式不当干预组织的自治权。[3] 因此只有在管理人有明显的不当行为时，司法才会介入。其次，信义义务的判断标准具有主观性，法官在信义义务的判断中有较大的自由裁量权。最后，由于信义义务起源于英美法系，这就涉及该制度的本土化问题。目前，法律层面仅有原则性的规定，行业自律规则则作为补充，在司法实践中认定管理人违反信义义务还有较大的障碍。[4] 由于我国司法实践对私募基金管理人信义义务的判断还处于初期阶段，该领域司法保障的实现将是长期的过程。

四、实务建议

为了更好地保障投资者权益，促进私募基金的规范化运作，基于上述有关私募基金管理人信义义务的理论与司法实务，投资者与管理人应适当关注以下问题。

---

〔1〕 孙德昌：《信托受托人尽责标准之司法认定》，载《人民法院报》2014年12月24日。

〔2〕 Aldolf A. Berle, Gardiner C. Means. The Modern Corporation and Private Property. The Macmillan Company, 1993: 336.

〔3〕 E. Norman Veasey, Christine T. Di Guglielmo. What happened in Delaware Corporate Law and Governance From 1992 - 2004? A Respective of Corporate Law, 2005, 153 (5): 1399.

〔4〕 肖宇、许可：《私募股权基金管理人信义义务研究》，载《现代法学》2015年第6期。

（一）从保护投资者利益的角度设计合伙协议条款

有限合伙人权益受到侵害，既有市场准入门槛较低、基金管理人良莠不齐、监管环境相对宽松的原因，亦有有限合伙制度所有权与管理权分离导致的信息不对称、道德风险等因素。在有限合伙协议中增加有利于有限合伙人的相关条款，是当前行业现状与法律环境下有限合伙人保障自身权益的重要手段。例如，在有限合伙协议的条款设计中规定：

1. 具备条件的情形下，应当要求按“私募投资基金”运作合伙企业

合伙企业是私募投资基金可采取的组织形式之一，但并非所有的有限合伙企业均属于私募投资基金。因此，在有限合伙企业具备私募投资基金的相关特点的情形下，为使基金与基金管理人能够纳入基金业协会自律管理范围，并在有限合伙人权益受到侵害时寻求基金业协会的调解与介入，应在合伙协议中明确合伙企业的私募投资基金属性，要求按“私募投资基金”的标准运作合伙企业，包括但不限于基金管理人应办理私募基金管理人登记、合伙企业应办理私募投资基金备案、基金管理人和合伙企业的运作应遵守证监会与基金业协会的各项要求等，并按照《私募投资基金合同指引3号（合伙协议必备条款指引）》的要求列出必备条款。

2. 最大限度地实现有限合伙人与基金管理人的利益一致，防范关联交易与利益冲突

在基金交易结构与合伙协议条款设计中，如果可以最大限度地实现有限合伙人与基金管理人的利益一致性，包括增加基金管理人的投资比例、将基金管理人的收入与基金业绩挂钩、有限合伙人收回投资本金之前基金管理人不得分配收益等，将使基金管理人更有动力为合伙企业追求更大的投资回报。

此外，在合伙协议中，应注重防范关联交易与利益冲突。一是对关联交易与利益冲突进行界定，明确相关范围；二是在投资决策层面，可以直接禁止关联交易，或安排特殊的决策机制，如回避机制与否决机制；三是在信息披露层面，要求对关联交易与利益冲突进行及时披露；四是设置明确的违约责任条款。

3. 注重忠实义务的同时，强调基金管理人的注意义务，细化对基金管理人管理标准的要求

为加强对基金管理人的约束，促使基金管理人积极履行其职责，可以在合伙协议中对基金管理人的注意义务设置明确的标准与要求，例如，列明关联交易、利益冲突、投资决策流程、投后管理方式等条款，使合伙协议成为基金管理人管理行为的准则。当基金管理人未按协议约定进行管理时，即需按约定承担违约责任，构成重大违约时可由有限合伙人一致同意予以除名。这样有限合伙人无须论证基金管理人是否履行其注意义务，是否存在“过错”或“不正当行为”，以及该等过错与合伙人之间的损失是否存在因果关系。

4. 加强基金管理人的信息披露义务与有限合伙人的知情权

《合伙企业法》赋予有限合伙人的知情权具体表现为第68条第2款第4~5项，即“获取经审计的有限合伙企业财务会计报告”以及“对涉及自身利益的情况，查阅有限合伙企业财务会计账簿等财务资料”。《私募投资基金信息披露管理办法》规定了基金管理人的相关披露义务，在基金运作期间，应定期披露基金净值、基金份额总额、财务情况、基金投资运作情况和运用杠杆情况、投资者账户信息、投资收益分配和损失承担情况、基金管理人取得的管理费和业绩报酬等信息，在发生重大事项时，应及时披露。此外，基金合同可以约定基金管理人应定期披露的其他信息，或应及时披露的其他重大事项。基金管理人违反相关要求的，中国基金业协会可以要求其限期改正。逾期未改正的，中国基金业协会可以视情节轻重对信息披露义务人及主要负责人采取谈话提醒、书面警示、要求参加强制培训、行业内谴责、加入黑名单等纪律处分。

因此，仅依靠法律规定与自律规则，有限合伙人可以获得的信息与文件是明确而有限的。

有限合伙人可以参照《美国统一有限合伙法》（2001年）的规定[1]（披露范围广于我国《合伙企业法》规定的范围）、结合合伙企业的投资方向与投资标的，考虑在合伙协议中约定获得其他文件与信息的权利，例如，投资端交易文件、投资管理相关文件（如代表合伙企业作出的股东会决议、与交易对手的往来函件等），并对基金管理人违反信息披露与文件提供义务设置违约责任。[2]

（二）给私募基金管理人的建议

私募基金管理人应当合法合规地进行私募基金运作，具体在募资、投资运作上注意以下要求，严格履行私募基金管理人信义义务。

私募基金管理人募资时，应当注意：

1. 不得向合格投资者之外的单位和个人募集资金，不得通过报刊、电台、电视、

---

〔1〕 根据《美国统一有限合伙法》（2001年），有限合伙人可以不基于任何特定目的查阅和复制常备信息（如合伙人名录、有限合伙证书、最近三年的所得税报告、合伙协议、最近三年的财务报告等文件）；对于其他信息，则有限合伙人必须满足如下条件才能查阅并复制：（1）有限合伙人查找该信息的目的与其作为有限合伙人的利益合理相关；（2）须提出有记录的请求，该请求须说明具体要查找的信息及查找的目的；（3）其需查找的信息与其查找目的直接相关。有限合伙收到有限合伙人的请求后十天内告知该有限合伙人有限合伙应其要求将提供什么信息，什么时候、什么地点提供，如果拒绝提供还需对拒绝的原因进行说明。对于法律或合伙协议规定需要有限合伙人同意的事项，在有限合伙人同意前，有限合伙应当主动提供其知道的对有限合伙人做出决定有重要影响的信息。有限合伙可以对有限合伙人获得的信息的使用上做出适当的限制，但有限合伙对于做出的限制是否“适当”负有举证义务。

〔2〕 马会军、贾勇、周津：《私募基金系列谈：从合伙协议与投资者权利保护谈起》（上），载中伦律师事务所网站：http：//www.zhonglun.com/Content/2017/08－31/1450095241.html，最后访问日期：2018年9月1日。

互联网等公众传播媒体或者讲座、报告会、分析会和布告、传单、手机短信、微信、微博和电子邮件等方式，向不特定对象宣传推介。但是，不禁止通过讲座、报告会、分析会、手机短信、微信、电子邮件等能够有效控制宣传推介对象和数量的方式，向事前已了解其风险识别能力和承担能力的“特定对象”宣传推介。

2. 不得向投资者承诺投资本金不受损失或者承诺最低收益。

3. 应当采取问卷调查等方式，对投资者的风险识别能力和风险承担能力进行评估，由投资者书面承诺符合合格投资者条件应当制作风险揭示书，由投资者签字确认。

4. 基金管理人自行销售或者委托销售机构销售私募基金，应当自行或者委托第三方机构对私募基金进行风险评级，向风险识别能力和风险承担能力相匹配的投资者推介私募基金。

私募基金管理人在投资运作时，应当注意：

1. 基金合同应当符合《证券投资基金法》第93条和第94条规定的必备内容。如募集其他种类的私募基金，基金合同也应当参照《证券投资基金法》的相关规定，明确规定各方当事人的权利、义务和相关事宜。

2. 除基金合同另有约定外，私募基金应当由基金托管人托管；基金合同约定私募基金不进行托管的，应当在基金合同中明确保障私募基金财产安全的制度措施和纠纷解决机制。

3. 同一私募基金管理人管理不同类别私募基金的，应当坚持专业化管理原则；管理可能导致利益输送或者利益冲突的不同私募基金的，应当建立防范利益输送和利益冲突的机制。

4. 私募基金管理人应当按照合同约定，如实向投资者披露基金投资、资产负债、投资收益分配、基金承担的费用和业绩报酬、可能存在的利益冲突情况以及可能影响投资者合法权益的其他重大信息，不得隐瞒或者提供虚假信息。[1]

参考文献

［1］马会军、贾勇、周津：《私募基金系列谈：从合伙协议与投资者权利保护谈起（上）》，载中伦律师事务所网站：http：//www. zhonglun. com/Content/2017/08－31/1450095241. html，最后访问日期：2018年9月1日。

［2］肖宇、许可：《私募股权基金管理人信义义务研究》，载《现代法学》2015年第6期。

［3］姜雪莲：《信托受托人的忠实义务》，载《中外法学》2016年第1期。

［4］《私募基金管理人登记及私募产品备案月报》，载中国证券投资基金业协会：http：//www. amac. org. cn/xhdt/zxdt/392343. shtml，最后访问日期：2018年9月1日。

〔1〕《正确认识私募，远离非法投资》，载搜狐网：http：//www. sohu. com/a/123457329_528351，最后访问日期：2018年9月1日。

[5]《信托受托人责任研究：国际原则和判例》，载新浪微博：http：//weibo. com/p/1001603865570083796816，最后访问日期：2018 年 9 月 1 日。
[6] 罗培新：《自贸区商事裁判经验“可复制，可推广”之困境辨析——以信义义务案件的实证分析为视角》，载《学术月刊》2014 年第 5 期。
[7]《乐视 5. 3 亿美元“可转债”到底是什么产品?》，载财新网：http：//companies. caixin. com/2017 - 07 - 31/101124125. html，最后访问日期：2018 年 9 月 1 日。
[8] 王伟、金有元、周泱：《乐视危机波及私募基金行业，海通创世被 LP 起诉——浅谈 GP 的合规涉诉风险》，载搜狐网：http：//www. sohu. com/a/162299542_ 618578，最后访问日期：2018 年 9 月 1 日。
[9]《乐视债务拖累机构　海通创世涉 4. 1 亿违约纠纷》，载《新京报》2017 年 7 月 29 日。
[10] 孙德昌：《信托受托人尽责标准之司法认定》，载《人民法院报》2014 年 12 月 24 日。
[11]《正确认识私募，远离非法投资》，载搜狐网：http：//www. sohu. com/a/123457329_528351，最后访问日期：2018 年 9 月 1 日。

[龚鹏程：国浩律师事务所合伙人（南京），南京大学经济法学博士]

商业银行委托理财协议中保底条款的效力及法律关系

李晓文

一、关于金融委托理财协议中保底条款效力的争议

银行委托理财产品，是金融委托理财产品中的一个分支，虽然学界没有专门对银行委托理财产品保底条款效力的争论，但关于金融委托理财协议中保底条款的效力，存在如下几种主要观点：

（一）绝对有效说

该观点认为，根据合同自治原则，应充分尊重当事人双方的意思表示，只要委托理财协议的条款没有违反法律、行政法规的强制性规定，保底条款即为有效。[1]

（二）区分对待说

该观点认为，应把保底条款涉及的委托理财分为两类：一类是保证本金固定收益的委托理财，这类产品与通常的借贷关系并无二致，故无论委托人直接交付给受托人的资产是资金还是可以融资的证券，皆应认定为以委托理财为表现形式的借贷关系，按照法律法规及司法解释关于借款的规定来调整，认定借款利率时不宜高于中国人民银行同期贷款利率；另一类是保证本金、保证本金及最低收益两种委托理财，这种委托理财违背了民商法基本原则、违反承担风险与享受收益对等的市场基本规律，应认定为无效。[2]

（三）条款无效说

该观点认为，保底条款使得金融理财演变为高息揽存，违背了金融理财本质，扰乱了金融市场秩序，增加了金融市场的系统性风险，其中的权利义务分配背离了委托代理制度的核心，违背了公平原则，保底条款应认定为无效，但不影响理财协

〔1〕 李永祥：《委托理财纠纷案件审判要旨》，人民法院出版社2005年版。

〔2〕 高民尚：《关于审理证券、期货、国债市场中委托理财案件的若干法律问题》，载《人民法院报》2006年6月5日。

议的效力。[1]

（四）合同无效说

该观点认为，保底条款是金融理财协议的核心条款，该条款事关整个合同目的的实现，保底条款无效将导致整个协议无效。[2]

（五）条款可撤销说

该观点认为，委托理财协议中的保底条款违反了公平原则，当事人可以显失公平为由申请撤销；如不申请撤销，则认可其效力。[3]

二、监管部门对于商业银行保底理财产品的制度要求

随着市场的不断发展，监管机关对银行理财产品保底条款的态度经历了一个转变的过程。

1. 中国银监会2004年12月下发的一个内部文件要求，一切金融交易应遵守诚信原则，依法进行，银行代客理财业务不得承诺保底收益，更不能承诺固定收益，只能有一个预期收益，收益风险由投资者自负。

2. 银监会2005年颁布的《商业银行个人理财业务管理暂行办法》对保底型理财产品的态度发生了明显变化：（1）允许商业银行发售保本型理财计划，包括保证收益理财计划（分为保本固定收益、保本最低收益），以及非保证收益理财计划中的保本浮动收益。（2）保证收益理财计划或相关产品中高于同期储蓄存款利率的保证收益，应是对客户有附加条件的保证收益。附加条件，可以是对理财计划期限调整、币种转换等权利，也可以是对最终支付货币和工具的选择权利等。商业银行使用保证收益理财计划附加条件所产生的投资风险应由客户承担。（3）商业银行不得承诺或变相承诺除保证收益以外的任何可获得收益。同时要求，商业银行不得将一般储蓄存款产品单独当作理财计划销售，或者将理财计划与本行储蓄存款进行强制性搭配销售。

3. 2011年颁布的《商业银行理财产品销售管理办法》延续了2005年《商业银行个人理财业务管理暂行办法》的要求，另外，增加对宣传的要求，加大了监管力度，即商业银行不得将理财产品作为存款进行宣传销售，不得违反国家利率管理政策变相高息揽储。

4. 2018年4月27日，中国人民银行、中国银行保险监督管理委员会、中国证券监督管理委员会、国家外汇管理局联合发布了《关于规范金融机构资产管理业务的指导意见》（以下简称《资管新规》），明确要求："金融机构开展资产管理业务时不

---

〔1〕 王伟：《金融理财保底条款效力之认定》，载《法学研究》2013年第4期。

〔2〕 王伟：《金融理财保底条款效力之认定》，载《法学研究》2013年第4期。

〔3〕 高民尚：《关于审理证券、期货、国债市场中委托理财案件的若干法律问题》，载《人民法院报》2006年6月5日。

得承诺保本保收益。出现兑付困难时，金融机构不得以任何形式垫资兑付。”此外，其还明确了过渡期，尽快进行新老产品更替，过渡期结束时所有资管业务必须全部达标。显而易见，在金融创新乱象丛生、风险频频暴露的背景下，《资管新规》完全收紧了政策，禁止各类金融机构发行保底产品，对资产管理业实行“穿透式监管”，充分体现出监管部门坚持严控风险的底线思维。

三、商业银行委托理财协议中保底条款效力的法理学探析

如前文所述，监管部门对于保底型理财产品的态度出现了重大变化，在《资管新规》实施之前，合规的银行委托理财产品保底条款的效力自无争议，但在《资管新规》实施之后，保底条款是否有效，以及在《资管新规》出台之前，违反银监会相关制度规定的银行理财产品，比如保证高于同期储蓄存款利率但未附条件，或承诺保证收益之外的其他收益，或理财产品并未按规定在监管部门备案，该理财协议的保底条款（以下合称“违规保底条款”）是否有效？结合本文第一部分几种观点的争论，本文作如下探讨：

（一）保底条款是否属无效条款

根据《合同法》第52条之规定，有下列情形之一的，合同无效：（1）一方以欺诈、胁迫的手段订立合同，损害国家利益；（2）恶意串通，损害国家、集体或者第三人利益；（3）以合法形式掩盖非法目的；（4）损害社会公共利益；（5）违反法律、行政法规的强制性规定。

商业银行委托理财协议的保底条款显然不具备前四种情形，是否符合第5项规定的情形，分析如下：

1.《合同法》第52条第5项规定的违反法律、行政法规致合同无效的规范是指全国人大及其常委会制定的法律和国务院制定的行政法规，不包括部门规章。因此，违规保底条款不能因违反银监会的规定而被认定无效。

另外，从立法发展上来看，法律对于认定民事法律行为无效越来越慎重，保护交易、尊重私法自治的理念越来越突出。1986年《民法通则》中关于无效民事行为的规定有：（1）无民事行为能力人实施的；（2）限制民事行为能力人依法不能独立实施的；（3）一方以欺诈、胁迫的手段或者乘人之危，使对方在违背真实意思的情况下所为的；（4）恶意串通，损害国家、集体或者第三人利益的；（5）违反法律或者社会公共利益的；（6）经济合同违反国家指令性计划的；（7）以合法形式掩盖非法目的的。

上述条款在实务中产生了一些消极作用，对某些无效的认定造成了资源上的浪费。在1999年《合同法》中，可以看出，立法者对无效合同的认定进行了较大调整，删除了“经济合同违反国家指令性计划”等导致合同无效的种类，除损害国家利益、恶意损害他人利益、以合法形式掩盖非法目的等极端情况外，更加突出契约

自由和当事人意思自治原则，并以保护交易为基本原则，最大限度地维护交易稳定。有鉴于此，规章和地方性法规不足以对合同效力进行判定，如果规章和地方性法规不是对上位法的具体规定或进一步解释，则不能以规章和地方性法规为依据认定合同无效。[1]

2. 退一步讲，即使不存在法律位阶的问题，也必须是违反了强制性规范中的效力性规范，才能产生合同无效的后果，监管部门对于商业银行理财产品的规范系管理性规范，不能据此认定保底条款的效力。

强制性规范分为管理性强制性规范和效力性强制性规范，只有违反了效力性强制性规范才能作为认定合同无效的依据。何为效力性强制性规范？主要有两个认定标准：一是法律法规明确规定违反禁止性规定将导致合同无效或不成立的，该规定属于效力性强制性规范；二是法律法规虽没有明确规定违反禁止性规定将导致合同无效或不成立的，但违反该规定以后若使合同继续有效将损害国家利益和社会公共利益的，应当认为属于效力性强制性规范。[2] 笔者认为，违规保底条款虽然违背了部门规章的强制性规范，但该规范属于管理性强制性规范，监管机构可以对违反规定的商业银行进行监管处理，但不宜因此否定条款的效力。

3. 从公平的角度讲，支持保底条款的效力有利于维护交易相对方的利益。众所周知，如果保底条款归于无效，则意味着银行无须承担刚性兑付责任。而保底理财之所以对广大社会公众有着巨大魅力，就是因为收益高且有商业银行的信用背书。监管趋严的根本目的是控制风险，维护社会稳定，如果将违规保底条款认定无效，反而使银行逃脱了签约时承诺的刚性兑付责任，既违反了诚实信用原则，又背离了保护广大投资者合法权益、维护社会稳定的初衷。

（二）保底条款是否属可撤销条款

可撤销合同的理论基石是尊重意思自治。当事人在订立合同时，因意思表示不真实，法律允许撤销权人通过行使撤销权使已经生效的合同归于无效。根据《合同法》第54条之规定，可撤销合同分为四种，即因重大误解订立的合同、显失公平的合同、因欺诈、胁迫订立的合同、乘人之危订立的合同。通常情况下，商业银行理财协议中的保底条款效力争议存在于是否适用可撤销条款中的显失公平条款。而通过分析显失公平的适用情形，不难得出并不适用于理财协议中的保底条款，理由如下：

显失公平的合同具有以下特点：（1）合同在订立时对双方当事人明显不公平，产生不公平的时间节点是合同订立时。（2）一方获得的利益超过了法律允许的限度。（3）受害的一方在订立合同时缺乏经验或情况紧迫。[3] 从商业银行理财协议来看，

---

〔1〕 王利明：《合同法研究》（第1卷），中国人民大学出版社2002年版，第657页。

〔2〕 王利明：《合同法研究》（第1卷），中国人民大学出版社2002年版，第658页。

〔3〕 王利明：《合同法研究》（第1卷），中国人民大学出版社2002年版，第692页。

其一般是由银行制定的格式文本，而违规保底条款一般是没有附条件向消费者承诺了保本并可获得高于同期储蓄利率的固定或最低收益，且高出幅度是比同期储蓄存款利率略高，一般不会超过同期储蓄存款利率的2倍。对消费者而言是获利行为，不存在不公平；对银行而言，合同条款系银行制定，订立合同时既非缺乏经验也非情况紧迫，银行设计该产品的目的是出于对自身商业运营的判断，用募集来的资金从事更高收益的投资，获取投资回报。合同双方都作出了真实的意思表示，因此，不适用显失公平来认定合同可撤销。

（三）从法律依据上讲，违规保底条款的效力指向有效

根据《民法总则》第143条的规定，具备下列条件的民事法律行为有效：（1）行为人具有相应的民事行为能力；（2）意思表示真实；（3）不违反法律、行政法规的强制性规定，不违背公序良俗。

笔者认为，商业银行理财协议中的违规保底条款，不存在无效、可撤销事由，满足上述三个条件，应为有效。

四、保底型委托理财协议中双方的法律关系

委托理财产品由商业银行向不特定的社会公众发售，产品说明书通常会列明理财资金的投资领域、风险高低等，商业银行就该款产品成立一个专门的资金池，资金募集结束后，将该项理财资金按照产品说明书中的方向投资于特定的几个领域，投资期结束后，收回资金，再分别返还到社会公众账户。在这种委托理财模式中，投资者与实际用资人不产生直接的法律关系，银行从中进行了切割，银行依据委托理财协议的约定向投资者承担还本付息的义务，实际用资人依据与银行签订的其他协议向银行返还投资回报。

按照《合同法》的分类，委托理财协议属无名合同，和它最为接近的是委托合同。但从委托理财协议的特点来说，其与委托合同又存在明显不同。比如，在委托合同中，受托人与委托人形成代理法律关系，受托人以委托人的名义从事民事法律行为，法律后果由委托人承担；在委托理财法律关系中，受托银行与投资人不是单纯的代理关系，银行并非基于投资人的指令对资金池的产品进行再投资，而且再投资的回报也不是直接归于投资人，而是按照委托理财协议约定的收益率向投资人账户进行返还。委托理财协议项下的法律关系自成一体，因此，还应结合合同法的基本规定和委托理财协议的约定规范委托理财双方的权利义务。

在《资管新规》出台之前，保底理财产品是商业银行发售的日常理财产品中的一种，不应因其系保底型产品而作出特别认定。在理财协议合法有效的前提下，与其他理财产品的理财协议一样，应当依据合同法的规定和理财协议的约定来规范合同双方当事人的权利义务。银行根据理财协议约定的利率和产品到期时间，向投资人返还理财资金本息。

五、名为委托理财实为借贷的委托理财协议

如本文第四部分所说，在委托理财法律关系中，银行作为投资人和实际用资人的中间方，在出资人和实际用资人中间进行了切割，使二者不发生直接的法律关系。银行与投资人既不是单纯的代理关系，也不是信托关系等其他法律关系，而是兼代理、信托等特点于一身的委托理财关系。而在实务中，有些委托理财产品资金向少数特定客户募集，甚至是向单一客户募集，银行作为受托人与投资人签订的委托理财协议中，既约定了固定的投资收益率、投资回收期限、违约责任，又明确了资金投向，还往往指定了实际用资人。如到期未能收回本息时，出资人往往会选择银行作为被告，要求按照委托理财协议的约定还本付息。在这种情况下，银行是否应当承担还款责任？委托理财协议中的保底条款是否有效？本文从以下几个方面分析：

（一）法律关系认定

出资人的资金直接流向特定的实际用资人，偏离了委托理财业务的本质，其实质上并非委托理财，而是借委托理财之名行民间借贷之实，出资人为出借人，实际用资人为借款人，出资人与用资人之间构成借贷关系，理由如下：

1. 从业务结构上来看，在委托理财法律关系中，投资人与实际用资人是不发生直接的联系的，二者均与银行进行交易，投资人依据委托理财协议的约定，将资金交给银行，只关心投资期限、投资受益，而不问资金去向。银行作为受托人，将募集的资金汇集到一个资金池中，按照自己的意志对资金池中的资金进行经营运作，以自己的名义进行投资，该投资可能对应特定的用款人，也可能是用于购买其他金融衍生品，在所不问。而出资人特定、实际用款人特定的委托理财，打破了投资人不问资金投向这一委托理财的根本原则，实际用款人或是出资人指定的，或是银行指定的，资金均指向了特定的用款人，其实质是通过银行搭建了一个通道，将实际用款人和出资人的关系打通，银行从中未进行任何专业的资金运作，而仅仅是起到了撮合作用甚至作用更弱的通道作用，业务的根本目的是实现资金由出资人向实际用资人的流动，即出资人向实际用资人出借资金。

2. 从风险收益上来看，任何投资都是有风险的，不担风险且只盈不亏的投资是不存在的。对于普通的银行理财产品，银行通过自己的专业运作，基于自身对风险的判断和把控，发售一些略高于同期储蓄利率的理财产品，换言之，是基于商业运营、自担风险的考虑。而对于出资人特定、实际用资人特定的委托理财，银行无法发挥任何的专业运营优势，单纯依靠实际用资人的履约能力来确保资金的到期偿付，如按照委托理财法律关系认定，不符合风险收益相匹配的基本市场原则。

3. 按照严防金融系统性风险，加强“穿透”监管的精神，出资人和实际用资人之间特定的委托理财应按照其实质认定为借贷。2016年，银监会下发了《关于进一步加强信用风险管理的通知》（银监发〔2016〕42号），对于信用风险管理，要求各

银行应坚持“穿透式管理”和“实质重于形式”的原则，应将各类表内外业务以及实质上由银行业金融机构承担信用风险的业务纳入统一授信管理。其中，特定目的载体（SPV）投资应按照穿透原则对应至最终债务人。2017年，在《中国银监会关于银行业风险防控工作的指导意见》（银监发〔2017〕6号）中，进一步强化了“穿透”管理要求，明确对债券投资业务、同业业务、银行理财产品等严格“穿透”，多层嵌套、特定目的载体投资要严格穿透至基础资产、最终债务人，不得简单将理财业务作为各类资管产品的资金募集通道。

4. 从司法审判工作要求来看，亦要求按照实质来认定法律关系。2017年8月4日发布的《最高人民法院关于进一步加强金融审判工作的若干意见》（以下简称《若干意见》）第1条就明确指出，“对以金融创新为名掩盖金融风险、规避金融监管、进行制度套利的金融违规行为，要以其实际构成的法律关系确定其效力和各方的权利义务。”《最高人民法院关于审理存单纠纷案件的若干规定》（以下简称《存单纠纷若干规定》）中也明确规定，“在出资人直接将款项交与用资人使用，或通过金融机构将款项交与用资人使用，金融机构向出资人出具存单或进账单、对账单或与出资人签订存款合同，出资人从用资人或从金融机构取得或约定取得高额利差的行为中发生的存单纠纷案件，为以存单为表现形式的借贷纠纷案件”。以委托理财为名，由出资人直接将款项划入用资人账户，或通过银行将款项交由用资人使用，与名为存单实为借贷的法律关系有异曲同工之处，可参照适用《存单纠纷若干规定》，将该类案件认定为以委托理财为表现形式的借贷纠纷。

（二）债务人违约时，实际用款人（债务人）、银行各承担何种责任

从维护金融秩序的角度看，如果仅从表面上按照委托理财协议的约定要求银行承担责任而不追究实际用款人责任，则会导致实际用资人还款不能时银行承担还本付息的资金垫付义务，极易造成实际用款人白白用资而逃脱承担赔付责任的局面，实际用款人没有任何违约成本，而银行收取了少量理财顾问费却承担了巨大的还款风险，成本和收益极不平衡，不利于维护正常的金融市场秩序。如果银行完全不承担责任，委托理财协议又相当于形同虚设，银行收取了顾问费却不担责也不符合公平原则。在委托理财业务的运作过程中，银行作为专业机构，无论是提供了理财咨询服务还是资金对接服务，均对资金供需双方有一定的了解和调查，应当承担一定的责任。因此，笔者认为，在该类案件中，由实际用款人承担第一还款责任，银行基于委托理财协议所赋予的义务，在实际用款人无力偿付的情况下，承担过错责任下的补充赔偿责任，既符合公平原则，也有利于维护诚实守信的市场秩序。

（三）保底条款的效力

名为委托理财实为借贷的委托理财协议中，出资人和实际用资人构成了民间借贷法律关系，保底条款约定的固定收益率实际上是借款利息。本着双方平等自愿、有偿用资的原则，笔者认为，保底条款应为有效，但该利息不应超过《最高人民法

院关于审理民间借贷案件适用法律若干问题的规定》的上限。当然，最高人民法院《存单纠纷若干规定》按照资金流转路径的不同给出了几种情形下的利息计算意见，实务中可以参照《存单纠纷若干规定》，结合《最高人民法院关于审理民间借贷案件适用法律若干问题的规定》，根据实际情况分析利息如何计算。

在司法实践中，除了上述情况外，可能还存在很多种不同形式的委托理财合同纠纷，根据《若干意见》，结合个案具体分析，本着实质重于形式的原则，透过表象看法律关系的本质，方能厘清各方当事人的权利义务，维护司法的公平正义。

［李晓文：国浩律师事务所律师（济南），山东大学经济法学硕士］

融资租赁业务中回购保证合同的性质

陈静瑶

融资租赁业务近年来一直呈现上升趋势，而融资租赁法律关系复杂，最少涉及两份合同及三方当事人，除此之外，因融资租赁业务以融资为目的，所以还涉及保证担保的范围。为此，一般的融资租赁业务中，至少存在买卖合同、融资租赁合同、担保合同的内容，当事人包括出卖人、出租人、承租人及保证人。本文主要从承办的一个案件出发，浅析出卖人与保证人重合作为回购保证人与出租人签订回购保证合同，就回购保证合同的性质及司法实践谈一点感想。

一、案情介绍

2013 年 4 月至 2014 年 3 月，甲融资租赁公司（以下简称甲公司）与乙工业气体公司（以下简称乙公司）签订相应的《车辆购买及融资租赁（售后回租）合同》，同时甲公司与丙装备公司（以下简称丙公司）签订了相应的《回购保证合同》。后乙公司未能按约履行支付租金的义务，甲公司向法院起诉要求乙公司支付全部租金及延迟履行金等。因甲公司与丙公司存在回购保证合同，丙公司向甲公司出具承诺书，要求甲公司按照取回租赁物的诉讼请求变更诉请或者重新起诉，最终由其履行回购保证责任并支付相应租金及费用。嗣后，甲公司根据丙公司的承诺变更诉请，要求对乙公司取回租赁物，最终获得法院的有效判决文书，但是丙公司未能按照回购保证合同及承诺书的约定履行回购义务。

为此，甲公司起诉丙公司要求支付全部回购价款（包括全部租金、期末购买价及实现债权费用损失）及相应资金占用利息（以回购价为基数按照每日 0.1% 自 2016 年 3 月 8 日计算至支付款项之日止）。

丙公司认为《回购保证合同》旨在将车辆所有权转移给丙公司，丙公司才承担保证责任，并且该车辆所有权的转移不仅仅是权证转移，还应当符合实物转移的条件。本案中甲公司未能取得车辆的所有权，且未按照《车辆购买及融资租赁（售后回租）合同》的约定将车辆办理抵押登记，导致车辆抵押给案外第三人，甲公司不可能实现车辆的实际交付，为此丙公司不承担回购保证责任。

甲公司认为根据《回购保证合同》的约定，仅进行权证转移即视为所有权的转移，本案中甲公司已经获得法院取回租赁物的判决文书，视为已经取得车辆的所有权。丙公司知晓车辆在融资租赁过程中未实际办理过户至甲公司，并且车辆未按照《车辆购买及融资租赁（售后回租）合同》的约定办理过户，此外，丙公司是在签订《车辆购买及融资租赁（售后回租）合同》及《回购保证合同》后要求办理至其名下，但拖延办理导致被案外人办理了抵押，为此丙公司应当按照约定承担回购保证责任。

一审法院认为，本案立案的案由为融资租赁合同纠纷，根据本案查明的事实及甲公司的主张，甲公司系基于乙公司不能按约履行支付租金的义务，基于与丙公司之间的《回购保证合同》向丙公司主张回购价款，符合保证合同的法律关系特征，故调整本案案由为保证合同纠纷。《回购保证合同》是双方真实意思的表示，均合法有效。根据合同约定，回购价款包括融资租赁合同项下承租人欠付的到期应付租金及迟延履行金、未到期租金及期末购买价、融资租赁合同项下债权人为实现债权所支付的合理费用（包括但不限于律师费、诉讼及执行费、差旅费、评估费、拍卖费、因回购导致补交的税款）。关于部分车辆已经被乙公司贱卖的意见，一审法院认为丙公司没有提供证据证明车辆已经灭失，且根据《回购保证合同》的约定，即使车辆灭失，丙公司按照合同仍然应当承担回购保证责任，为此对该意见不予采纳。关于丙公司提出甲公司在办理融资租赁时未能按照合同约定办理抵押登记，为此未获得车辆的所有权或者抵押权，应当在一定金额内免除责任的问题，本案融资租赁采用的是售后回租的方式，甲公司将案涉车辆出租给乙公司时，乙公司已经向甲公司出具了所有权转移证明，且本院已经出具生效判决将车辆返还给甲公司，为此判决丙公司给付甲公司回购价款24510548.5元及资金占用利息（以实际结欠回购价款为基数自2016年3月8日起至实际履行之日止按照同期银行贷款基准利率的两倍计算）。

为此，丙公司提起上诉，认为回购保证合同是附条件的买卖合同，应当以交付实物为基础，因本案甲公司不能交付实物，为此应当驳回甲公司的诉请。

二审判决至今未出，虽然无从知晓最终的结果，但是对于回购保证合同的产生原因、性质以及将来实务操作中的注意事项，是可以进行探讨研究的。

二、回购保证合同的产生原因

回购担保合同产生于融资租赁业的发展过程中，而现代融资租赁业最早产生于“二战”后的美国。“二战”以后，美国工业化生产出现过剩，设备生产厂商为了拓展自己的销路，起初以分期付款、赊销等方式提供金融服务，但是发现所有权与使用权的一并转移导致资金回收风险加大。于是，结合传统租赁的方式，由销售方保留设备的所有权，购买人以租赁的方式获得设备的使用权，直到销售方的资金全部以租金方式回收后，才将设备的所有权以象征性的价格转移给购买人，这种方式被称为“融资租赁”，1952 年美国成立了世界上第一家融资租赁公司——美国租赁公司（现更名为美国国际租赁公司），开启了现代融资租赁的新模式。中国的现代融资租赁业开始于 20 世纪 80 年代，尚处于起步阶段，随着各地自贸区的设立，融资租赁业务正在快速发展中。[1]

融资租赁的模式有很多种，直租和回租是最常见的模式。而回购担保合同多出现在直租方式的融资租赁合同中，融资租赁公司根据承租人的选择与出卖人签订买卖合同，约定融资租赁公司向出卖人购买该设备，然后融资租赁公司再与设备的使用方也就是承租人签订融资租赁合同，约定将设备交付给承租人使用，承租人按约支付全部租金后，融资租赁公司再将设备的所有权转移给承租人。其中，融资租赁公司为了保证资金安全，要求出卖人承担担保责任，而出卖人为了降低风险，仅仅签订担保合同而可能不能够直接与设备的取回相衔接，而设备的取回对于出卖人而言又是相当重要的，如设备通过司法拍卖可能最终贱卖，但是对于出卖人而言可以翻新后再销售，由此回购是最合适的。经过融资租赁公司与出卖人的斡旋协商，最终采取了折中的办法，回购担保合同应运而生。

三、回购保证合同的性质认定

根据上述案件介绍的情况，融资租赁公司与出卖人对回购担保合同的认识存在不同观点。

融资租赁公司认为回购担保合同的性质属于保证合同的范畴，这主要是从回购担保合同订立的目的出发的，认为回购人与出租人订立回购合同最根本的意思表示是在承租人无力偿还租金时由回购人通过回购租赁物代为履行融资租赁合同，保证出租人在融资租赁合同中的权利，符合订立回购担保合同的意义。一审判决也是从这一点出发，认为尽管租赁物未能实际交付，但是法院在融资租赁公司取回租赁物的判决中已经判令融资租赁公司取回租赁物，即取得了租赁物的所有权，确认了租赁物的所有权即可以要求回购保证人承担回购担保责任。

出卖人认为回购担保合同属于附条件的买卖合同。所附条件即为承租人不按时支付租金、租赁物发生损毁灭失等情况，一旦条件成立，出卖人向出租人支付租赁物回购价款继而取得租赁物，故出卖人承担的不是担保责任，而是买卖合同中的支付回购价款义务，同时享有取得租赁物所有权的权利。这种观点着重考虑了回购合同的内容，回购合同中回购人支付回购价款获得租赁物所有权，与买卖合同一致，即符合“买卖系物权与债权的交换”理论，为此应当将回购保证合同归属于附条件的买卖合同。本案二审出卖人丙公司正是基于这样的理解，向中级人民法院提出上诉。

---

〔1〕 朱奇、张娜娜：《司法高效视野下的融资租赁案件审判实践》，载樊长春主编：《2011－2015 年上海市黄浦区人民法院文丛：探索实践与创新》（民商事卷），法律出版社 2016 年版，第 464 页。

两种观点各有道理，但是要全面客观地看待回购保证合同的性质，应当从回购保证合同中各方的权利义务进行分析。

（一）出租人的权利和义务

1. 出租人享有租赁物的所有权，同时负有向承租人履行交付租赁物的义务。不论是直租还是回租，出租人按照承租人的意愿及要求购买租赁物，所有权归属于出租人。融资租赁合同中出租人将所有权中的占用、使用权能剥离出来让渡给承租人享有，从而通过向承租人收取租金的方式获得利益。在办理融资租赁的业务中，出租人的所有权容易受到善意取得制度的冲击，一旦承租人将租赁物转让给善意第三人，则出租人的所有权将受到巨大损害，为此出租人对租赁物的监管显得尤为重要。

2. 出租人享有收取租金的权利，但负有向出卖人支付货款的义务。如上所述，出租人将占用、使用权交由承租人，承租人向出租人支付租金。融资租赁合同中，租金的构成包括：购买租赁物的价款、税费以及利息、出租人为进行融资租赁支出的其他费用以及利润。为此，在办理案件过程中，承租人违约导致出租人诉讼后，承租人往往会抗辩认为出租人收取了复利不应当得到支持，即租金中已经包括利息，但是出租人还会要求支付迟延履行金。但是融资租赁之所以特殊，就是因为在办理融资租赁的业务过程中，出租人根据承租人的要求购买设备后出租给承租人使用，承租人是不能够违约的，一旦违约，承租人的损失就是包括了租金及迟延履行金，并且不享有租赁物的所有权。

3. 出租人有租赁物瑕疵担保免责权。因融资租赁合同中的租赁物均是由承租人选择的，为此出租人不需要向普通租赁合同的承租人承担租赁物的瑕疵担保责任。尤其是回购担保合同中，回购人一般是出卖人，为此在回购条件触发后，回购人无权对租赁物提出瑕疵抗辩。

4. 出卖人违约时的索赔权及索赔权让渡后的协助义务。因买卖合同由出租人与出卖人签订，为此根据合同的相对性，理论上出卖人违约后由出租人进行索赔。但是在实践中，因承租人对于出卖人及租赁物的情况更为清楚，所以出租人一般都将索赔权让渡给承租人，由承租人直接向出卖人行使，出租人予以协助配合。

5. 行使回购请求权并在回购人回购后将所有权转移给回购人的义务。一旦出现回购保证合同约定的回购条件，出租人有权要求回购保证人在一定期限内予以回购，并且在回购人履行回购义务后，出租人应当将所有权转让给回购人，由回购人向承租人主张返还租赁物，并要求赔偿损失。当时，回购人也可以要求承租人支付垫付款。

（二）承租人的权利和义务

1. 享有选择确定出卖人和租赁物的权利。

2. 享有领受并验收租赁物的权利。

3. 享有占有、使用租赁物的权利。

4. 享有对出卖人交付租赁物不符合质量要求时的索赔权。

5. 享有租赁期满后租赁物所有权归属的选择权。

上述权利中，第1、2、3、4项权利在出租人的权利义务中，都有所涉及，为此不再赘述。第5项权利，因融资租赁合同的性质，租赁物的所有权是属于出租人的，在租赁期限届满后，承租人按约支付了全部租金，最后还存在一笔期末购买价，该价格基本是租赁物残值的价格，和总的租金相比也是相当少的金额，作为承租人有权选择不支付期末购买价，则租赁物的所有权仍然属于出租人。在一般情况下，承租人都会愿意支付期末购买价，毕竟租赁物对于承租人而言仍然具有巨大的使用价值。

1. 承租人负有支付租金的义务。

2. 承租人负有修理租赁物的义务。

因出租人享有租赁物的瑕疵免责权，则租赁物的修理责任由承租人完成。承租人作为租赁物的使用方，修理也是出于承租人自身利益的维护，更好地使用租赁物，也是融资租赁合同的应有之义。

（三）回购人的权利和义务

本文重点分析普遍情况，即回购人也是设备的出卖人。为此回购人的权利义务包括：

1. 订立买卖合同收取货款的权利。

2. 从出租人处取得租赁物所有权凭证的权利。该权利应当向出租人主张，出租人向回购人发出回购通知后，回购人应当履行回购义务。回购人支付回购价款后，当然取得出租人对租赁物所有权转移的凭证，使得回购人取得租赁物。在此过程中，出租人采取指示交付方式向回购人转移租赁物的所有权，而非现实交付。

3. 从承租人处取得租赁物返还请求权。回购人在出租人处取得租赁物所有权转移证明后，有权向承租人请求租赁物返还请求权。回购人请求承租人返还租赁物，是基于承租人此时的无权占有事实，因回购人一旦向出租人支付回购价款，则融资租赁合同被解除，承租人的占有行为变成无权占有。

4. 履行回购责任的义务。

在本文开头介绍的案件中，本案回购保证合同中明确租赁物出现损毁、灭失等情况的，也属于回购条件触发的情形，由此可见，本案回购保证合同的目的是保障融资租赁合同中出租人的权益免受损害，更倾向于《回购保证合同》中的保证性质。

通过对回购保证合同中各方当事人的权利义务的分析，可以发现回购保证合同在外部表现上与附条件的买卖合同极为相似，而内涵却具有保证的价值体现。上海市高级人民法院认为，融资租赁合同项下的回购保证合同是以买卖合同为形式，以保证融资租赁合同履行为目的的一种混合合同。

四、司法实践

（一）诉讼当事人的关系及诉讼请求的内容

碰到融资租赁合同项下存在回购保证合同的纠纷，通过大数据查询，发现一般是将承租人、担保人、回购人一并起诉，要求承租人支付全部租金并在付清租金前租赁物的所有权归出租人所有，要求担保人履行保证义务，要求回购保证人履行回购保证义务。其实这些诉请之间是相互矛盾的，因为一旦承租人或者担保人履行义务后，出租人的权益已经实现，回购合同已经丧失履行的必要。而回购人履行回购义务后，融资租赁合同就被当然地解除，出租人将租赁物所有权转移给回购人，回购人再向承租人主张租赁物返还请求权及占用费用。但是有些法院的判决是选择性判决，即判决承租人向出租人支付租金；回购人向出租人支付回购价款；若承租人、回购人中任何一方履行了上述判决主文中相应的给付义务，则其他当事人相对于出租人的给付义务予以免除。笔者认为，该判决欠妥当，回购人履行责任后，租赁物的所有权归属问题未提及，融资租赁合同的效力问题未提及，均会造成新的诉累。

本案中基于回购人的承诺，出租人是先起诉承租人要求解除融资租赁合同并取回租赁物，然后再起诉回购保证人，要求履行回购保证责任。条理较清晰，法院的判决也不存在诉请冲突的问题。在一般的诉讼过程中，即使一并起诉，笔者认为，也应当对回购人责任承担后的租赁物归属及融资租赁合同的效力作出明确判决，以便回购人的追偿。另外，即使是单独起诉回购人，也应当追加承租人为第三人，便于案件关联关系的审查，以及对后续租赁物的处置予以明确。

（二）针对回购保证合同的风险防范

为了避免本案出现对租赁物的回购是现实交付还是指示交付的理解误区，在回购保证合同中应当明确出租人要求回购保证人履行回购保证责任时对租赁物的回购应当是指示交付，仅进行租赁物所有权凭证的交接，不负责对租赁物实物的取回。这样，有利于避免本案中出现的纷争。但是，作为出租人而言，应当向承租人履行通知义务，即告知承租人租赁物所有权转让的事实，否则根据合同相对性，回购保证合同的当事人并不包括承租人，为此承租人如未收到出租人所有权转移的通知，有权拒绝向回购人履行交付租赁物的义务。同样，如果出租人未向承租人发出上述通知，导致承租人将租赁物转让给善意第三人，为此回购人丧失租赁物的所有权，将导致回购人回购后的权益受到极大的损害。

后记

案情介绍中介绍的案件二审判决书已于2018年1月10日收到，二审支持了甲融资租赁公司的全部诉请，维持了一审判决，并增加判令甲融资租赁公司于丙装备公司履行一审判决确定的付款义务后7日内向丙公司出具并交付相应的转让租赁物所有权、租赁债权或与保险相关的证书和法律文件。

参考文献

[1] 肖学治:《融资租赁合同》，中国民主法制出版社2003年版。
[2] 张宇锋:《融资租赁实务指南》，法律出版社2008年版。
[3] 邱智聪:《新订债法各论》(上)，中国人民大学出版社2006年版。
[4] 邱智聪:《新订债法各论》(下)，中国人民大学出版社2006年版。
[5] 王泽鉴:《民法概要》，北京大学出版社2009年版。
[6] 程啸:《保证合同研究》，法律出版社2006年版。

[陈静瑶：国浩律师事务所合伙人（苏州），中国人民大学民商法硕士在读]

商业银行如何落实股东清理规范工作

朱　蕾　李开叶

2018 年 3 月 9 日，《中国银监会办公厅关于做好〈商业银行股权管理暂行办法〉实施相关工作的通知》（银监办发〔2018〕48 号，以下简称《实施通知》）下发，监管部门明确了清理规范工作的对象、期限、内容等。对于不完全符合《商业银行股权管理暂行办法》（银监会令 2018 年第 1 号，2018 年 1 月 5 日生效，以下简称《股权办法》）规定的商业银行现有股东，监管部门及商业银行将按照“依法合规、分类处置、稳妥推进、保持稳定”的原则，有序开展清理规范工作。

笔者担任多家股份制银行总行、外资法人银行的法律顾问，在《实施通知》颁布后，接受了多家银行关于股东问题的咨询。结合最近咨询的项目，笔者现将《实施通知》的内容归纳为如下五项：

1. 关于主要股东等主体的相关清理规范；
2. 关于《股权办法》施行前未经批准持股 5% 以上股东的强化资格管理；
3. 关于金融产品持股的清理规范；
4. 关于公司章程的清理规范；
5. 关于清理规范工作中的违法违规行为的查处。

本文将结合《股权办法》的规定对《实施通知》予以解读，以帮助商业银行更好地理解相关规定并予以及时落实监管要求，按时清理规范现有股东，加强商业银行股权管理。

一、关于主要股东等主体的相关清理规范

在中国境内依法设立的商业银行（包括国有商业银行、邮政储蓄银行、股份制商业银行、城市商业银行等中资商业银行；外资银行；农村商业银行、村镇银行等）应配合银监会或其派出机构，围绕主要股东开展如下清理规范工作（见表 1）：

表 1　围绕主要股东开展的清理规范工作

序号	对象	期限	内容	划重点	重要法条
1	主要股东及其控制股东、实际控制人、关联方、一致行动人和最终受益人	《股权办法》施行之日起 3 个月内，即 2018 年 4 月 5 日前	向银监会或其派出机构报送该等主体的信息	该等主题最终以银监会或其派出机构认定为准	《股权办法》第 9 条、第 12 条、第 27 条、第 44 条
2		存量授信业务期限内	商业银行对该等主体的存量授信余额不合规的，应制订整改方案	在整改完成前，不得续作或新增授信	《股权办法》第 32 条、第 33 条
3	主要股东	原则上为《股权办法》实行之日起 1 年内，即 2019 年 1 月 5 日前	整改主要股东通过金融产品违规持股	主要股东不得以发行、管理或通过其他手段控制的金融产品持有该商业银行股份	《股权办法》第 25 条
4		无	引导入股商业银行数量不符合《股权办法》第 14 条的主要股东逐步符合要求	原则为持股比例和持股数量只减不增，但持股比例和持股数量被动增加的除外	

（一）关于主要股东等主体的认定

商业银行应当加强对主要股东的管理，按照《股权办法》的规定准确识别主要股东，并穿透梳理其控股股东、实际控制人、关联方、一致行动人和最终受益人（见表 2），并在 2018 年 4 月 5 日前将该等主体的信息报送银监会或其派出机构，由其最终审核、识别并认定。

表 2　主体的认定

词语	含义	相关法条
主要股东	持有或控制商业银行 5% 以上股份或表决权的股东。	《股权办法》第 9 条
	持有资本总额或股份总额不足 5% 但对商业银行经营管理有重大影响的股东。重大影响包括但不限于向商业银行派驻董事、监事或高级管理人员，通过协议或其他方式影响商业银行的财务和经营管理决策以及银监会或其派出机构认定的其他情形。	

续表

词语	含义	相关法条
控股股东	出资额占有限责任公司资本总额50%以上或者其持有的股份占股份有限公司股本总额50%以上的股东。	《股权办法》第56条、《公司法》第216条
	出资额或者持有股份的比例虽然不足50%，但依其出资额或者持有的股份所享有的表决权已足以对股东会、股东大会的决议产生重大影响的股东。	
实际控制人	虽不是公司的股东，但通过投资关系、协议或者其他安排，能够实际支配公司行为的人。	同上
关联方	一方控制、共同控制另一方，以及两方或两方以上同受一方控制、共同控制或重大影响的。但国家控制的企业之间不仅因为同受国家控股而具有关联关系。	《股权办法》第56条、《企业会计准则第36号关联方披露》第3条、第6条
	一方对另一方施加重大影响，以及两方或两方以上同受一方重大影响的。重大影响是指对一个企业的财务和经营政策有参与决策的权力，但并不能够控制或者与其他方一起共同控制这些政策的制定。	
一致行动人	投资者通过协议、其他安排，与其他投资者共同扩大其所能够支配的一个公司股份表决权数量的行为或者事实。达成一致行动的相关投资者，为一致行动人。	《股权办法》第56条
最终受益人	实际享有商业银行股权收益的人。	同上

（二）关于对主要股东等主体存量授信业务的管理

商业银行应当按照穿透原则将主要股东及其控股股东、实际控制人、关联方、一致行动人、最终受益人作为自身的关联方，按照穿透原则确认最终债务人，加强关联交易管理，严格落实关联交易审批制度，并及时向相关监管机构报告关联交易情况。

根据《股权办法》第14条的规定，商业银行应对该等主体的存量授信业务进行梳理。若出现下列情况之一的，则为存量授信业务不合规，应根据存量授信业务期限制订整改方案并进行整改（见表3）：

表3 存量授信业务合规与不合规分类

不合规类型	不合规表现
余额超标	单个主体的授信余额超过商业银行资本净额10%。
	该等主体的合计授信余额超过商业银行资本净额15%。
业务违规	该等主体中若有金融机构的，商业银行与其开展的同业业务违反关于同业业务的规定。

商业银行在梳理并整改该等主体的存量授信业务时，应注意以下内容：

1. 在整改完成前，商业银行不得对被整改主体续作或新增授信业务。

2. 授信包括贷款（含贸易融资）、票据承兑和贴现、透支、债券投资、特定目的载体投资、开立信用证、保理、担保、贷款承诺，以及其他实质上由商业银行或商业银行发行的理财产品承担信用风险的业务。

3. 该等主体中若有金融机构的，商业银行与其开展同业业务时应当遵守法律法规和相关监管部门关于同业业务的相关规定，如《关于规范金融机构同业业务的通知》（银发〔2014〕127号）、《中国银监会办公厅关于规范商业银行同业业务治理的通知》（银监办发〔2014〕140号）等。

（三）关于主要股东入股商业银行数量的要求

在《股权办法》生效前，关于投资人入股银行数量的规定主要为银监会下发的《中国银监会办公厅关于加强中小商业银行主要股东资格审核的通知》（银监办发〔2010〕115号，2010年4月16日生效，以下简称《主要股东审核通知》）。该规定除适用于中小商业银行的主要股东外，实践中，农村中小金融机构的主要股东一般也参照执行。根据《主要股东审核通知》：同一股东入股同质银行业金融机构不超过2家，如取得控股权只能投（或保留）1家，并应出具与其关联企业情况、与其他股东的关联关系及其参股其他金融机构情况的说明。

但是，《股权办法》第14条对此作出了重大变更。

《股权办法》第14条规定：同一投资人及其关联方、一致行动人作为主要股东参股商业银行的数量不得超过2家，或控股商业银行的数量不得超过1家。根据国务院授权持有商业银行股权的投资主体、银行业金融机构，法律法规另有规定的主体入股商业银行，以及投资人经银监会批准并购重组高风险商业银行，不受本条前款规定限制。

此外，《股权办法》第44条还规定，银监会及其派出机构根据审慎监管的需要，有权限制同一股东及其关联方、一致行动人入股商业银行的数量、持有商业银行股权的限额。

据此，商业银行在配合银监会或其派出机构引导入股商业银行数量不合规的主要股东逐步符合要求的工作时，应注意“2参1控”的适用情形和限制，还应注意“只减不增”的引导原则，具体如下：

1. 在计算入股商业银行数量时，应将同一投资人及其关联方、一致行动人入股商业银行数量合并计算。

2. “2参”仅指作为主要股东参股的商业银行的数量不得超过2家。

3. 不适用“2参1控”的除外情形包括：经国务院授权入股、法律法规另有规定入股，以及经银监会批准并购重组高风险商业银行而入股。

4. 引导原则为持股比例和持股数量“只减不增”，但是，持股比例和持股数量被动增加的除外。持股比例被动增加，主要指因其他股东持股变化，导致该主要股东持股比例增加的情形；持股数量被动增加，主要指因配股等情形，导致该主要股东持股数量增加。

二、关于《股权办法》施行前未经批准持股5%以上股东的强化资格管理

根据《股权办法》第4条的规定，投资人及其关联方、一致行动人单独或合计拟首次持有或累计增持商业银行资本总额或股份总额5%以上的，应当事先报银监会或其派出机构核准。因此，对于在《股权办法》施行前，未经银监会或其派出机构批准单独或合计持有商业银行资本总额或股份总额5%以上的股东，应当向银监会或其派出机构申请行政许可，对其是否符合股东资格条件进行审核确认。

根据《实施通知》的要求，该等股东应于《股权办法》施行之日起6个月内（2018年7月5日前）通过商业银行向银监会或其派出机构提出股东资格申请。在向银监会或其派出机构提出股东资格申请后，若经审核该股东不符合股东资格条件的，银监会或其派出机构将会责令限期改正。

鉴于《股权办法》第27条规定，商业银行应当加强与股东及投资者的沟通，并负责与股权事务相关的行政许可申请、股东信息和相关资料报送等工作，据此，建议商业银行（中资商业银行/农村中小金融机构/外资银行）按照所适用的行政许可事项实施办法及其行政许可事项申请材料目录及格式要求的规定，主动向该等股东收集股东信息及所需提交的文件和相关资料，敦促、协助该等股东按时完成股东资格申请工作。

三、关于金融产品持股的清理规范

商业银行需要对全部金融产品持股情况进行梳理。

根据《实施通知》的要求，除前述主要股东通过金融产品违规持股需要整改以外，若存在单一投资人、发行人或管理人及其实际控制人、关联方、一致行动人控制的金融产品持有同一商业银行股份合计超过该商业银行股份总额5%的情况，同样应当进行整改，直至符合《股权办法》第25条规定的合计不超过商业银行股份总额

5%的要求。整改期限原则上为《股权办法》施行之日起一年内，即2019年1月5日前。

四、关于公司章程的清理规范

《实施通知》明确指出，商业银行公司章程不符合《股权办法》第28条规定的，应修改公司章程，并原则上于施行之日起一年内（2019年1月5日前）完成章程修改工作。

商业银行应及时自行核查现行有效的公司章程。若公司章程中未载明关于股东管理的相关监管要求、股东的权利义务，或未载明下列内容的，则应当修改公司章程：

1. 股东应当遵守法律法规和监管规定。

2. 主要股东应当在必要时向商业银行补充资本。

3. 应经但未经监管部门批准或未向监管部门报告的股东，不得行使股东大会召开请求权、表决权、提名权、提案权、处分权等权利。

4. 对于存在虚假陈述、滥用股东权利或其他损害商业银行利益行为的股东，银监会或其派出机构可以限制或禁止商业银行与其开展关联交易，限制其持有商业银行股权的限额、股权质押比例等，并可限制其股东大会召开请求权、表决权、提名权、提案权、处分权等权利。

根据笔者的梳理，《股权办法》中关于股东权利和义务的规定主要为第7条、第10~13条、第16~19条、第22~23条和第25条，商业银行修改公司章程时应予以重视。

五、关于清理规范工作中的违法违规行为的查处

（一）关于存在违法违规行为或限期未整改的股东及相关责任的查处

对于在《股权办法》施行前未经批准持股5%以上股东，若未按时提出行政许可申请或限期未改正的，由银监会或其派出机构依照《商业银行法》第79条要求对该等股东进行查处。

根据《股权办法》第48条的规定，商业银行股东或其控股股东、实际控制人、关联方、一致行动人、最终受益人等在股权管理过程中的违法违规行为包括造成商业银行违反审慎经营规则的下列情形：拒绝向商业银行、银监会或其派出机构提供文件材料或提供虚假文件材料，隐瞒重要信息以及迟延提供相关文件材料，违规开展关联交易的，拒绝或阻碍银监会或其派出机构进行调查核实，主要股东或其控股股东、实际控制人不符合《股权办法》规定的监管要求等。

若股东及相关负责人在股权管理过程中或清理规范工作中存在违法违规行为或限期未整改的，银监会或其派出机构根据《银行业监督管理法》第37条规定，可以

责令商业银行控股股东转让股权；限制商业银行股东参与经营管理的相关权利，包括股东大会召开请求权、表决权、提名权、提案权、处分权等。

（二）对存在违法违规行为或限期未整改的商业银行及相关责任人的查处

根据《股权办法》第26条的规定，商业银行的相关责任人包括作为处理商业银行股权事务的第一责任人的商业银行董事长、作为处理股权事务的直接责任人的董事会秘书，以及应当承担股权事务管理的最终责任的董事会。

根据《股权办法》第47条的规定，商业银行在股权管理过程中的违法违规行为包括未按要求及时申请审批、提供虚假的或者隐瞒重要事实的文件或资料、未按规定制定公司章程明确股东权利义务、未按规定开展关联交易和拒绝或阻碍监管部门进行调查核实等。

若商业银行在股权管理过程中或清理规范工作中存在违法违规行为或限期未整改的，银监会或其派出机构应当责令限期改正，逾期未改正或者其行为严重危及该商业银行的稳健运行的，经银监会或其省一级派出机构负责人批准，可以区别情形，按照《银行业监督管理法》第37条规定采取相应的措施：

1. 责令暂停部分业务、停止批准开办新业务；
2. 限制资产转让；
3. 责令调整董事、高级管理人员或者限制其权利；
4. 停止批准增设分支机构。

监管部门负责人已经表示，将通过加强《股权办法》宣传培训、严格股东资质、把中小商业银行股东与股权作为公司治理重点内容纳入2018年现场检查计划、加强对商业银行及股东违法违规行为的查处力度等举措，积极推动《股权办法》的施行。笔者认为，商业银行应当加强对股权事务的管理，完善公司治理结构。作为金融监管的大年，监管态势已然明确，根据《股权办法》等相关规定的清理规范工作已刻不容缓。

[朱蕾：国浩律师事务所合伙人（上海），华东政法大学法律硕士
李开叶：国浩律师事务所律师（上海），华东政法大学法学硕士]

执行事务合伙人失职时LP的诉讼策略

程　婷　史　跃

私募基金爆发式增长下，各种风险和问题不断暴露出来，私募机构“跑路”的消息层出不穷。当出现债权债务无人处置等私募基金管理人失职的情形时，有限合伙人（limited partner，LP）可以选择何种诉讼策略就成为具有现实意义的研究议题，本文从派生诉讼和代位权诉讼两个角度分析对LP的保护之道。

一、问题的提出

随着经济的发展，我国高净值人群规模迅速扩大，个人财富管理需求随之增长，为私募基金行业的发展带来了巨大的机遇和动力，私募基金已然成为我国资本市场的重要组成部分。

随着私募基金的爆发式增长，各种风险与问题也在不断暴露，私募机构“跑路”的消息层出不穷，投资者维权事件屡屡爆发。根据中国证券投资基金业协会公示的信息，截至2018年7月2日，失联私募管理人有157家、异常私募管理人有3788家，这些失联、异常情形往往牵涉管理人的失职，其背后通常又隐藏着大量的投资项目失败、资金兑付困难、管理人“跑路”、债权债务无人处置等问题，进而严重影响投资者的权益，但投资者囿于其有限合伙人的身份，无法直接介入私募基金的管理，造成了有限合伙人维权的困境。基于迫切的维权需求，处于困境中的有限合伙人往往走上传统且较为激进的“维权之路”，成为影响和谐社会建设的风险因素之一。

在严控金融风险的监管政策下，私募基金行业的风险控制不容忽视，进而，当出现管理人“跑路”、债权债务无人处置等私募基金管理人失职的情形时，LP可以选择何种诉讼策略就成为具有现实意义的研究议题，笔者将结合案例对此进行简要分析。

二、诉讼策略之一：派生诉讼

《合伙企业法》第68条规定：“有限合伙人不执行合伙事务，不得对外代表有限合伙企业。有限合伙人的下列行为，不视为执行合伙事务：……（七）执行事务合伙人怠于行使权利时，督促其行使权利或者为了本企业的利益以自己的名义提起诉讼……”根据本条规定，LP在执行事务合伙人怠于行使权利时，有权为了合伙企业的利益，以自己的名义提起诉讼，即为派生诉讼。

我国首例LP派生诉讼胜诉案件为“焦建、刘强等与安徽瑞智房地产开发有限公司金融借款合同纠纷案”（以下简称安徽瑞智案），该案历经安徽省高级人民法院一审［（2015）皖民二初字第00005号］、最高人民法院二审［（2016）最高法民终756号］，以下将结合最高人民法院关于安徽瑞智案的判决，分析LP派生诉讼的要件。

（一）安徽瑞智案案情简介

被上诉人（一审原告）焦建、刘强、李春红为第三人北京和信恒轩投资中心（有限合伙）（执行事务合伙人为和信联合资本管理有限公司）的有限合伙人，北京和信恒轩投资中心（有限合伙）通过第三人上海浦东发展银行股份有限公司淮南支行向上诉人（一审被告）安徽瑞智房地产开发有限公司发放了一笔委托贷款。贷款期限届满后，安徽瑞智房地产开发有限公司未按约偿还借款本金及利息，北京和信恒轩投资中心（有限合伙）也一直未通过诉讼或仲裁等方式向其主张权利，焦建、刘强、李春红遂以北京和信恒轩投资中心（有限合伙）、和信联合资本管理有限公司怠于主张债权为由诉至安徽省高级人民法院，请求判令安徽瑞智房地产开发有限公司向北京和信恒轩投资中心（有限合伙）归还贷款本息，并获得了安徽省高级人民法院的支持。安徽瑞智房地产开发有限公司不服一审判决，向最高人民法院提出上诉，请求撤销一审判决并驳回焦建、刘强、李春红的诉讼请求。最高人民法院经审理，判决驳回上诉，维持原判。

最高人民法院在判决书中指出，本案争议的焦点包括：（1）和信联合资本管理有限公司作为执行事务合伙人是否怠于行使权利；（2）焦建、刘强、李春红能否代表北京和信恒轩投资中心（有限合伙）提起诉讼。

针对焦点一，最高人民法院认为，案涉委托贷款到期后不提起诉讼或仲裁，即为怠于行使权利。

针对焦点二，最高人民法院认为，焦建、刘强、李春红与北京和信恒轩投资中心（有限合伙）的关系，并非债权人与债务人的关系，而是有限合伙人与合伙企业的关系。《合伙企业法》第68条第2款第7项规定，执行事务合伙人怠于行使权利时，有限合伙人督促其行使权利或者为了本企业的利益以自己的名义提起诉讼，不视为执行合伙事务。该条款赋予了合伙企业的有限合伙人以自己的名义代表合伙企业提起诉讼的权利，且并未限定其在个人出资额范围内提出诉讼请求，只要满足以合伙企业的利益为目的这一要求即可，合伙协议也并未要求全体有限合伙人一致同意才能提起诉讼。焦建、刘强、李春红代表北京和信恒轩投资中心（有限合伙）提起诉讼，既符合合伙协议的约定，又不违反《合伙企业法》的规定。

（二）派生诉讼的要件

1. 主体要件：LP 以自己的名义提出

派生诉讼应由 LP 作为原告提出，在存在多个 LP 的情况下，《合伙企业法》并未规定需要取得全体 LP 的一致同意方可提起诉讼，笔者认为，每一名 LP 均有权单独提起派生诉讼。在安徽瑞智案中，有限合伙人焦建、刘强、李春红系以自己的名义（作为原告）提起诉讼，最高人民法院亦在判决中指出其代表合伙企业提起诉讼未违反《合伙企业法》的规定。此外，最高人民法院在（2016）最高法民辖终 94 号案的管辖裁定书中指出，信达公司（注：LP）在融实投资（注：有限合伙企业）和信瑞基金（注：执行事务合伙人）未能及时主张债权并依法收回贷款的情况下，以自己名义向债务人提起诉讼符合法律规定，其主体身份不应当按照融实投资对待。天津市武清区人民法院在（2016）津 0114 民初 9707 号案的裁定书中指出，原告起诉请求被告威海公司向第三人锦秋投资中心偿还借款的依据是威海公司与锦秋投资中心签订的《借款合同》，原告以自己的名义提起诉讼的依据是作为锦秋投资中心的有限合伙人，而原告并未能真正成为锦秋投资中心的有限合伙人，故其以自己的名义为锦秋投资中心的权益提起本案的诉讼无据可依。

鉴于 LP 的身份是派生诉讼的核心主体要件，在整个诉讼过程中（自提起诉讼至生效判决作出之日的整个期间），原告都应当拥有 LP 的身份，方才具备派生诉讼的主体资格。诉讼过程中，一旦 LP 出现退伙或转让全部出资额的情形，其将相应丧失派生诉讼的诉讼主体资格，亦将会被法院裁定驳回起诉。

审判实践中，为方便法院查明案件事实，通常会将有限合伙企业列为第三人。在安徽瑞智案中，合伙企业北京和信恒轩投资中心（有限合伙）即作为第三人参加诉讼。

2. 实质要件：执行事务合伙人怠于行使权利

《合伙企业法》仅将“执行事务合伙人怠于行使权利”作为 LP 提起派生诉讼的要件，但并未明确规定何为“执行事务合伙人怠于行使权利”，以及如何认定“执行事务合伙人怠于行使权利”。司法实践中，LP 提起派生诉讼的案件并不多见，因此，实务中尚未形成相对普适的判断标准。

根据笔者检索的相关案例，执行事务合伙人是否通过诉讼或仲裁的方式来维护合伙企业的权益，通常被作为认定执行事务合伙人是否怠于行使权利的标准。在安徽瑞智案中，最高人民法院在判决中直接指出，和信联合资本管理有限公司作为执行事务合伙人，在案涉委托贷款到期后不提起诉讼或仲裁，即为怠于行使权利。陕西省高级人民法院在（2015）陕民二初字第 00012 号案（以下简称世欣荣和案）的判决（注：最高人民法院在本案二审中予以维持）中指出，世欣荣和公司（注：LP）在认为合伙企业东方高圣的权利被侵犯时，已经就相关问题向东方高圣及执行事务合伙人发函催告，要求东方高圣向人民法院提起民事诉讼，维护东方高圣的民事权利，东方高圣虽予以响应，但未依法提起民事诉讼，世欣荣和公司遂选择以自己的名义提起诉讼并无不妥，符合法律规定。

笔者认为，考虑到LP不执行合伙事务的现实，其在举证证明执行事务合伙人是否通过诉讼或仲裁以外的方式维护合伙企业的权益时通常存在实际困难，而上述标准相对客观明确，能够用以直观判断执行事务合伙人是否怠于行使权利。笔者亦认为，基于实质重于形式的考量，上述标准并非唯一判断标准，执行事务合伙人若消极作为（不当行使权利），未尽职责，亦属于“怠于行使权利”，例如与债务方达成明显损害合伙企业利益的协议、虽提起诉讼/仲裁但未派员出庭等。

在安徽瑞智案中，最高人民法院认定执行事务合伙人怠于行使权利的情形包括：（1）案涉委托贷款到期后不提起诉讼或仲裁；（2）未与安徽瑞智房地产开发有限公司达成任何保障有限合伙债权尽快实现的协议；（3）明知本案一审诉讼却不积极应诉；（4）在安徽瑞智房地产开发有限公司再次违约的情况下，依然未主动参加一审诉讼或以另行提起诉讼或仲裁的方式向安徽瑞智房地产开发有限公司主张权利，而是被动地应安徽瑞智房地产开发有限公司的请求，出具相关文件，同意有步骤地解除对安徽瑞智房地产开发有限公司抵押物的抵押权，放任安徽瑞智房地产开发有限公司一再拖延到期债务。

3. 目的要件：为了有限合伙企业的利益

《合伙企业法》将LP派生诉讼的目的限定为“为了本企业的利益”，通俗而言，即LP在提出派生诉讼时，其诉讼请求之受益主体应为有限合伙企业，而不能要求债务方直接向LP自身履行义务。

在安徽瑞智案中，LP的诉讼请求即为判令安徽瑞智房地产开发有限公司向北京和信恒轩投资中心（有限合伙）归还贷款本息，该请求亦获得安徽省高级人民法院及最高人民法院的支持。在世欣荣和案中，LP的诉讼请求为判令被告向有限合伙企业返还认购款及赔偿损失。广州市中级人民法院在（2017）粤01民终3847号案的判决书中指出，辛军（注：LP）认为普通合伙人上海清科公司怠于行使权利，故以自己名义提起本案诉讼，但其诉请要求广州国采公司（注：有限合伙企业的债务方）向其偿还借款本息，以及要求对拍卖、变卖广州环博公司（注：有限合伙企业的债务方）的抵押物的价款优先受偿，并非为了有限合伙企业的利益，而是出于保护其自身的投资利益的目的，不符合《合伙企业法》第68条第2款第7项的规定。

（三）股东派生诉讼对LP派生诉讼的参考意义

虽然安徽瑞智案被称为首例LP派生诉讼案件，但公司股东派生诉讼案件的发展要相对成熟一些。根据我国现行《公司法》第151条以及《最高人民法院关于适用〈中华人民共和国公司法〉若干问题的规定（四）》第24～26条，股东提起派生诉讼要件包括：（1）适格股东；（2）他人损害公司利益；（3）前置程序；（4）为公司利益，即胜诉利益归属公司。

对比安徽瑞智案展现出的LP派生诉讼和公司股东派生诉讼，可以看出二者有很多的共同点，前者也有明显地借用后者理论的痕迹，股东派生诉讼的四个要件在安徽瑞智案中均有所展现。笔者认为，在一些细节问题上，股东派生诉讼的规则仍然可以为LP派生诉讼提供一些参考。

如股东派生诉讼要求的前置程序是否也适用于LP派生诉讼。起诉股东向公司特定管理人员履行书面请求程序，只有在股东的书面请求被拒绝（明示或默示）后，股东方可以自己名义提起诉讼。这一程序的目的在于防止股东滥用权利，也防止股东突破股东和公司的独立人格。笔者认为这一前置程序的规定应当在LP派生诉讼中同样适用，否则LP就有可能超越执行事务合伙人或者合伙企业本身滥用权利。安徽瑞智案与世欣荣和案中，虽然法院未直接写明这一程序为必须，但在事实部分也特意予以查明，确认LP均于起诉前向执行事务合伙人发出了催告函或通知。

有人担心如果执行事务合伙人跑路、倒闭、被采取刑事强制措施，这种前置程序会阻碍LP的诉讼维权。在股东派生诉讼的实践案件中，对于公司机构设置特殊导致前置程序没有意义［（2013）绍商初字第278号案，该案中公司仅有两名股东且分别担任公司执行董事和唯一监事］、公司机构和股东发生重大变动导致无法履行前置程序［（2014）沪二中民四（商）终字S543号案］的情形，法院均认可了股东的起诉资格。也就是说，在股东派生诉讼中，股东是否履行前置程序亦遵循实质重于形式的原则，在股东因客观原因无法履行前置程序时，这一要件是允许变通的。从根源上看，也是为了能够放松对股东派生诉讼的过度限制，在公司利益受损之时，为股东维护公司利益提供一条合理、合法、可行的通道。放之合伙企业的同类问题，秉承的也当是同样的原则和司法精神，不能在执行事务合伙人客观无法联系的情况下，对LP派生诉讼提出过分苛刻的要求。

再如，程序上的管辖问题、公司诉讼地位/有限合伙企业诉讼地位问题、原告诉讼成本的保障问题等，股东派生诉讼的相关规则都可以在LP派生诉讼案件中予以参考适用。

三、诉讼策略之二：代位权诉讼

《合同法》第73条规定，因债务人怠于行使其到期债权，对债权人造成损害的，债权人可以向人民法院请求以自己的名义代位行使债务人的债权，但该债权专属于债务人自身的除外。根据本条规定，LP若对有限合伙企业享有到期债权，在执行事务合伙人失职导致有限合伙企业怠于行使其到期债权时，有权为了自己的利益，直接以自己的名义提起诉讼，要求有限合伙企业的债务人（以下简称次债务人）向其自身偿还债务，即为代位权诉讼。

下文将结合河北省高级人民法院审理的“信达投资有限公司与河北融投置业有

限公司、兴业银行股份有限公司石家庄分行等合伙协议纠纷、债权人代位权纠纷案”（以下简称信达投资案），分析LP代位权诉讼的要件。

（一）信达投资案案情简介

原告信达投资有限公司系被告石家庄融实投资中心（有限合伙）［执行事务合伙人为信瑞（北京）股权投资基金管理有限公司，同为本案被告］的有限合伙人，原告签署之《入伙协议》《合伙协议》约定：“（原告）承诺向合伙企业认缴出资2亿元……认缴出资的有限合伙人预期年化收益率为13%……本合伙企业的投资期限为两年……每个有限合伙人的出资，投资期限届满自投资款及收益到达合伙企业账户至向全体合伙人分配完毕期间，按照同期银行活期存款利率计算利息，税后归该有限合伙人所有，会同当期投资收益一起分配给该有限合伙人。”被告河北融投担保集团有限公司向信达投资有限公司出具《担保函》，载明：“……我公司承诺为贵公司取得《入伙协议》及《合伙协议》约定的2亿元认缴投资额返还及年化13%的投资收益提供连带责任保证。保证期限为《入伙协议》约定的资金使用期限届满之日起两年……”石家庄融实投资中心（有限合伙）认可依据《入伙协议》《合伙协议》，其对信达投资有限公司的欠款为本金2亿元及相应投资收益。石家庄融实投资中心（有限合伙）通过被告兴业银行股份有限公司石家庄分行，向被告河北融投置业有限公司发放委托贷款2.5亿元。贷款到期后，河北融投置业有限公司未归还本金及相应利息。《合伙协议》约定的投资期限届满后，石家庄融实投资中心（有限合伙）未向信达投资有限公司给付投资款及投资收益。信达投资有限公司遂诉请判令河北融投置业有限公司偿还信达投资有限公司于石家庄融实投资中心（有限合伙）的借款本金及利息，河北融投担保集团有限公司对石家庄融实投资中心（有限合伙）向信达投资有限公司返还2亿元的认缴投资额和投资收益承担连带保证担保责任。河北省高级人民法院经审理，判决河北融投置业有限公司偿还信达投资有限公司的本金2亿元及投资收益［以石家庄融实投资中心（有限合伙）对河北融投置业有限公司的应收债权为限］，河北融投担保集团有限公司就前述石家庄融实投资中心（有限合伙）对信达投资有限公司的欠款承担连带清偿责任。

河北省高级人民法院在判决书中指出，本案争议的焦点问题之一为信达投资有限公司能否要求河北融投置业有限公司直接向其归还欠款。

针对上述焦点问题，河北省高级人民法院认为，《入伙协议》《合伙协议》的内容符合《合伙企业法》的规定，信达投资有限公司的诉讼请求具有法律和合同依据，且石家庄融实投资中心（有限合伙）认可信达投资有限公司向其主张的债权，因此，信达投资有限公司对石家庄融实投资中心（有限合伙）享有合法的到期债权。石家庄融实投资中心（有限合伙）对河北融投置业有限公司享有合法到期债权，石家庄融实投资中心（有限合伙）、信瑞（北京）股权投资基金管理有限公司并未就此债权提起诉讼或仲裁，且石家庄融实投资中心（有限合伙）表示已无其他财产可用于归还对信达投资有限公司的债务，故，石家庄融实投资中心（有限合伙）、信瑞（北京）股权投资基金管理有限公司怠于向河北融投置业有限公司主张欠款的行为，已对信达投资有限公司的合法利益造成侵害。因此，信达投资有限公司要求河北融投置业有限公司直接向其归还欠款的主张，符合《合同法》第73条的规定。

（二）代位权诉讼的要件

《最高人民法院关于适用〈中华人民共和国合同法〉若干问题的解释（一）》第11条明确规定：债权人依照《合同法》第73条的规定提起代位权诉讼，应当符合下列条件：（1）债权人对债务人的债权合法；（2）债务人怠于行使其到期债权，对债权人造成损害；（3）债务人的债权已到期；（4）债务人的债权不是专属于债务人自身的债权。根据前述规定，LP提起代位权诉讼，必须满足如下要件：

1. LP对有限合伙企业享有合法债权

站在LP自身的角度，其需对有限合伙企业享有合法债权，方有可能提起代位权诉讼。

根据《合伙企业法》的规定，合伙人的出资为合伙企业的财产，合伙人在合伙企业清算前，不得请求分割合伙企业的财产。通常情况下，在有限合伙企业存续期间，LP对有限合伙企业的出资款属于投资，而非借款，因此，不能将此项权益认定为LP对合伙企业享有合法债权，这导致LP因无法满足“对有限合伙企业享有合法债权”的要件，而不具备提起代位权诉讼的权利基础。例如，梅州市中级人民法院在（2016）粤14民终649号案的裁定书中指出，李子敏（注：LP）的出资，应为广州建泓恒达投资合伙企业的财产，在广州建泓恒达投资合伙企业未进行清算前，李子敏不得分割合伙企业的财产，故其以自己的名义向人民法院提起债权人代位权诉讼，应属诉讼主体不适格。

但是，在实践中，有限合伙企业需要向LP承担还本付息责任的情形屡见不鲜。笔者认为，当有限合伙企业对LP负有还本付息责任时，LP即对有限合伙企业享有合法债权。根据笔者检索的相关案例，法院认定有限合伙企业对LP负有还本付息责任的情形有如下两种：

第一，名为合伙，实为借贷。在此种情况下，LP对有限合伙企业的出资款属于借款，而非投资，LP据此享有合法债权。在判断是否属于此种情形时，可以参考如下标准：（1）有限合伙企业是否向LP作出了还本付息的承诺？例如，重庆市江北区人民法院在（2016）渝0105民初8268号案的判决书中指出，合伙协议约定的收益系固定收益，缺乏共同承担基金经营风险的意思表示，本质上是资金借用行为，双方之间的法律关系名为合伙，实为借贷；北京市怀柔区人民法院在（2016）京0116民初5463号案的判决书中指出，合伙协议约定LP享受固定收益，不承担企业风险，该合伙协议名为合伙实为借贷。（2）LP是否为经工商登记的合伙人？例如，昆明市官渡区人民法院在（2016）云0111民初6783号案的判决书中指出，原告并未签订合伙协议，也未作为合伙人登记入册，被告主张其与原告之间所形成的合伙法律关系缺乏事实依据；深圳市福田区人民法院在（2016）粤0304民初6247号案的判决书中指出，原告并未登记为有限合伙企业的合伙人，亦可印证本案法律关系实质并非合伙合同的事实。（3）LP是否为合格投资者？例如，在北京市朝阳区人民法院审理之（2017）京0105民初11255号案中，原告不具备私募基金合格投资者的条件的情形是判断本案“名为合伙、实为借贷”的依据之一。

第二，有限合伙企业未按约向LP兑付投资本金及收益。例如，上海市静安区人民法院在（2015）静民二（商）初字第492号案的判决书中指出，原告已登记在被告的合伙人名单中，合伙协议约定“全体合伙人之认缴出资总额不超过人民币80000000元，存续期12个月，项目方视具体情形可提前6个月或最多可延后6个月结束；收益分配的前提是，合伙企业存续期结束后，或经合伙人会议决定的更早时间，在扣除管理费后分配收益（包括红利和利息），在出售或以其他方式处置项目投资，收到出售收入后，尽快将回收的本金和收益派发给合伙人；利润按各方认缴的出资比例分配；合伙企业的收益应支付基金费用，合伙企业的收益应分配给各合伙人直至各合伙人收回出资本金，再按税前年化收益率13%（认购金额大于1000000元、小于1900000元）或14%（认购金额大于2000000元），每半年支付利息一次，基金存续期届满利随本清，最后合伙企业的剩余收益作为管理费分配给普通合伙人；所有合伙人按各自认缴的出资比例分担亏损”，该合伙协议系当事人的真实意思表示，合法有效，各合伙人和合伙企业应遵守约定。被告有义务根据合伙协议约定的时间和金额，向作为有限合伙人的原告派发收益，其未在基金项目约定的到期日向原告派发收益构成违约，应当承担违约责任。

在信达投资案中，河北省高级人民法院认为，《入伙协议》《合伙协议》约定：“认缴出资的有限合伙人预期年化收益率为13%……本合伙企业的投资期限为两年……每个有限合伙人的出资，投资期限届满自投资款及收益到达合伙企业账户至向全体合伙人分配完毕期间，按照同期银行活期存款利率计算利息，税后归该有限合伙人所有，会同当期投资收益一起分配给该有限合伙人”，信达投资有限公司对石家庄融实投资中心（有限合伙）享有合法的到期债权。

2. 有限合伙企业怠于行使其到期债权，对LP造成损害

《最高人民法院关于适用〈中华人民共和国合同法〉若干问题的解释（一）》第13条规定，债务人怠于行使其到期债权，对债权人造成损害的，是指债务人不履行其对债权人的到期债务，又不以诉讼方式或者仲裁方式向其债务人主张其享有的具有金钱给付内容的到期债权，致使债权人的到期债权未能实现。

笔者认为，在判断是否满足这一要件时，需要注意以下几点：

第一，只有在有限合伙企业对LP已经陷入履行迟延的情况下，LP才可能产生代位权，若LP对有限合伙企业的债权尚未到期或并不构成迟延履行，则LP的代位

权将无法成立。

第二，有限合伙企业只能以诉讼或者仲裁的方式向次债务人主张权利才不构成“怠于行使其到期债权”，其他任何主张权利的方式均属于“怠于行使其到期债权”，例如，自行或委托律师以书面方式要求次债务人履行、向行政主管部门投诉等私力救济方式。

第三，“对债权人造成损害”中的损害不同于损害赔偿中的损害，只要有限合伙企业未履行其对 LP 的债务，使 LP 的债权未能实现，便可视为对 LP 造成了损害。

在信达投资案中，河北省高级人民法院认为，石家庄融实投资中心（有限合伙）、信瑞（北京）股权投资基金管理有限公司并未就其对河北融投置业有限公司债权提起诉讼或仲裁，且石家庄融实投资中心（有限合伙）表示已无其他财产可用于归还对信达投资有限公司的债务，故，石家庄融实投资中心（有限合伙）、信瑞（北京）股权投资基金管理有限公司怠于向河北融投置业有限公司主张欠款的行为，已对信达投资有限公司的合法利益造成侵害。

3. 有限合伙企业对次债务人的债权已到期

只有在有限合伙企业对次债务人的债权已到期的情况下，LP 才能够对次债务人提起代位权诉讼。

在信达投资案中，石家庄融实投资中心（有限合伙）即对次债务人河北融投置业有限公司享有合法到期债权。

4. 有限合伙企业对次债务人的债权不是专属于有限合伙企业自身的债权

《最高人民法院关于适用〈中华人民共和国合同法〉若干问题的解释（一）》第 12 条规定，专属于债务人自身的债权，是指基于扶养关系、抚养关系、赡养关系、继承关系产生的给付请求权和劳动报酬、退休金、养老金、抚恤金、安置费、人寿保险、人身伤害赔偿请求权等权利。这些权利通常与债务人的人格权、身份权相关，与债务人的生活密切相关，故对这些债权不能由债权人代位行使。

此外，最高人民法院在《关于深圳发展银行与赛格（香港）有限公司、深圳赛格集团财务公司代位权纠纷一案的请示的复函》［（2005）民四他字第31 号］中明确指出，根据目前的法律规定和司法解释，债权人仅可以向人民法院请求以自己名义代位行使债务人具有金钱给付内容的到期债权，且该债权不能是专属于债务人自身的，代位权的范畴不能从债权扩张到所有权。

故此，有限合伙企业对次债务人的债权限定于具有金钱给付内容的到期债权，而不能扩张到所有权或其他权利。

在信达投资案中，石家庄融实投资中心（有限合伙）对次债务人河北融投置业有限公司享有的债权即为委托贷款本金及利息、复利、罚息。

四、关于 LP 与有限合伙企业关系问题的一点反思

安徽瑞智案中，法院认定了原告的 LP 地位，使得 LP 具有了提起派生诉讼的主

体条件。信达投资案中，LP之所以能够提起诉讼，不在于其是有限合伙企业的合伙人，而在于其是有限合伙企业的债权人。根据我国《合伙企业法》的规定，在有限合伙人企业中，有限合伙人以出资为限对合伙企业承担责任，其出资已经成为有限合伙企业的资产。从这一点来看，如果认定了LP的有限合伙人身份，也就认定了其出资是对有限合伙企业的投资，而非借款，而投资天然需要承担亏损风险。

两案在LP与有限合伙企业关系问题上作出的完全不同并且矛盾的认定反映了我国司法实践对于私募纠纷裁判的混乱。从表面看来，法院基于原告诉讼策略的选择，在实体裁判上选择了实质正义的做法，尽可能维护原告的权益；但深究一步，对LP与合伙企业关系的混乱裁判，尤其是倾向于认定LP的出资为债权，会导致LP永远以放贷的心态对待投资，无法真正建立起正确的投资观念，进而，一方面，为不法的资金募集者提供了募集空间；另一方面，也导致投资失败时投资人习惯于提出不合理不恰当的诉求，这些都是不容忽视的金融风险。

五、结语

派生诉讼与代位权诉讼存在较大区别，其中，最重要的区别在于，派生诉讼无法在LP与有限合伙企业的债务方之间产生实体权利义务，其目的在于维护有限合伙企业对其债务方的实体权利，进而在间接层面维护LP的权益；而代位权诉讼能够在LP与次债务人之间产生实体权利义务，其诉讼结果归属于LP，可以在直接层面维护LP的权益。笔者认为，在这个意义上，派生诉讼属于LP的间接救济措施，而代位权诉讼属于LP的直接救济措施。当然，二者之间在管辖权、诉讼请求的限额、诉讼费用承担等方面也存在区别，囿于本文的篇幅，笔者遂不逐一探讨。考虑到我国司法实践更为重视实质正义，LP可以根据自身的实际情况，结合管辖法院过往的司法实践，选择相应的诉讼策略，以期在出现执行事务合伙人失职的困境时，能够有效地维护自身权益。

[程婷：国浩律师事务所律师（深圳），厦门大学法学硕士
史跃：国浩律师事务所律师（深圳），中国政法大学法学硕士]

二、债与合同

保证与债务加入之法理辨析

朱奕奕

一、问题的提出

债务加入，学名为并存的债务承担，虽然在我国法律上并未予以直接规范，但在学理上〔1〕与司法实践中〔2〕，债务加入却得以充分地发展与适用。学理上讨论债务承担制度时，一般以免责的债务承担与债务加入相比较而论述：前者使原债务人免除债务，后者承担人与原债务人一并存续于债之关系中，原债之关系并未发生变化。〔3〕然从客观效果观之，债务加入与保证犹如孪生兄弟，极其相似。〔4〕史尚宽先生甚至将债务加入行为归纳为隐蔽的担保行为。〔5〕可见，在保障债权方面，两者具有相似之表象。在司法实践中，此相似性甚至造成了两者认定上的困难。

例如，在"应志伟诉杨定炳、王崇兴买卖合同纠纷案"〔6〕中，针对被告王崇兴

---

〔1〕关于并存的债务承担，在我国的民法著作中，基本都与免责的债务承担进行关联的讨论，参见王家福主编：《中国民法学·民法债权》（张广新），法律出版社 1991 年版；王利明：《合同法研究》（第 2 卷），中国人民大学出版社 2003 年版；崔建远：《债法总论》，法律出版社 2013 年版；韩世远：《合同法总论》（第 3 版），法律出版社 2011 年版；朱广新：《合同法总则》（第 2 版），中国人民大学出版社 2012 年版。

〔2〕并存债务承担之情事于司法实践中亦经常发生，参见最高人民法院（2005）民二终字第 155 号民事判决书，最高人民法院（2009）民二终字第 18 号民事裁定书，北京市第一中级人民法院（2008）一中民初字第 07397 号民事判决书，福建省高级人民法院（2005）闽民终字第 188 号民事判决书。

〔3〕Münch Komm BGB/Möschel，Vor § 414，Rn. 10.

〔4〕史尚宽先生认为："并存的债务承担以担保原债务人债务为目的，此点与保证尤其与抛弃先诉抗辩权之连带保证，同其性质。"参见史尚宽：《债法总论》，中国政法大学出版社 2000 年版，第 752 页。

〔5〕史尚宽：《债法各论》，中国政法大学出版社 2000 年版，第 877 页。

〔6〕基本案情：被告杨定炳、王崇兴于 2010 年 2 月 9 日向原告应志伟出具欠条 1 份，欠条内容为"今欠到应志伟水泥沙泥挖机石子款人民币壹拾贰万元正，4 月底付清"，两被告在欠款人处签名，后原告应志伟诉至法院请求判令二被告共同归还欠款人民币 120000 元。参见浙江省宁波市镇海区人民法院（2011）甬镇商初字第 186 号（2011 年 5 月 16 日）。

在欠款人处签名法律性质的认定，在审理中产生了两种不同的意见：（1）原告应志伟在一审答辩中认为，被告王崇兴在欠款人处签名是作为保证人，旨在担保债务的履行。倘如此认为，正如一审判决所述，由于保证期间已届满，被告王崇兴并不承担保证责任。[1]（2）二审法院在审判中认为，王崇兴将自己的名字签署在欠款人杨定炳后面，在对该签名没有作特别约定的情况下，按照一般的理解应是王崇兴同意以欠款人的身份加入杨定炳与应志伟的债务关系中，构成债务加入，从而与债务人杨定炳共同承担债务。[2]

显然，本案的焦点在于对被告王崇兴签名行为进行法律上的定性，因其关乎当事人责任之有无，而此定性之核心在于如何区分保证与债务加入。在本案的审判中，司法机关并未提出一个有效的认定标准，致使审判争议不断，问题悬而未决。究其实质，两者之所以难以区分是因为在保障债权方面两者具有相似之表象，然揭开相似之面纱，两者于具体法效果上却大相径庭。在本案中此差异体现得淋漓尽致，据此，对当事人而言，为两者提供清晰之认定标准实具重大实益。基于此，本文即以两者之区分为研究对象，对两者不同之法效果进行详细阐述，并结合两者之机理提供认定之标准。

二、保证与债务加入区分认定之缘由：两者法效果相异

于债权人处观之，尽管保证与债务加入皆发挥着保障债权之功能，但揭开其相似之面纱，我们可以发现两者背后蕴含着巨大的不同，从两者之机理到两者之法效果，此亦为两者须严格区分认定的缘由及出发点。于此，下文即从两者之机理出发，对两者具体之法效果展开详细的阐述，褪去其相似的外衣，为两者之区分提供坚实的基础。

（一）保证人负担从属债务，承担人负担独立债务

依据《担保法》第6条之规定，保证行为是根据保证人与债权人之间的约定，当债务人不履行债务时，保证人按照约定履行债务或承担责任的行为。据此观之，保证债务之履行具有从属性与补充性，唯有主债务人届期不履行债务时，保证债务方才运行启动。换言之，保证人与主债务人并非处于同一给付顺位，保证债务之履行以主债务人不履行债务为启动条件，其属于次生之债。[3] 例如，债权人甲与债务人乙约定乙应于1月20日向甲履行债务，保证人丙于1月1日对此债务进行担保。在保证债务补充性作用下，尽管丙之保证债务已于1月1日成立，然于1月20日甲

〔1〕 浙江省宁波市镇海区人民法院（2011）甬镇商初字第186号（2011年5月16日）。

〔2〕 浙江省宁波市中级人民法院（2011）浙甬商终字第569号（2011年9月23日）。

〔3〕 史尚宽：《债法各论》，中国政法大学出版社2000年版，第883页；苏号朋主编：《担保法及其司法解释的应用与例解》，中国民主法制出版社2001年版，第38页；孙鹏主编：《担保法精要与依据指引》，北京大学出版社2011年版，第99页。

仍不能要求丙履行保证债务，因在1月20日未届满之前，保证债务尚处于休眠状态；唯甲最早仅能于1月21日要求丙履行保证债务（当然，保证人具有先诉抗辩权除外）。

实践中，保证对于主债务人具有重要实益，因保证行为的成立与否构成债权人决定是否与主债务人发生债之关系的重要因素。然保证行为作为担保主债务履行之从行为，从属性贯穿于保证债务之始终，从其成立至其消灭。此运作机理决定了保证债务之命运从属于主债务，在本质上缺乏债务独立性要求：主债务标的、体态发生变更时，保证债务亦发生变更；主债务消灭，保证债务亦消灭（当然，依据当事人之约定，保证债务不妨较主债务先行消灭）。同时，此从属性之机理亦为保证人决定是否成立保证债务提供了真实的心理写照，盖因保证人在作出保证时通常基于一定的期待，即主债务人能够自己履行债务，而无须保证人来积极履行。[1]

一言以蔽之，保证人仅从属性、补充性地承担债务，保证债务本质为次生债务，在债务履行期届满之前，保证债务处于候补状态；债权人对于主债务人之债权具有主导地位，该项债权在从属性之作用下决定了对保证人债权之命运。[2]

相较于债务加入，其意指承担人依契约之约定加入既存债之关系，新负担与该债务人于其承担时有同一内容之债务。[3] 此债务承担之直接法效果是，原债之关系并未发生变化，原债务人亦未发生变更，而是新债务人加入，债权人不仅可以向原债务人亦可向承担人请求实现债权。[4] 在债务加入后，通说认为，承担人与原债务人以连带债务的方式向债权人承担债务。[5] 在实践中，债务加入一般产生于原债务成立之后，客观上虽亦发挥着担保债权之作用，但债务承担与否一般并不构成债权人决定是否与原债务人发生债之关系的重要因素，此点与保证迥然相异。

在债务加入行为中，承担人以自己为债务人而主动加入原债之关系，形成与原债务人并存之债务，其行为应视为新债务负担行为。盖因原债务人之债务并不予以

---

〔1〕 Medicus, Schuldrecht Ⅱ Besonderer Teil, 14. Aufl., München, 2007, §113, Rn. 517.

〔2〕 Medicus, Schuldrecht Ⅱ Besonderer Teil, 14. Aufl., München, 2007, §113, Rn. 526.

〔3〕 史尚宽:《债法总论》，中国政法大学出版社2000年版，第750页。

〔4〕 Vgl. Medicus/Lorenz, Schuldrecht Ⅰ Allgemeiner Teil, 18. Aufl., München, 2008, §63, Rn. 749; Münch Komm BGB/Möschel, Vor §414, Rn. 10.

〔5〕 王家福主编:《中国民法学·民法债权》（张广新），法律出版社1991年版，第87页；王利明:《合同法研究》（第2卷），中国人民大学出版社2003年版，第254页；史尚宽:《债法总论》，中国政法大学出版社2000年版，第753页；郑玉波:《民法债编总论》（修订二版），陈荣隆修订，中国政法大学出版社2004年版，第455页；Vgl. Münch Komm BGB/Möschel, Vor §414, Rn. 17; Brox/Walker, Allgemeines Schuldrecht, 33. Aufl., München, 2009, §35, Rn. 23; Medicus/Lorenz, Schuldrecht Ⅰ Allgemeiner Teil, 18. Aufl., München, 2008, §71, Rn. 861; Harke, Allgemeines Schuldrecht, Berlin, 2010, §18, Rn. 485; Looschelders, Schuldrecht Allgemeiner Teil, 6. Aufl., München, 2008, §54, Rn. 1174; Oetker/Maultzsch, Vertragliche Schuldverhältnisse, 3. Aufl., Berlin, 2007, §13, Rn. 9。

免除，而且承担人之债务与原债务人之债务体态（如期限、条件、担保等）亦不必相同。[1] 申言之，承担人以新负担债务行为取得了独立于原债务的自身债务，此独立性债务与保证债务之从属性截然有别，亦是两者不同运作机理核心之所在。据此，自债权人处观之，承担人与原债务人地位并行不悖，债权人可向其中任何一人要求清偿债务；自债务人处观之，承担人与原债务人各自独立地承担债务，其本质为数个之债，故在债务履行上，承担人与原债务人处于同一给付顺位，其间并无主从债之关系。承担人所履行者实为自身之债务，根据债务承担契约之约定，在履行期届至时，承担人须为履行，否则承担债务不履行责任，此点与保证债务之机理甚是相异。例如，债权人甲与债务人乙约定乙应于1月20日向甲履行债务，1月1日丙加入甲乙债之关系，倘届至1月20日时甲即可向丙要求其履行债务，而无须以先行向乙主张为条件（当然，倘承担人与债权人另行约定债务履行期，则依其约定）。

综上比较分析，保证人与承担人所负债务性质并非一致，实乃轻重有别。保证人仅附属于主债务人负担从属性债务，在履行顺位上具有补充属性；承担人加入原债之关系，取得独立的债务人地位，其负担独立的自身债务，此构成两者债之属性上质的区别。在一般保证中，保证人仅承担普通保证债务，享有检索抗辩权；而在债务加入后，承担人与原债务人处于同一给付顺位，向债权人承担连带债务，此构成两者债之属性量的区别。

（二）承担人债务不受保证期间规制

法谚有云，法律不保护权利上的睡眠者，此一方面催促权利人应及时行使权利，另一方面亦在一定程度上为债务之存续设定了期间。一般来说，债务之存续皆具期间限制，或为诉讼时效，或为除斥期间抑或其他法律期间，而期间之设立不外乎两种途径：一为当事人约定，二为法律直接规定。在保证债务与承担人债务之存续期间上，基于两者债务属性与不同立法之考量，于此具有较大之差异。下文即以保证期间为分析视角，阐述承担人债务是否亦受此期间规制。

综观世界各国关于保证期间之立法，其共同点在于，倘当事人就保证期间有约定的，从其约定；其不同点在于对当事人未就保证期间进行约定情况之处理，对此，主要有三种立法模式：第一，保证债务无保证期间之限制，当然，基于从属性原则，主债务消灭保证债务亦消灭。典型者如《德国民法典》第777条。[2] 第二，法律规定保证人可催告债权人在合理期间内行使权利，逾期未行使则保证债务消灭。之所以赋予保证人以催告权，旨在平衡保证人与债权人之间的利益，以弥补保证人只承

[1] 史尚宽：《债法总论》，中国政法大学出版社2000年版，第751页。

[2] 《德国民法典》第777条第1款规定："保证人就现存之债务作出确定期间之保证者……在确定的期间届满后，保证人免除债务……"

担义务而不享有权利的偏差。[1] 典型者如我国台湾地区“民法”第753条。[2] 第三，保证期间由法律直接予以规制。典型者如《意大利民法典》第1957条。[3] 采此立法模式的国家均认为，保证期间为保证债务固有属性，有约定按约定，无约定则将法定保证期间推定为当事人之意思，任何保证债务均应适用保证期间。[4]

我国《担保法》第25条第1款及第26条第1款分别就一般保证与连带保证的保证期间进行了规定，当事人“未约定保证期间的，保证期间为主债务履行期届满之日起六个月”。显然，对于保证债务未约定保证期间之规制，我国采纳了第三种立法模式。其实，在1994年最高人民法院发布的《关于审理经济纠纷案件有关保证的若干问题的规定》中首次使用了保证期间的概念，其属于约定期间，亦即当事人约定保证期间的，保证期间产生相应的法律后果，当事人未约定保证期间的，并不强行要求保证合同必须有保证期间的内容。[5] 而《担保法》中之所以强行规制法定保证期间，乃基于立法政策之考量，立法上向保证人倾斜以维护保证人的利益，避免债权人因怠于行使权利而加大保证人的风险。[6] 保证人毕竟附属于主债务人而负担债务，基于主从债务属性之考量，保证人与主债务人并不应该置于完全相同的法律地位。设定保证期间，将保证债务限定在一定的期间内，可以避免保证人无止境地处于承担债务的不利状态或是长期处于随时可能被要求承担债务的不确定状态。基于保证行为机理，此规范是在衡量保证人和债权人利益之后的理性选择，体现了合理分担风险的原则。[7] 故此，在债务存续期间上，保证债务不仅从属于主债务之存续期间，亦受保证期间之规制。

相较于债务加入，其虽于成立之时以原债务有效存在为前提，但承担债务为新债务负担行为，在债务体态上承担人债务可异于原债务。在债务存续期间上，由于债务承担后并行存在数个之债，承担人债务之诉讼时效可不同于原债务而独立进行。[8] 至于在债务承担中，承担人债务是否如同保证债务亦受制于保证期间之规制，抑或可类推适用保证期间之规范，对此，笔者认为应作否定回答。由于两者不同之

---

〔1〕 高圣平：《担保法论》，法律出版社2009年版，第111页。

〔2〕 我国台湾地区“民法”第753条规定：“保证未定期间者，保证人于主债务清偿期届满后，得定一个月以上之相当期限，催告债权人于其期限内，向主债务人为审判上之请求。债权人不于前项期限内向主债务人为审判上之请求者，保证人免其责任。”

〔3〕《意大利民法典》第1957条第1款规定：“在主债务期间届满后，保证人也应当承担责任，但是以债权人在6个月内对债务人提出诉讼并对该诉讼给予持续注意为限。”《意大利民法典》(2004年)，费安玲等译，中国政法大学出版社2004年版，第461页。

〔4〕 冯永军：《保证期间比较研究》，载《河南教育学院学报》(哲学社会科学版) 2002年第2期。

〔5〕 曹士兵：《中国担保制度与担保方法——根据物权法修订》，中国法制出版社2008年版，第143页。

〔6〕 江必新、何东林：《最高人民法院指导性案例裁判规则理解与适用（担保卷)》，中国法制出版社2011年版，第203页。

〔7〕 盛杰民、袁祝杰：《浅论保证期间与诉讼时效》，载《中外法学》1997年第4期。

〔8〕 史尚宽：《债法总论》，中国政法大学出版社2000年版，第751页。

机理，作为从债务的保证债务较之主债务理应受到优待，法律规制保证期间一方面旨在鼓励当事人积极参与担保行为，促进社会经济之发展；另一方面亦充分考量保证债务之特性，催使债权人在限定的期间内及时行使权利。而承担人所负为自身独立之债务，与原债务人并存之地位决定了承担人并无给付顺位上的优待。于此观之，立法上对保证人之政策考量并不适用于承担人。基于方法论上类推适用之原理，依上文之阐述，两者相异的机理决定了在保证期间规制上并无相类似的构成要件，故倘当事人并未对债务承担约定期间时，保证期间之规范并不能予以类推适用。[1]

据此可知，在债务存续期间上，两者所受限制轻重不一：保证债务基于从属性之机理，其不仅受制于主债务诉讼时效，而且更受制于期限较短的保证期间；承担人债务基于独立债务之机理，其债务诉讼时效可同于原债务，亦可异于原债务而独立进行，关于影响诉讼时效之事由应根据连带债务之规则而产生效力；同时，作为履行自身债务之承担人，其与原债务人并无主从债之关系，基于保证期间规制之目的，承担人债务缺乏另行规制保证期间之基础，亦缺乏类推适用之构成条件。准此观之，在债务存续期间上，保证人地位优于承担人地位。

（三）承担人援引原债务人对债权人之抗辩事由，应分别判断

基于保证债务从债之属性，保证人可以援引所有主债务人对抗债权人之抗辩事由，纵属主债务人放弃之，亦不例外。[2] 兹所谓抗辩，应从广义解释，包含异议、抗辩及其他有抗辩性质之反对权。[3] 由于从属性贯穿于保证债务存续期间，故原则上主债务人与债权人间所生事项之效力亦及于保证人。申言之，对于主债务人在保证债务成立后而产生的对抗债权人之有利抗辩事由，保证人亦得主张援引，此为保证债务从属性之当然解释。同时，基于保证债务之补充属性，作为后顺位之保证债务不仅在债务履行期上须以主债务履行期届满为要件，而且在主债务纠纷未经审判或仲裁，并就债务人财产依法强制执行仍不能履行债务前，保证人可拒绝向债权人履行保证债务。

反观债务加入，承担人债务以原债务有效存在为前提，由于债务承担并未改变原来债务之同一性，因此，在债务承担成立之时，承担人债务具有附从属性。基于此，承担人得主张援引原债务人对抗债权人之抗辩事由，唯此抗辩事由须在债务承

---

〔1〕 自法学方法论上观之，类推适用系指将法律针对某构成要件（A）或多数彼此相类似的构成要件而赋予之规则，转用于法律所未规定而与前述构成要件相类似的构成要件（B）。转用之基础在于：二构成要件彼此相类，故两者应作相同的评价。参见［德］卡尔·拉伦茨：《法学方法论》，陈爱娥译，商务印书馆2003年版，第258页。

〔2〕《担保法》第20条，我国台湾地区“民法”第742条，《德国民法典》第768条，《法国民法典》第2036条。

〔3〕 史尚宽：《债法各论》，中国政法大学出版社2000年版，第907页。

担前即已发生。[1] 在债务承担后，承担人债务不依附于原债务而存在，债权人得独立对承担人行使权利，对此，史尚宽先生准确地概括为："债务加入与连带保证不同，唯于其成立有附从性，而于其继续则否。"[2] 连带债务之法效果阻止了从属性于债务承担后继续发生作用，并行的连带债务人之地位决定了对原债务人与债权人间所生事项之效力并不当然及于承担人。换言之，对于原债务人在此之后而产生的对抗债权人之有利抗辩事由，承担人并不当然能够予以援引，而应该根据连带债务之规则予以判断。[3] 并且，在任何情况下，承担人皆不得主张检索抗辩权，在债务履行期届至之时，承担人即须履行债务，否则，应承担债务不履行责任。

故此，自两者抗辩事由援引方面观之，保证人具有较优之地位，其不仅可以援引主债务人对债权人产生于任何时段的抗辩事由，而且具有后顺位之优势，可主张检索抗辩权。相较之下，承担人只能援引原债务人对债权人产生于债务承担之前的有利抗辩，对于产生于承担之后的抗辩事由，应依据连带债务之规则判断可否援引之。

（四）在债务承担中，原债务人将其债务移转于他人时，不需要经过承担人同意

依《担保法》第23条之规定，债务人将其债务移转于第三人时，不仅需要债权人同意，亦需征得保证人同意（书面同意），否则，保证债务消灭。如此规定，其背后法理亦甚明晰，保证人为保证他人之债而承担债务，其行为之成立具有强烈的人身信任之基础关系，盖此不仅决定着保证人是否得实际清偿保证债务，亦关乎着保证人在清偿债务后的追偿利益（《担保法》第31条）。倘若主债务人因债务移转而发生变更，则不应遽然将变更之风险苛求于保证人，此风险主要来源于第三人（债务受让人）偿债能力如何。同时，倘若保证人要求债务人提供反担保，此种债务转让还会使反担保失去意义。

对于保证债务移转法律之适用，《担保法》及其司法解释均有明文规范，适用无疑。颇具疑问的是，在债务加入中，倘原债务人将其债务移转于他人时，承担人之地位如何。换言之，承担人能否如同保证人一样，主张债务移转未经其同意而不再承担债务。韩世远教授在阐述债务加入时说道："债权人与承担人缔结债务承担合同的场合，实质上是一种担保，与保证（尤其是连带责任保证）相类似，故可以类推

---

〔1〕 黄茂荣：《债法通则之三：债之保全、移转及消灭》，厦门大学出版社2014年版，第142页；［日］我妻荣：《我妻荣民法讲义·新订债权总论》，王燚译，中国法制出版社2008年版，第509页；Medicus/Lorenz，Schuldrecht Ⅰ Allgemeiner Teil，18. Aufl.，München，2008，§71，Rn. 861；Looschelders，Schuldrecht Allgemeiner Teil，6. Aufl.，München，2008，§54，Rn. 1174；Brox/Walker，Allgemeines Schuldrecht，33. Aufl.，München，2009，§35，Rn. 24。

〔2〕 史尚宽：《债法总论》，中国政法大学出版社2000年版，第752页。

〔3〕 Vgl. Looschelders，Schuldrecht Besonderer Teil，3. Aufl.，Köln，2009，§49，Rn. 938.

适用保证的相关规定。"[1] 韩教授得出可类推适用之结论，却未能指出于何种情形下可类推适用，更未能论证可类推适用之基础何在。对此，笔者认为，由于两者相异之机理不容忽置，关于两者法规范类推适用与否不可概而论之。在债务移转法律适用方面，由于缺乏类推适用之基础，债务承担人不可类推适用保证的规则。[2] 盖因在债务加入中，承担人之所以承担债务，其核心之基础乃在于自身对债务之履行具有对价给付利益，对此利益之追求促使承担人积极主动加入债之关系。虽此行为亦发挥着担保作用，但此担保并非仅仅基于对原债务人能力之信任而作出，实乃债务承担发生连带债务客观效果使然。倘原债务人将其债务移转于他人时，此债务移转行为并未破坏承担人之对价给付利益，故此，债务移转并未破坏承担人承担债务之基础，此点与被保证债务移转大相径庭。质言之，由于《担保法》就被保证债务移转规范之考量因素非同于债务加入，两者于此缺乏类推适用之基础。

既不能类推适用，则于原债务人将债务移转过程中，承担人之地位如何仍需考察。笔者认为，此问题应从债务加入之法效果角度来分析。通说认为，在债务承担后承担人与原债务人对债权人承担连带债务。当然亦有主张不真正连带债务说者，如我妻荣教授、林诚二教授、孙森焱教授和韩世远教授；[3] 我国司法实践中采纳连带债务说。[4] 笔者亦赞同连带债务说，理由如下：第一，承担人之所以加入债之关系，乃基于因债务承担而获得对价给付利益之考虑，其利益直接指向债权人的对待给付。同时，结合原债务人对债务之履行亦享有对价给付利益进行观察，在向债权人履行债务方面，承担人与原债务人具有同一给付之利益（Identität des Leistungsinteresses）[5]，亦即具有共同之目的（Gemeinschaft des Zweckes）。主动承担债务行为乃承担人旨在获得对待给付之举，其建立在对原债之关系明确认知之上，并非偶然而为。然尽管承担人与原债务人对债务履行具有同一给付利益，但为达清偿之目的，承担人与原债务人之间无须具有共同之意识。[6] 第二，在债务承担后，承担人负担以原债务为内容之独立债务，债权人取得并存的债权请求权，且两者债务具有同位

[1] 韩世远：《合同法总论》（第3版），法律出版社2011年版，第493页。

[2] 关于承担人不可类推适用保证人同意之规范的法学方法论上的论证，具体可参见拙作：《并存的债务承担中债务移转问题之分析》，载《月旦民商法杂志》第51期。

[3] 具体参见［日］我妻荣：《我妻荣民法讲义·新订债权总论》，王燚译，中国法制出版社2008年版，第509页；林诚二：《民法债编总论——体系化解说》，中国人民大学出版社2003年版，第514页；孙森焱：《民法债编总论》（下册），法律出版社2006年版，第816页；韩世远：《合同法总论》（第3版），法律出版社2011年版，第494页。

[4] 最高人民法院（2005）民二终字第155号民事判决书，湖北省潜江市人民法院（2010）潜民初字第351号民事判决书，北京市第一中级人民法院（2008）一中民初字第07397号民事判决书，福建省厦门市中级人民法院（2004）厦民初字第279号民事判决书。

[5] Vgl. Looschelders, Schuldrecht Allgemeiner Teil, 6. Aufl., München, 2008, §55, Rn. 1198.

[6] 史尚宽：《债法总论》，中国政法大学出版社2000年版，第643页。

阶性。易言之，债权人可任向承担人或原债务人请求为全部或部分给付，此点与保证债务从债之属性甚是相异。[1]

在连带债务关系的架构下，承担人与原债务人对债权人实为两个并存之债，既为数个债之关系，则在债之相对性原则下，债权人对每一债务人之债权原则上皆是独立的。[2] 倘原债务人将其债务移转于他人时，因此债务移转行为并未消除连带债务共同目的之基础，故此债务移转之法效果仅在原债务人与债权人之间产生效力，对承担人与债权人间债之关系并无影响。意即，承担人之债务并不取决于原债务人之债务持续性地存在。[3] 此时，承担人仍可在所承担债务范围内向债权人履行债务，对于超出自身所应承担之部分，承担人自得向原债务人进行求偿。盖因自承担人处观之，原债务人并未据此脱离连带债务人之地位，其移转债务发生免责之效果并不能向承担人主张。正如史尚宽先生所言："一债务人之债务虽因债务承担移转于他人，他债务人之求偿权不因而生有变更，即他债务人对于原债务人仍得为求偿，从而虽有其他无资力者代替原债务人，求偿权不因此而蒙受任何不利益。"[4] 因此，既然原债务人将其债务移转于第三人仅发生相对效力，故此移转行为仅需征得债权人同意，自然无须征得承担人之同意，盖因于此移转过程中承担人之法律地位并未遭受任何的不利益。

当然，倘债权人在对原债务人将债务移转于他人表示同意时有免除全部债务之意思，则此免除意思发生绝对效力。申言之，倘在债权人对原债务人脱离连带债务关系表示同意的意思中有为其免除全部连带债务表示，则此免除之意思亦在承担人与债权人间发生效力，承担人可以此对抗债权人之请求。[5] 盖因免除全部连带债务致使债务人间之共同目的消灭，亦即连带债务存在之基础丧失，连带债务变为由第三人承担单数主体之债，他债务人自可主张抗辩。对债权人之意思究为全部债务人为免除抑或为债务人一人为免除，应依债权人意思表示之解释决定。[6]

综上，在债务承担后，原债务人将其债务移转于他人时，承担人并不能直接援引关于保证之规定而主张不再承担债务；但却可基于连带债务之规则，主张原债务人移转债务之行为仅发生相对效力，故在其履行债务后仍可向原债务人进行求偿，以维护自身利益。当然，倘债权人在同意原债务人移转债务之时有为免除全部债务之意思，则此免除行为发生绝对效力，承担人亦可据此对抗债权人之主张。

---

〔1〕 Vgl. Münch Komm BGB/Bydlinski, §421, Rn. 12; Erman/Westermann, Bürgerliches Gesetzbuch, 12. Aufl., Köln, 2008, §421, Rn. 48.

〔2〕 Looschelders, Schuldrecht Allgemeiner Teil, 6. Aufl., München, 2008, §55, Rn. 1200.

〔3〕 Brox/Walker, Besonderes Schuldrecht, 33. Aufl., München, 2008, §32, Rn. 3.

〔4〕 史尚宽：《债法总论》，中国政法大学出版社 2000 年版，第 664 页。

〔5〕《德国民法典》第 423 条以及我国台湾地区"民法"第 276 条第 1 项。

〔6〕 史尚宽：《债法总论》，中国政法大学出版社 2000 年版，第 655 页。

三、保证与债务加入区分认定之标准

依上文可知，在两者相异机理之作用下，保证债务与承担人债务在债务属性、债务存续期间、抗辩事由援引及债务移转法律适用等具体法效果上具有重大的差异。概言之，保证人之地位优于承担人，债务加入的危险性大于保证行为。[1] 正如前文所引案例，此法效果上的差异于当事人而言具有重大实益，甚至关乎当事人责任之有无问题。所以，尽管两者皆具保障债权相似之面纱，但于法效果出发，两者必须严格予以区分。唯有如此，方能更好地发挥两者之价值功能，准确地适用法律。

（一）有约定按约定

在私法行为中，当事人的意思表示是决定行为效果之首要因素，故在区分两者时，应首先检索当事人之意思表示，即以当事人之意思为依据，确定其为债务加入抑或保证，在有疑问时应通过意思表示解释的方法予以判明。[2] 换言之，起决定性作用的不是用语如何，而是当事人真实的意思。[3] 在实践中，当事人若明确表示为保证人，或者债权人明确要求债务人提供保证人，或者债务人仅要求第三人担任保证人的，是为保证；而如果当事人明确表示第三人为加入债务，与债务人一起负担债务的，可以确定第三人为债务加入人。如最高人民法院在“信达公司石家庄办事处与中阿公司等借款担保合同纠纷案”民事判决书中明确指出：“根据承诺书的具体内容以及向河北中意的催收通知中的担保人身份的注明，对河北中意的保证人身份有较为明确的表示与认可，故上诉人信达石办主张的此行为系保证人增加的上诉理由，于法有据，本院予以支持。”[4]

（二）无约定或约定不明：以对价给付利益为认定标准

1. 具有对价给付利益

若当事人真实意思不甚明了，则在个案中判断一种情形为保证抑或并存债务承担时，应在考察不同的利益基础上通过解释予以明确，具决定性的是全部之情事与承担协议之目的。[5] 由于为保证人所规定的保护不能被破坏，对债务承担的认定必须通过特别的案件事实予以说明。[6] 对此，德国通说认为，承担人对于债务之履行

---

〔1〕 类似结论亦可参见 Medicus/Lorenz，Schuldrecht Ⅰ Allgemeiner Teil，18. Aufl.，München，2008，§71，Rn. 860；黄立：《民法债编总论》，中国政法大学出版社2002年版，第638页。

〔2〕 Vgl. Looschelders，Schuldrecht Allgemeiner Teil，6. Aufl.，München，2008，§54，Rn. 1176.

〔3〕 Münch Komm BGB/Möschel，Vor §414，Rn. 21.

〔4〕 最高人民法院（2005）民二终字第200号民事判决书。

〔5〕 Brox/Walker，Allgemeines Schuldrecht，33. Aufl.，München，2009，§35，Rn. 22.

〔6〕 Vgl. Looschelders，Schuldrecht Allgemeiner Teil，6. Aufl.，München，2008，§54，Rn. 1176.

须具有直接实在的利益，否则，不论当事人用语如何，均应认定为保证。[1] 史尚宽先生认为，“在实际上果为保证契约抑为债务加入，应斟酌具体的情事，尤其契约之目的定之。当事人之意思不明时，其偏为原债务人之利益而为承担行为者，可认为保证。承担人有直接及实际之利益而为之者，可认为债务加入”。[2]至于何为“承担人具有直接实际的利益”都未给出明确的解释。对此，笔者认为，所谓“承担人对债务之履行具有直接实际的利益”系指在债务承担契约中承担人对承担债务所欲追求之对价给付利益。盖因债务承担契约作为负担契约，其具要因属性。[3] 所谓要因，是指负担契约本身包括一个原因，即承担义务的法律目的，这个法律目的同时也表明负担契约所追求的经济目的。在典型之负担契约中，一方之所以承担给付义务，是因为他要因此使另一方承担对价给付的义务。[4] 申言之，在债务承担契约中，承担人之所以愿意加入原债之关系旨在获得债权人对价之给付，此对价给付利益构成承担人承担债务之原因。[5] 此即为黄茂荣先生所称之“对价或交换原因是原因行为提供给自己内在的法律上原因”在债务加入中的解释。[6]

准以言之，倘债务承担合意于承担人与债务人间达成，此时承担人向债权人履行给付之行为即非属于债务加入，而为纯正的利益第三人契约。[7] 盖因债权人于此合意中并未获得独立的契约当事人地位。[8] 尽管债权人可以请求承担人为给付，但在债权人与承担人之间并未形成独立的契约关系，承担人之所以愿意向债权人为给

---

〔1〕 Vgl. BGH NJW 1986, 580; BGH NJW 2001, 1130; Brox/Walker, Allgemeines Schuldrecht, 33. Aufl., München, 2009, §35, Rn. 21; Oetker/Maultzsch, Vertragliche Schuldverhältnisse, 3. Aufl., Berlin, 2007, §13, Rn. 13; MünchKommBGB/Möschel, Vor §414, Rn. 19, 21; Looschelders, Schuldrecht Allgemeiner Teil, 6. Aufl., München, 2008, §54, Rn. 1176; Medicus/Lorenz, Schuldrecht Ⅰ Allgemeiner Teil, 18. Aufl., München, 2008, §71, Rn. 860.

〔2〕 史尚宽：《债法总论》，中国政法大学出版社2000年版，第751页。

〔3〕 史尚宽先生认为，吾人为权利处分或负担债务等之财产给付，必有一定之原因。以原因为财产给付行为之要素者，此为要因行为。参见史尚宽：《民法总论》，中国政法大学出版社2000年版，第317页以下。据此，笔者认为，债务承担契约之成立亦有一定之原因，此原因即为债务承担契约之目的，表现为承担人为自身之利益而意欲追求债权人所为之对价给付行为。倘债务承担不以此原因为履行债务之要素，则债务承担契约难以有效成立。

〔4〕 [德] 卡尔·拉伦茨：《德国民法通论》（下册），王晓晔等译，法律出版社2003年版，第443页。

〔5〕 德国学者Medicus先生认为，在双务契约中，当事人之一方所以愿意为给付之交换的原因认识即为法律行为原因。Vgl. Medicus, Allgemeiner Teil des BGB, 6. Aufl., 1994, Rn. 212. 同时，Larenz先生亦认为，负担契约包含一个原因，亦即包含其所以负义务之法律上的目的，该目的同时使该契约所追求的经济目的表现出来。Vgl. Larenz, Allgemeiner Teil des deutschen Bürgerlichen Rechts, 7. Aufl., 1989, S. 328. 转引自黄茂荣：《债法通则之一：债之概念与债务契约》，厦门大学出版社2014年版，第20页，注释1。

〔6〕 黄茂荣：《债法通则之一：债之概念与债务契约》，厦门大学出版社2014年版，第20页。

〔7〕 Vgl. Looschelders, Schuldrecht Allgemeiner Teil, 6. Aufl., München, 2008, §54, Rn. 1172.

〔8〕 Staudinger/Jagmann (2004), §328, Rn. 30; Soergel/Hadding, §328, Rn. 21.

付，实乃基于其与债务人间之抵偿关系（Deckungsverhältnis）。[1] 于此抵偿关系中，承担人向债权人为给付与债务人向承担人为给付形成对价关系，而承担人与债权人间仅处于比较松散的关系中，甚至承担人常常并不知晓债务人在对价关系上对于债权人具有何种目的。[2] 故此，承担人与债权人并不形成独立的债权债务关系，更毋宁说，承担人为追求其与债权人间之对价给付利益而主动加入与债权人债之关系中。[3]

诚然，保证人是意愿——如出于帮助、家庭成员之间提供保证等——为他人之债作担保，但保证并非皆出于无私之动机，在有偿保证中，保证人之所以进行保证亦旨在追求通过保证获得相应利益。然此利益仅仅是保证行为之动机，并不是保证债务履行之目的，其并不会被当作与债权人关系之对象或目的予以考虑。[4] 申言之，保证人因何而作出保证承诺，对"保证"合同类型而言并无意义，保证的对价系由保证人和主债务人约定，其处在保证人与债权人所订立的保证合同之外。[5] 如此观之，保证人在有偿保证中所追求之利益并不同于承担人承担债务之对价利益，前者处于保证人与主债务人之间，与保证债务之履行并不形成直接的对待给付关系，债权人对保证人并无给付义务；[6] 后者处于承担人与债权人之间，与债务承担及履行形成直接的对待给付关系。

综上所述，笔者认为，在具体判断保证与债务加入时，应以对价给付利益为实质标准。详言之，倘承担人对债务之承担及履行具有对价给付利益时，则应认定为债务加入；倘承担人缺乏此对价给付利益，鉴于保证债务与承担人债务轻重有别，则应具体区分一般民事行为与商事行为而分别予以判断，对此，下文将详述。如由于租金欠款X夫妻被提起租赁物收回之诉，X的儿子S居住于租赁房屋内，遂向出租人表示，其愿意为租金债务担保。此时非属缺乏法定形式要求之无效保证，而是有效之债务加入，因为儿子对租赁合同之维持具有自身之利益，此利益即为出租人撤回租赁物收回之诉及继续维持租赁合同的对待给付行为。[7] 然倘若丈夫E在银行B借了一笔款项用于资助由E单独经营的企业，妻子F为此债务担保，由于F对债

---

〔1〕 Vgl. Looschelders, Schuldrecht Allgemeiner Teil, 6. Aufl., München, 2008, §52, Rn. 1055; Medicus/Lorenz, Schuldrecht Ⅰ Allgemeiner Teil, 18. Aufl., München, 2008, §66, Rn. 762；史尚宽：《债法总论》，中国政法大学出版社2000年版，第632页。

〔2〕 Vgl. Medicus/Lorenz, Schuldrecht Ⅰ Allgemeiner Teil, 18. Aufl., München, 2008, §66, Rn. 764.

〔3〕 史尚宽先生认为："双务契约之对待给付，应由受约人负担，盖为第三人之契约非同时为第三人负担之契约也。"参见史尚宽：《债法总论》，中国政法大学出版社2000年版，第622页。

〔4〕 Harke, Allgemeines Schuldrecht, Berlin, 2010, §18, Rn. 485.

〔5〕 Medicus, Schuldrecht Ⅱ Besonderer Teil, 14. Aufl., München, 2007, §113, Rn. 514.

〔6〕 Vgl. Brox/Walker, Besonderes Schuldrecht, 33. Aufl., München, 2008, §32, Rn. 1; Looschelders, Schuldrecht Besonderer Teil, 3. Aufl., Köln, 2009, §49, Rn. 934.

〔7〕 Vgl. Brox/Walker, Allgemeines Schuldrecht, 33. Aufl., München, 2009, §35, Rn. 22.

务的履行缺乏直接的对价利益，故认定为保证更容易理解。[1] 我国最高人民法院法官在对“远策公司诉华纪公司、赵国明合资、合作开发房地产合同纠纷案”的点评中论述道：“在本案中，赵某与远策公司达成合意，由赵某归还原华纪公司所欠远策公司的投资款。对此，华纪公司自称其是知情的，结合赵某是华纪公司的股东，同时又是远策公司出资人之一的事实，可以判断赵某与华纪公司、远策公司之间存在重大经济利益关系，所以赵某才会愿意加入华纪公司对远策公司的债务中来。”[2] 可见，关于对价给付利益之界定标准在我国亦逐步得到司法实践者的关注与运用。

2. 不具有对价给付利益

如上所述，当事人对债务履行具有对价给付利益者，应认定为债务加入行为；对于不具对价给付利益者，是否应径直认定为保证呢？鉴于保证债务与承担债务不同之机理，保证债务在一定程度上亦轻于承担人债务，笔者认为，应区分一般民事行为与商事行为而分别判断，具体阐述如下：

（1）一般民事行为

在一般民事行为中，倘作为普通民事行为主体之当事人对于债务之履行缺乏直接的给付对价利益时，则应将当事人担保债权之行为认定为保证。盖因普通民事行为主体在作出担保行为时并非以营利为目的，且多数情况下是出于无偿之帮助，其对于担保行为之风险往往缺乏理性的评估。[3] 同时，普通民事行为主体在作出担保行为时往往基于如下的期待：主债务人能够自己履行债务，而无须保证人来积极履行。故笔者认为，为鼓励普通民事主体积极参保，促进资本的积极流通，针对普通民事行为主体所作出的担保行为应认定为保证，以使其承担较轻的保证债务，以便享有债务履行顺位、保证期间及抗辩事由援引等方面的优越地位，给予其债务履行优待效果。[4]

（2）商事行为

相反，在商事行为中，倘担保行为当事人对于债务之履行缺乏直接的给付对价利益时，仍应将此行为认定为债务加入，令当事人承担连带债务。理由如下：

首先，商事主体在作出担保行为时是以营利为目的，其并不享有法律对无偿行为主体所规定的责任优待地位。[5] 同时，商事主体作为“强有力的智者”[6]，较之

---

〔1〕 Vgl. Münch Komm BGB/Möschel，Vor § 414，Rn. 22.

〔2〕 李玉林：《前沿问题审判实务：合同纠纷》，中国法制出版社2014年版，第47页。

〔3〕 相似见解参见曾大鹏：《商事担保立法理念的重塑》，载《法学》2013年第3期；范建：《商事担保的构成与责任特殊性》，载《法学》2013年第3期。

〔4〕 类似于在无偿保管合同中，保管人可证明自己没有重大过失而免于承担损害赔偿责任，而在具有商事属性的仓储合同中，保管人则并不享有此赔偿责任优待。参见《合同法》第374条、第394条。

〔5〕 在保管合同、委托合同、赠与合同等方面，针对普通民事主体所享有之责任优待地位，商事主体皆不享有。

〔6〕 ［日］星野英一：《私法中的人》，王闯译，中国法制出版社2004年版，第35页以下。

普通民事主体具有较强的行为风险评估能力，对行为内容、行为方式及行为法效果等方面应处于充分知晓之状态，尤其是行为之法效果更应处于其预见范围之内。在作出担保行为（保证抑或债务加入）时，商事主体出于营利之考量亦具有较大的选择余地，正如日本田中耕太郎博士所说“商人被视为为了达到其营利目的而进行最合理的行动的人”。[1] 故基于商事行为之特性，商事主体在积极追求营利的同时亦应承担相应之风险，对于此种未臻明确之担保行为，为更好地保障实现债权，应认定为债务加入，以令商事主体承担较重的连带债务。

其次，作为商事担保债权行为之典型——票据保证，此保证债务不仅非从属于被保证人之债务，亦不享有一般民事保证中的检索抗辩权。换言之，票据保证债务为负有与主债务同一内容之独立债务，纵被保证人之债务无效，票据保证人仍负有保证债务。[2]《票据法》第50条规定，保证人与被保证人应当对持票人承担连带债务。于此观之，在立法例上，对于具有商事行为属性的债权担保行为，法律基于营利与风险并存原则规定了商事主体应承担较重之连带债务。依此机理，对于未能明晰具体性质的债权担保行为，倘其发生在商事行为领域，为保持法律规范之统一性，则应认定为债务加入行为，以使当事人承担连带债务。

最后，在比较法上，基于商事主体与普通民事主体之区别，商事担保行为区别于普通民事担保行为，商事主体缺乏普通民事主体所享有之检索抗辩权，并应承担连带债务。例如，《德国商法典》第349条规定，对于担保构成商行为的，担保人不享有检索抗辩权。《日本商法典》第511条第2款规定，担保行为具有商事属性时，由主债务人与担保人承担连带债务。[3] 在法国法中，商事担保总是承担连带债务，1953年Derrida甚至说连带债务是商法的主要部件。[4] 可见，在商事行为中，以商事主体承担连带债务为原则，承担一般保证债务为例外。

（3）最高人民法院的操作意见

最高人民法院于2005年在“信达公司石家庄办事处与中阿公司等借款担保合同纠纷案”民事判决书中明确指出：“二者在案件的实质处理上并无不同，只是在性质上有所不同：保证系从合同，保证人是从债务人，是为他人债务负责；债务加入系独立的合同，承担人是主债务人之一，是为自己的债务负责，也是单一债务人增加为二人以上的共同债务人。判断一个行为究竟是保证，还是债务加入，应根据具体情况确定。如承担人承担债务的意思表示中有较为明显的保证含义，可以认定为保

[1] ［日］星野英一：《私法中的人》，王闯译，中国法制出版社2004年版，第44页。

[2] 史尚宽：《债法各论》，中国政法大学出版社2000年版，第888页；沈达明编著：《法国/德国担保法》，中国法制出版社2000年版，第212页以下。

[3] ［日］我妻荣：《我妻荣民法讲义·新订债权总论》，王燚译，中国法制出版社2008年版，第442页。

[4] 沈达明编著：《法国/德国担保法》，中国法制出版社2000年版，第19页、第56页。

证；如果没有，则应当从保护债权人利益的立法目的出发，认定为债务加入。”[1]对此判决书，笔者疑虑重重：第一，两者具有不同之机理，在债务属性、债务存续期间及抗辩事由等方面具有重大差异，岂能谓“在案件实质处理上并无不同”？第二，何为“意思表示中具有较为明显的保证含义”？第三，为何“应当从保护债权人利益的立法目的出发，认定为债务加入”？面对如此模糊的用语与立意，最高人民法院亦未作出进一步的阐述。

在江必新副院长主编的《最高人民法院指导性案例裁判规则理解与适用（担保卷）》一书中，笔者找到了以下解释：“民事权利的放弃必须采取明示的意思表示才能发生法律效力，默示的意思表示只有在法律有明确的规定，以及交易习惯或当事人有特别约定的情况下才能发生法律效力。同时，从保护债权人的价值取向出发，不免除债务人的债务增加了对债权人债权的保障，更能充分保护债权人的利益。”[2]如此阐述，最令笔者费解的是，在区分保证与债务加入时并未涉及权利人权利放弃的问题，相较于债务加入而言，即使认定为保证，债权人也并未放弃抑或丧失对何人的权利，且保证亦是保障债权手段之一。在笔者看来，上述解释更像是在对区分债务加入与免责的债务承担而进行的理由论述，以此解释区分保证与债务加入似有张冠李戴之嫌。

依上文分析，笔者认为，最高人民法院之判决观点其实是在未区分一般民事行为与商事行为情形下而作出的论断。首先，针对“二者在案件实质处理上并无不同”，由于我国《担保法》第19条之规定即是建立在一般民事保证与商事保证未作区分之情形下的产物，故根据此规定，对于未明确约定保证方式的推定为连带保证，由保证人与主债务人承担连带债务。[3]于此法效果与认定为债务加入确无实质上的差异。其次，针对“意思表示中具有较为明显的保证含义”，对此应理解为对当事人之意思表示进行解释的问题。倘通过解释当事人之意思而得知其真意在于进行保证行为，则应认定为保证。最后，针对“应当从保护债权人利益的立法目的出发，认

---

〔1〕吴庆宝：《信达公司石家庄办事处与中阿公司等借款担保合同纠纷案［最高人民法院（2005）民二终字第200号］》，载《中华人民共和国最高人民法院公报》2006年第3期。

〔2〕江必新、何东林：《最高人民法院指导性案例裁判规则理解与适用（担保卷）》，中国法制出版社2011年版，第252页。

〔3〕《担保法》第19条之规定无疑加重了一般参保人的责任，其反映了立法机关侧重保护债权人的利益倾向。其实，在1994年最高人民法院颁布的《关于审理经济合同纠纷案件有关保证的若干问题的规定》第7条规定中确定的是以“一般保证为原则、以连带保证为例外”的保证方式之规范。参见黄松有主编：《担保法司法解释实例释解》，人民法院出版社2006年版，第152页以下。在比较法上，唯有当事人具有明确连带保证之意思表示时，保证人才承担连带保证责任，否则，只承担一般保证责任。在商法领域，普遍规定商事担保行为承担连带保证责任。参见［日］我妻荣：《我妻荣民法讲义·新订债权总论》，王燚译，中国法制出版社2008年版，第441页；史尚宽：《债法各论》，中国政法大学出版社2000年版，第940页。

定为债务加入”，此立论更是直接建立在担保行为具有商事属性之上。依上文所述，对于债务履行缺乏对价给付利益之担保行为应区分一般民事行为与商事行为而分别判断。倘此担保行为具有商事属性，基于商事行为营利与风险并存之原则，应从更好地保障债权的角度出发，认定此行为为债务加入，以使当事人承担较重的连带债务。此判断符合最高人民法院之判决观点，且最高人民法院此判决正是针对商事纠纷而作出的。倘担保行为并不具有商事属性，而为普通民事主体之参保行为，基于普通民事主体参保之期待及其责任优待之地位，应认定此行为为一般保证行为，当事人承担较轻的一般保证债务。此判断恰为最高人民法院所遗漏，实属不周全。

综上，最高人民法院之判决观点延续着《担保法》制定之时一般民事行为与商事行为糅合为一体之思想，如此混同，难资赞同。[1] 笔者认为，基于一般民事行为与商事行为不同之特性，应对此予以区分判断。如此，势必更好地将一般民事行为及商事行为之特性与债务之轻重相衔接，一方面，更为科学地贯彻了营利与风险并存的原则，维护商事交易安全；另一方面，保障了法律赋予普通民事主体所享有之责任优待地位，鼓励了普通民事主体积极参保的行为，促进资本市场的积极流通与运转。

四、结语

自担保债权方面观之，保证与债务加入同具此功能；然自两者具体法效果观之，两者差异显著：在债务属性上，保证债务具有从属性与补充性，是为从属之债，保证人附从于主债务人而承担债务；债务承担作为新债务负担行为，承担人债务是为独立之债，由承担人与原债务人承担连带债务。在债务存续期间上，保证债务不仅受制于诉讼时效，更受制于较短的保证期间；承担人债务并无类似于保证期间之规定，亦不能类推适用保证期间。在抗辩事由上，保证人不仅享有检索抗辩权，亦可援引主债务人对抗债权人之抗辩事由。承担人承担连带债务，与原债务人处于同一给付顺位，并且对于原债务人对抗债权人之抗辩事由，以债务承担之时为界，产生于此前的，承担人可径直援引，产生于此后的，应按连带债务之规则予以判断。在债务移转法律适用上，基于不同之利益考量，关于保证之规范并不能直接类推适用于债务加入；在债务承担中，倘原债务人将其债务移转，根据连带债务规则，此仅发生相对效力，对承担人之债务并无影响，故此移转行为仅需征得债权人同意，自然无须征得承担人之同意。基于如此区别，保证债务要轻于承担人债务，保证人地

[1] 正如有学者建言，《担保法》应对民事交易与商事交易进行区分规制的逻辑原理，要求在立法技术上对民事担保与商事担保采取实质规范意义上的“民商分立”的二元化处理模式，而摒弃“民商合一”的一元化处理模式，避免以民法思维代替商法思维，以民事担保规则代替商事担保规则或者是以商事担保规则代替民事担保规则。参见曾大鹏：《商事担保立法理念的重塑》，载《法学》2013年第3期。

位较之承担人为优。

基于两者不同之机理，且保证债务轻于承担人债务，在两者之认定上，有约定从其约定，以解释当事人真实意思表示为中心；无约定或约定不明之时，本文主张应以对价给付利益为实质判断标准，倘当事人对于债务之履行具有给付上的对价利益，则应认定为债务加入；倘无此利益，应区分一般民事行为与商事行为而分别判断之：倘担保行为具有商事属性，基于商事行为之特性，应认定为债务加入，以使当事人承担较重之连带债务；倘即为一般民事行为，则应认定为保证，使当事人承担较轻之保证债务。

[朱奕奕：国浩律师事务所律师（上海），华东政法大学法学博士]

债权转让中抵押相关法律问题

孙　超

一、问题的引出

由于金融市场的波动性特征，投资者越来越注重债权的流动性，对此，我国合同法也规定了债权转让制度。按照该规定，一旦债权转让合同生效，债权的转移随即发生，受让人取代转让人在债的关系中的地位，相应地，依附于主债权的从权利也一并转移至受让人。该等债权转让仅需通知债务人，而无须经过债务人同意。但物权法出台后，对债权和物权进行了区别和划分，由于主债权相应的担保权通常属于物权，其物权变动的效力常伴随着登记等法定要件而发生，这就常常会导致债权和物权的脱节，导致受让人主张权利的过程产生障碍。本文拟以债权转让为背景，结合实务案例，对债权受让人主张抵押权（尤其是不动产抵押权）时可能存在的问题进行分析和梳理。

二、债权转让后未办理抵押变更登记的法律问题

（一）物权变动与否

就债权转让后，未办理抵押变更登记的情况下债权受让人是否享有抵押权的问题，目前存在如下两种观点〔1〕：

否定说认为，《物权法》第9条规定，不动产物权的设立、变更、转让和消灭，经依法登记，发生效力；未经登记，不发生效力，但法律另有规定的除外。《城市房地产抵押管理办法》第37条规定，抵押权可以随债权转让，抵押权转让时，应当签订抵押权转让合同，并办理抵押权变更登记。抵押权转让后，原抵押权人应当告知抵押人。《不动产登记暂行条例实施细则》第69条规定："因主债权转让导致抵押权转让的，当事人可以持不动产权属证书、不动产登记证明、被担保主债权的转让协议、债权人已经通知债务人的材料等相关材料，申请抵押权的转移登记。"此外，上

〔1〕 周隼、张文韬：《债权转让后抵押权未办理变更登记之效力研究》，载《法制博览》2017年第12期。

海市第一中级人民法院在审理的谢炳宽诉王连华等民间借贷纠纷案件[1]中也认为，根据物权法规定，债权转让的，担保该债权的抵押权一并转让，但法律另有规定或者当事人另有约定的除外，即若无除外情形，抵押权随主债权一并转让无须合同当事人另行约定。然不动产物权的设立、变更、转让和消灭，经依法登记，发生效力；未经登记，不发生效力，但法律另有规定的除外。上诉人应在受让债权后依法办理不动产抵押权转移登记，原债权人有义务配合办理相关登记手续，现上诉人主张抵押权因主债权转让而转让的，无须办理抵押权转移登记即可直接实现抵押权，于法无据，法院不予支持。

而肯定说认为，《合同法》第 81 条规定，债权人转让权利的，受让人取得与债权有关的从权利，但该从权利专属于债权人自身的除外。《物权法》第 192 条规定，"抵押权不得与债权分离而单独转让或者作为其他债权的担保。债权转让的，担保该债权的抵押权一并转让，但法律另有规定或者当事人另有约定的除外。"结合最高人民法院在湖南绿兴源糖业有限公司、丁兴耀等与湖南绿兴源糖业有限公司、丁兴耀等借款合同纠纷申请再审案件[2]中的观点，认为《物权法》第 192 条的规定系关于抵押权处分从属性的规定，抵押权作为从权利应随债权转让而转让。债权受让人取得的抵押权系基于法律的明确规定，并非基于新的抵押合同重新设定抵押权，故不因受让人未及时办理抵押权变更登记手续而消灭。

经检索相关案例，目前大部分法院均采肯定说，认为主债权转让后，受让人依法享有转让人的原抵押权[3]。

（二）实现抵押权的方式

诉讼的最终效果要落于执行的有效性和可行性，而实务中，借款人可能并无可供执行的财产线索，受让人受让债权后往往更看重抵押权。那么问题是，在未办理抵押权变更登记的情况下，如何有效地实现抵押权？

在笔者代理的某案件中，当事人受让了银行债权后，考虑到上述否定说的观点，仅就借款人和保证人提起了诉讼，并取得了生效判决，而未同时对抵押人提起诉讼。现由于借款人和保证人无可供有效执行的财产线索，当事人希望能够实现抵押权。就此，笔者代为向抵押物所在地的人民法院提出实现担保物权程序并被受理。

《民事诉讼法》第 196 条规定："申请实现担保物权，由担保物权人以及其他有权请求实现担保物权的人依照物权法等法律，向担保财产所在地或者担保物权登记地基层人民法院提出。"第 197 条规定："人民法院受理申请后，经审查，符合法律规定的，裁定拍卖、变卖担保财产，当事人依据该裁定可以向人民法院申请执行；

---

[1] 上海市第一中级人民法院（2015）沪一中民一（民）终字第 688 号民事判决书。

[2] 最高人民法院（2015）民申字第 2040 号民事裁定书。

[3] 最高人民法院（2015）民申字第 2494 号民事裁定书、上海市虹口区人民法院（2013）虹民三（民）初字第 1518 号民事判决书等。

不符合法律规定的，裁定驳回申请，当事人可以向人民法院提起诉讼。”

该程序系民事诉讼法规定的特别程序，审限短，程序简单，有利于尽快实现抵押权人的权利。该程序中，人民法院要就主合同的效力、期限、履行情况，担保物权是否有效设立、担保财产的范围、被担保的债权范围、被担保的债权是否已届清偿期等担保物权实现的条件，以及是否损害他人合法权益等内容进行审查。抵押人或者利害关系人提出异议的，人民法院也应当一并审查。对于处理结果存在如下情形：

《最高人民法院关于适用〈中华人民共和国民事诉讼法〉的解释》第372条规定：“人民法院审查后，按下列情形分别处理：

（一）当事人对实现担保物权无实质性争议且实现担保物权条件成就的，裁定准许拍卖、变卖担保财产；

（二）当事人对实现担保物权有部分实质性争议的，可以就无争议部分裁定准许拍卖、变卖担保财产；

（三）当事人对实现担保物权有实质性争议的，裁定驳回申请，并告知申请人向人民法院提起诉讼。”

如当事人、利害关系人认为人民法院按照该程序作出的裁定有错误的，可以向作出该裁定的人民法院提出异议。人民法院经审查，异议成立或者部分成立的，作出裁定撤销或者改变原裁定；异议不成立的，裁定驳回。对人民法院作出的准许实现担保物权的裁定，当事人有异议的，应当自收到裁定之日起15日内提出；利害关系人有异议的，自知道或者应当知道其民事权益受到侵害之日起6个月内提出。

笔者认为，实现担保物权案件适用非讼程序，经核实权利存在及权利实现条件成就等事项，法院即可作出准予拍卖、变卖的裁定，以迅速实现担保物权，合乎非讼程序的制度价值，但担保物权的产生和实现涉及诸多复杂的实体法律问题，必要的实质审查也在所难免，这就导致实现担保物权程序和诉讼程序存在不明确的界限，法律法规对此未明确规定，人民法院的处理尺度也不尽相同。[1]

三、原债权、原抵押权已经生效法律文书确定后的债权转让

对于原债权、原抵押权等已经生效法律文书确定，并在生效法律文书作出后发生债权转让的情形，按照《最高人民法院关于人民法院执行工作若干问题的规定（试行）》第18条的规定并结合司法实践，仍应当由生效法律文书确定的原债权人申请执行。而后由原债权人书面认可第三人取得该债权，该第三人书面申请变更其为申请执行人以代替原债权人主张权利。

此外，如债权人在诉讼审理过程中转让债权，其是否仍享有诉讼中的原告主体

---

〔1〕 如金华市婺城区人民法院在其作出（2014）金婺商特字第2号民事裁定书中指出，“本院在综合审查的基础上，对主合同（借款合同）的转让、从合同（抵押担保合同）的抵押权变更登记等确定影响担保物权实现的事实认定还存有疑问，无法在该特别程序中形成内心确信”。

地位？还是债权受让人作为新的诉讼主体参与到诉讼案件审理中？对此，《最高人民法院关于适用〈中华人民共和国民事诉讼法〉的解释》明确规定，在诉讼中，争议的民事权利义务转移的，不影响当事人的诉讼主体资格和诉讼地位。人民法院作出的发生法律效力的判决、裁定对受让人具有拘束力。受让人申请以无独立请求权的第三人身份参加诉讼的，人民法院可予准许。受让人申请替代当事人承担诉讼的，人民法院可以根据案件的具体情况决定是否准许；不予准许的，可以追加其为无独立请求权的第三人。

四、债权转让中抵押纠纷管辖问题[1]

就不动产抵押纠纷管辖问题而言，《民事诉讼法》规定，因不动产纠纷提起的诉讼，由不动产所在地人民法院管辖，而民诉法解释进一步明确，不动产纠纷是指因不动产的权利确认、分割、相邻关系等引起的物权纠纷。而因上述实现担保物权程序的申请被驳回，或单就实现抵押权提起的诉讼，是否均适用上述条款（由不动产所在地法院管辖）却在司法实践中存在争议。一种观点认为，债权转让后，抵押权随主债权一并转让，而由于不动产已向原债权人办理了抵押登记，且抵押权的设立没有争议，只是就债权受让人是否享有抵押权存在争议，即诉讼的关键是抵押权的确认，其符合民诉法解释的上述要求，应当由抵押的不动产所在地法院管辖；而另一种观点认为，抵押权来源于抵押合同，债权转让后，抵押权的确认并无争议，诉讼的关键在于债权转让本身，即案由应为债权转让合同纠纷，其管辖法院应当为债权转让合同纠纷相对应的法院，而并非均为不动产所在地法院管辖[2]。

五、诉讼时效问题

《物权法》第202条规定，抵押权人应当在主债权诉讼时效期间内行使抵押权；未行使的，人民法院不予保护。该条款中“不予保护”的含义明确依赖于对诉讼时效和抵押权性质的分析，就诉讼时效而言，其以请求权人怠于行使权利持续至法定期间状态作为规定对象，目的在于让罹于时效的请求权人承受不利法律后果，以起到促使其尽快行使权利的作用，按照民法理论通说，其适用范围限于债权请求权。而就抵押权而言，其性质上属于支配权，并非请求权范围，因此抵押权并不适用诉讼时效。[3] 就抵押权而言，其目的在于担保债务履行，以确保抵押权人对抵押物价值享有优先受偿权。为实现该目的，抵押权对物之本身必将产生权能上的限制，对物的使用和转让均会发生影响。因此，如不对抵押权人行使抵押权期限进行限制，

---

〔1〕 王乃权、周红：《试析债权转让纠纷案件的诉讼管辖》，载《社会科学论坛：学术研究卷》2007年第6期。

〔2〕 辛坚、章丽美：《债权转让与合同无效不影响管辖协议的效力》，载《人民司法》2014年第10期。

〔3〕 邹海林：《抵押权时效问题的民法表达》，载《法学研究》2018年第1期。

将使抵押财产处于长期不稳定的状态，不仅不利于保护当事人的合法权益，也不利于物权权能的行使。此外，如允许抵押权人在任何时候均可行使抵押权，则意味着在主债权经过诉讼时效且债务人因此取得抗辩权后，债权人依然可以从抵押人处获得利益，进而将抵押人和债务人之间追偿和抗辩置于困境，使超过诉讼时效的主债权不受法院保护的法律规定变成一纸空文。[1]

在（2017）鄂28民终1356号抵押合同纠纷案件中，法院认为，民法上的权利以其作用方式为标准，可分为支配权、请求权、抗辩权及形成权。诉讼时效的客体为请求权，其目的在于促使请求权人及时行使权利。抵押权作为担保物权，属于支配权，并非请求权范畴，不适用诉讼时效的相关规定。

对于将已超过诉讼时效的债权进行转让后的诉讼时效问题，广东省珠海市中级人民法院在（2017）粤04民终1747号抵押合同纠纷案件中指出，在涉案债权港币300万元超过诉讼时效后，工商银行珠海金湾支行将该债权转让给信达资产广东分公司，以及信达资产广东分公司之后的催收公告，不发生诉讼时效中断的法律后果。

六、结论

目前，作为解决银行不良资产的重要途径，金融资产债权转让被大量采用，但由于受让人在受让银行债权时的疏忽或受限于债权转让中的特殊情况，受让人接收的金融债权常常会存在一些瑕疵，导致受让人在主张债权，尤其是抵押权时，困难重重，这不但延长了受让人受让金融债权后尽快实现收益的周期，也影响了金融债权市场的正常流动性。因此，本文结合实务中的情况和相关司法态度，以期对债权转让中相关担保法律问题提供一些思路和解决对策。

参考文献

[1] 周隼、张文韬：《债权转让后抵押权未办理变更登记之效力研究》，载《法制博览》2017年第12期。

[2] 程啸：《主债权的转让与不动产抵押权转移登记——“湖南绿兴源糖业有限公司、丁兴耀等借款合同纠纷申请再审案”评释》，载《财经法学》2016年第5期。

[3] 辛坚、章丽美：《债权转让与合同无效不影响管辖协议的效力》，载《人民司法》2014年第10期。

[4] 余鑫：《试析主债权诉讼时效对抵押权的影响——兼评〈物权法〉第202条》，载《社科纵横》（新理论版）2010年第3期。

［孙超：国浩律师事务所律师（上海），韩国成均馆大学法学硕士］

---

[1] 余鑫：《试析主债权诉讼时效对抵押权的影响——兼评〈物权法〉第202条》，载《社科纵横》（新理论版）2010年第3期。

我国分期付款买卖制度的立法目的及调整

路成华

2016年9月19日，最高人民法院发布了指导案例67号——《汤长龙诉周士海股权转让纠纷案》，其裁判要点是“有限责任公司的股权分期支付转让款中发生股权受让人延迟或者拒付等违约情形，股权转让人要求解除双方签订的股权转让合同的，不适用《合同法》第167条关于分期付款买卖中出卖人在买受人未支付到期价款的金额达到合同全部价款的五分之一时即可解除合同的规定”。该指导案例的五项裁判理由中的第一项，对其裁判要点或结论的支撑最为直接和明确，即在分析分期付款买卖的主要特征，以及股权转让分期付款合同与以消费为目的的一般买卖不同的基础上，明确“股权转让分期付款合同，与一般以消费为目的分期付款买卖合同有较大区别”，并进而得出“对案涉《股权转让资金分期付款协议》不宜简单适用《合同法》第167条规定的合同解除权”的结论。

在67号指导案例中，法院生效判决依据《合同法》第167条和《最高人民法院关于审理买卖合同纠纷案件适用法律问题的解释》（以下简称《买卖合同解释》）第38条的规定，明确分期付款买卖具有以下三个主要特征：一是买受人向出卖人支付总价款分三次以上，出卖人交付标的物之后买受人分两次以上向出卖人支付价款；二是多发、常见在经营者和消费者之间，一般是买受人作为消费者为满足生活消费而发生的交易；三是出卖人向买受人授予了一定的信用，而作为授信人的出卖人在价款回收上存在一定的风险，为保障出卖人剩余价款的回收，出卖人在一定条件下可以行使解除合同的权利。

通读67号指导案例全篇，其之所以排除《合同法》第167条对案涉股权转让合同纠纷的适用，最根本的理由就在于其所称分期付款买卖合同的上述第二个特征，即“多发、常见在经营者和消费者之间，一般是买受人作为消费者为满足生活消费而发生的交易”。易言之，其认为分期付款买卖合同多具有消费性，包括一方主体为消费者和交易目的为消费性两个方面（以下简称消费性特征），而本案中的股权转让合同不具有这一特征。但是，上述判决所指分期付款买卖合同的该等特征，显然属于不完全归纳性的事实性描述，与其所“依据”的《合同法》第167条及《买卖合同解释》第38条规定之间，明显不存在任何逻辑关系。笔者曾于2016年11月23日下午4时在裁判文书网中以"《合同法》第167条"为检索条件进行查询，显示检索结果为1329个，其中最高人民法院及各地省高级人民法院作出的裁判文书共计35份，包括再审、审监及一、二审文书，除67号指导案例、同一案件的不同裁判文书以及未将《合同法》第167条作为裁决依据的案例[1]之外，有24份将《合同法》第167条作为裁决依据的文书，案涉合同全部不具备上述所谓"消费性特征"。而且，其中有三份裁判是将股权转让合同认定为"分期付款买卖合同"，并依据《合同法》第167条进行了终审判决[2]。至于中级人民法院以下含有"《合同法》第167条"的裁判文书有千余份，其中有相当部分文书涉及的合同也并非消费性合同。

在现实市场交易中，无论是买卖合同还是其他有偿合同，约定分期付款方式的情形极为普遍，即使约定三次以上乃至标的物交付后有两次以上的分期付款约定的合同也是浩如烟海，不可计数。最高人民法院67号指导案例的判决理由论述中，仅依据《合同法》第167条和《买卖合同解释》第38条的文字内容，就断言分期付款合同多为消费性合同，至少从逻辑角度难以令人信服。

那么，《合同法》第167条所规定的分期付款买卖制度，是否仅适用于消费性合同呢？分期付款买卖制度的目的或定位是什么，以及应当是什么呢？下面让我们先了解一下其他国家地区的立法例。

一、分期付款买卖合同制度立法例考察

针对分期付款买卖合同的特殊立法，最早应当是德国于1894年制定的《分期付款买卖法》，规定分期付款买卖是指出卖人在签订合同或转移买卖标的物所有权时仅收取部分价金，剩余的价金、利息以及因此而产生的费用则由消费者过后分期支付。从经济上看，出卖人推迟收取价金的行为给消费者提供了一种商品信贷。该法主要是为了保护消费者，使其不至于因为迟延支付货款而面临所购商品被出卖人收回的危险，其被认为是德国消费者保护立法的开端[3]。《分期付款买卖法》第4条第2

---

[1] 四川省高级人民法院：《李争才与巴中市西城市场开发有限责任公司、王双铭商品房买卖合同纠纷再审民事判决书——（2014）川民提字第554号》，载裁判文书网。这是35份裁判文书中唯一涉及消费性买卖合同的判决，然而，该判决称案涉商品房买卖合同虽然约定三次以上分期付款，但因争议标的物（商品房）没有交付而不属"分期付款买卖合同"。

[2] 新疆维吾尔自治区高级人民法院：《天津市朴诚科技有限公司、济宁市华泰建材有限公司、济宁森华建材有限公司、新疆华诚水泥有限公司与于义林股权转让纠纷二审民事判决书——（2014）新民二终字第32号》，湖北省高级人民法院：《李某等诉某轮船公司股权纠纷一案二审判决书——（2012）鄂民二终字第00079号》，四川省高级人民法院：《曾国卯等与黄晓春等股权转让纠纷二审民事判决书——（2012）川民终字第486号》，载裁判文书网。

[3] 迟颖：《德国消费信贷法规中的关联合同制度——兼论德国民法典第358条》，载《比较法研究》2006年第2期。

款规定：买方不支付两期付款且未付款之和至少达到总价款的十分之一，或者不支付一期付款已达总价款的1/4，或者不履行最后一期付款的，卖方有明确权利保留的，可以请求付清买价，或者解除合同。卖方在请求付清价款或者宣布解除合同之前，应当给予买方不少于14天的履行宽限期。

“二战”以后，特别是20世纪五六十年代，分期付款信贷买卖大量涌现并逐渐取代传统的分期付款买卖，越来越多的消费信贷由分期付款买卖合同当事人之外的第三方即金融机构所提供。1990年德国制定了《消费者信贷法》，规范了分期付款信贷买卖，并将《分期付款买卖法》纳入其中，该法通过干预契约成立、控制信贷条件内容及监督契约关系清算三条途径，以达到保护作为社会上弱者的消费者（包括借款人和买受人）的立法目的[1]。随着2002年德国债法改革，《消费信贷法》被纳入《德国民法典》中，其保护分期付款买卖和分期付款贷款买卖中的消费者即买受人的立法目的，以及对作为经营者的出卖人解除权等的限制保持未变[2]。

日本针对分期付款买卖也进行了专门立法，其《割赋贩卖法》（分期付款买卖法）第5条第1款规定：“分期付款销售业者利用分期付款销售的方法销售指定商品的合同，在买受人不履行支付分期价款义务的场合，分期付款销售业者如果没有规定二十天以上的相当期限，以书面催促买受人支付价款，则当买受人未在该期限内支付价款时，不得以迟延履行分期付款为理由，请求支付未到期的其他分期付款金。”同条第2款规定：“违反前项规定的特约无效。”另外，法国（1900年）、奥地利（1896年）也进行了专门立法。

瑞士、我国台湾地区等将分期付款买卖作为特种买卖合同，在民法中予以特别规定，比如瑞士债务法（第226～228条），我国台湾地区“民法”（第389条、第390条）等。我国台湾地区“民法”第389条规定：“分期付价之买卖，如约定买受人有迟延时，出卖人得即请求支付全部价金者，除买受人迟付之价额已达全部价金五分之一外，出卖人仍不得请求支付全部价金。”还有很多国家和地区在消费者权益保护法中以分期付款买卖予以特别规范，如我国台湾地区“消费者权益保护法”第2条[3]。

可见，尽管其他国家和地区对分期付款买卖的规范方式不尽相同，有的进行专门立法，有的则在民法中将之作为特种买卖合同予以规定，也并非均将适用范围局限于消费性买卖合同。但是，上述立法例体现出的立法目的基本上是一致的，那就

---

〔1〕［德］罗伯特·霍恩等：《德国民商法导论》，楚建译，中国大百科全书出版社1996年版，第115页。

〔2〕迟颖：《德国消费信贷法规中的关联合同制度——兼论德国民法典第358条》，载《比较法研究》2006年第2期。

〔3〕姚欢庆：《〈合同法〉第一百六十七条规范宗旨之错位及补救》，载《浙江社会科学》2007年第2期。

是保护相对弱势的买受人特别是消费者的利益免受出卖人权利滥用的损害[1]。

二、分期付款买卖制度目的之学理认识

学界一般认为，在分期付款买卖中，由于买受人的分期支付影响了出卖人的奖金周转，分期付款的总价款可略高于一次性付款的价款。同时，因为分期付款买卖中，出卖人须先交付标的物，买受人于受领标的物后分若干次付款，出卖人有收不到价款的风险，因此应允许当事人双方就分期付款买卖的若干问题进行特别约定，比如解除合同或支付全部价款、或所有权保留的约定等，并对特别约定进行必要的限制，以达到买卖双方的利益平衡[2]。而且，大多数学者认为，对于分期付款买卖合同的规范是基于出卖人在合同中事先规定了保护自己利益的条款[3]。更有学者进一步明确指出，出卖人在分期付款买卖合同中为保障收到价款而附加的各种约定条款，“使买受人在于常受经济上不利益地位，故多为买受人之保护，为特殊之立法”[4]。

由此可见，立法上分期付款买卖制度针对的是该等合同中可能导致损害买受人利益的约定条款，其目的在于通过特殊规范为该等合同中出卖人请求支付全部价款、解除合同权利等的约定设置“底线”，避免出卖人利用此等约定损害相对弱势的买卖人的利益。

那么，分期付款买卖制度将保护买受人利益作为目的的同时，是否也应当将出卖人利益保护作为目的，以免导致对出卖人利益的漠视，乃至双方之间利益的失衡呢？笔者认为答案应当是否定的。因为，首先，基于契约自由及意思自治原则，法律并未禁止当事人之间在规范“底线”之上进行约定，双方仍然可以约定出卖人在对方逾期时主张剩余全部价款或解除合同的权利。其次，作为债权法重要组成部分的合同法，实际上围绕债权保护和实现已有全面的制度设计，无论是在合同法总则还是关于买卖合同的分则中都有保障出卖人实现债权的规定[5]。最后，就价款分期支付而言，分期付款买卖实际上属于分期交付标的物买卖的一种[6]，分期付款买卖合同中出卖人面临的回款风险，与分期交货买卖合同中已支付全部价款的买受人所面临的取得全部货物的风险，并不存在本质的区别，按照“必须以相同的方式处理

---

[1] 最高人民法院民事审判第二庭：《最高人民法院关于买卖合同司法解释理解与适用》，人民法院出版社2012年版，第569页。

[2] 崔建远：《合同法》，北京大学出版社2012年版，第416页。

[3] 姚欢庆：《〈合同法〉第一百六十七条规范宗旨之错位及补救》，载《浙江社会科学》2007年第2期。

[4] 史尚宽：《债法各论》，中国政法大学出版社2000年版，第92页。

[5] 最高人民法院民事审判第二庭：《最高人民法院关于买卖合同司法解释理解与适用》，人民法院出版社2012年版，第572页。

[6] 高富平：《民法学》，法律出版社2009年版，第679页。

属于同一事物范畴事务”的法律理念[1]，唯独因分期付款买卖合同中出卖人有回款风险而对之给予特别的保护，显然并不具有正当性理由。

三、我国分期付款买卖制度的立法目的

在1999年3月《合同法》颁布之前，我国并不存在分期付款买卖制度。即使是《合同法》，对于分期付款买卖的规定也相当简单，即上述第167条的两款规定，第1款“分期付款的买受人未支付到期价款的金额达到全部价款的五分之一的，出卖人可以要求买受人支付全部价款或解除合同”，第2款“出卖人解除合同的，可以向买受人要求支付该标的物的使用费”。

从文义上理解，《合同法》第167条是对出卖人在符合条件的情况下，有权要求买受人提前支付全部价款或解除合同，以及解除合同后有权要求买受人支付使用费的规定，其显然是在以法定方式赋予出卖人一定的权利，从而能够充分明确地构成出卖人行使相关权利的法律依据。不仅如此，仅就出卖人解除权而言，该条规定排除了《合同法》第94条规定的当事人一方对迟延履行行使解除权时的前置催告程序，给予出卖人超出《合同法》总则规定的法定解除权保护水平的特殊保护。所以，从《合同法》第167条的文本字义上根本无法读出保护买受人的意味[2]。从《合同法》第167条在该法全文中的位置来看，其处于《合同法》第九章“买卖合同”中，该章项下没有进一步更细致的结构划分。虽然该条款下文的第168~173条是分别关于凭样品买卖、试用买卖、招投标买卖及拍卖等特种买卖合同的规定，但是其上文的第164~166条却均是关于买卖合同中解除权的一系列规定。易言之，从《合同法》上下文的意义脉络上，我们甚至难以将第167条理解为对特种买卖合同的规定，更难以将之与对买受人或消费者的专门保护性规定相连。在《关于〈中华人民共和国合同法（草案）〉的说明》和《第九届全国人民代表大会法律委员会关于〈中华人民共和国合同法（草案）〉审议结果的报告》中，没有关于《合同法》第167条的任何相关表述。从《合同法》颁布前最早的《中华人民共和国合同法（试拟稿）》（1995年1月），到1997年5月公布的《中华人民共和国合同法（征求意见稿）》，以及1998年8月公布的《中华人民共和国合同法（草案）》，对分期付款买卖的相关表述，均与现行《合同法》第167条的表述基本一致，未曾发生过实质性的变动[3]。因此，我们无法得知历史上（立法当时）作为立法者的全国人民代表大会对《合同法》第167条的立法目的及规范意图。

---

〔1〕［德］卡尔·拉伦茨：《法学方法论》，陈爱娥译，商务印书馆2003年版，第51页。

〔2〕最高人民法院民事审判第二庭：《最高人民法院关于买卖合同司法解释理解与适用》，人民法院出版社2012年版，第574页。

〔3〕姚欢庆：《〈合同法〉第一百六十七条规范宗旨之错位及补救》，载《浙江社会科学》2007年第2期。

由此可见，按照传统的法律解释方法，无论是从字义解释、体系解释，还是历史解释的角度，都无法将我国《合同法》第167条所规定的分期付款买卖合同制度，定位于对弱势的买受人或消费者的保护。因此，有学者明确地将之称为“规范宗旨的错位”〔1〕。这种错位导致学界对我国分期付款买卖制度目的理解的混乱，比如有的学者认为《合同法》第167条“并未要求出卖人在解除合同前对买受人先实施催告程序，这是对出卖人权利的保护，既然买受人未支付价款的金额已经达到全部价款的五分之一，构成了对出卖人权利的极大侵害，法律允许出卖人不经催告而径行解除合同，完全是合情合理的”〔2〕。有的学者认为，为了保护出卖人的利益，法律一般规定出卖人在买受人逾期不支付剩余价款达到一定数额时可以请求其支付全部价款或者解除合同〔3〕。而有的学者则认为，《合同法》第167条规定是保护弱者（买受人）利益的强制性规定〔4〕。

《合同法》第167条立法目的的错位，更导致司法实践中的混乱。首先，该条规定被适用于各种涉及分期付款的合同纠纷。根据《合同法》第174条“法律对其他有偿合同有规定的，依照其规定；没有规定的，参照买卖合同的有关规定”的规定，只要有分期付款的约定，无论是消费性的还是经营性的，无论是民间借贷还是股权转让、融资租赁合同纠纷，只要发生一方迟延付款额达到合同总额的五分之一，法院都会支持收款方依据第167条的规定要求对方提前付清全部余款或者解除合同的主张。其次，无论在有分期付款内容的合同中是否存在收款方在对方迟延付款时可以解除合同或要求付清全款的约定，只要发生一方迟延付款额达到合同总额的五分之一的情形，收款方依据第167条的规定要求对方提前付清全部余款或者解除合同的主张，也都能够得到法院的认可。由此可见，我国《合同法》第167条所规定的分期付款买卖合同制度不仅没有起到保护社会弱者（消费者）的效果，反而构成了对当事人的意思自治的强制干预，造成了各种有偿合同双方当事人之间的利益失衡。

2012年3月，最高人民法院出台《买卖合同解释》，以其第七部分“特种买卖”项下的第38条、第39条，开始对我国分期付款买卖制度目的进行调整。首先，这两条规定明确了分期付款买卖合同系“特种买卖”的属性，为下一步界定并缩小《合

---

〔1〕 姚欢庆：《〈合同法〉第一百六十七条规范宗旨之错位及补救》，载《浙江社会科学》2007年第2期。
〔2〕 江平：《中华人民共和国合同法精解》，中国政法大学出版社1999年版，第136页。
〔3〕 张新宝、龚赛红：《买卖合同赠与合同》，法律出版社1999年版，第182页。
〔4〕 胡康生：《中华人民共和国合同法释义》，法律出版社1999年版，第250～252页。

同法》第 167 条的适用范围作预先铺垫[1]。其次，将《合同法》第 167 条规定的出卖人取得并行使解除权或请求支付全部价款的条件，转化成审核、检视出卖人为回款而设置的特别约定的“底线”，赋予买受人主张违反该等“底线”特约无效的权利，以保护买受人利益。最后，介入合同解除后的清算，限定出卖人扣留买受人已付款项的范围，避免出卖人以扣款特约损害买受人利益。显然，《买卖合同解释》第 38 条、第 39 条已超越了《合同法》第 167 条可能的字义。如果不是依据全国人大法工委研究室编写组《中华人民共和国合同法释义》一书中“保护买受人”的表述，将《合同法》第 167 条的立法目的认定为“保护买受人”[2]，上述司法解释甚至将构成“超越法律的法的续造”，即其已超越法律字义甚至法律立法目的的解释。当然，对于全国人大法工委研究室编写组的上述表述是否体现了全国人大的立法意图，从而成为确定《合同法》第 167 条规范目的的依据，我们尚无法进一步考证。

在《买卖合同解释》公布四年多之后，最高人民法院又通过 67 号指导案例，排除了《合同法》第 167 条对股权转让合同纠纷的适用，更进一步缩小了《合同法》第 167 条分期付款买卖制度的适用范围，努力使该等规定更加趋向于对作为交易弱势一方的消费者的保护，可见最高人民法院的用心良苦！但是，最高人民法院对分期付款买卖制度目的的调整却存在两方面的问题：一是存在超越法律文义甚至超越立法目的的嫌疑；二是因缺乏体系性、整体性的设计可能导致地方各级审判机关理解的混乱，比如是否从此分期付款买卖制度仅适用于消费性合同，如何区分消费性合同与非消费性合同，如果合同中未约定出卖人解除权和请求付清全款的权利，是否还能直接适用《合同法》第 167 条规定等，这种理解的混乱势必有损于法律适用的一致性和规范性。

四、结束语

虽然，最高人民法院 67 号指导案例中的裁决理由存在一定的瑕疵，但是其将我国现有分期付款买卖制度推向保护消费者利益的用意，仍然十分值得肯定和赞赏。本文的意图并不仅在于挑剔这一指导案例理由论述的严谨性，更试图通过考察不同国家地区分期付款买卖的立法例，整理学界对分期付款买卖制度目的的认识，明确

---

[1] 四川省高级人民法院：《李争才与巴中市西城市场开发有限责任公司、王双铭商品房买卖合同纠纷再审民事判决书——(2014) 川民提字第 554 号》，载裁判文书网，该判决依据《买卖合同解释》第 38 条规定将“标的物已交付”作为认定分期付款买卖合同的隐性条件。如上所述，这是笔者查询到的最高人民法院及省高级人民法院作出的涉及《合同法》第 167 条的 35 份裁判文书中，唯一涉及消费性合同的判决，然而，该判决却通过排除《合同法》第 167 条适用的方式，否定了作为出卖人的房产开发商解除合同的主张，保护了消费者（购房人）的利益，这不能不说是对认为该条规定“保护买受人”的观点的讽刺。

[2] 最高人民法院民事审判第二庭：《最高人民法院关于买卖合同司法解释理解与适用》，人民法院出版社 2012 年版，第 574 页。

我国《合同法》第167条所确立的分期付款买卖制度，其立法目的显然是赋予出卖人解除合同或请求付清全款之权利，而并非保护买受人或消费者利益。为保护分期付款买卖中买受人的利益，最高人民法院通过司法解释及指导案例正在对该等制度目的进行逐步的调整。再者，尽管《合同法》第167条文义及其所展现的制度目的未必合理，但是这一调整的确有逾越该法第167条文义的嫌疑。随着我国民法典编纂工作的逐步推进，这一不尽合理的制度目的有望最终由立法机关彻底予以纠正和调整。

［路成华：国浩律师事务所合伙人（济南），华东政法大学民商法学博士］

股权转让合同解除的效力确认

罗　峥

股权转让合同中未支付对价而转让人同意的，转让人应当承担受领人支付不能的风险；转让人可以通知解除转让合同，但是在股权已经再次转让给第三人时，鉴于商事法组织性和合同法交易性之间的差别、股权返还的不可能性和新公司股东的人合性质，有必要对解除权的行使进行限制，法院或仲裁庭可以否定解除转让合同通知的法律效力，原股权转让合同受让人可折价返还或承担违约责任，原受让人支付不能的风险仍然由原转让人承担，原转让人无权撤销原受让人和第三人的再转让合同。法院或仲裁庭不能任意改变原当事人通过意思自治形成的风险分配格局，以维护交易安全。

股权转让合同在民商事实践中较为常见且法律争议较多，本文结合一则案例来探讨股权转让合同解除的效力确认问题。

一、案情简述

涉案案情如下：甲于 2013 年把其对某标的公司的股权作价 8000 万元转让给乙公司，约定乙公司先支付现金 1000 万元，余款由乙出具欠条并承诺在 2015 年年底付清，同时约定余款未付清时甲享有解除权，但未约定解除权行使期限；其间乙公司将所受让标的公司股权转让给了丙公司并办妥了工商变更登记；至 2016 年年底乙公司未支付大部分款项，甲未催告；甲于 2017 年 7 月通知解除股权转让合同并要求撤销乙丙之间的股权交易，乙公司收到解除通知后表示愿意继续履行甲乙之间的合同，并按照《最高人民法院关于适用〈中华人民共和国合同法〉若干问题的解释（二）》第 24 条的规定提请仲裁请求仲裁庭确认甲解除行为无效。

二、焦点归纳

本案涉及的争议焦点问题是：（1）甲是否有权解除甲乙之间的股权转让合同，其行使的法律后果是什么？（2）若甲解除甲乙之间的股权转让合同，但股权已经转让给第三人导致事实上无法返还时，乙公司可否主张解除行为无效、合同不解除并继续履行或承担违约责任，仲裁庭可否否定甲的解除权，或者进而承认乙公司的主张？

三、论证过程

合同解除权属形成权，单方行使即可产生一定的法律效力，其行使足以直接改变当事人之间的法律关系，鉴于其威力巨大，需要法院或者仲裁庭结合具体案件的情势对其加以一定限制。在符合合同解除条件的情况下，股权转让合同原权利人行使解除权可以解除合同，但是在股权已经转让给第三人导致事实上无法返还时，鉴于民法与商法之间在法律适用上的不同，为了维护交易安全和当事人原有利益分配格局，彻底贯彻意思自治原则，法院或仲裁庭可以对解除权加以限制。

（一）股权转让合同解除权及其行使的法律后果

首先看问题（1），由于公司法及其四个司法解释并未对股权转让合同的解除问题作出规定，股权转让合同的解除应当适用《合同法》的有关规定。由于本案中当事人约定了合同解除权，可以适用《合同法》第93条。乙公司以欠条的方式欠付相关项款属于债务替代性变更且经过债权人许可，因此这种债务变更是合法的。但是以欠条代替合同付款义务的目的只是延付相关款项，不能因欠条的存在而认定乙公司完成付款义务。因此，甲有权解除合同，甲有权向乙方发出解除通知。

甲解除合同的法律后果是什么呢？依照《最高人民法院关于适用〈中华人民共和国合同法〉若干问题的解释（二）》第24条的规定，收到解除通知的当事人必须在3个月内提起诉讼或仲裁，其内容应为确认解除通知或解除行为无效的确认之诉。若甲在实体上确实有解除权且其行使是符合合同法有关规定的，则仲裁庭可以确认解除行为有效。鉴于解除行为有效，则甲乙之间的合同也就被确定地解除了。按照《合同法》第97条的规定：“合同解除后，尚未履行的，终止履行；已经履行的，根据履行情况和合同性质，当事人可以要求恢复原状、采取其他补救措施，并有权要求赔偿损失。”由于《合同法》第97条对合同解除的法律后果适用比较模糊，学理上一般认为可以类推适用《合同法》第58条的规定。[1]《合同法》第58条规定：“合同无效或者被撤销后，因该合同取得的财产，应当予以返还；不能返还或者没有必要返还的，应当折价补偿。有过错的一方应当赔偿对方因此所受到的损失，双方都有过错的，应当各自承担相应的责任。”对于合同解除后的返还，学理上有两种理解；一种是在承认物权行为无因性理论的德国法上，这种返还被认为是债权性的；另一种是在不承认物权行为及其无因性的法国法上，这种返还被认为是物权性的。[2]

---

〔1〕 赵文杰：《论不当得利与法定解除中的价值偿还——以〈合同法〉第58条和第97条后段为中心》，载《中外法学》2017年第5期。

〔2〕 [德]克里斯蒂安·冯·巴尔、[英]埃里克·克莱夫主编：《欧洲私法的原则、定义与示范规则：欧洲示范民法典草案》（全译本），梁慧星翻译顾问、高圣平等译，法律出版社2014年版，第776～777页。

从我国合同法相关规定和学理通行观点来看，我国法原则上不承认物权行为及其无因性，因此，关于合同解除后的返还，如果原物存在，应当返还原物，原物不存在，可以采取其他替代性解决措施。由此可见，在有体物的情况下，如果原物存在，受领方当然应当返还原物，但是如果原物不存在或者返还有困难，通说是允许受领方以支付相应价值的方法代替返还的。

因此，在甲乙之间的合同被解除后，乙公司应当返还原物即股权。但是由于股权已经为第三人所取得，乙公司实际上无法履行返还义务。此时甲有两种选择：一是无视股权返还已经事实不能的现实，执意提起股权返还之诉；二是承认股权返还已经事实不能，提起折价返还或违约损害赔偿之诉。但是无论是哪种情况，对于法院或仲裁庭来说，若股权已经登记转让给第三方，为保护善意第三人利益和交易安全，诉讼或仲裁并无强制要求受领方重新从第三方买回股权并返还的权力。若其已经获得股权登记，根据合同相对性原则和交易安全保护原则，解除权人更无权要求受领人重新从第三方买回股权并返还，因为合同解除并未也不可能赋予解除权人强制干预受领人与第三人之间的股权再转让合同的权利，除非解除权人证明受领人与第三人之间恶意串通。因此，甲执意提起股权返还之诉并无实际意义。实践中有学者指出，如甲提出了股权返还请求，法院或仲裁庭有释明义务，释明当事人折价返还或损害赔偿。[1]

因此，在标的股权已经转让给第三人的情况下，解除权行使的结果也不能实现将标的股权逆转返还到原转让人手中的目的，原转让人获得的也只能是折价返还或货币损害赔偿。

（二）股权返还不能时对解除权进行限制的可能性探讨

接下来转入对问题（2）的讨论，由于在股权已经转让给第三人导致事实上无法返还时，原转让人获得的也只能是折价返还或货币损害赔偿，则乙公司可否主张解除行为无效、合同不解除并继续履行或承担违约责任？仲裁庭可否否定甲的解除权，或者进而承认乙公司的主张？

由于股权并不是有体物，股权的享有、转让和权利行使实际上属于商事组织法范畴，商事组织法并不适宜于完全套用合同法有体物交易法的思维模式。[2] 这也就意味着对于股权转让合同解除的法律结果，可以采取与实体物交易法不同的思路。对于股权转让合同的解除，有学者提出不同的思路，认为“对于已经办理了股权变更登记的股权转让合同，须考虑交易的稳定性等因素并结合具体案情判定是否应当

〔1〕《人民法院对当事人主张合同解除之诉与违约金之诉的释明义务》，载 http：//www.66law.cn/domainblog/51738.aspx，最后访问日期：2018 年 5 月 1 日。

〔2〕吴建斌：《指导性案例裁判要点不能背离原案事实——对最高人民法院指导案例 67 号的评论与展望》，载《政治与法律》2017 年第 10 期。

解除合同”[1]。“在股权无法恢复原状时，出让人可要求受让人支付相应对价来弥补失去股权的损失。这样一来，即使股权转让合同解除了，由于无法恢复原状，而受让人仍可拥有股权并对出让人支付对价，也与股权转让合同实际履行的结果无异。”[2] 尤其是，对于公司这类具有组织性、关系性和人合性的商事组织体，股东已经变更为第三人时，若第三人新股东或其他股东并不愿意重新引进原股权转让人重新成为股东，法院或仲裁庭也不能强人所难。因此，法院也可以不认定受领方必须返还原股权使原股权转让人重新成为新的股东。在吴晓华与陈永宏股权转让纠纷案中，北京市第一中级人民法院指出：“恢复原状是合同解除的一种法定后果，是合同履行的一种逆向回归，但需要法律上或客观上能够恢复原状为前提。股权转让合同解除，涉及股权受让人将股权恢复变更至股权出让人名下，虽然此种股权变动并非基于法律行为的股权变动，但同样涉及有限责任公司的人合性问题。在有限责任公司其他股东不同意股权出让人恢复股东身份时，股权出让人无权请求恢复原状，而只能选择其他救济方式。本案中，天职工程公司的股东作出股东会决议，均不同意吴晓华重新成为股东，况且，按照本院关于股权转让协议解除的论述，吴晓华要求恢复原状，并无股权转让协议应予解除的事实和法律基础。”而且，主张解除行为无效、不承认原股权转让人的解除权的观点，并不违反原股权转让人明示的意思表示，因为正是原股权转让人转让了自己的股权，才会产生股权转让和再转让给第三人，原股权转让人转让自己的股权的目的是获得对价，而主张解除行为无效、不承认原股权转让人的解除权的观点，在客观上也符合原股权转让人转让自己的股权获得对价的目的。因此，基于商事组织的人合性，接受股权成为新股东的第三人有权主张维护自己的股东地位和不同意原股权转让合同的原股东重新成为股东。因而，此时限制解除权的行使，或者否认解除行为的效力并主张合同不解除、继续履行或承担违约责任的观点，也是有理论依据和事实依据的。

本案中，甲已经将股权转让给乙公司，说明甲的明示意思表示是获得对价，而丙公司成为新股东后，为了维护公司的人合性质可以拒绝甲重新成为股东。主张解除行为无效、合同不解除在客观上与甲转让股权给乙公司的行为目的并不矛盾。因此，乙公司可主张解除行为无效、合同不解除并继续履行，只不过若乙公司无法履行时需要承担违约责任而已。且如前文所述，在标的股权已经转让给第三人的情况下，解除权行使的结果也不能实现将标的股权逆转返还到原转让人手中的目的，原转让人获得的也只能是折价返还或货币损害赔偿。因此，若仲裁庭限制甲的解除权行使或者认同解除行为无效、合同不解除并继续履行，由乙公司继续履行合同支付对价或承担赔偿责任，也不违反原合同目的。

[1] 袁姗姗：《股权转让合同解除研究》，湖南大学2016年硕士学位论文。

[2] 袁姗姗：《股权转让合同解除研究》，湖南大学2016年硕士学位论文。

（三）合同解除权限制与交易风险分配之探讨

综合本案的全部案情来看，本案的合同解除权只是表面现象，其本质在于，股权转让对价未实现时，交易风险由谁来承担。甲解除股权转让合同的目的是在没有取得对价时取回股权，这就需要解除甲乙之间的股权转让合同，由于股权已经被转让给第三人丙，从而甲甚至可能需要进一步撤销乙丙之间的合同，进而取回股权。这就涉及股权转让对价未能实现时该交易风险由谁承担的法律判断。商事法的交易与民事法不同的是，商事法视交易人为精明的商人，一个精明的商人更有能力依照自己的意思判断和行为，其交易对手作为另一个精明的商人也应当按此行事。由于甲乙之间的交易是正常的交易，价格由双方合意形成，乙方以欠条形式欠付相应款项也是甲方的意志自行作出的选择，甲方以自己的行为表明愿意承担乙方欠付股权交易对价，因此该风险应当由甲方自行承担。此后乙方是否履行或是否丧失履行能力都属于甲方在接受欠条之时应当考虑到的问题，丙方并无责任承担甲乙交易过程中乙方不付款的法律后果。甲行使合同解除权或撤销权的目的只是意图将乙方不付款的风险重新交还给乙方、并进一步行使撤销权连带使丙方也承担这种风险，这属于事后改变事前合同已经达成意思一致形成的风险分配的行为，如果允许这种行为发生，则交易秩序必然被扰乱。法院或仲裁庭不是当事人任意改变合同风险分配的工具，因此，对本案来说，不支持甲的解除行为，否认甲解除通知的法律效力，这种结果是与甲乙之间的合同最初作出的风险分配相一致的，也更加符合意思自治原则。

在本案中，甲行使解除权还存在程序瑕疵。甲在股权转让合同签订后相当长的时间内并未敦促乙方履行合同，且在合同解除权行使时并未催告。虽法律没有明确规定在约定解除情形下是否要进行催告，但按照《合同法》第 94 条第 3 项的规定，“当事人一方迟延履行主要债务，经催告后在合理期限内仍未履行”，因此，只要没有约定解除权行使期限，就必须先催告，甲未履行催告义务并给予乙公司一定的履行宽限期，无权直接行使合同解除权，故不催告行使解除权的程序是有瑕疵的。

四、本案结论

综上，对于股权转让合同，在标的股权已经转让给第三人的情况下，解除权行使的结果也不能实现将标的股权逆转返还到原转让人手中的目的，原转让人获得的也只能是折价返还或货币损害赔偿；合同是当事人分配风险的工具，法院或者仲裁庭不能任意改变当事人原通过意思自治形成的利益结构和风险分配结构；商事组织法与民事交易法之间存在一定的差别，基于商事组织的人合性特征，需要维护第三人作为新股东的股东权益和交易秩序。故而，限制原转让人解除权的行使或者否认原转让人的合同解除权，并不违反原合同目的和原合同确立的利益格局和风险分配格局。解除权是一种形成权，单方行使即可产生一定的法律后果，如果解除权的行使并不利于维护交易安全或维护当事人原意形成的利益分配结构，此时对此种权利的行使进行限制也是为法理所允许的。就本案而言，仲裁庭可以否认甲解除合同通知的效力。由于乙公司提起的是确认解除行为无效的消极确认请求，因而在解除合同通知无效的情况下，乙公司可以继续履行合同或折价返还或承担违约损害赔偿责任。司法裁判者不拘泥于案件本身，而置于社会关系中整体考量其裁判结果对社会的影响，体现了法律的价值和司法者的担当。

［罗峥：国浩律师事务所合伙人（长沙），湖南大学民商法学博士］

前期物业服务合同疑难问题

方湘子

一、前言

前期物业服务阶段是相对于日常物业服务阶段而言的，特指商品房自销售或预售起，至交付后业主大会重新签订物业服务合同之日止这一阶段。前期物业服务合同是物业建设单位与物业服务企业就前期物业管理阶段双方的权利义务所达成的协议，是物业服务企业被授权开展物业服务的依据。因此，此阶段的主体涉及建设单位、物业服务企业以及业主三方。在司法实践中围绕三方产生的争议类型复杂多样，实务中法官对讼争案件的观点亦各有不同，导致同一类型的案件出现不同的判决结果，给各方主体带来不少困惑。本文拟从律师实务的视角，结合司法实践中前期物业服务合同涉及的判例研究，对于前期物业服务合同在签订、履行及终止或解除过程中出现的疑难问题进行分析。

二、前期物业服务合同性质之争

我国《物业管理条例》中所称物业管理，是指业主通过选聘物业服务企业，由业主和物业服务企业按照物业服务合同约定，对房屋及配套的设施设备和相关场地进行维修、养护、管理，维护物业管理区域内的环境卫生和相关秩序的活动。而在新开发的商品房项目中，由于业主尚未确认，需要按照房屋交付及提前管理的需要，由开发商先行委托物业服务企业签订物业服务合同。相对于普通的物业服务合同而言，前期物业服务合同的签订主体、法律效力及法律后果的承受存在特殊之处。

（一）合同主体的特殊性

根据《物权法》第76条的规定，选聘和解聘物业服务企业或者其他管理人，应由业主共同决定。因此，决定物业服务企业的权利主体应当是全体业主。依据合同相对性原理，合同的签订主体也应当是业主（业主大会）。

然而，由于新建商品房的特殊性，房屋由建设单位开发建设，在销售阶段无法确定业主，即无法确定签订物业服务合同的权利人，而事实上又存在物业管理的需要。因此，《物业管理条例》规定，在业主（业主大会）选聘物业服务企业之前，由建设单位负责选聘物业服务企业，并签订书面的前期物业服务合同。因此，前期物业服务合同实际的签约主体是建设单位与物业服务企业。

（二）法律后果的承受

《物业管理条例》第25条规定，建设单位与物业买受人签订的买卖合同应当包含前期物业服务合同约定的内容。目前建设单位将《前期物业服务合同》作为商品房销售合同的附件，购房人在签署购房合同时一并签署，也有物业服务企业在业主接收商品房时另行与每户业主签订物业服务合同。即便没有另行签署合同，建设单位签订的前期物业服务合同的条款对业主同样具有法律约束力。

在前期物业服务阶段物业服务企业主张物业费诉讼案件中，业主拒不缴纳物业费的常用抗辩理由是前期物业服务合同并非本人签订。对此，《最高人民法院关于审理物业服务纠纷案件具体应用法律若干问题的解释》已明确规定，建设单位依法与物业服务企业签订的前期物业服务合同，以及业主委员会与业主大会依法选聘的物业服务企业签订的物业服务合同，对业主具有约束力。业主以其并非合同当事人为由提出抗辩的，人民法院不予支持。由此可见，前期物业服务合同的法律后果由业主承受。

此外，需要说明的是，在实践中前期物业服务合同是并不完全由建设单位签订，但权利义务完全由第三方业主承担的合同。建设部2004年印发《前期物业服务合同（示范文本）》及目前通用的前期物业服务文本，关于常规物业服务内容、物业费的收费标准及物业费公共能耗费的缴费等条款约束的是业主与物业服务企业，而关于提供物业管理用房、未交付房屋的物业费缴纳及物业的承接验收等条款约束的则是建设单位与物业服务企业。因此，准确地说，前期物业服务合同是融三方主体权利义务于一体的混合性合同。

（三）合同的法律性质

依据合同相对性原理，合同项下的权利义务只能拘束合同当事人，只有合同当事人才能享有合同规定的权利，并承担该合同规定的义务，当事人以外的任何第三人不能主张合同上的权利，更不负担合同中规定的义务。前期物业服务合同的签约主体虽然是建设单位与物业服务企业，但是合同中的权利义务却涉及第三方即物业服务项目的业主，即建设单位与物业服务企业签订的合同却为第三方业主设定了权利义务。前期物业服务合同事实上突破了合同相对性，即合同由建设单位签订，为业主设置了权利义务，法律后果由业主承受，属于为他人设定权利义务的涉他合同。

对于前期物业服务合同中的建设单位签订合同的权利来源，业内存在争议，现有两种不同观点。一种观点认为，由于普通物业服务合同的甲方签约人是业主委员会，业主委员会是业主大会的执行机构，其依据业主大会的授权，代表业主签订物业服务合同。以此推理，建设单位是代表未来业主签订物业服务合同。另一种观点认为，建设单位是基于法律规定，作为代理人代业主签订物业服务合同。

代表与代理虽然只是一字之差，但是从两者的法律属性可以看出，代表与被代表是同一个民事主体，不发生法律效力归属问题，而前期物业服务合同中建设单位与业主是两个独立的民事主体，建设单位所签订的前期物业服务合同的相对方不是业主，但合同效力却约束业主。建设单位的权利来源于法律的规定，因此该合同的性质应当属于委托合同。对此类合同的性质进行界定，系为由此产生的各类案件中主体责任的划分提供法律依据。

三、前期物业服务合同期限之争

《物业管理条例》第26条规定，前期物业服务合同可以约定期限；但是，期限未满、业主委员会与物业服务企业签订的物业服务合同生效的，前期物业服务合同终止。《前期物业服务合同（示范文本）》第35条规定，前期物业服务合同可以约定期限，但在本合同期限内，业主委员会代表全体业主与物业管理企业签订的物业服务合同生效时，本合同自动终止。从上述规定可以看出，前期物业服务合同的终止期限是附条件的，即无论合同是否到期，只要出现了业主选聘出新的物业服务企业并重新签订物业服务合同就必须终止。

实务中，对于物业服务企业单独与单个业主签订《前期物业服务合同》，合同期满后未成立业主委员会签订物业服务合同的阶段，是否仍属于前期物业服务阶段，是否仍适用《前期物业服务合同》的约定，存在不同的判决结果。

济南市中级人民法院（2014）济民一终字第1093号民事判决书

2005年7月19日，济南鲍德房地产开发有限公司物业管理分公司（以下简称鲍德物业公司）与包括邱某在内的某小区每户业主签订《小区物业管理合同书》，按照每平方米每月0.74元收取物业费，并约定合同有效期为一年，期满后根据政府有关收费标准变动的情况和物业管理的实际情况再行调整。合同履行至2013年1月1日，经济南鲍德房地产开发有限公司（以下简称鲍德房地产公司）选聘，德盛物业公司为涉案小区提供物业服务。鲍德房地产公司与德盛物业公司双方签订了《某小区前期物业服务合同》，该合同约定收费标准为每月每平方米1.30元。后因邱某欠费，德盛物业公司起诉至法院。

法院认为，2005年7月19日鲍德物业公司与邱某签订的《小区物业管理合同书》系双方当事人的真实意思表示，合法有效。该合同实际履行至2013年1月1日，德盛物业公司经选聘为某小区提供物业服务并签订了《某小区前期物业服务合同》。德盛物业公司至今一直为该小区提供物业服务，双方之间存在物业服务合同关系。本案中涉案小区前期物业服务企业虽然与邱某签订了《小区物业管理合同书》，但是合同期限届满后，该小区未成立业主委员会，未重新签订物业服务合同，建设单位与德盛物业公司签订的前期物业服务合同对全体业主均具有约束力，该阶段仍属于前期物业服务阶段，应当适用前期物业服务合同。

江苏省南京市中级人民法院（2017）苏01民终2072号民事判决书

2006年5月16日，天环集团与建伟公司签订《建伟大厦物业管理服务合同》，天环集团聘请建伟公司为建伟大厦驻场物业管理公司，建伟公司物业费暂按4元/平方米/月、公摊水电费按1.6元/平方米/月收取，物业服务管理期限自2006年6月1日起至2011年5月31日止。此后，双方将物业服务期限延长至2018年5月31日止。2009年6月9日，建伟公司与宇航公司（房屋所有权人为仇某）签订《物业服务合同》及《补充协议》一份，约定：建伟公司同意从2009年6月1日起至2010年5月31日止，按照原标准每连续代收代缴三个月免收一个月的办法来处理，其他代收代缴费用不变。后因仇某欠付物业服务费，建伟公司诉至法院。仇某认为天环集团与建伟公司签订的《建伟大厦物业管理服务合同》不应再被适用，要求依据后续签订的《物业服务合同》及《补充协议》的标准减少计算物业费。

该案一审法院认为，天环集团作为建伟大厦建设单位与建伟公司签订的《建伟大厦物业管理服务合同》属于前期物业服务合同，系双方真实意思表示，合法有效，对业主产生拘束力。故仇某应当按照物业服务合同约定向建伟公司支付物业服务费。虽然《物业服务合同》按物业管理服务费3元/平方米/月及公摊水电费1.25元/平方米/月约定了物业服务费的标准，但其期限为2009年6月1日至2010年5月31日，而本案争议的物业服务相关费用期间为2013年7月至2016年6月，故宇航公司与建伟公司所签《物业服务合同》不能适用本案物业服务费争议期间，仍应以天环集团与建伟公司签订的《建伟大厦物业管理服务合同》为准。

然而，该案二审法院却作出不同判决。该院认为，涉案房屋已于2009年6月9日由建伟公司与宇航公司签订了《物业服务合同》及《补充协议》，该合同已经取代了前期物业服务合同，该合同到期后，虽然本案双方当事人未能达成新的协议，但是，此时建设单位天环集团已无权再代替业主签订物业服务合同，故认为建伟公司主张仍按前期物业服务合同履行于法无据，未予以支持。

综观上述两个类似案例的不同判决结果，笔者认为案例一及案例二的一审法院判决更具法律说服力。依据《物业管理条例》第21条的规定，在业主、业主大会选聘物业服务企业之前，建设单位选聘物业服务企业的，应当签订书面的前期物业服务合同。前期物业服务合同的当事人就是建设单位与物业服务企业，参照《最高人民法院关于审理物业服务纠纷案件具体应用法律若干问题的解释》第1条"建设单位依法与物业服务企业签订的前期物业服务合同，以及业主委员会与业主大会依法选聘的物业服务企业签订的物业服务合同，对业主具有约束力。业主以其并非合同当事人为由提出抗辩的，人民法院不予支持"的规定，建设单位在业主、业主大会选聘物业服务企业之前，基于法律规定代理业主选聘物业服务企业，签订前期物业服务合同。虽然业主是物业服务合同权利义务的实际享有者和承担者，但是在物业项目尚未成立业主委员会，未重新签订《物业服务合同》的情形下，仍应该认定为处于前期物业阶段，适用前期物业服务合同。否则，简单地认为只要物业公司与业主签订了物业服务合同，就视为对前期物业服务合同的变更，不仅没有法律依据，也必将出现同一个物业项目存在不同的物业服务合同的情形，将会给业主正常的居住秩序造成不必要的混乱。

四、前期物业服务合同解除之争

依据我国《合同法》规定，合同的解除分为协议解除和法定解除两种情形。前期物业服务合同属于建设单位代理业主签订的涉他合同，而且该合同主体十分特殊，决定了合同的解除也具有一定的特殊性。实践中存在的最大争议就是建设单位是否有权单方解除前期物业服务合同？对于业主已经入住的物业项目，建设单位解除前期物业服务合同是否需要经过业主同意？对此类争议法院也出现了两种不同判决结果。

北京市第二中级人民法院（2016）京02民终5755号民事判决书

中铁公司作为建设单位与隆安泰物业公司签订了《物业委托管理协议》，约定合同期满后隆安泰物业公司全部完成合同并且管理成绩优秀，大多数业主和物业使用人对此反映良好的，可续订合同。可是《物业委托合同》履行期间，隆安泰物业公司工作人员不仅提供了存在瑕疵的物业，而且多次与业主发生冲突，导致100多名业主书面向中铁公司提出不再接受隆安泰物业公司提供物业服务的要求。2015年12月7日中铁公司函告隆安泰物业公司，自2016年1月1日起解除与隆安泰物业公司的物业服务关系，并要求其退出小区。此后，由于隆安泰物业公司未退出物业区域，中铁公司提起诉讼，请求法院判令确认2015年12月31日中铁公司与隆安泰物业公司解除物业服务合同关系。

法院审理认为，中铁公司与隆安泰物业公司签订的物业服务合同于2014年12月31日到期后，双方未续签新的书面合同，隆安泰物业公司继续在该小区提供物业服务，由于中铁公司已将其开发建设的涉案房屋分配给该单位职工并完成了房改售房工作，故中铁公司与隆安泰物业公司签订的物业服务合同期满后，与隆安泰物业公司形成事实物业服务关系的主体应为该小区全体业主，由于涉案小区目前尚未成立业主委员会，故对于解聘物业公司的决定应由小区全体业主通过业主大会的形式作出，现中铁公司提交的业主签名文件，并非经过业主大会决议形成，故一审法院不能确定中铁公司要求解除事实物业关系及要求隆安泰物业公司撤出涉案小区的相关诉讼请求系涉案小区全体业主的意愿，中铁公司也未提交证据证明其为业主大会确定的业主代表，故其不具备本案原告的主体资格。据此，裁定驳回中铁公司的起诉。二审法院驳回中铁公司的上诉，维持原裁定。

南京市中级人民法院（2013）宁民终字第2566号民事判决书

2007年12月18日，华洲公司与新鸿运公司签订了《前期物业服务合同》，约定由新鸿运公司为华洲凤凰小镇度假村提供前期物业管理服务，新鸿运公司的管理服务达不到合同约定的服务内容和质量标准，华洲公司有权要求新鸿运公司在一定期限内整改并达到合同约定，如未在规定时间内解决或拒绝整改，华洲公司有权解除该合同并可另行委托其他物业管理单位。合同签订后，华洲公司认为新鸿运公司在合同中承诺的物业服务质量标准与实际操作的服务标准不符，于2012年12月18日向新鸿运公司发送《关于解除前期物业服务合同的通知》，要求解除双方的前期物业服务合同。

一审法院认为，新鸿运公司在凤凰小镇提供物业服务过程中，存在公共绿化养护管理不到位、对违章搭建未能采取制止及报告等必要措施、监控记录及巡岗记录不全等问题，违反了合同约定的服务质量标准，且在华洲公司及溧水县物业管理办公室要求新鸿运公司予以整改后，新鸿运公司并未提供证据证实上述问题现已整改完毕，故华洲公司要求解除与新鸿运公司签订的《前期物业服务合同》的诉讼请求符合合同约定，法院予以支持。新鸿运公司称在小区业委会未成立的情况下，华洲公司无权单方解除前期合同的抗辩理由不予以支持。判决后双方均提起上诉，二审法院对于解除前期物业服务合同的诉请维持了原审判决。

以上两起关于前期物业服务合同解除的案件，主要争议点是建设单位能否解除前期物业服务合同？笔者认同后一起案件的判决结果。《前期物业服务合同》只要系双方真实意思表示，且未违反法律、行政法规禁止性规定，当属合法有效，双方当事人均应按约全面履行自己的义务。从前期物业服务合同的性质来看，委托合同的代理人有权在代理范围内独立行使权利。合同中如约定了合同的解除条件，双方可以依据合同约定行使解除权，如没有约定，则可以依据《合同法》的规定行使法定解除权。此外，根据《合同法》第410条的规定，委托人或者受托人可以随时解除合同。其立法本意是委托合同是基于信任而签订的，如果信任基础不复存在，委托人和受托人均有权随时解除合同。

对于已经入住但尚未成立业主委员会重新签订物业服务合同的物业项目，建设单位在行使解除权时是否需要征求业主意见，实践中存在较大争议。笔者认为，前期物业服务合同的解除并非必须由全体业主共同作出决定，建设单位在解除合同过程中可以对已入住的业主征求意见，但是并非为法定必要条件。从本文对前期物业服务合同性质的分析中可见，前期物业服务合同具有委托合同的法律性质，建设单位在前期物业服务合同中的权利源于法律规定，既然如此，建设单位作为代理人应当在法定的范围内行使代理职责，在代理权限未被依法终止前，法院不应擅自限制其行使合同解除权。

五、结语

前期物业服务作为物业管理的重要阶段，为维护业主的利益和物业区域的正常秩序起着重要作用。由于相关诉讼案件往往涉及的业主人数较多，利益诉求面广，对于司法实务中不断出现的新型案件，建议审判机关以该类合同的法律属性为基础，结合各方主体真实的权利现状，作出妥适判决，减少同类案件出现不同判决结果的情形。

［方湘子：国浩律师事务所合伙人（南京），南京大学法律硕士］

典型合同抑或非典型合同

——从一起民事纠纷案件谈起

曾咏梅　金　力　季一江

受“契约类型论”的影响，在合同案件纠纷过程中，往往需要先判断合同具体类型，进而有针对性地适用相应规则。但在判断合同具体类型中，需要衡量哪些因素以及运用何种方法论则有讨论的余地。本文所述案件为系列案件之一，案件原告某管理公司以相同证据与事实向某基层法院提起多起诉讼，案额过百万元，笔者代理被告。以下仅就其中一案件进行分析，以期为其他案件的办理带来裨益。

一、案情概要

结合原被告双方认可的证据以及一审法院认定的事实，本案基本案情如下：

1. 2015 年 6 月 19 日，原告某娱乐管理有限公司（以下简称某公司）与被告徐某签订劳动合同书，徐某入职某公司从事销售工作，但劳动合同书未对合同期限、劳动报酬进行约定。

2. 2015 年 6 月 23 日，双方签订协议书，原告通过案外人朱某向被告转账支付 48000 元，被告出具收条一份。该协议书主要条款如下：条款背景为“乙方同意到甲方公司工作，同时为提升乙方自身业务素质与职业形象，以便乙方更好地为甲方公司工作……徐某向某管理公司借款人民币 48000 元”。第 2 条“借款的前提”，甲乙双方形成劳动关系后，乙方承诺至少工作 24 个月。第 4 条第 2 款约定，乙方需在 24 个月内完成 144 万元销售任务，否则本协议及劳动合同顺延。第 5 条“借款的免于归还”，约定乙方在考察合格、未发生协议第 6 条所规定任一行为、完成第 4 条第 2 款销售任务等三种情况下，借款可免于归还。第 6 条“协议的归还”，约定乙方未能遵守最低服务期的约定（无论乙方以何种原因离职的）、未完成本协议第 4 条第 2 款销售任务等情形的，借款应当归还。

3. 2016 年 11 月 1 日，被告因原告不缴纳社保、克扣工资等原因离职，且就其合法权益已向劳动仲裁委提起仲裁。

4. 2017 年 4 月 10 日，原告向劳动仲裁委起诉，要求被告返还 48000 元及利息。

劳动仲裁委于2017年4月17日作出不予受理通知书。

5. 2017年4月25日，原告向法院起诉，诉请与前述仲裁申请相同。

庭审过程中，原告为证明其主张，提供了其与被告徐某之间的劳动合同书、有徐某签字的工资单、协议书（主要涉及本案款项事宜）、转账记录、被告徐某手写的收到款项的借条一份以及劳动仲裁委员会的不予受理通知书。被告对前述证据的真实性均予以认可，除此之外，为了证明存在行业习惯，被告申请两名同行业人员出庭作证。

二、一审裁判要旨及结果

（一）裁判要旨

一审法院认定被告借款的前提是与被告形成劳动关系，双方不存在借贷合意，故涉案款项不宜认定为借款。双方在协议中对服务期限、工作量进行的约定，实质是对双方关于劳动关系形成后权利、义务的约定，故认定该款项为被告预先支付给原告的劳动报酬。被告未按照约定期限付出劳动的，属于不完全履行合同。根据劳动合同履行的对等原则，对劳动者未履行部分，用人单位可以拒绝给付，已经给付的，可以要求相应返还。

（二）一审判决结果

一审法院最终根据劳动者已经工作的年限占劳动合同总期限的比重，按照比例判决被告应当返还15000元款项。

三、本案争议焦点及评析

（一）本案争议焦点

一审法院认为案件争议焦点为：被告是否应当返还原告48000元。笔者认为，该争议焦点归纳实际并不完整，本案真正的焦点应当为原告向被告支付的48000元的性质以及被告是否应当返还原告48000元。

结合庭审以及一审判决可以看出，对于该款项的性质及是否应当归还，主要存在以下三种观点：

1. 该款项为借款。原告持该观点，理由为双方签订了协议，且款项已经实际交付，被告亦出具了收条，故该笔款项应当为借款。又因为协议明确约定，在被告未能够遵守最低服务期或未完成销售任务的情况下，借款应当返还。故被告应当返还全部借款。

2. 该款项为预付劳动报酬的性质。该观点为一审法院最终所主张，一审法院认为，双方在协议中约定了服务期限、工作量，故而应当是对双方劳动关系形成后权利义务的约定，故认定该款项为预先支付的报酬。

3. 该款项为转场费。该观点为被告徐某以及笔者所主张，其理由为，本款项是被告为招揽、吸引人才而向其支付的一笔转场费，前提是前往被告处工作，除此之外再无其他条件。此外，在被告所在城市，同行业存在该习惯，新员工入驻一家公司都会获得一笔费用，唯一的区别是数额不一。

（二）评析

通过分析和比较上述案件争议焦点，从理论角度可抽象出如下命题：本案中的合同性质究竟是典型合同还是非典型合同。典型合同和非典型合同是以法律是否设有规范并赋予一个特定名称为准的，后者最重要的包括合同联立与混合合同。[1]显然，不论是原告主张的借款还是法院最终认定的劳动报酬，都倾向于将合同认定为典型合同（前者为借款合同，后者为劳动合同），而被告方的观点即是非典型合同。以下笔者结合本案证据，从前述归纳的命题出发对各方焦点作逐一分析，进而得出自己的结论，同时就本案一审法院可能存在的其他相关问题一并予以阐述。

1. 本案不属于典型合同

（1）本案中的协议不属于借款合同

首先，从文义角度来看，本案协议确实提到“借款”的字样，并且被告亦出具了收条。虽然法律解释始于文义，然众所周知，法律概念具有多义性[2]，故不能仅仅依凭协议中出现的字眼即断言合同的性质。

其次，从体系角度出发，本案的协议有借款免于返还以及违反劳动合同即应当立即返还等约定。而有关借款合同中应当具备的典型条款或特征均未规定。借款合同是借款人向贷款人借款，到期返还借款并支付利息的合同（《合同法》第196条），结合《最高人民法院关于审理民间借贷案件适用法律若干问题的规定》等规定可知，一个典型的借款合同应当具备如下典型特征：该合同为诺成合同、有利息的约定、还本付息的期限等。具体到本案中，除了诺成合同能满足外，其他条款均不存在。反而约定了如果徐某在未完成一定的业绩、未能遵守服务期的约定以及违反保密条款等情形下，“借款”应当立即返还，该类主要条款均与借贷合同的性质有云泥之别。由此可以看出，本案实际上并非是借款合同，至于该合同性质以及款项性质究竟如何，此处可暂且不从肯定的角度论述，但起码能够从否定的角度出发，认为并非借款合同。

最后，从原告自身行为出发亦可发现端倪。本案中，原告在向法院起诉之前，就相同事项先向劳动仲裁委员会提起劳动仲裁，其起诉提交的证据中有劳动仲裁委出具的不予受理通知书一份。试问，如果真如原告所说本案就是一个典型的借款合同，那根本就不存在仲裁前置程序，而应当直接向法院起诉。故从原告自身行为来

---

〔1〕 崔建远：《合同法总论》（上卷·第3版），中国人民大学出版社2008年版，第55页。

〔2〕 王泽鉴：《民法思维——请求权基础理论体系》，北京大学出版社2009年版，第173页。

看，其行为与陈述和主张是自相矛盾的。

（2）本案中的协议不属于劳动合同，涉案款项亦不属于劳动报酬的预付

首先，从文义解释角度出发，本案中的协议并未有任何“劳动合同”的字样，但如前所述，文义仅仅是一个参考，并非不可推翻，但推翻者应当承担论证的负担。一审法院的观点是，因为本案协议书当中有对被告徐某服务期限、工作量的约定，故款项即为预先支付给徐某的劳动报酬。该观点显然是在切割条款的体系下作出的推论。

其次，合同的条款构成一个整体，同一契约的各条款之间有相当程度的脉络关联，可能具备相互印证的作用，尤其在确定文义时，单就目标语词可能难以作出判断，需要结合契约其他条款作出解释。[1] 故不能单凭个别条款即作出合同属于何种类型的论断。一审法院的逻辑似乎是因为协议书中有服务期限和工作量，故本案协议书应当属于劳动合同，因此协议书中的款项属于劳动报酬，又因为报酬支付时被告徐某刚入职，故该劳动报酬为预付。协议确实约定徐某需在24个月内完成144万元的销售任务，但从该条款来看，的确与劳动者的义务非常相似。但如果结合其他条款上述推论即存在疑问，协议第6条第2款约定，如果徐某未完成业务量，或违反公司章程、侵占挪用公款、违反保密协议条款，该款项应当立即归还。试问，如果是劳动报酬的预付，用人单位能否在这些情况下要求劳动者将劳动报酬全部予以返还？如果是劳动者未完成销售任务，那至多影响其绩效和提成工资，而本协议中并未明确说明该款项是基本工资还是提成工资（协议要求徐某服务期限为24个月，款项为48000元，每月只有2000元，很难说预付了2000元的绩效工资，按照法院的思路，应该更像基本工资），如果是违反保密协议，那应该是劳动者承担违约责任的问题，和劳动报酬也无直接关系。

再次，如果将案件作为一个整体来看，亦应当将所有证据作为一个体系，不能孤立地看某份证据。即便认为法院上述推论是合理的，从整个案件出发依然会发现存疑的地方。本案中，原告提交了一份工资表，内容有发放的工资金额以及劳动者本人签字。如果涉案款项确实是劳动报酬的预付，那应当载明扣除的金额，但该份证据当中并无类似内容。相反，该份证据反而更为直接证明并非是劳动报酬的预付。

最后，对于意思表示的解释，存在意思主义与表示主义两种立场，前者要求解释者直指表意人的内心，唯有附着于客观外在表示的内心意志，始可实现当事人想要的法律效果。[2] 而表示主义侧重的是意思表示受领人如何看待该意思表示，更重要的是，该受领人并非具体某个受领人，而是一般理性之人处于受领人地位将作何种解释。[3] 本案中，由于原告认为是借款，而被告认为是转场费，故意思主义实际

〔1〕 朱庆育：《民法总论》，北京大学出版社2013年版，第223页。

〔2〕 朱庆育：《民法总论》，北京大学出版社2013年版，第216页。

〔3〕 朱庆育：《民法总论》，北京大学出版社2013年版，第217页。

上无法适用。因此唯有表示主义登场，问题是，在本案事实与证据面前，裁判者作为一般理性的人，是否能够得出本案协议为劳动合同，涉案款项为劳动报酬的结论？根据前述分析，其实是存有疑问的。相反，如果从被告的立场出发，转场费作为一个行业习惯，入职前接受这笔款项完全可以理解为就是转场费，此点从两位证人的证言中能得到进一步的体现。故一审法院最终的结论完全背离了原被告双方的意思表示，纯粹是以所谓公平的立场出发，摘选事实而得出的结论。

附带说明的是，前述分析均是从实体角度出发，其实笔者认为本案最终处理结果在程序上是有问题的。原告是以借款为由进行起诉，庭审全程亦围绕是否构成借款来进行举证、质证、辩论，被告同样是从不构成借款而是转场费角度出发。如果法院认为不是借款合同（最终判决书中的观点确实如此），那应当是判决驳回原告诉讼请求，而不是像最终处理结果那样，将款项定性为劳动报酬，继而判决被告按照比例予以返还。也正因如此，在收到一审判决后，被告立即上诉要求撤销原判决。

2. 本案协议书应当属于混合合同，款项为转场费

前述分析，仅仅能够得出本案并非是借款、劳动合同等典型合同，但并不能得出更多肯定的结论，笔者接下来将试图证明，本案为混合合同，且涉案款项为转场费。

（1）本案所涉协议为混合合同

如前所述，混合合同为非典型合同的一种。所谓混合合同，是指由数个合同的部分而构成的合同，包括共有典型合同附其他种类的从给付、类型结合合同、二重典型合同以及类型融合合同。类型结合合同，是指一方当事人所负的数个给付义务属于不同的合同类型。二重典型合同是指双方当事人互负的给付分别属于不同的合同类型的合同。类型融合合同是指一个合同中所含构成部分同时属于不同的合同类型的合同。[1]

具体到本案中，按照协议中的内容可知，原告某管理公司负有交付48000元款项的义务，被告徐某的主要义务是在原告处工作24个月，且累计销售任务量为144万元。该两项义务互相独立，前者实则属于无偿赠与，后者属于劳动合同中劳动者应当履行的义务。两者分别属于不同的合同类型的合同，此点恰好符合混合合同的第两种类型：二重典型合同。但该结论难免会遭受到如下诘难：协议明确约定原告支付款项的前提是被告在其处至少服务24个月，且如果无法遵守服务期或者无法完成24个月累计销售任务144万元的情况下，款项应当予以返还，如何能够认为该款项为无偿赠与的转场费？笔者认为，首先，“前提”只是世俗社会的用语，而并非法律概念，其可能是附负担条件的赠与当中的负担，亦可能是法律行为附款中的条件，其具体含义不能望文生义，而应当结合协议内容本身予以解释。其次，在不满足服

〔1〕 崔建远：《合同法总论》（上卷·第3版），中国人民大学出版社2008年版，第57页。

务期或者销售任务的情况下即应当归还，与法律行为附解除条件非常相似。问题是，该类条件是否必然有效？双方签订的协议第6条第1款约定，无论被告徐某以任何原因离职的，均应当予以返还。经笔者了解，原告公司因相同案情在某法院积累了大量相同案件，而案件中均有该份协议，且协议内容如出一辙，此种因重复使用而预先拟定，另一方无协商余地的合同其实属于格式合同，而对格式合同中这类加重对方责任、排除对方主要权利的条款，根据《最高人民法院关于适用〈中华人民共和国合同法〉若干问题的解释（二）》第10条之规定属于无效条款，本案实际情况是因原告方未缴纳社保、不按实发放工资而导致的被告离职，故该条不应当适用。而销售任务是与销售期紧密相连的，在因原告方过错导致被告方提前离职从而无法达成销售任务的情况下，如果以被告未完成销售任务应当予以返还，显然违背诚实信用原则，同时也不符合混合合同的处理规则。

按照通说，二重典型合同应当采用“结合说”，即将混合契约的构成部分予以分解，从而适用各该部分的典型契约规定。[1] 具体到本案中，原告某管理公司应当支付该笔费用，如果被告在劳动合同项下其应尽的义务未履行或者未全部履行，其应当按照劳动合同的约定主张其权利，但该权利之主张不应当辐射到另一典型合同即赠与当中。

（2）本案涉案款项为转场费

首先，从目的解释出发，协议开篇即明确表明原告支付该笔款项的目的是让被告到其处工作且为了被告到其处更好地工作。此种款项相当于人才引进费，支付的唯一前提是被告来原告处工作，除此之外，再无其他前提性条件。至于服务期以及销售任务等约定属于劳动合同的内容（请注意：本案双方签订的劳动合同只有双方签字盖章，其他均为空白，笔者更加有理由相信该部分实际本来应当属于劳动合同的条款），与该笔款项支付本身无关。

其次，习惯解释一直是我国法律明确认可的一种解释方法，《最高人民法院关于适用〈中华人民共和国合同法〉若干问题的解释（二）》第7条规定，在交易行为当地或者某一领域、某一行业通常采用并为交易对方订立合同时所知道或应当知道的做法，为交易习惯。本案中，原告为证明该点，特地申请同地区同行业工作多年的两名证人作证，证明当地和该行业存在当新人加盟某公司时，公司即会给付一笔费用作为奖励，业内称为“转场费”。一审法院在最终认定时并未采纳该份证据，但对为何对该证据弃而不用未进行任何论证，笔者百思不得其解。

故本案中所涉款项认定为转场费的依据更为充分，在被告已经向原告提供服务的情况下，该笔款项即应当终局地支付，原告无权以任何理由主张返还。

---

〔1〕 王泽鉴：《债法原理》，北京大学出版社2009年版，第88页。

四、结语

无论是合同还是案件本身，均应当被视为一个整体予以看待、解释，不能仅凭个别条款或者某份证据作出结论。更不能事先拟定一个从结果上来看风险较小的裁判结论，最终再为该证成该结论而对案件事实予以摘选。对合同的解释，应当遵循一定的解释逻辑，从文义出发，结合体系解释、习惯解释、目的解释等多种方法最终得出一个规范性结论，此为法律科学性之体现。

[曾咏梅：国浩律师事务所合伙人（南京），南京大学法律硕士
金力：国浩律师事务所合伙人（南京），南京大学国际工商管理硕士
季一江：国浩律师事务所律师（南京），南京大学民商法学硕士]

委托贷款合同纠纷若干问题及其司法实践

史 跃

一、委托贷款的基本情况

委托贷款在我国与信托贷款、银行承兑汇票并称为三大重要的表外业务，根据我国《贷款通则》（中国人民银行令1996年第2号）第7条第2款之规定以及最新的《商业银行委托贷款管理办法》（银监发〔2018〕2号，以下简称《委贷办法》）第3条之规定，委托贷款，系指由委托人提供资金，由贷款人商业银行（受托人）根据委托人确定的贷款对象、用途、金额、币种、期限、利率等代为发放、协助监督使用并协助收回的贷款。贷款人（受托人）只收取手续费，不承担贷款风险。

委托贷款在我国有着广阔的市场，在近些年迅速增长，究其原因，一方面是大量企业由于经营生产需要筹措资金，而银行贷款门槛较高难以获得或银行受制于贷款额度无法批贷，且我国法律不允许企业之间直接进行资金拆借；另一方面也有不少企业尤其是基金子公司、私募或者民间资本富足，愿意通过资金运作获取一定利益。在供需两旺的情况下，委托贷款也呈现出一片繁华的景象。

当然，繁华的背后，委托贷款也因借款人无法按时归还本息而产生大量纠纷。在解决这些纠纷的过程中，鉴于委托贷款的特殊性，委托贷款纠纷也出现了一些与普通的金融借款纠纷不同的特点和问题。针对委托贷款，随着监管规则的变化，尤其新的民间借贷司法解释和新的《委贷办法》的出台，司法实践对于委贷纠纷中若干问题的裁判也作出了一些改变。

二、合同主体及诉讼主体

委托贷款关系中，存在委托人（资金提供方）、受托人（银行）和借款人三方主体，三方之间的委托贷款关系由两种具体法律关系所构成，即委托人与银行之间的委托关系，以及银行与借款人之间的借贷关系。所以在该类纠纷中，各方诉争的是何种关系，谁是真正的合同主体，各方主体的诉讼地位如何，成为该类案件第一个避不开的话题。

值得一提的是，最高人民法院于1996年出台过一个司法解释，即《最高人民法院关于如何确定委托贷款协议纠纷诉讼主体资格的批复》（法复〔1996〕6号，以下简称1996年批复），该批复指明：在履行委托贷款协议过程中，由于借款人不按期归还贷款而发生纠纷的，贷款人（受托人）可以借款合同纠纷为由向人民法院提起诉讼；贷款人坚持不起诉的，委托人可以委托贷款协议的受托人为被告、以借款人为第三人向人民法院提起诉讼，但该批复已在实践中多次被突破。

（一）委托人和借款人

由于在委托贷款关系中，贷款人不承担风险，不享有收益，仅仅是收取一定的手续费，因此在借款人违约之时，贷款人往往怠于催收贷款，这使得委托人不得亲自催收贷款以维护自身权益。这时会发现，如果根据上述批复，委托人需要先行确认贷款人怠于行权，甚至要拿到贷款人明示不履行协助义务的书面文件为证明；此外，委托人一旦作为原告，需要以受托人为被告，可原告没有要求受托人偿还本息的合同基础；以借款人为第三人，又难以直接向第三人主张权利。

面对这种困境，司法实践开始利用《合同法》突破此批复。实践中，委托贷款合同通常有两种模式：一种是委托人与银行签订委托贷款委托合同，银行与借款人再签订委托贷款借款合同，即三方主体签订两份合同；另一种是委托人（资金提供方）、受托人（银行）和借款人签订三方协议。无论是何种模式，司法实践均倾向于通过《合同法》第402条〔1〕的规定，通过委托人的介入权制度来确认因借款人知道涉案贷款系委托人委托银行向其发放的贷款，根据后法优先于前法的法律适用原则，委托人可直接为原告，列借款人为被告。〔2〕

笔者认为，利用《合同法》第402条突破前述批复和所谓的合同相对性原则，主要适用于第一种模式，且相应的委托合同和借款合同中没有关于诉讼主体的特殊约定。如果合同中明确约定了真实的债权人和债务人身份和诉讼主体，借款人知晓委托人与受托人的真实身份，而借款人系由委托人确定的，基于三方当事人互相知晓的客观事实和意思自治，这种约定本身不违反任何法律规定，合法有效，可以直接约束当事人，无须再借用《合同法》第402条。由真正的债权人即委托人作为原告起诉借款人并无不当，亦符合经济效益原则。

对于第二种模式，由于合同本身为三方合同，此时可以直接利用合同相对性原

---

〔1〕受托人以自己的名义，在委托人的授权范围内与第三人订立的合同，第三人在订立合同时知道受托人与委托人之间的代理关系的，该合同直接约束委托人和第三人，但有确切证据证明该合同只约束受托人和第三人的除外。

〔2〕如（2007）民二终字第7号、（2010）民二终字第8号、（2010）民二终字第132号、（2012）民二终字第131号、（2014）民申字第57号、（2014）民一终字第162号、（2014）民申字第1123号、（2014）深中法商初字第114号、（2015）穗中法金民终字第393号、（2014）赣民二初字第26号、（2015）鲁商初字第7号等。

理，由委托人起诉借款人，完全没有必要再绕到第402条的委托人介入权制度。[1]

（二）银行的法律地位

依据上述1996年批复，要么银行作为原告直接起诉借款人，要么委托人作为原告，银行作为被告。对于银行直接作为原告，积极催款的情况，既与批复规定相一致，也是合同约定之本意，无须多做探讨。

在委托人作为原告，借款人为被告的情况下，银行到底是作为被告还是作为第三人，或者无须作为案件当事人，司法实践中做法不一。以银行作为被告的案件有：(2010) 民二终字第8号、(2010) 民二终字第132号、(2014) 民二终字第217号、(2014) 民二终字第217号等。以银行作为第三人的案件有：(2012) 民二终字第131号、(2013) 民一终字第94号、(2014) 民申字第57号、(2014) 民申字第1123号。银行非当事人的案件有：(2014) 民二终字第136号、(2014) 民一中字第162号。[2]

通过上述案例，可以看出法院基本是基于原告对银行的诉讼主体地位选择直接作出裁判，很少依职权追加当事人，也没有否认过原告对银行诉讼主体地位的选择，对被告申请将银行追加为被告或者第三人的请求多数予以驳回，因此，银行的诉讼主体地位主要取决于原告起诉时的定性。

在上文所引案例中，银行基于委托贷款关系不享有权利不承担义务，原告也都未针对银行提出金钱上的诉求。考虑到委托人与银行的委托关系以及银行与借款人的贷款关系这种双关系存在模式，原告对银行享有的权利义务与原告对借款人享有的权利义务完全不同，因此列银行与借款人作为共同被告逻辑不同。

综合考虑委托贷款中各方的权责安排，银行与诉讼结果的利害关系表现得并不明显。考虑到银行作为受托人负责贷款的接受及发放，以第三人的身份参与到案件中来，对案件事实的查明具有助益，可以提高司法效率。

此外，基于三方当事人互相知晓的事实以及意思自治、处分原则和权责利相统一的原则，如果合同中约定了由委托人直接向借款人主张权利，案件的处理结果与银行没有利害关系，银行不作为诉讼主体在案件中出现亦是合理合法的。

综上，对于委托人来讲，为了保证自己的诉权，最有效、最保险的办法就是在合同中就权利义务的真实归属状况和纠纷发生后的诉讼主体问题作出特殊约定，以便在纠纷发生时可以掌握案件的主动权，避免在程序问题上拖延时间。

---

[1] (2014) 民二终字第217号民事判决书在主体的认定上便认定三方的委托贷款合同可以直接约束三方当事人。

[2] 本段中的案号多为最高人民法院再审案件或者高级人民法院的二审案件案号，而当事人地位的判定以初审案件为准，特此说明。

三、合同的性质和效力问题

此类委托贷款合同纠纷，程序上的争议焦点集中在诉讼主体上，实体上的争议焦点首先就集中在合同性质和合同效力问题。委托贷款合同纠纷到底是金融借款纠纷还是民间借贷纠纷，直接关系到合同效力，更是影响了各方当事人的权利义务界定。当借款人作为被告参与到诉讼中进行答辩时，常常会主张委托贷款合同无效，原因分为两大类：（1）双方的关系实为民间借贷，是通过合同从事企业间的资金拆借行为，违反了国家强制性法律规定，合同无效；（2）委托人资金来源不合法，意图以合法形式掩盖非法目的，合同无效。

（一）金融借款还是民间借贷

绝大部分借款人的答辩意见中主张委托贷款关系为民间借贷，当事人双方从事了企业资金拆借，违反法律规定，故而合同无效。但这一答辩理由很少得到法院支持，[1] 可谓“屡败屡战”的常青树。法院对于该答辩理由的意见基本上可以归纳为：（1）委托贷款为《贷款通则》明文规定的贷款方式，故案件的本质是金融借款纠纷；（2）合同有效与否须从主体是否适格、内容有无违反法律、行政法规的强制性规定几方面来衡量，而委托贷款纠纷中当事人在签订合同、履行合同过程中均无合同无效的法定事由。

在法院的逻辑中，委托贷款与企业间私下借贷还是有着明显区别，最主要的表现就是委托贷款一定会涉及三方主体、两层法律关系，其中一方为银行等金融机构；而私相拆借只是企业双方达成的类似于自然人的民间借贷罢了。第三方银行的介入，从根本上改变了借贷的性质，进而不同于传统的民间借贷而是金融借款。我国法律之所以禁止企业间拆借，是为了监管资金流向，稳定国家金融秩序。可现实生活中，一些企业资金充裕，一些企业资金缺乏，供需之下必有企业间的资金往来，为能够引导资金的合法借贷和使用并同时进行监管，委托贷款制度才应运而生。委托贷款下，银行的介入，使得资金流转纳入国家监管体系中，不会对国家金融秩序造成不利影响，相应地，资金流转的基础——委托贷款合同作为金融借款合同的一种，是合法有效的合同。

值得注意的是，银行介入将企业间的资金往来纳入国家监管体系，不仅仅成为委托贷款合同定为金融借款合同和合同有效的依据，还成为委托人收取高额利息甚至复利的依据，这是否合理，笔者将在下文阐述。

但是，对于上述观点，笔者本人持不同意见。委托贷款虽然借助了商业银行，但仍未改变借贷关系发生在委托人和借款人之间这一事实，在这一核心事实之下，

---

〔1〕 当然，也有个别法院曾据此否定了委托贷款合同的效力，认为属于企业间资金拆借而无效，如北京市第一中级人民法院作出的（2011）一中执异字第622号裁定；不过，该案当事人后上诉至最高人民法院，最高人民法院作出了完全相反的认定。

委托人和借款人本质上极有可能仍然构成了民间借贷。最高人民法院在（2016）最高法民终124号案中即改变了以往的认定，将委托人和借款人的关系定性为民间借贷："本案中，长富基金、兴业银行武汉分行与中森华房地产公司三方签订《委托贷款合同》，由长富基金提供资金，兴业银行武汉分行根据长富基金确定的借款人、用途、金额、币种、期限、利率等代为发放、协助监督使用并收回贷款，兴业银行武汉分行收取代理委托贷款手续费，并不承担信用风险，实质是长富基金与中森华房地产公司之间的民间借贷，委托贷款合同的效力和长富基金与中森华房地产公司之间约定的权利义务内容均应受相关民间借贷的法律、法规和司法解释的规制。"

另外，从金融借款纠纷案由的定义来看，将委托贷款合同定性为金融借款合同也是不妥的。"金融借款合同纠纷"指的是"当事人就达成的借款人向金融机构借款，到期返还借款并支付利息的合同产生的权利义务纠纷"[1]，委托贷款合同纠纷本质上并非借款人向金融机构借款，而是向委托人借款，而此类纠纷中，委托人绝大多数情况下显然不属于金融机构。

（二）关于委托人资金来源不合法，以合法形式掩盖非法目的

单纯从民事诉讼的角度，委托人的资金来源与委托人和借款人之间委托贷款关系是两个独立的法律关系，前者当然不能作为判断后者合法与否的前提，因此，被告的此条抗辩理由也是欠缺法律依据的，法院毫不犹豫地对之进行了否定。[2]

值得注意的是，2015年1月银监会颁布的《商业银行委托贷款管理办法（征求意见稿）》第11条明文禁止商业银行接受筹集的他人资金用作发放委托贷款；2018年1月颁布的《委贷办法》第10条也明确银行不得将受托人受托管理的他人资金发放委托贷款；第7条规定银行不得接受委托人为金融资产管理公司和经营贷款业务机构的委托贷款业务申请，这些新的监管规则断送了很多通道业务。在这种新的监管规则下，再有以募集资金或其他受托资金发放委托贷款的，合同的效力是否仍然不受任何影响？违规不等于违法的合同效力问题是否可以突破？银行是否依然不承担任何民事责任？笔者认为值得思考。

此外，委托人资金来源不合法，虽然目前来看不影响委托贷款合同本身的效力，却会影响到银行的风险控制和行政责任的承担。笔者注意到，各大商业银行制定的内部委托贷款业务管理办法都毫无例外地要求各级银行在办理委托贷款业务时，对

---

〔1〕 景汉朝主编：《民事案件案由新释新解与适用指南》，人民法院出版社2013年版，第174页。

〔2〕 如（2014）民申字第57号案。

委托人资金来源的合法性进行审查。[1] 银行这种内部规定以前主要是防止委托人通过委托贷款业务进行洗钱等违法活动，是承担反洗钱的义务的表现。但是，随着大资管新规的出台和新的监管趋向的出现，委托贷款对通道业务的助力也逐渐被拉下市场，通过监管委贷堵截部分通道业务和解决资管多层嵌套问题成为一项重要的题中之义，上文提到的《委贷办法》第10条以及第9条便是监管机构态度和目的的明示。

四、利息、复利问题

由于委托贷款是由委托人确定贷款对象、用途、金额、期限和利率，委托人又具有通过发放贷款谋利的原始目的，因此，委托贷款中的利率（一般在10%/年至20%/年之间）常常会远高于人民银行同期同类贷款利率，而且委托贷款协议中往往还约定了未按期还款的罚息利率和复利。

对于高额的利息、罚息利率和复利，最高人民法院在诸多案例中予以支持，其支持的理由是：第一，委托贷款合同合法有效，双方当事人应当按照合同约定的利率履行合同；第二，在委托贷款形式下，各方法律关系因银行的介入被纳入国家金融监管范围，因而适用国家金融监管部门对商业银行贷款业务的相关规定；第三，《中国人民银行关于调整金融机构存、贷款利率的通知》（银发〔2004〕251号，以下简称《调整利率通知》）第2条已经取消了贷款利率的上限，因此委托贷款利率可以高于人民银行同期同类贷款利率；第四，《关于人民币贷款利率有关问题的通知》（银发〔2003〕251号，以下简称《贷款利率通知》）规定："逾期贷款（借款人未按合同约定日期还款的借款）罚息利率由现行按日万分之二点一计收利息，改为在借款合同载明的贷款利率水平上加收30%~50%"；"对逾期或未按合同约定用途使用借款的贷款，从逾期或未按合同约定用途使用贷款之日起，按罚息利率计收利息，

---

〔1〕 如《中国银行委托贷款管理暂行规定》（中银险〔2001〕515号）第13条规定，公司业务部门应对委托人/借款人资格、贷款投向、资金来源的合规/合法性等进行综合审查，与委托人、借款人商定委托贷款合同条款及业务操作流程，提出初审意见报风险管理部门。第14条规定，风险管理部门应设专门岗位负责审核委托贷款业务，审核重点为：业务流程是否合理、法律文件是否完备、条款是否合理、委托人/借款人资格、贷款用途/条件、资金来源是否合理合法、能否保障我行不承担任何形式的授信风险。第30条规定，为规避政策性风险，受托人在办理委托贷款时，对委托资金来源要采取必要的审查措施。对于资金来源有疑点的客户及未经有效授权的客户，应拒绝代为发放委托贷款。严防委托人以委托贷款形式隐匿、转移非法资金。《中国建设银行委托贷款业务管理暂行办法》（建总发〔2000〕102号）第8条规定，受理委托贷款业务须符合以下基本条件：（1）委托人资金来源正当；（2）委托贷款用途合法；（3）委托贷款利率和其他要求符合国家有关规定。《中国农业银行委托贷款管理暂行办法》（农银发〔2000〕76号）第6条规定，委托贷款的受理。农业银行要对委托人资格、委托人委托资金来源和用途等基本情况进行审查，重点审查委托人资金来源是否是本行借款，委托资金来源和运用是否符合国家法律政策的规定，委托贷款利率是否符合人民银行的规定等。审查同意后方可与委托人签订委托贷款委托合同。

直至清偿本息为止。对不能按时支付的利息，按罚息利率计收复利”，所以委托人可以按照罚息利率计收罚息和复利。[1]

委托贷款是由委托人指定借款人、金额、期限和利率的一种贷款，银行并不参与委托人和借款人之间就这些问题的谈判，亦不对之进行审查。从合同自治角度讲，当事人应当遵循约定。不过约定毕竟要在法律的框架内进行，那该适用何种法律？最高人民法院及各级地方法院引用《调整利率通知》和《贷款利率通知》为裁判依据是否妥当，值得商榷。

（一）委托人收取高额利息的法律适用

《调整利率通知》的对象是：“中国人民银行各分行、营业管理部，各省会（首府）城市中心支行、深圳市中心支行，政策性银行、国有独资商业银行、股份制商业银行，国家邮政局邮政储汇局”，也就是说，只有这些主体方适用相关规定。此外，利率不设上限的规定原文为：“金融机构（城乡信用社除外）贷款利率不再设定上限。商业银行贷款和政策性银行按商业化管理的贷款，其利率不再实行上限管理，贷款利率下浮幅度不变。”注意，这里规定的主体是“金融机构”，非任何机构，而且第二句又限定了“商业银行贷款”和“政策性银行按商业化管理的贷款”这两种贷款。有人认为委托贷款是商业银行贷款业务种类之一，只有商业银行方能从事该种业务，当然是商业贷款，可以适用此规定。但笔者不以为然：从《调整利率通知》的规制对象来讲，仅仅包括限定的金融机构，利率不设上限又限定在商业银行，委托贷款本质上是由委托人将资金出借给借款人，利率由委托人确定，而非商业银行确定，将对商业银行的规制适用在委托人身上，适用主体与《调整利率通知》不符。

如果不适用此通知，该适用什么法律？市场上的借贷行为要么为银行介入的借贷，要么为民间借贷。尽管委托贷款是商业银行贷款的一种形式，但很明显，从借贷关系的权利义务主体来看，并不涉及银行。因此，笔者认为，对于该类委托贷款纠纷中利息的处理，不应当适用国家金融监管部门对商业银行贷款业务的相关规定，而应当适用民间借贷的有关规定。

有人认为，委托贷款纠纷，一方面，在案由选择上认定为“金融借款合同纠纷”，在合同效力的判定上也依据了《贷款通则》这一金融监管法规；另一方面，到利息判定上却依据的是民间借贷的规定，这会造成逻辑上的混乱。实则不然。首先，“金融借款合同纠纷”指的是“当事人就达成的借款人向金融机构借款，到期返还借款并支付利息的合同产生的权利义务纠纷”[2]，委托贷款合同纠纷本质上并非借款人向金融机构借款，立此案由本来就值得商榷；其次，合同效力判断之时，合同有

---

〔1〕（2009）民二终字第12号、（2010）民二终字第8号、（2012）民二终字第131号、（2014）民二终字第217号、（2014）民申字第57号、（2015）民二终字第179号、（2014）赣民二初字第26号、（2015）鲁商初字第7号。

〔2〕景汉朝主编：《民事案件案由新释新解与适用指南》，人民法院出版社2013年版，第174页。

效与否的核心依据是《合同法》第52条，《贷款通则》是用来证实委贷不存在无效情形，而且合同效力的判断本身不影响合同性质的认定；再次，委贷的实质是一企业放贷给另一企业，这与民间借贷的定义是相符的，此种情况下应当适用与民间借贷有关的法律法规；最后，依据民间借贷的相关规定，只要综合年利率不超过同期银行贷款利率的四倍（旧司法解释）或者24%（新司法解释），均属于有效约定，可以得到支持，即能够达到收取高息的目的。

从实践来看，如上文提到的（2016）最高法民终124号案中，委托贷款合同纠纷已在案例中被认可为民间借贷且各方约定的权利义务内容均应受相关民间借贷的法律、法规和司法解释的规制。

（二）关于委托人计收复利的一些思考

大部分判决都根据《贷款利率通知》支持了委托人对不能按时支付的利息按罚息利率计收复利的请求。但笔者认为，复利可以有条件的收取，但现有司法实践中支持委托人计收复利的法律依据不妥当，应当依据民间借贷的相关规定予以支持，并限制总利率上限。

第一，复利与利息的性质有本质区别，无论是民间借贷还是金融机构的借贷，利息是贷款人出借资金所获得的“报酬”，是借款人使用资金需要支付的合理对价，因此除非利率过高违反了公平原则和法律规定，利率的高低属于合同双方的自治范围；而复利具有惩罚性质，是对违约方违约成本的提高，且计算结果惊人，因此并非任何人可以在借款中要求收取复利。如《最高人民法院关于贯彻执行〈中华人民共和国民法通则〉若干问题的意见（试行）》（部分失效）即规定公民之间的借贷，出借人将利息计入本金计算复利的，不予保护。

第二，《贷款利率通知》针对的是“中国人民银行各分行、营业管理部，各政策性银行、国有独资商业银行、股份制商业银行”，委托贷款中，复利的请求和归属均为委托人，委托人并不属于该等机构，不应适用《贷款利率通知》，而应适用民间借贷有关规定。笔者上文有关高息收取的论证已有阐述，此不赘言。

第三，在金融机构作为贷款人的情况下，其出借资金的主要来源是存款，金融机构就是通过收回借款的本息来保证资金的正常周转的。如果借款人不按期返还借款，就会使贷款人无法保证存款的按期支付，造成存贷收支不平衡的局面，影响国家经济的良性循环。因此，国家赋予金融机构收取复利的特权，通过提高违约责任促使借款人及时偿还本息，维护金融秩序良好运转。但委托人并非金融机构，委托人委托银行放贷资金的回转状况不具有如此影响力，如果仅仅因为银行的介入就赋予委托人同等的特权，相当于所有的委托人无论其本身性质如何均享有了与金融机构同等的地位。

在一些地方规范性文件中，金融机构作为债权人时方可计收复利，如《广东省高级人民法院关于审理几类金融纠纷案件的若干意见》(粤高法发〔1999〕26号)[1]和《广东省高级人民法院关于审理金融机构借贷纠纷案件的指导意见》(粤高法发〔2005〕30号)等。[2] 这两个地方规范性文件中，都明确了主体为金融机构，且金融机构为一方当事人，为债权人。委托贷款关系中，法院已经确认了委托人为债权人而非银行，银行大部分时候作为无须承担责任的被告或者无利害关系的第三人。

第四，当然，并非只有金融机构可以收取复利，在其他借贷关系中，只要收取复利不超过一定的上限就可以得到支持。《最高人民法院关于人民法院审理借贷案件的若干意见》[法(民发)〔1991〕21号](已失效)第7条[3]和《最高人民法院关于审理民间借贷案件适用法律若干问题的规定》[法释〔2015〕18号，以下简称《民间借贷若干规定(2015年)》]第28条都在一定限度内认可了民间借贷关系中对复利的收取。[4]

(三)关于利率总额的上限

现在的委托贷款的利率通常已经远远高于人民银行同期同类贷款基准利率，同时，会在利率基础上加50%作为罚息利率对逾期本金计收利息，以罚息利率对逾期利息计收复利。如此算来，借款人所需承担的利息、罚息和复利往往会非常高，可能会超过民间借贷利率受保护的上限。对于超过借贷利率上限的部分，不应支持。

一方面，如上文所述委贷合同纠纷本质上看更多情况下是民间借贷纠纷，本来

〔1〕《广东省高级人民法院关于审理几类金融纠纷案件的若干意见》(粤高法发〔1999〕26号)，"六、关于以金融机构为一方当事人的借贷纠纷案件 45.对逾期不能支付的利息，如合同约定可以计收复息的，从合同约定"。

〔2〕《广东省高级人民法院关于审理金融机构借贷纠纷案件的指导意见》(粤高法发〔2005〕30号)开篇指明："为正确审理国有商业银行、股份制商业银行、农村信用社等金融机构为债权人的借贷纠纷案件，依法保护当事人的合法权益，维护金融安全，保障和促进社会主义市场经济的健康发展……制定本指导意见。"第21条规定："借款合同约定计算复息，金融机构请求借款人支付复息的，应予支持，但约定的复息超出中国人民银行规定的部分除外。借款合同没有约定计算复息，金融机构请求借款人支付复息的，不予支持，但借款人明确同意的除外。借款到期后，借款人没有归还应付本金和利息，对逾期本金部分按同期贷款的罚息标准计收逾期罚息；对逾期罚息不再计收复息。"

〔3〕《最高人民法院关于人民法院审理借贷案件的若干意见》[法(民发)〔1991〕21号](已失效)第7条规定："出借人不得将利息计入本金谋取高利。审理中发现债权人将利息计入本金计算复利的，其利率超出第六条规定的限度时，超出部分的利息不予保护。"

〔4〕《最高人民法院关于审理民间借贷案件适用法律若干问题的规定》(法释〔2015〕18号)第28条规定，借贷双方对前期借款本息结算后将利息计入后期借款本金并重新出具债权凭证，如果前期利率没有超过年利率24%，重新出具的债权凭证载明的金额可认定为后期借款本金；超过部分的利息不能计入后期借款本金。约定的利率超过年利率24%，当事人主张超过部分的利息不能计入后期借款本金的，人民法院应予支持。按前款计算，借款人在借款期间届满后应当支付的本息之和，不能超过最初借款本金与以最初借款本金为基数，以年利率24%计算的整个借款期间的利息之和。出借人请求借款人支付超过部分的，人民法院不予支持。

受民间借贷法律的规制，故而当然不能超过民间借贷利率受保护的上限。

另一方面，退一步讲，即便是金融借款合同纠纷，金融机构的贷款利率也不应超过民间借贷利率的法定上限。上海第一中级人民法院在（2016）沪01民终11384号案[1]中就这一问题作出了非常精彩的阐述：

“《最高人民法院关于审理民间借贷案件适用法律若干问题的规定》第26条、第29条亦对民间借贷的借款利率、逾期利率作出限定，约定年利率超出24%的，人民法院不予支持。虽然金融机构发放贷款并不适用上述规定，然而，相较于民间借贷，金融机构的贷款利率应受到更为严格的限制。首先，虽然中国人民银行已全面放开金融机构贷款利率管制，并不规定金融机构贷款利率的上下限，交由金融机构自主确定，但此举旨在推进利率市场化改革，通过市场竞争提高金融机构的经营能力和服务水平，促进金融资源的优化配置。也即，放开金融机构贷款利率上限的目的绝非放任金融机构牟取高利。其次，法律之所以介入到民事主体之间的合同约定，限制民间借贷的利率，一方面，是出于资金优化配置的考量，防止资金脱离实体经济；另一方面，则是为了限制高利行为，防范社会危机。通常意义上，借款年利率24%以上即为高利。金融机构与从事民间借贷行为的自然人、法人和其他组织同为平等的民事主体，其从事借款等民事活动亦应当遵循公平原则，不得损害社会公共利益、扰乱社会经济秩序。最后，金融机构贷款风险低于民间借贷，从资金来源上看，金融机构是法律认可的吸收公众存款的机构，其用于贷款的资金来源较为稳定；从风险管控上看，金融机构除了收取高额利息，尚有其他措施保障借款人履行还款义务，例如事前严格审查借款人资质，事后将违约信息上报至征信系统，等等。贷款利率的定价与其风险密切相关，就此而言，金融机构的贷款收益不应高于民间借贷。”

五、提前到期与合同解除问题

不只是委托贷款合同中，在很多贷款类合同中，往往都会有贷款提前到期的条款，即在一定条件下，贷款人可以宣布所有贷款提前到期。同时，合同中也会有合同解除的条款。当借款人发生违约时，尤其是根本性违约时，贷款人是选择要求贷款提前到期还是要求解除合同，其实是一个非常值得考虑的问题。但通过阅读案例，笔者发现，还有不少当事人（包括贷款人和借款人）及法院都忽略了提前到期和解除合同的区别。

（一）提前到期与合同解除是不同的法律概念

尽管没有哪个法律条文直接对提前到期作出定义般的规定，但仍然可以在多个法律规定中探寻到二者并行的地位。如《合同法》第203条规定：“借款人未按照约定的借款用途使用借款的，贷款人可以停止发放借款、提前收回借款或解除合同。”

[1] 该案刊登于《人民法院案例选》（201712/118：138）。

这是法律层面上直接将“提前收回借款”与“解除合同”两个概念并行的条文。

此外，《贷款通则》第22条以及《最高人民法院关于当前形势下审理民商事合同纠纷案件若干问题的指导意见》（2009年）（以下简称《民商事合同纠纷指导意见》）则单独对贷款提前到期作出了规定。如《贷款通则》第22条第5项规定：“借款人未能履行借款合同规定义务的，贷款人有权依据合同约定要求借款人提前归还贷款或停止支付借款人尚未使用的贷款。”

《民商事合同纠纷指导意见》第17点规定：“在当前情势下，为敦促诚信的合同一方当事人及时保全证据、有效保护权利人的正当合法权益，对于一方当事人已经履行全部交付义务，虽然约定的价款期限尚未到期，但其诉请付款方支付未到期价款的，如果有确切证据证明付款方明确表示不履行给付价款义务，或者付款方被吊销营业执照、被注销、被有关部门撤销、处于歇业状态，或者付款方转移财产、抽逃资金以逃避债务，或者付款方丧失商业信誉，以及付款方以自己的行为表明不履行给付价款义务的其他情形的，除非付款方已经提供适当的担保，人民法院可以根据合同法第六十八条第一款、第六十九条、第九十四条第（二）项、第一百零八条、第一百六十七条等规定精神，判令付款期限已到期或者加速到期。”

依据这些规定，我们可看到提前到期的独立地位，它未包含在合同解除之中或者将合同解除包含，这种独立决定了二者的若干区别。

（二）提前到期与合同解除的法律后果上不同

根据上文提到的《合同法》《贷款通则》《民商事合同纠纷指导意见》的规定，可以看到提前到期是在贷款纠纷中广泛存在一种现象。浏览一些银行的贷款合同会发现提前到期条款几乎无处不在，导致合同无效、解除的条件下全部存在“贷款人可宣布贷款提前到期”的条款。除去合同无效、合同可解除的情况，贷款人可宣布提前到期的条件几乎涵盖了主合同和保证合同中所有的违约情形及影响债务人、保证人履约能力的情形，哪怕这种情形无碍大局。这种广泛存在条款赋予了贷款人非常大的控制权，只要债务人或保证人稍有风吹草动，贷款人便可借用这些条款主张提前收回贷款。

但是，如上文所述，满足贷款提前到期的条件很可能会同时满足合同解除的条件，那么贷款人选择适用哪一种方式维权更为有利？是否可同时适用提前到期和合同解除？笔者认为，二者在法律后果上存在不同，同时适用相互矛盾，只能二选一。

从法律效果上看，合同解除后，合同关系消灭，借款人承担的是后合同义务。依照《合同法》第97条的规定，当事人可以要求恢复原状、采取其他补救措施，并有权要求赔偿损失。具体到金融借款合同，合同解除后，银行可以要求恢复原状，即收回本金；但解除之后的逾期利息就不能按照合同约定的罚息利率来计算，而只能按照一般商业贷款逾期利率计算，因为既然是解除合同，合同终止，未履行的部分就不再履行，原合同约定的利率也就不再适用。

提前收回贷款，借款人履行返还本息的期限提前届至。对于当事人来说，合同并未终止，除了还款期限提前届满外，合同的其他约定并未发生变化，合同仍处于继续履行的状态，因此，借款人返还借款本息的义务仍系合同义务，仍然适用合同约定的逾期罚息利率。

清楚了二者并行的法律地位以及法律后果的不同，当事人尤其是原告在提起诉讼请求时必须慎重选择，二选一，以更好地维护自身合法权益。但实践中，仍有原告同时主张了提前到期和解除合同，判决也同时予以了支持，此乃未能理解二者区别。

上海市高级人民法院对提前到期和解除合同二者的关系在《关于审理借款合同纠纷案件若干问题的解答》中作出司法指引，其中第5条规定，“贷款人依据借款合同关于提前收贷的约定，诉请借款人提前还款，是否必须提解除合同诉请的问题。借款合同关于贷款人提前收贷有约定的，该约定只要不违反法律、法规的强制性规定，应认定有效。在贷款人主张借款人提前还款的条件成就时，贷款人据此诉请要求借款人提前还款的，法院应予支持。该诉请不以解除合同为前提，故贷款人无须主张解除合同诉请”。

综上，委托贷款合同纠纷属于相对常见的一种商业合同纠纷，就此类纠纷，因数量较多，且最高人民法院判例的存在，司法审判实践已经相对成熟。上文提到的这些问题都存在若干法律规定和案例指引，司法实践结果趋于一致，故笔者本文的一大内容是对司法实践予以总结，供读者参阅。同时，随着新的司法解释［《民间借贷若干规定（2015年）》］、监管新规（《委贷办法》）的出台，司法实践也随之作出了一些响应性的变化。

笔者之所以仍就这些“成熟”问题进行探讨，是发现在结果趋于一致的表象下，得到结果的分析过程及法律适用方面是存在混乱和争议的，比如主体问题上的“一刀切”做法、利息复利的法律适用争议、提前到期和解除合同的混乱裁判等。因此，笔者认为对于这种审判实践相对成熟的案例类型，仍有问题值得进一步思考，特此作出探讨，还望同仁不吝指正。

［史跃：国浩律师事务所律师（深圳），中国政法大学法学硕士］

三、公司与破产清算

上市公司协议转让控制权中的表决权委托

李文君　柏德凡

近年来，上市公司控股股东通过协议转让股份加表决权委托的方式让渡上市公司控制权，使受让方以最小的资本代价获取上市公司的控制权的模式，已成为A股市场规避借壳的利器，深受上市公司控制权转让双方的青睐。

但是，从已有的案例来看，因转让双方的利益考量，常常会出现在协议转让的股份以及委托表决权的股份外，上市公司原控股股东仍保留部分股份表决权的情形，这就产生了一些问题：首先，原控股股东可否将部分股份的表决权委托给受让方行使，部分股份仍由自己行使表决权？即原控股股东可否将其持有的股份的表决权拆分？其次，如果原控股股东与受让方的意志相左，原控股股东保留的股份表决权可否与委托给受让方表决的股份的意思表示不一致，即对于上市公司同一股东持有的自有股份，表决时能否形成相左的意思表示？

一、上市公司股东表决权分割行使的合法性分析

（一）表决权分割行使的法理分析

所谓股东表决权的分割行使，又称股东表决权不统一行使，目前还未形成实体法上的概念，但该概念已出现在诸多学者文献中，我国台湾地区学者王志诚教授理解为“所谓分割行使表决权，系指股东能否对于股东会之各项议案，将其复数表决权为部分赞成、部分反对或部分弃权之行使而言”〔1〕，胡韶雯教授则理解为“股东就其所持股份，在同一议案上为不同意思表示”，并认为这是为“保障法人股东所代表之实质股东的权利，使法人股东得以各实质股东之指示，分别为赞成或否定之意思表示”〔2〕。

---

〔1〕 王志诚：《股东权利之实质保障：股东表决权之分割行使——兼评公司法第181条修正草案》，载《月旦法学杂志》2010年第181期。

〔2〕 胡韶雯：《由公司治理导向论法人股东表决权之分割行使——评公司法第一八一条修正草案》，载《法学新论》2009年第15期。

我国现行法律并未对股东不统一行使表决权所做表决的效力进行明确规定，亦未对股东不统一行使表决权做禁止性规定。从我国的法规现状看，关于“一股一权”的规定仅在《公司法》第103条中有明确规定：“股东出席股东大会会议，所持每一股份有一表决权”，但是对股东表决权的分割行使并无明确说明。但根据《关于执行〈到境外上市公司章程必备条款〉的通知》（证委发〔1994〕21号）的规定：“在股票表决时，有两票或者两票以上的表决权的股东（包括股东代理人），不必把所有表决权全部投赞成票或者反对票。”据此，到境外上市公司有两票或者两票以上表决权的股东有权分割行使其表决权。

《到境外上市公司章程必备条款》仅适用境外上市的股份公司，在《公司法》并无明确性规定的前提下，境内上市公司能否分割行使表决权，目前学界有数种观点：持肯定态度的观点认为由于公司法并无明确规定，且实践中表决权不统一行使的情况时有发生，只要该行为不对公司、其他股东权益构成损害，就不宜禁止〔1〕，同时根据公司法的规定，表决权直接依附于股份而非股东，每个股份享有一种表决权，而非每个股东享有一种表决权，〔2〕如郑玉波先生认为，因法人或合伙人为股东时，其代表人自不妨有不同之意见，如各投相反之票，与公司无何损害，自应认为妥当也；持否定态度的观点认为我国《公司法》对表决权的不统一行使问题未作规定，解释上应认为我国立法对此采否定态度，〔3〕而且表决权是由于股东是意思表示机关的成员而具有的权利，因此一个股东拥有一个意思表示，而一个意思表示应当是确定的，若允许表决权中意思相左，则有悖于意思表示确定性的要求。〔4〕

（二）表决权分割行使的比较法研究

1. 英美法系

对于分割行使表决权，英国、香港、澳大利亚均有明确规定。

英国2006年《公司法》第322条规定了投票表决：在公司成员大会上投票表决时，享有一票以上的成员如果表决，不必使用其全部票数或依相同的方式投放全部票数。〔5〕

澳大利亚《公司法》第253H条规定，有权表决之人，如有二个以上表决权数，不但无须就全部表决权数行使表决权，亦得为一部赞成一部反对之意思表示。

《公司条例》（香港法例第32章）第114E条规定，若公司会议或公司各类成员会议之议案系采用投票方式解决，且有表决权之人之表决权数超过一票时，无须就

---

〔1〕周友苏：《上市公司法律规制论》，商务印书馆2006年版，第346页。

〔2〕郑玉波：《公司法》，三民书局1981年版，第125页。

〔3〕刘俊海：《论股东的表决权》，载《法律科学》（西北政法学院学报）1995年第6期。

〔4〕柯芳芝：《公司法专题研究》，台湾大学法律学系法学丛书编辑委员会版，第122~123页。

〔5〕胡韶雯：《由公司治理导向论法人股东表决权之分割行使——评公司法第一八一条修正草案》，载《法学新论》2009年第15期。

全部表决权数行使表决权，或就其所行使之表决权数为同一意思表示。[1]

2. 大陆法系国家和地区

（1）我国台湾地区

我国台湾地区于2012年将表决权分割行使的规定列入“公司法”。公开发行公司之股东系为他人持有股份时，股东得主张分别行使表决权。前项分别行使表决权之资格条件、适用范围、行使方式、作业程序及其他应遵行事项之办法，由证券主管机关定之。2012年4月，我国台湾地区金融监督管理委员会发布的遵行事项办法，进一步规定可不统一行使表决权的股东是满足为他人持有股份及公开发行公司之股东两项条件的各类国外基金、国外金融机构和海外存托凭证之存托机构，并具体规定了股东表决权不统一行使的程序要件为“股东申请、撤销或终止表决权分别行使的，应于股东大会开会五日前，以书面或依电子签章法规定之方式向公司提出。公司应于股东名簿注记股东得分别行使表决权，且除按规定撤销或终止外，嗣后股东会均免再向公司提出申请”。

从我国台湾地区的规定来看，基本上对分割行使表决权是持否定态度的，仅对各类国外基金、国外金融机构和海外存托凭证之存托机构，以及为他人持有的公开发行公司股份的股东设立了例外。虽然只打开了较小的通道，但是至少在上市公司股东公开代持股份的情形下，可以分割行使表决权。

（2）德国

《德国股份公司法》第128条第2项规定，信用机构意图在股东会为股东行使表决权或委托他人行使表决权时，应将其对议事日程之各项召集事由行使表决权之提案通知股东，且信用机构应请求股东提出行使表决权之指示，并叙明若股东未于合理期间内提出其他指示的，其将依第一段所为通知之提议行使表决权。另股东为股东联合会之成员，该股东联合会也应将通知转送股东，并准用上述规定（同法第128条第5项）。当有实质股东提出不同指示时，信用机构或股东联合会即应依其不同意见，分割行使表决权。信用机构应以股东利益为依归，并在组织上采取防制利益冲突的措施，确保表决权的行使不受其自身利益的影响。

（3）日本

《日本公司法》第313条规定：①股东可不统一地行使其享有的表决权。②在设置董事会公司，前款的股东必须在股东大会之日的3日前，向设置董事会公司通知不统一地行使其享有的表决权的决定及其理由。③股份公司在第1款的股东不是为他人享有股份者时，可拒绝该股东依同款规定不统一地行使其享有的表决权。

（4）韩国

《韩国商法》第368条之二规定了表决权的不统一行使：①股东持有两个以上表

[1] 胡韶雯：《由公司治理导向论法人股东表决权之分割行使——评公司法第一八一条修正草案》，载《法学新论》2009年第15期。

决权时，可以不统一行使，在此情形下，应于会议日期的3日以前书面通知公司其意旨及理由。②除了股东收回其信托的股份或者为他人持有股份之外，公司可以拒绝股东表决权的不统一行使。

综上，无论从英美法系抑或大陆法系的立法实践看，都不同程度地允许股东分割行使表决权。但同时这些允许有些也是附条件的，通常在以下情形下，允许股东分割行使表决权：(1) 信托股份；(2) 为他人持有股份；(3) 股份共有。在上述情形以外，如股东持有自有股份，公司可以拒绝股东申请分割行使表决权。

笔者也赞同上述情形下的股东分割行使表决权，这种分割行使可以更本质反映股东背后真实股东的自身意愿。但本文讨论的A股上市公司原控股股东（出让方）委托表决权产生的原因是原控股股东往往担任着上市公司的董监高，受《公司法》及证监会、交易所等法律法规规则的约束，原控股股东持有的上市公司股份大部分仍在限售期内，无法一次性进行协议转让，因此只能协议转让部分股份，再增加部分股份的表决权进行委托，以增强受让方对上市公司的话语权进而达到控制上市公司的目的，使受让方成为上市公司的新的实际控制人。而在资本市场的实际操作中，《股份转让协议》与《表决权委托协议》往往是相辅相成的，受让方的目的就是要成为上市公司的实际控制人，出让方也是竭力配合受让方达到交易目的，故双方在协商股份转让款时，往往会考虑"买壳"因素而提高股份转让协议对价。在此过程中，不存在信托持股、代持股份等情形，股权本身是清晰的。因此在上市公司协议转让控制权中配套使用的表决权委托实质是原控股股东将其持有的自有股份的表决权分割行使，目的是增加受让方对上市公司的控制权。

二、剩余股份表决权的行使方式

笔者查阅了近年我国A股上市公司股份协议转让加表决权委托的方式变更实际控制人的既有案例，发现原控股股东除股份协议转让及表决权委托外，仍保留部分股份（以下简称剩余股份）表决权的案例不在少数。对于剩余股份的表决权问题，目前的处理方式主要有如下几种：

（一）持有剩余股份的股东放弃参加股东大会

以开能环保（股票代码：300272）为例，2017年12月25日，开能环保原控制方之一瞿佩君、杨焕凤与受让方钧天（宁夏）投资管理中心（有限合伙）（以下简称钧天投资）签订《股份转让协议》，将其持有的开能环保19976540股（约占开能环保股份总额的5.01%）股份转让给受让方；同日，开能环保原控制方之一瞿建国与钧天投资签署了《表决权委托协议》，瞿建国直接持有开能环保153220978股股份，占开能环保股份总额的38.4798%，瞿建国将其持有的开能环保46070000股股份（约占开能环保股份总额的11.57%）项下的股东表决权委托予钧天投资。2017年12月25日，瞿建国签署了《关于放弃表决权的承诺函》，就其持有的除委托股份之外的其他股份中的开能环保 28390000 股股份（约占目标公司股份总额的 7.13%，以下简称目标股份）作出承诺：自本承诺函出具之日起，且本人持有开能环保不少于 24.5%（含）股份期间，本人放弃目标股份项下参加目标公司股东大会并进行表决等股东权利。

按照开能环保案例处理方式，对于剩余股份，股份持有者瞿建国放弃该等股份参加股东大会的权利，虽避免了瞿建国与钧天投的意思表示相左的情形，但是对于股份所有权人瞿建国而言，仍存在部分股份参与表决（委托表决），部分股份不参加股东大会的问题，仍然属于不同的意思表示。

（二）持有剩余股份的股东可参与股东大会，但不得另行行使投票权

以江苏神通（股票代码：002438）为例，2018 年 1 月 30 日，转让方吴建新与受让方湖州风林火山股权投资合伙企业（有限合伙）（以下简称风林火山）签订《关于江苏神通阀门股份有限公司可流通 A 股的股份转让协议书》，江苏神通控股股东吴建新将持有的江苏神通无限售条件流通股 18237738 股（占公司总股本的 3.75%）协议转让给风林火山，同时，吴建新拟将其在股份转让完成后持有的公司 36683801 股股份表决权（占公司总股本的 7.55%）委托给风林火山行使。本次权益变动完成后，吴建新持有公司股份 54713212 股，占公司总股本的 11.26%，持表决权股份数量 18029411 股，占公司表决权股份比例的 3.71%。双方在 2018 年 1 月 30 日签署的《表决权委托协议》中约定：在授权风林火山行使本协议项下之表决权的情况下，吴建新可以自行参加江苏神通的相关会议，但不另行行使投票权或作出其他导致风林火山无法正常行使本协议项下之表决权的行为。

2018 年 1 月 31 日，江苏神通收到深圳证券交易所问询函，深圳证券交易所就委托表决权的行为是否符合法律法规的规定进行了问询，公司反馈回复认为符合相关法律法规的规定。2018 年 4 月 13 日，吴建新协议转让给风林火山 37158323 股公司股份的过户登记手续已在中国证券登记结算有限责任公司深圳分公司办理完毕。

该等处理模式与第 1 种处理模式较为接近，同样避免了原股东与受让方的意志相左的情况，但是对于股份所有权人吴建新而言，仍存在部分股份参与表决（委托表决），部分股份参加股东大会但不行使投票权的问题，仍然属于不同的意思表示。

（三）持有剩余股份的股东自由行使表决权

以宜安科技（股票代码：300328）为例，宜安科技控股股东宜安实业有限公司（以下简称宜安实业或转让方）与株洲市国有资产投资控股集团有限公司（以下简称株洲国投或受让方）于 2018 年 5 月 3 日签署了《宜安实业有限公司与株洲市国有资产投资控股集团有限公司关于东莞宜安科技股份有限公司的股份转让协议》及《表决权委托协议》。双方约定，转让方将其持有的上市公司 4500 万股无限售条件的股份（占上市公司总股本的 9.78%）转让给株洲国投；同时，宜安实业拟将其所持有上市公司 3375 万股股份（占上市公司总股本的 7.33%）所涉及的表决权、提案权等相应股东权利委托给株洲国投行使。本次权益变动完成后，宜安实业持有公司股份

13500万股，占公司总股本的29.33%，持表决权股份数量10125万股，占公司表决权股份比例的22.00%。对于表决权委托部分的股份，双方约定受让方可依据自身意愿行使表决权。笔者查阅了已公告的文件，双方并未就出让方剩余股份的表决权如何行使进行约定，亦未就此问题签署任何补充协议。但双方在《股权转让协议》中约定：如受让方提议召开股东大会选举新的董事、监事，转让方应对受让方提名的人选在股东大会上无条件投票赞成。笔者认为，对此可以理解为对于转让方仍持有的剩余股份，只有对选举新的董事、监事的议案，转让方需投赞成票，而其他议案则可按照自身意愿进行表决。

目前该控制权转让事项尚在进展中，公司尚未公告进一步进展信息。

该等模式并未对原控制方持有的剩余股份的表决权进行约束，仅要求在选举新的董事、监事时，应对受让方提名的人选投赞同票。这种模式下，对于股份所有权人宜安实业而言，其表决权委托表决部分与自己行使表决权部分完全可能就同一事项作出相左或不同意思表示。

（四）剩余股份持有者应以股份受让方意志为准

以牧原股份（002714）为例，2017年12月13日，公司股东秦英林先生和牧原实业集团有限公司（以下简称牧原集团）签订《表决权委托协议》，委托授权标的为秦英林先生所持牧原股份448667502股股份（以下简称委托股份，占牧原股份总股本的38.73%，委托授权效力及于因牧原股份送股、转增股等而新增的股份）对应的全部股东表决权、董事提名权等股东权利（不包括分红权等股东财产性权利），就秦英林先生仍持有的剩余43420244股股份（占牧原股份总股本的3.75%），双方在协议中约定，秦英林先生将来就公司董事/股东会议审议的所有事项与牧原集团保持一致的意见。

2018年5月4日，受让方牧原集团收到《中国证监会关于核准豁免牧原实业集团有限公司要约收购牧原食品股份有限公司股份义务的批复》，核准豁免你公司因协议安排而控制牧原食品股份有限公司448667502股股份，导致合计控制该公司695078074股股份，约占该公司总股本的60%而应履行的要约收购义务，目前相关登记手续尚在进展中。

按照该等处理方式，对于剩余股份，股份持有者可参与股东大会，但是必须与表决权受托方保持一致意见。该等处理方式不仅解决了原股东可能与受托方/受让方的意志相左的问题，而且也保证了原股东持有的全部股份的意志统一。但是该等模式对原控制方而言是不利的，因为要求剩余股份的表决意向以受托方/受让方意志为准，这与将协议转让所涉股份外的其他全部剩余股份委托给受让方行使无异，即受托方/受让方获得了全部协议转让所涉股份外的其他全部股份的表决意志。

前述几种案例，除了案例四外，均构成了对上市公司股东自有股份表决权的分割行使。那么同一股东的自有股份对同一议案，能否形成相左的意思表示？

根据《合同法》第396条、第397条的规定，委托合同是委托人和受托人约定，由受托人处理委托人事务的合同。委托人可以特别委托受托人处理一项或者数项事务，也可以概括委托受托人处理一切事务。《民法总则》第162条规定，代理人在代理权限内，以被代理人名义实施的民事法律行为，对被代理人发生效力。也就是说，表决权受托人在代理权限内行使表决权引致的法律责任由委托人（股份持有人）承担。上市公司控制权协议转让中的《表决权委托协议》往往约定受托人按自己的意志行使表决权，这就可能导致表决权委托部分的表决意见与剩余股份表决意见不一致，但这两部分表决权对应的股份所有权人都是委托人，也就形成一个股东的自有股份可能对同一事项形成了两种不同的意见。投票表决作为一种民事法律行为，最重要的就是意思表示确定。但是如果上市公司的重要股东对于同一表决事项同时作出相左的意思表示，其意思表示必然是不确定的，无法探讨其真实性，也影响上市公司控制权的稳定性。

上述问题已引起交易所的关注。2018年4月13日深圳证券交易所颁布了《上市公司收购及股份权益变动信息披露业务指引（征求意见稿）》，投资者之间通过协议、其他安排以表决权委托等形式让渡上市公司股份表决权的，出让人与受让人为一致行动人。2018年4月13日上海证券交易所颁布了《上市公司收购及股份权益变动信息披露业务指引（征求意见稿）》，其中规定了投资者委托表决权的，受托人和委托人视为存在一致行动关系。

根据中国证监会《上市公司收购管理办法》的规定，一致行动人是指通过协议、合作、关联方关系等合法途径扩大其对一个上市公司股份的控制比例，或者巩固其对上市公司的控制地位，在行使上市公司表决权时采取相同意思表示的两个以上的自然人、法人或者其他组织。按照交易所的征求意见稿规定，出让方/委托方与受让方/受托方视为一致行动关系，就必须形成相同的意思表示，也就是说，对于出让人仍持有的剩余股份，须与受让方形成统一的意思表示，而不得形成相左的意思表示，也不得单独放弃参与股东大会。对照前述四个案例，前三个案例的处理方式都是不合适的，只有第四个案例出让人与受让人形成了相同的意思表示，是较为合适的。交易所的征求意见稿既认可了表决权分割行使的合法性，填补了该问题的立法空白，也解决了实操中出让方/委托方持有的剩余股份可能出现的与受让方/受托方意思表示不一致的问题。

三、结论

综上，笔者认为，由于目前持股形式的多样性，可以有条件地允许股东分割行使表决权。但在上市公司股东协议转让控制权时，鉴于该类交易对投资者影响重大，既会导致上市公司实际控制人和重要股东变动，进而又可能引起上市公司治理结构和生产经营发生较大变化，对上市公司质量产生重大影响，应慎重对待表决权委托引起的股东自有股份表决权分割行使，避免存在同一重要股东自有股份在表决时出现意见相左的不确定性。交易所出台《上市公司收购及股份权益变动信息披露业务指引（征求意见稿）》，要求投资者之间通过协议、其他安排以表决权委托等形式让渡上市公司股份表决权的，出让人与受让人为一致行动人。该征求意见稿为实操提供了政策依据，有利于维护上市公司的控制权的稳定及中小股东利益。

参考文献

[1] 胡韶雯:《由公司治理导向论法人股东表决权之分割行使——评公司法第一八一条修正草案》，载《法学新论》2009年第15期。
[2] 王志诚:《股东权利之实质保障：股东表决权之分割行使——兼评公司法第181条修正草案》，载《月旦法学杂志》2010年第181期。
[3] 周友苏:《上市公司法律规制论》，商务印书馆2006年版。
[4] 郑玉波:《公司法》，三民书局1981年版。
[5] 刘俊海:《论股东的表决权》，载《法律科学》（西北政法学院学报）1995年第6期。
[6] 柯芳芝:《公司法专题研究》，台湾大学法律学系法学丛书编辑委员会版。

［李文君：国浩律师（南京）事务所合伙人，南京大学法学学士
柏德凡：国浩律师（南京）事务所律师，华东政法大学法律硕士］

异议股东回购请求权的司法实践

龚帅文

异议股东回购请求权与公司重大经营决策息息相关，而目前我国《公司法》相关规定较为原则，但又过于具体，还与股东资格、股东会的召开等问题相关，在司法实践具体适用过程中存在较多问题，本文将就实践中存在的问题试析一二。

一、异议股东回购请求权原理回顾

异议股东的股份回购请求权制度（appraisal right）渊源于普通法国家，原本就公司结构重大改变、重要财产处分、章程变更等均适用的是“一致同意”原则，但是“一致同意”原则使得公司在从事任何重大决定时均可能面临巨大的障碍，造成公司效率降低，因为任一股东不同意均能导致公司重大事项无法推进，这在各股东利益不一致之时尤为明显，严重者甚至可能会导致公司僵局。由此“资本多数决”原则应运而生，但是资本多数决原则势必会对持反对意见的股东造成不利影响，因此法律赋予反对决议的少数股东以评价补偿权（appraisal right，即本文所称异议股东股份回购请求权），使得不愿接受公司重大变化的反对股东，能够在取得合理的金钱补偿后退出公司，即为异议股东回购请求权的来源。

我国《公司法》关于异议股东回购请求权主要规定在第 74 条〔1〕及第 142 条第

---

〔1〕《公司法》第 74 条规定：“有下列情形之一的，对股东会该项决议投反对票的股东可以请求公司按照合理的价格收购其股权：

（一）公司连续五年不向股东分配利润，而公司该五年连续盈利，并且符合本法规定的分配利润条件的；

（二）公司合并、分立、转让主要财产的；

（三）公司章程规定的营业期限届满或者章程规定的其他解散事由出现，股东会会议通过决议修改章程使公司存续的。

自股东会会议决议通过之日起六十日内，股东与公司不能达成股权收购协议的，股东可以自股东会会议决议通过之日起九十日内向人民法院提起诉讼。”

4项[1]。

二、我国异议股东回购请求权的行使要件及适用的情形

（一）异议股东回购请求权行使要件

1. 主体适格

毋庸置疑，异议股东回购请求权行使的主体当然是反对股东，即对股东（大）会作出的相关决议表示反对的股东。

2. 对股东（大）会法定决议事项投反对票或持有异议

异议股东应当对决议作出反对的意思表示，其反对的意思表示可以是在股东（大）会召开之前，异议股东向公司提交书面反对意见；也可以是在股东（大）会进行表决时，即异议股东在股东（大）会上对决议表示反对。

3. 异议股东应向公司发出请求回购股权的意思表示

由于回购请求权的对应主体是公司，因此，异议股东应向公司作出要求公司回购其相关股权的意思表示。并且应当先行与公司协商回购，在不能与公司协商一致的情况下，才可在规定的时间内起诉。

4. 异议股东应于法定期限内行使请求权

我国《公司法》第74条规定，“自股东会会议决议通过之日起六十日内，股东与公司不能达成股权收购协议的，股东可以自股东会会议决议通过之日起九十日内向人民法院提起诉讼”。另外，我国《公司法》第142条虽然也有关于回购请求权之规定，但没有如第74条那样规定行使的具体期限，也没有明确准用条款，因此对于股份公司的异议股东回购请求权的行使期限应当在合理期限内提出，至于合理期限具体时长，建议参考有限公司相关规定。

（二）异议股东回购股权（份）的法定情形

《公司法》就有限公司和股份公司关于异议股东回购的情形并不完全一致，有限公司有专门条款进行规定，而股份公司则是在禁止公司回购本公司股份的条款下将异议股东回购情形作为除外条款进行规定。

1. 有限公司股权回购的情形相对全面，在如下情形下，异议股东可要求公司回购股权：（1）公司连续5年不向股东分配利润，而公司该5年连续盈利，并且符合本法规定的分配利润条件的（《公司法》有关的利润分配的规定主要是指当年税后利润要先弥补前年亏损、提取法定公积、提取任意公积，之后才可分配利润）。（2）公司合并、分立、转让主要财产的。公司合并、分立相对较容易界定，但是转让主要财产，所谓主要财产如何确定？《公司法》并没有明确规定，在司法实践中，法院判

---

〔1〕《公司法》第142条规定：“公司不得收购本公司股份。但是，有下列情形之一的除外：……（四）股东因对股东大会作出的公司合并、分立决议持异议，要求公司收购其股份的……”

断“主要财产”的标准是看被转让资产的数量和价值是否构成“主要”，当然，转让主要财产占公司总资产的比例是考量的重要但非唯一因素。（3）公司章程规定的营业期限届满或者章程规定的其他解散事由出现，股东会会议通过决议修改章程使公司存续的。该条规定主要是考虑异议股东在成为公司股东时对公司存续期间已有预期，当存续期间届满时，应当给予异议股东对继续成为公司股东一个选择权。

2. 由于股份公司原则上是禁止公司回购本公司股份，只有在如减资以及股东因对股东大会作出的公司合并、分立决议持异议，要求公司收购其股份等情形下才允许公司回购。因此，股份公司异议股东请求公司回购其股份的法定情形有且只有一种。

三、司法实践中存在的主要问题

（一）如公司未召开股东（大）会，异议股东能否要求公司回购其股权

1. 公司法规定的三类法定回购情形是否需要召开股东会

根据我国《公司法》，股东会行使的职权包括：审议批准公司的利润分配方案和弥补亏损方案；对公司合并、分立、解散、清算或者变更公司形式作出决议；修改公司章程。同时《公司法》还规定对前款所列事项股东以书面形式一致表示同意的，可以不召开股东会会议，直接作出决定，并由全体股东在决定文件上签名、盖章。笔者理解，对于上述事项，一般需要召开股东会会议进行表决，除非全体股东以书面方式一致表示同意。至于转让主要财产是否需要召开股东会，《公司法》并未规定。因此，对于异议股东回购情形，除转让主要财产以及其他法定或约定情形外，均需要通过股东会，异议股东可以通过参加会议或要求召开相关会议等方式保证股东会能够顺利进行。

2. 如果公司不召开股东会会议，又应如何处理

需要明确的是，对于属于股东会职权范围的事项，如果未经股东会决议或全体股东书面同意，则相关重大事项的执行应属程序违法。此时，应分两种情形处理：

首先，公司未经股东会决议径行分配利润、合并、分立或转移主要财产等，此时，公司及（或）相关股东涉嫌损害公司及（或）其他股东利益。同时，笔者理解，异议股东回购请求权的原理在于保障对利润分配方案、公司合并、分立、转让主要财产、使公司继续存续持有异议股东的退出权，如果事实上公司已作出或正在履行上述事项，尽管未召开股东会，异议股东仍应当有权要求公司回购其股权，但异议股东应当在合理期限内向公司作出要求回购的意思表示。

其次，如果公司据不召开股东会会议，根据《公司法》第 39 条的规定，代表 1/10 以上表决权的股东，1/3 以上的董事，监事会或者不设监事会的公司的监事有权提议召开临时会议。如果大股东拒绝召开相关的股东会，异议股东可通过召开临时股东会等方式对上述事项进行表决。

（二）投弃权票、无表决权及存在出资瑕疵的股东是否有回购请求权

1. 对决议投弃权票的股东

按照《公司法》第74条的立法原意，应当理解为股东须对公司决议明确表示反对，投“弃权票”可以理解为既不赞成也不反对；而行使异议股东回购请求权应当严格限制在法律规定范围内。因此，笔者认为，对股东会决议投弃权票的股东并不享有异议股东股权回购请求权。

2. 无表决权股东

我国《公司法》第42条规定：“股东会决议由股东按照出资比例行使表决权；但是，公司章程另有规定的除外。”据此，在有限公司中出现无表决权股东的可能性是完全存在的；无表决权股东只是不参与公司管理，而义务与普通股东相同，其加入的公司同样具有应当受到尊重的期待权（利益），这种情形下，应当赋予其回购请求权。

3. 出资存在瑕疵的股东是否具有股份回购请求权

异议股东股份回购请求权属于股东权利之一种，其存在与否取决于股东资格的有无。其出资是否存在瑕疵并不会影响到股东资格，只是因为股东出资瑕疵而需要承担相应的法律责任。但是在目前注册登记制的情形下，可能存在部分股东未履行或未完全履行出资义务，即异议股东并未履行出资义务，却可直接分享公司发展收益，异议股东可能仅需要补足出资即可直接获利，似乎有违公平原则，因此笔者认为出资存在瑕疵的股东不应享有回购请求权。

（三）回购请求权起算时点如何确定

《公司法》第74条第2款规定，“自股东会会议决议通过之日起六十日内，股东与公司不能达成股权收购协议的，股东可以自股东会会议决议通过之日起九十日内向人民法院提起诉讼”。该规定似乎很明确回购请求权的起算点为“股东会会议决议通过之日起”，但是却忽略了实践中可能存在的各种问题，如公司召开股东会会议，通知时遗漏了一名或数名股权份额较少的股东，待该股东得知情况时早已超过了法律规定的除斥期间；再如，公司根本就没有召开股东会，更没有作出过任何决议。这类期间根本无法计算，也不应当直接适用法定期间，因此，建议该期间还可从知道或应当之日起计算。

（四）如何确定“合理价格收购”

行使异议股东股权回购请求权的后果在于异议股东可以请求公司按照合理的价格收购其股权，但是何为“合理价格”？《公司法》并未规定，作为法律也不可能干涉市场规律，《公司法》实际上将合理价格交由双方协商确定，协商不成的可诉至法院。不过在司法实践中，由于一般是由异议股东提起诉讼，所以还是由异议股东举证证明其诉讼金额的合理性，如果异议股东未能举证证明或法院认为异议股东主张的价格不合理，法院有可能无法直接支持异议股东的诉讼请求，甚至有可能出现法

院仅判决公司以合理价格回购异议股东股权。那么异议股东该如何主张合理价格？常规的做法是申请法院对公司进行司法审计，按照公司净资产结合异议股东出资比例确定，如果异议股东能够掌握公司相关财务报告或能够证明其主张的其他证据将更为有利。

参考文献

[1] 施天涛：《公司法论》（第2版），法律出版社2006年版。
[2] 王伟：《反对股东股份收购请求权研究》，载《当代法学》2006年第6期。
[3] 何澎湃、王伟：《反对股东股份收购请求权研究》，载《法律适用》2008年第6期。

[龚帅文：国浩律师事务所律师（深圳），苏州大学法律硕士]

公司治理之有限责任公司章程设计

张　选

国有宪法，家有家规，公司的章程即是公司治理的根本法则，一切公司内控制度的建立均要以本公司的章程为蓝本，无论公司发生非诉行为还是内部纠纷诉讼行为，律师首先考虑和参考的也是公司章程。公司章程作为调整公司内部组织架构、运行规则及权利义务分配的基础性文件，其内容贯穿于公司设立、运营、议事、清算、注销的各个阶段，是反映公司法人治理程度高低的最直接的体现。

律师在实践过程中发现，公司章程却未得到应有的重视。不少投资者在注册公司时，对于公司章程的起草工作通常并不重视，而是习惯于直接套用工商行政提供的模板，完成注册，草草了事。但在公司运营过程中，有些公司因章程设计不合理，造成投资困扰、决策困扰、经营困扰，或因此违反章程规定的情况也是屡见不鲜。其发现问题后，又急于请律师修改章程，耗费大量的人力、物力，得不偿失。因此，设计一份灵活适用于公司的治理模式和利益分配机制，合理实用且穷尽股东战略投资的章程就显得至关重要了。根据笔者多年的公司管理和法务经验，现以有限责任公司为例，就公司章程的设计以及设计过程中需要着重注意的问题进行梳理，供大家指正、参考。

一、章程内容的设计

《公司法》当中既有强制性规范，又有任意性规范，是有限责任公司人合性与资合性的综合体现。在设计公司章程内容时应当注意，除了尊重股东的意思自治之外，还离不开行政合规的强制性干预。这就要求投资者设计公司章程时，在公司自治和行政监管之间加以权衡。作为投资人或股东，应当清楚以下内容：

首先，根据《公司法》第25条的规定，“有限责任公司章程应当载明下列事项：（一）公司名称和住所；（二）公司经营范围；（三）公司注册资本；（四）股东的姓名或者名称；（五）股东的出资方式、出资额和出资时间；（六）公司的机构及其产生办法、职权、议事规则；（七）公司法定代表人；（八）股东会会议认为需要规定的其他事项”。从上述规定可以看出，公司章程应当至少包含以上几点内容，缺少任何一项，工商行政管理机关均有权不对公司进行登记注册。

其次，有一些条款不是必须记载，但在《公司法》当中有相应的规定，一般以“但书”的形式体现，如《公司法》第41条关于召开股东会会议通知的期限。此类条款可以在公司章程中自行约定，也可以不进行记载，适用《公司法》关于此类事项的一般性处理原则。

最后，没有具体的法律规定、由投资人或股东根据自身实际情况自行决定是否写进公司章程的条款，在《公司法》中主要体现为授权性规范或兜底性条款，如《公司法》第25条第1款第8项“股东会会议认为需要规定的其他事项”、第46条第11项中关于董事会职权的规定“公司章程规定的其他职权”等。

二、出资比例的设计

我国《公司法》有关有限责任公司的规定中，充分体现其资合性特征的是投资人的出资比例。通过设定投资人出资比例，在章程中约定表决权，也是公司治理的通常做法。因此，在设计公司章程时，出资比例的设计至关重要。下面就出资比例的设计及其代表的意思进行简单阐述。

（一）绝对控制权——67%

根据《公司法》第43条第2款“股东会会议作出修改公司章程、增加或者减少注册资本的决议，以及公司合并、分立、解散或者变更公司形式的决议，必须经代表三分之二以上表决权的股东通过”的规定可以看出，占67%出资比例的股东属于绝对控股股东，理论上掌握公司股东会的决策权。

另外，需要明确的一点是，法条中的“三分之二”包含本数，因此，绝对控制权为67%并不确切，66.7%、66.67%等也均能体现绝对控制权。

（二）相对控制权——51%

《公司法》当中并未对有限责任公司股东会一般决策事项的比例进行规定，而是赋予了投资人自由决定的权利。在司法实践中，最常见的对于有限责任公司一般事项的决策通过比例的表述为“过半数”“半数以上”“二分之一以上”等。但上面三种表述所表达的含义却并不完全相同。根据《民法总则》第205条的规定，“民法所称的‘以上’‘以下’‘以内’‘届满’，包括本数；所称的‘不满’‘超过’‘以外’，不包括本数”。因此，“过半数”不包含50%，而“二分之一以上”和“半数以上”包含50%，在设计时对此应特别注意区分，否则将可能在投资人之间产生争议。另外，在设计时，还应明确是“股东人数过半数”还是“持有过半数表决权的股东”，这都是在设计时容易模糊的地方。

基于实践中最常见的做法，51%的出资比例，除却《公司法》规定的必须经过2/3以上表决权的重大事项外，理论上具有相对的控制权。

（三）一票否决权——34%

根据《公司法》第43条的规定，公司重大事项须经代表2/3以上表决权的股东通过，那么反过来说，持有超过1/3表决权的股东对于公司重大事项即具有一票否决权。对其他仅需过半数即通过的事宜，无法否决。

同样，34%也并不确切，33.4%、33.34%等也均能体现一票否决权权。

（四）临时会议权——10%

《公司法》第39条第2款规定，“代表十分之一以上表决权的股东……提议召开临时会议的，应当召开临时会议”；第40条第3款规定，“董事会或者执行董事不能履行或者不履行召集股东会会议职责的，由监事会或者不设监事会的公司的监事召集和主持；监事会或者监事不召集和主持的，代表十分之一以上表决权的股东可以自行召集和主持”；第182条规定，“公司经营管理发生严重困难，继续存续会使股东利益受到重大损失，通过其他途径不能解决的，持有公司全部股东表决权百分之十以上的股东，可以请求人民法院解散公司”。由此可以看出，代表1/10表决权以上的股东有临时会议权。

但是，以上四种比例设计所代表的权利均是在公司章程没有约定不按照出资比例行使表决权的情况下，根据《公司法》第42条的规定，如果各投资人在公司章程中约定不按照出资比例行使表决权，则以上比例都将随之丧失意义。

另外，投资人在确定认缴的出资额时，应综合考虑各方面的因素，量力而行，既要考虑公司的实际需求，也要考虑自己的经济能力，还要考虑有限责任公司人合性以及股东人数多少等问题，在综合各种因素的基础上，合理设置各投资人的出资比例。

三、组织架构的设计

（一）董事会或执行董事

关于董事会或执行董事的设置在《公司法》第44条、第50条和第67条中都有相应的表述，在此不再赘述，只就需特别注意的问题进行以下提示：

1. 关于董事会中是否必须设置职工董事的问题

对于一般的有限责任公司，是否在董事会成员中设置职工代表，《公司法》赋予了公司自由决定的权利，并无强制性要求。然而，须着重指出的是在两个以上的国有企业或者两个以上的其他国有投资主体投资设立的有限责任公司当中，《公司法》则强制性规定董事会中必须有职工代表，且职工代表应通过职工代表大会、职工大会或其他形式民主选举产生。

因此，在设计董事会的过程中，应特别注意核实各股东或投资人的身份，按照实际情况决定职工董事的设置与否。

2. 关于不设董事会只设执行董事的执行董事身份问题

对于股东人数较少或者规模较小的有限责任公司不设董事会，而只设一名执行董事的，不论是普通有限责任公司，还是两个以上的国有企业或者两个以上的其他国有投资主体投资设立的有限责任公司，执行董事的身份都既可以是股东代表，又可以是职工代表。

3. 国有独资公司董事会的设置问题

法律规定国有独资公司必须设立董事会，而不能只设置一个执行董事，在设计章程时应特别注意对国有独资公司性质的认定。

（二）监事会或监事

关于监事会或监事的设置在《公司法》第51条和第70条中都有相应的表述，在此不再赘述，只就需特别注意的问题进行以下提示：

1. 关于监事会中是否必须设置职工监事的问题

职工监事的设置不同于职工董事。只要是有限责任公司的监事会中就应当设置职工代表，且职工代表的比例不得低于1/3，还应通过职工代表大会、职工大会或其他形式民主选举产生。董事、高级管理人员不得兼任监事。

2. 关于不设监事会只设监事的监事身份问题

对于股东人数较少或者规模较小的有限责任公司不设监事会，而只设监事的，该监事人数为1至2名，该1至2名监事既可以都是股东代表，也可以都是职工代表，还可以一个是股东代表，另一个是职工代表。

根据《公司法》第51条第2款的规定，“监事会应当包括股东代表和适当比例的公司职工代表，其中职工代表的比例不得低于三分之一，具体比例由公司章程规定”，本款规定里明确了“监事会”应当包括职工代表，但如果不设监事会，只设监事，则监事的身份可以由公司自由决定。

3. 国有独资公司监事会的设置问题

一般对于有限责任公司监事会成员的规定为不得少于3人，唯有国有独资公司，法律规定其必须设立监事会，且监事会成员不得少于5人，职工代表的比例不得低于1/3，具体比例由公司章程规定。

（三）高级管理人员

根据《公司法》的规定，公司章程对公司、股东、董事、监事、高级管理人员具有约束力。高级管理人员，是指公司的经理、副经理、财务负责人，上市公司董事会秘书和公司章程规定的其他人员。《公司法》也详细规定了股东、董事、监事、高级管理人员对公司所负义务以及享有的权利，但同时也赋予了公司一定的根据实际情况进行设计的自由。在实践中，公司治理结构也许远远比《公司法》所构架的要复杂，因此在设计公司章程时，公司应当结合自身的实际经营管理情况，明确规定公司高级管理人员的范围以及其享有的权利和所负的义务，设计出更为具体而符合自身要求的规定。

（四）党组织

2017年10月10日至11日，全国国有企业党的建设工作会议在北京召开，会议强调，“坚持党对国有企业的领导不动摇 开创国有企业党的建设新局面”。另外，中共中央组织部与国务院国资委党委自2017年年初开始已经连续发布了关于国有企业党建工作进章程的通知：2017年1月3日，国资委印发《关于加快推进中央企业党建工作总体要求纳入公司章程有关事项的通知》（国资党委党建〔2017〕1号）；2017年3月15日，中共中央组织部和国务院国资委党委联合印发《关于扎实推动国有企业党建工作要求写入公司章程的通知》（组通字〔2017〕11号）；2017年4月24日，国务院办公厅印发《国务院办公厅关于进一步完善国有企业法人治理结构的指导意见》（国办发〔2017〕36号）。

从上述一系列文件可以看出，针对国有企业来说，将党建工作写入公司章程，是党建工作和国有企业法人治理结构的有机结合，也是开展党建工作的首要任务。因此在今后的章程设计中，如果是国有企业，应当注意对“党建”一章的设计。

（五）工会

我国法律并未强制公司必须建立工会，工会是公司职工自发设立的组织，公司不得干涉员工参加和组织工会，并应当为工会提供必要的活动条件。然而，成立工会虽不是对公司的强制性要求，但若无工会，实践中很多程序在操作时将存在一定障碍，如《公司法》第18条第3款规定，“公司研究决定改制以及经营方面的重大问题、制定重要的规章制度时，应当听取公司工会的意见，并通过职工代表大会或者其他形式听取职工的意见和建议”。又如，《劳动合同法》第4条第2款规定，“用人单位在制定、修改或者决定有关劳动报酬、工作时间、休息休假、劳动安全卫生、保险福利、职工培训、劳动纪律以及劳动定额管理等直接涉及劳动者切身利益的规章制度或者重大事项时，应当经职工代表大会或者全体职工讨论，提出方案和意见，与工会或者职工代表平等协商确定”。再如，《企业工会工作条例》第33条规定，“企业工会是职工代表大会或职工大会的工作机构，负责职工代表大会或职工大会的日常工作”。由此可见，工会是一系列制度实施的前提，也是公司能够规范运作的一个很重要的方面。因此，建议公司鼓励职工成立工会，并把工会作为公司民主管理的形式，以保证公司的规范运作。

四、股权转让的设计

关于股权转让的设计在《公司法》第三章中进行了专门的规定，在此不再赘述，只就需特别注意的问题进行以下提示：

1.《公司法》规定的是股权转让的一般原则，公司可以在章程中就股权转让的条件根据自身需求作出其他设置。但基于有限责任公司人合性的特征，在实践中，需慎重考量转让条件设置的设计。

2.《公司法》在第三章对有限责任公司股权转让作了专章规定，但在实践中，公司章程多未对其股权转让进行明确约定，由此形成越来越多的股权转让争议纠纷，依照第71条第3款及第72条的规定，对于股权转让问题，投资人应根据公司实际，作出详细约定，并着重考虑优先购买权问题。

3. 股权转让以后应及时到工商局办理股东变更登记，根据商法公示主义与外观主义的原则，如果未及时办理变更登记，对外是不能对抗善意第三人的，善意第三人仍有权根据工商局对外公示的信息进行股东资格的认定，并进行交易。

五、对外投资、对外担保的设计

公司对外投资和对外担保与股东的利益密切相关。根据《公司法》的规定，公司向其他企业投资或者为他人提供担保，依照公司章程的规定，由董事会或者股东会、股东大会决议；公司章程对投资或者担保的总额及单项投资或者担保的数额有限额规定的，不得超过规定的限额；公司为公司股东或者实际控制人提供担保的，必须经股东会或者股东大会决议。

从上述规定可以看出，公司对外投资和对外担保决议的主体以及对投资或者担保总额以及单笔额度的确定，须由股东自行决定，且在公司章程中进行明确。决议的主体可以是股东会，也可以是由股东会授权的董事会，但这种授权只限于对外投资和对外担保，当公司为公司股东或者实际控制人提供担保时，则必须经股东会决议。

关于对外投资和对外担保的条款，公司可以根据实际情况放置在股东会职权或董事会职权当中，抑或单独作为一条。

六、法定代表人的设计

法定代表人，是指依照法律或者法人组织章程规定，代表法人行使职权的负责人。公司的法定代表人对内处于公司管理核心的地位，对外代表公司、以公司的名义实施公司行为，该行为的法律后果由公司承担。

根据《公司法》的规定，公司法定代表人依照公司章程的规定，由董事长、执行董事或者经理担任，并依法登记。公司法定代表人变更，应当办理变更登记。法定代表人对外代表公司，具有很大的权力，公司在确认法定代表人时应当进行慎重的权衡。因董事长位阶本就高于总经理，如果由董事长或执行董事担任法定代表人，董事长的实际权力将大幅增加；如果由总经理来担任法定代表人，则存在架空董事会、董事长的可能，因此股东在确定公司法定代表人时应当综合考量、慎重考虑。另外，需注意的是，在章程中应当将董事长的担任落实到职位层面，而非落实到个人，以免人员变动导致公司章程的变动。

七、结语

一部好的公司章程的犹如一部好的《宪法》，对于公司的未来发展是至关重要的。公司章程反映了投资者的经营管理意愿，能够让投资者按照自己的想法进行公司运营。而要设计出一个既符合投资人意愿，又符合公司稳健发展的公司章程，则需结合现行的法律法规规定，并全面考虑公司可能遇到的各种情况，综合考量后，再力求详尽地将法律赋予股东的权利记载于公司章程之内。然而术业有专攻，在设计章程的过程中，投资人也许并不具备相应的专业知识，此时，聘请专业的第三方机构进行操作和设计，也不乏是一种简单高效的方法。聘请专业机构，一方面，能够确保公司章程用语的准确性及可操作性；另一方面，也能最大限度地保证投资人权益的实现。

通过对本文的提示性论述，希望有助于投资者在现有《公司法》体系及工商行政管理机关管理模式下，充分发挥股东的意思自治，把治理结构设计完成于公司成立之前，才能在公司成立后，更有效地维护股东与公司的利益，防止损害各方权益的法律风险出现。

[张选：国浩律师事务所律师（太原），山西财经大学管理学硕士]

双层股权结构与股东民主

王志勇

经历了四年多的反思与调整，今年香港证券交易所允许上市公司发行“同股不同权”的股票。小米科技可能是赴港上市获得发行双层股权结构股票的第一家公司。就此背景，我们就谈谈双层股权结构与股东民主。

一、股权结构的历史

在世界范围内，一股一票仍是目前绝大多数上市公司所采取的股权结构规则。但从历史来看，公司最早的股权结构至少有三种规则：（1）一人一票规则，其不管股东实际持有的股票数量，是最初很多公司选择的股权结构；（2）一股一票规则，在公司股权制度发展的初期是当时少数公司的选择；（3）限制大股东表决权的股权结构规则。比如，为防范大股东剥削小股东而采取的渐减投票权（graduated voting rights）规则、单一股东投票权增加的比例低于持股比例的封顶投票权（capped voting rights）规则，即不管单一股东持股比例多少，对投票权总额进行封顶。

事实证明，任何对大股东投票权的限制，都必将遭受到大股东的挣脱，而且大股东们总在寻找这种挣脱束缚的机会，公司扩大投资规模便是绝佳的机会之一。当公司欲扩大规模、需要资金支持时，大股东们便顺利地将一股一票作为融资的筹码，如果不给予一股一票，大股东便不支持融资。就这样，公司股权结构的制度安排，慢慢地从多种模式逐渐向一股一票的模式发展，以至于一股一票的规则成为当今的主要规则。

二、双层股权结构

学者考证，1918 年便有了与当代 A、B 股相同设计的双层股权结构，出现了不具有表决权的普通股。当时有的公司发行两种股票：一种是根据一股一票规则拥有充分表决权的股票；另一种则是完全没有表决权的股票。有表决权的股票通常向公司的员工或内部人发行，向普通公众发行的是没有表决权的股票。双层股权的好处在于，既能让公司募集到资金，又能确保大股东或管理层不丧失公司的控制权。双层股权结构的法律上的意义在于普通股东的投票权与股东的投资受益权互相分离。

尽管双层股权制度早早就诞生了，但其发展与成长远非一帆风顺。自1926年至1984年，将近60年的时间里，美国纽约证券交易所对上市公司发行双层股，秉持严格禁止的态度。2013年错失阿里巴巴集团上市的香港证券交易所，直到今年才允许上市公司发行双层股。双层股权制度遭遇抵制，最重要的原因便是，双层股权结构与股东民主的基石——一股一票相违背。双层股权结构对股东民主制的侵蚀与破坏，不是理论上的危言耸听，而是在美国证券历史上确实发生过。因为手持庞大的银行资金，银行家收购了有投票权的全部股票，公司实体被银行家绝对控制。我国前几年发生的公司被“野蛮人入侵”的现象，似乎就是美国历史上“被银行家控制”的翻版。不论是先前的银行家控制，还是当代的野蛮人入侵，都遭受到了当时政府部门的强力打压。

三、一股一票与股东民主

公民的投票权应当如何分配，是民主治理领域里的一个根本话题。投票权应当在股东间怎样分配，实质是民主治理在公司这个场景下的具体应用。社会民主治理的理论研究认为，对投票结果有重大利益关系的人，最应当获得投票权。

公司的股份被股东持有，而每个股东持有股份的数量有所不同。在对公司的投入以投入的资金多寡为单一评价标准的情形下，持有股份数各不相同的股东，其对公司的投票权多寡必定要与其对公司的经济利益关系相适应，拥有股份数量多的股东投票权就多。无论是一人一票规则，还是限制性投票权规则，都无法充分反映股东与公司的经济利益之间的关系。显然，股东与公司的经济利益之间的关联，以投入资金的多寡作为唯一的评价标准，非常直观且容易进行观测。正是基于以下两点：（1）股东与公司发展有重大利益关联（排除了员工的投票权）；（2）股东与公司之间的利益关联程度，通过投入的资金多寡作为唯一的评价标准（排除了一人一票规则、限制性投票权规则），一股一票规则才得以被世界各国所确认。

可以说，相较于社会领域的民主治理，公司治理领域的投票权设计要简单得多。我们很难想象，在社会民主领域里，存在这样一个以个人拥有财富的多寡作为分配投票权多少的基本因素。

四、双层股权与股东分层

一股一票的股权结构设计，既有着说服力非常强的理论依据支撑，同时又能够满足公司扩大规模的融资实践需求。与此同时，公司治理领域又为何会出现双层股权结构的制度设计？而且双层股权制度设计的公司，在数量上似乎越来越多，渐渐有星火燎原之势。

双层股权结构日益增多的现实，逼迫着理论研究者们必须要对此现象作出合理的解释。对一股一票规则进行深入研究后，有人揭示出了一股一票规则背后隐含的一个重大理论前提：公司的股东被假定为是同质无差异的个体。因此，在股东们是同质无差异个体的前提之下，单纯根据拥有股票的多少对股东投票权进行分配，才是完整的一股一票规则所包含的两个基本要素。对照着实践中运营的公司，我们就会发现，将公司的股东看作同质无差异的个体，理论上既不可靠也与现实情形不符。

股东之间根据投入资金的多少，分为大股东、小股东。大股东可能还会分为公司的控制集团和公司的非控制集团。随着股东压迫，中小股东的利益就会遭受到控股股东的侵害。同时，股东的目的也会有差异，即使对公司的长远发展抱有相同的理念，但在具体的公司运营细节上，不同的股东往往会有不同的举措。参与公司治理的能力上，不同的股东亦有所不同。又如，机构投资者的根本目的就是想获得投资收益，公司该怎样发展，机构投资者与公司的原本股东之间看法肯定各不相同。上述所有差异之处，加之尚未列举出来的股东间的其他各种差异，在一股一票的理论框架下是无法予以解释与容纳的。

股东之间会因各自的目的不同、能力不同、对公司的利益关注重点不同，而自发地形成不同的股东团体。由于存在这种股东的分层，因此，应当允许不同于传统的一股一票的股权结构设计。股权分层结构便是公司股权结构适应股东分层的自然结果。我们是否可以说，股权分层结构是对公司股东民主制度的侵蚀与颠覆？或许还不能这样说。如同民事法律领域对不同的个体规定不同的行为能力，我们也不妨将股权分层结构看作商事领域内对不同的股东设定不同的商事行为能力。这仅仅是笔者的个人看法，不一定准确。不过，股权分层是否对股东民主制度造成侵蚀与颠覆，确实尚未见相关理论著作对此有描述。

[王志勇：国浩律师事务所律师（北京），同济医科大学法医学硕士]

破产企业船舶挂靠经营中的法律问题

马新毅　史　可

挂靠船舶处理问题是目前航运企业破产的疑难问题之一，处理好实际所有人与被挂靠公司的关系尤为关键。船舶挂靠经营的定义、形式和法律成因是什么？破产企业如何应对挂靠船舶所带来的风险？破产程序中经过实际所有人确权的挂靠船舶能否从破产财产中排除？本文将从以上几个方面进行了简单论述。

一、船舶挂靠经营的定义、形式和法律成因

船舶的挂靠指船舶实际所有人将船舶登记于某航运公司或管理公司，与该航运公司或管理公司签订挂靠协议，并以被挂靠的名义经营或管理船舶，并向被挂靠人支付一定数额的管理费的行为。

船舶挂靠运营的本质特征在于，船舶经营权一律为具有航运资质的航运公司所有，船舶的实际所有权为不具有航运资质的船东所有，而船舶的运营手续、执照均是登记在以公司制为形式的航运公司，正是这点将船舶挂靠经营与承包经营、租赁经营、合伙经营相区别。从船舶的所有权证书来看，尽管经营人全为航运公司，但也存在进一步区分。第一种模式下，名义所有权人也全部是航运公司；第二种模式下，名义所有权人为实际船东（出资者），船公司为登记经营人；第三种模式下，所有权为航运公司与实际船东按份共有（如航运公司占51%，实际船东占49%）。

那么，为什么会产生这么多船舶挂靠的现象呢？这是因为我国对于船舶运输的管理方式造成的。2001 年4 月1 日起施行的《国内船舶运输经营资质管理规定》第4条规定："经营国内船舶运输的企业和个人，应依照本规定和国家有关规定，取得相应的经营资质，并在核定的经营资质范围内从事国内船舶运输经营活动。"第 6 条规定："除内河普通货船运输外，经营船舶运输应取得企业法人资格。"

2008 年 5 月 26 日公布的《国内水路运输经营资质管理规定》第 6 条规定："除经营单船 600 总吨以下的内河普通货船运输外，经营国内水路运输应当取得企业法人资格。自然人经营单船 600 总吨以下的内河普通货船运输应当办理个体工商户登记。"第 7 条规定："从事国内水路运输的企业应当具备下列经营资质条件：（一）拥

有与经营区域范围、经营业务相适应的自有并经营的适航船舶，且上述船舶总运力规模满足第八条的要求；（二）有满足经营需要和安全管理要求的经营、海务、机务、船员管理等组织机构、固定办公场所和国家规定的注册资本；（三）有健全的安全生产责任制度、安全生产规章制度和操作规程以及生产安全事故应急救援预案等安全管理与生产经营管理制度，并且按照《中华人民共和国航运公司安全与防污染管理规定》的要求建立安全管理体系；（四）有与经营船舶种类、经营规模相适应的经营、海务、机务专职管理人员，相关专职管理人员应当满足本规定第九条的要求；（五）经营客船运输的，应当落实船舶靠泊、旅客上下船所必需的服务设施和安全设施。”

随着《船舶安全营运和防止污染管理规则》逐步生效，船舶安全管理拥有更高的标准，特定船舶必须由建立并运行安全管理体系的船舶管理公司来经营管理，换言之，航运经营人必须建立完备的安全管理体系。

根据上述规定，经营国内水路运输必须具备相应资质条件，因此个体运输经营人基本被排除在水路运输经营活动以外。个人船东如果想参与水路运输经营必须与拥有船舶运输经营资质的运输企业签订挂靠协议，以这些企业的名义为个体运输经营人出具相关证明、申请注册登记、领取船舶营运证。虽然这些运输企业被登记为船舶所有人或船舶经营人，但实际上并不开展任何经营活动，导致绝大多数船舶挂靠属于经营资质挂靠，这些协议仅仅流于纸面，被挂靠公司实际上没有对船舶实行任何有效管理，这完全背离了交通部规范运输经营活动的初衷。

二、挂靠船舶的风险及对策

因为挂靠船舶在海事局登记所有人或经营人为被挂靠船公司，被挂靠公司虽然能够收取一定的挂靠费用，但是同样面临挂靠船舶带来的很多风险，航运企业破产后，因很多挂靠船舶仍掌握在实际船东手中，其同样面临这些风险。那么，挂靠船舶会给破产企业带来哪些风险呢？

（一）侵权类纠纷

挂靠船舶因侵权行为造成他人人身、财产损害，如船舶碰撞、触碰等。2012 年 12 月 28 日，最高人民法院发布了《关于国内水路货物运输纠纷案件法律问题的指导意见》（以下简称《指导意见》），按照该指导意见，“依据民法通则、侵权责任法、海商法及有关司法解释的规定，挂靠船舶的实际所有人和被挂靠企业应当承担连带赔偿责任”。

（二）合同类纠纷

挂靠船舶的实际所有人以被挂靠企业的名义签订运输合同，而合同上加盖的是船章，而并非被挂靠企业公章。在此情形下，结合船章和船舶所有权证书中就船舶所有权人或经营人登记的对外公示效力，一般可以认为实际所有人的行为已经构成了表见代理，将被挂靠的企业定性为合同承运人。

在没有签订书面运输合同项下的纠纷中，根据《指导意见》的规定，如果运单上仅仅加盖了承运船舶的船章，应当认定该承运船舶的登记所有人为运输合同的承运人，承担相应的合同责任。同样的问题出现在船舶物料供应合同和船员劳务合同的纠纷中，与运输合同较为类似。因为船舶登记所有人为被挂靠企业，该登记体现为对第三人的公示效力，在无法依据交易凭证认定合同主体时，应当推定船舶登记所有人或经营人即被挂靠企业为物料供应合同主体。在没有签订书面物料供应合同时，除实际所有人向供应方明示合同主体是其本人，并经供方予以认可之情形，其他情形均应认定船舶登记所有人即被挂靠企业为合同主体。

对于上述风险，管理人接管破产航运企业后一定要充分注意。针对上述风险，笔者认为，可以对破产企业名下船舶采取光租的形式，以减少风险。第一，企业破产是一个较为漫长和复杂的过程，在此期间如果船舶在被处置以前就停航会使船舶产生巨大的价值贬损；第二，船舶光租后，破产航运企业可以依据船舶光租合同收取租金，可以增加公司收入，减少债权人损失；第三，也是最重要的一点，光租经海事部门登记后有公示公信的效力，在光租期间所有的船员工资、船舶物料以及船舶碰撞责任均由船舶光租人承担，这将大大减少被挂靠航运企业的风险。

在办理光租的同时，为了能够解决破产企业挂靠船舶的权属问题，还必须通过确权诉讼来确认挂靠船舶的实际归属。那么登记在破产企业名下的挂靠船舶到底是属于谁的财产？挂靠船舶属于破产财产吗？

三、破产企业挂靠船舶的归属及确权判决第三人范围

（一）挂靠船舶的归属

根据《海商法》第7条的规定，船舶所有权，是指船舶所有人依法对其船舶享有占有、使用、收益和处分的权利。按取得原因的不同，船舶所有权可分为原始取得和继受取得两种。原始取得是根据法律的规定直接取得所有权。船舶的原始取得主要是建造，当新船建造完毕，即可按有关规定进行所有权登记。继受取得是指通过购买旧船、继承、赠与等取得船舶所有权。

《物权法》第24条规定，“船舶、航空器和机动车等物权的设立、变更、转让和消灭，未经登记，不得对抗善意第三人”；《海商法》第9条规定，“船舶所有权的取得、转让和消灭，应当向船舶登记机关登记；未经登记的，不得对抗第三人”。因此，我国船舶所有权的设立、变更实行登记公示制度而非登记生效制度，登记是船舶物权变动的对抗要件，不是生效要件。2012年5月颁布的《最高人民法院关于审理买卖合同纠纷案件适用法律问题的解释》第10条第1款第2项、第4项规定：“出卖人就同一船舶、航空器、机动车等特殊动产订立多重买卖合同，在买卖合同均有

效的情况下，出卖人将标的物交付给买受人之一，又为其他买受人办理所有权转移登记，已受领交付的买受人请求将标的物所有权登记在自己名下的，人民法院应予支持。”船舶所有权的设立、发生仍以“交付”作为效力依据，即可以认定挂靠船舶属于实际控制的实际船东所有。

（二）船舶挂靠协议的效力

根据《最高人民法院关于适用〈中华人民共和国合同法〉若干问题的解释（一）》第4条“人民法院确认合同无效，应当以全国人大及常委会制定的法律和国务院制定的行政法规为依据，不得以地方性法规、行政规章为依据”的规定，船舶挂靠协议仅仅是违反《国内水路运输管理条例》等行政性法规的规定，而应负行政法律责任，应由有关行政主管机关处理，并不影响民事协议的效力。

（三）有关挂靠船舶的确权诉讼

对于由实际船东占有及运营的船舶，应审查其实际占有船舶是否具有合法的法律依据。对于非法占有船舶，或仅是基于承租等“使用权”意义上的原因占有船舶的，应以船舶所有权登记为准，作为航运企业的破产财产。对于基于出资建造、购买等的原因被实际船东占有及运营的船舶，应审核实际船东取得船舶所有权的原因，只要不属于《企业破产法》第31~33条[1]规定的“应予以撤销”“无效”情形的，就应确认该等船舶为实际船东的财产，不应列入破产财产。就此船舶，实际船东有权向法院提起确权诉讼，确认其对船舶享有所有权。

（四）船舶确权中第三人的认定

《海商法》第13条“设定船舶抵押权，由抵押权人和抵押人共同向船舶登记机关办理抵押权登记；未经登记的，不得对抗第三人”的规定，与其后颁行的《物权法》第24条[2]规定一样，确立了“登记对抗”的规则，因为抵押登记具有公示公信的效力，因此船舶的抵押权人属于确权判决的第三人范围。

因挂靠船舶本船所产生的船舶物料费、船舶修理费和船员工资等发生的原因是与本船航运和经营直接相关的，当然属于确权判决的第三人范围。

对于破产企业的债权人来说，根据合同相对性，其债权针对的主体是破产企业，而不是单独的船舶，不属于确权判决的第三人范围。

---

[1] 《企业破产法》第31条规定：“人民法院受理破产申请前一年内，涉及债务人财产的下列行为，管理人有权请求人民法院予以撤销：（一）无偿转让财产的；（二）以明显不合理的价格进行交易的；（三）对没有财产担保的债务提供财产担保的；（四）对未到期的债务提前清偿的；（五）放弃债权的。”第32条规定：“人民法院受理破产申请前六个月内，债务人有本法第二条第一款规定的情形，仍对个别债权人进行清偿的，管理人有权请求人民法院予以撤销。但是，个别清偿使债务人财产受益的除外。”第33条规定：“涉及债务人财产的下列行为无效：（一）为逃避债务而隐匿、转移财产的；（二）虚构债务或者承认不真实的债务的。”

[2] 《物权法》第24条规定：“船舶、航空器和机动车等物权的设立、变更、转让和消灭，未经登记，不得对抗善意第三人。”

而未经实际船东确认，破产企业与第三人签订船舶买卖合同的买受人，甚至是已经过户的买受人，根据前述船舶所有权的设立、发生仍以“交付”作为效力依据，在没有取得船舶实际控制的情况下，也不属于确权判决的第三人范围。

四、破产案件中涉及船舶处置的法律冲突与处理

《企业破产法》第20条规定：“人民法院受理破产申请后，已经开始而尚未终结的有关债务人的民事诉讼或者仲裁应当中止；在管理人接管债务人的财产后，该诉讼或者仲裁继续进行。”第21条规定：“人民法院受理破产申请后，有关债务人的民事诉讼，只能向受理破产申请的人民法院提起。”上述两个条款明确了破产申请受理后，对破产企业的所有民事案件均由破产法院管辖，虽然有便于统一裁判尺度和协调案件进展，掌握全部与破产企业有关的案件信息和处理结果的优点，但由于涉及知识产权的专业性、法律规定的特殊性及一些专业领域的案件，比如海事海商案件，由破产法院审理增加了法院的工作量，也无法保证案件的办理质量，确有不妥之处。

另外，基于《海商法》的船舶优先权的行使会受到影响。《海商法》规定，船舶优先权必须通过扣押产生船舶优先权的船舶来行使，并且船舶优先权的期限仅为一年，期间不发生中止或中断。据此，如果出现破产受理情况，尚未到期但尚未扣押行使船舶优先权的海事请求权的优先受偿权利将受到影响。

再者，破产企业船舶拍卖还是要通过海事法院来进行，而《企业破产法》的优先适用导致海事请求权人的债权不再能通过船舶拍卖清偿程序受偿，而要参与到整个破产财产的分配或清算当中，造成债权所占比例势必小于其在船舶拍卖价款中所占比例。这种非因债权人的原因，造成的受偿范围的缩水，显然不是《海商法》及《海事诉讼特别程序法》的立法初衷。

因此，笔者建议，企业破产后涉及专属管辖的案件，仍应遵循专属管辖原则，如规定破产受理后对破产企业提起的海事海商案件，仍应由海事法院管辖，但因破产的发生，应当确定由受理破产案件所在地的海事法院集中管辖；已受理海事海商案件的破产法院和其他海事法院应当及时将案件移送破产企业所在地的海事法院审理。为了保证破产债权人的利益，同时规定破产企业所在地专属集中管辖的诉讼不允许以单独和解或清偿的方式结案，而必须以判决方式结案。

参考文献

[1] 汤奇：《船舶挂靠遗患无穷》，载《中国水运》2004年第7期。
[2] 谢桦、张可心、黄思奇等：《关于船舶挂靠法律问题的调研报告》，载《人民司法》2009年第23期。

[3] 沙晓岑:《船舶挂靠法律问题研究》，大连海事大学2009年硕士学位论文。
[4] 阙东丽:《浅析船舶挂靠经营模式》，载《法制与社会》2011年第36期。

[马新毅：国浩律师事务所合伙人（南京），厦门大学经济学学士
史可：国浩律师事务所律师（南京），黑龙江大学高分子材料与工程学士]

四、基础设施与房地产

新一轮调控背景下房屋买卖合同纠纷的新特点及司法应对

李尚泽

一、调控政策的强化及对房屋交易市场的影响

2013～2014年，国家对房地产开始了严厉调控，出台了限购措施，房地产过热势头得到了短暂限制。2014～2016年，中国经济进入新常态，为了实现房地产去库存，相继出台了四轮政策，放松了限购限贷，而加强了信贷支持和税收减免。在此期间一二线房价暴涨，与三四线的房价形成明显的对比。2016年9月至今，房地产市场开始新一轮宏观调控，房贷逐步收紧，打击炒房，抑制一二线房价快速上涨。目前来看，新一轮调控政策已初见成效，全国多个重点一二线城市二手房成交量已经出现明显回落，这也将成为中国楼市新一轮降温周期的开始。

2017年是房地产市场集中调整的一年，全国密集下发楼市调控政策，据中原地产研究中心统计数据显示，今年以来全国各地发布的房地产调控政策累计超过210次，其中仅10月就有超过25个城市发布了有关房地产调控政策34次。不仅如此，调控政策覆盖面也从以往的热点一二线城市向三四线城市进一步扩围。与以往的调控政策相比，今年不仅限购、限贷，而且“限售”；住建部将联合人民银行、银监会规范购房融资，严禁房地产开发企业、房地产中介机构违规提供购房首付融资，严禁互联网金融从业机构、小额贷款公司违规提供“首付贷”等购房融资产品或服务等，严禁个人综合消费贷款等资金挪用于购房；银行业金融机构将加大对首付资金来源和借款人收入证明真实性的审核力度，严格对个人住房贷款和个人综合消费贷款实行分类管理，严禁消费贷、经营性贷款和信用卡透支等资金挪用于购房。

十九大报告给未来房地产市场定调：坚持房子是用来住的、不是用来炒的定位，加快建立多主体供给、多渠道保障、租购并举的住房制度，让全体人民住有所居。今后房地产业将发生三个方向性的变化：一是需求方面由“有房住”到“住好房”的转变；二是定位属性由过去的“投资与居住属性并重”到“去投资重居住属性”；三是解决居住问题的路径由过去的“购房为主”到“租购并举”。未来调控政策、市

场走势都将紧紧围绕“房住不炒”而展开。在热点城市购房需求和房价上涨压力回落之前，调控政策不会放松，楼市要稳定的基调不会变，本轮房地产调控有可能贯穿更长的时间周期，并且调控城市也将进一步扩容。

宏观调控政策对房地产市场的影响较大，导致中国房地产行业也具有更多的特殊性，房地产纠纷也伴随着房地产市场行情和宏观调控政策的走向而呈现新的变化。当房地产市场下行趋势明显时，因中小房地产企业难以为继，人们的购房欲望被抑制，二手房市场萎靡，购房人与开发商之间商品房买卖合同纠纷会增多；当房地产行情走俏、房价持续走高时，开发商的建设热情高涨，二手房交易市场活跃，房屋出卖方的违约率增加，一般房屋买卖合同纠纷会明显增多；宏观调控政策实施前后会影响履约的预期，导致房屋买卖合同购买人爽约的纠纷增加，如严格的限购、限贷政策实施，或者提高了购房首付比例，致购房人付款能力降低而无法履约，或者因购房人失去购房资格而不能取得房屋所有权登记，合同目的不能实现；在银根紧缩的宏观经济背景下，中小房地产开发企业资金链紧张，影响房屋建设进度，会因逾期交房而引发商品房买卖合同纠纷增多。随着新一轮限购政策的持续实施，今后的购房需求主要体现为刚性需求，投资需求将明显减少，购房者悔约的情况将会爆发。

二、新一轮调控背景下房屋买卖合同纠纷的特点及面临的新问题

（一）调控背景下房屋买卖合同纠纷的特点

分析前几次房地产调控政策的实施后房屋买卖纠纷的呈现态势，有助于我们未雨绸缪，提前做好应对之策。随着房地产市场的火热，房屋价格一路上扬，表现出来的房屋买卖合同纠纷类型主要是：（1）买房人以卖房人违约不履行合同为由要求出卖人履行房屋买卖合同，并协助办理过户手续；（2）买房人以卖房人违约不履行合同为由要求出卖人承担损失赔偿责任或者违约责任；（3）中介机构起诉要求支付中介费用；（4）精装房购房人以交付房屋不符合约定拒绝接房或者起诉主张逾期交房违约责任。当调控政策实施一段时期后，房地产市场呈现低迷状态，表现出来的房屋买卖合同纠纷类型主要是：（1）买房人以贷款首付比率提高导致其无力承担首付，从而无法办理按揭贷款为由要求解除合同；（2）买房人以银行不予办理贷款从而无法履行合同为由要求解除合同；（3）买房人因不符合办理产权登记的相关条件，以无法办理产权过户手续从而无法实现合同目的为由要求解除合同；（4）外地户籍的买房人与用人单位签订虚假劳动合同、办理社会保险缴纳证明以购买房屋，在房屋价格下跌后，又以自己不符合购房条件为由，要求解除合同。[1]

根据重庆市法院的受案统计，2017 年 1～10 月，重庆市渝中区人民法院新收商

〔1〕 数据来源于笔者对重庆市法院近年来受理的房屋买卖合同纠纷案件的梳理。

品房买卖合同纠纷案件191件，同比下降5.4%，新收房屋买卖合同纠纷案件192件，同比上升76.1%；重庆市法院2017年1～10月新收商品房买卖合同纠纷案件11600件，同比上升6.6%，新收房屋买卖合同纠纷案件9577件，同比上升51.8%。[1]受案的比例反映了当前房地产交易市场特别是二手房交易市场的活跃程度。

随着房地产调控政策的持续作用，房屋的投资性属性被抑制，房屋交易市场将进入平稳发展或者暂时下滑中，部分商品房购买者可能会像前几年一样采取“房闹”或试探性诉讼的方式向开发商施加压力，试图减少房价下跌给自己带来的经济损失，或者寻找合同漏洞及以条款约定不明为由而追究开发商的赔偿责任，预计相关纠纷将在房地产交易市场萎靡和房屋价格下行后持续增长。

（二）处理房屋买卖合同纠纷面临的新问题

1. 房屋作为不动产，因价值较大而影响购房人的切身利益，容易引发群体性纠纷，甚至部分地区出现退房潮，潜存社会不安定因素。因此在处理房屋买卖合同纠纷时涉及敏感事项多，妥善化解当事人双方目的、平衡当事人双方利益较为困难。

2. 新一轮调控政策对房屋买卖合同当事人履约预期的影响大，是否可以阻却违约责任的承担？理论上，对于调控政策的定性存在多种学说，包括不可抗力、情势变更、商业风险等，司法实践对此的分歧也非常大。

3. 买房人以受新一轮房地产限购、禁购政策影响为由，要求解除合同的案件中，既有买房人因对相关政策不了解，在签订合同后，发现自己不能获得预期的贷款额度或者不能办理产权过户的情形，也有为了规避房价下跌造成的损失，而以限购、限贷影响为由拒绝履行合同的情形。两类案件虽然买房人要求解除合同的理由相同，但是究其原因还是有着本质的不同，对于后一种情形，如果认定买房人解除合同的理由不足，判决强制缔约、履约，势必会造成将来案件的执行难，而如果判决解除合同，又难以彰显法律的公正性，可能有损司法权威。

4. 部分买房人为了规避限购、禁购政策，借他人名义买房并办理贷款、过户，在借名人与实际出资人因房屋权属产生纠纷后，法院可以通过对证据的分析判断，认定实际出资人为权利人，如果对出资人予以确权判决，可能导致司法判决与国家政策相冲突，变相地支持了借名买房这种规避调控政策的行为。

5. 在发生以购房为名实施诈骗行为后，司法对原权利人的保护与买受人的权利保护无法兼顾。骗子以“以房养老”项目承诺高息诱使老年人签订借款合同，并通过书面委托书将自己的房屋抵押、买卖、产权转移、纳税甚至是收取放款等权利全部委托给骗子，骗子在此后将房子卖给第三人并办理了房屋产权转移登记手续。类似案件仅由北京市公安局西城分局移送检察院的相关案件就有30多起。另外，较多发生的骗局是：骗子故意以高于市场价格向卖房人表达购房意愿，首付20%～30%的

[1] 数据来源于渝中区人民法院。

房款后，约定将房屋过户后到银行办理抵押贷款，一旦贷款下来后，骗子就卷款而逃，甚至将房屋又卖给了第三人。原权利人的权利与买受人的权利发生冲突，司法难以兼顾。

三、新形势下处理房屋买卖合同纠纷的司法应对

（一）应以《民法总则》《合同法》和《最高人民法院关于审理商品房买卖合同纠纷案件适用法律若干问题的解释》为处理纠纷的主要依据

商品房买卖合同是民事合同的一种，但由于房地产开发主体的资格以及商品房关涉广大群众的居住和生活品质，关于民事行为法律效力以及法律责任等应当适用《民法总则》《合同法》和《最高人民法院关于审理商品房买卖合同纠纷案件适用法律若干问题的解释》的相关规定。而一般房屋的买卖当事人双方地位平等，协商更加充分，不必受《最高人民法院关于审理商品房买卖合同纠纷案件适用法律若干问题的解释》的调整，而仅受双方所签订的合同约定内容的约束；合同约定不明的，以《合同法》的相关规定作为补充。

（二）关于新一轮房地产调控政策实施前订立的房屋买卖合同纠纷的处理

买卖合同在新一轮调控措施实施前订立，合同订立后，双方当事人订立合同的目的可能因新一轮限购、限贷政策的严格实施而受到影响，导致尚在履行过程中的合同出现迟延履行、部分不能履行、完全不能履行等情况。

1. 关于合同的变更或解除。因调控政策的实施，当事人客观上不能履行合同，其是以不可抗力为由行使解除权，还是以情势变更为由要求变更或者解除合同？不可抗力是法定免责条款，违约人无须承担责任，情势变更则因实际履行对合同一方明显不公平，需要由合同双方共担相应风险。根据法理，只有同时满足不能预见、不能避免和不能克服三大要素才能构成不可抗力，但抑制房地产过热的调控政策经历了从限贷到限购逐步强化的过程，不应属于不可抗力。如果走上法律程序，法院很可能在考虑双方实际情况的基础上变更或者解除合同。依据《最高人民法院关于适用〈中华人民共和国合同法〉若干问题的解释（二）》第26条的规定，“合同成立以后客观情况发生了当事人在订立合同时无法预见的、非不可抗力造成的不属于商业风险的重大变化，继续履行合同对于一方当事人明显不公平或者不能实现合同目的，当事人请求人民法院变更或者解除合同的，人民法院应当根据公平原则，并结合案件的实际情况确定是否变更或者解除”。对于住房限购政策实施前订立的合同：（1）因限购、禁购政策导致无法办理房屋过户手续的，一方当事人要求解除合同的，除合同另有约定外，应予准许；当事人一方要求另一方承担违约责任或适用定金罚则的，则不应支持。因合同的解除造成当事人间的利益失衡的，损失方可以要求对方补偿其所受的合理损失。（2）因一方当事人的原因致合同处于迟延履行状态，迟延履行后由于住房限购政策的实施导致合同无法继续履行的，守约方可以解

除合同，并要求对方承担违约责任或者要求适用定金罚则。（3）合同未明确约定以银行贷款方式付款的，买受人以其因信贷政策影响而无法继续履行为由，请求变更或解除合同的，由于缺乏因果关系而不应得到支持；合同约定以贷款方式付款，买房人以受信贷政策调整不能办理按揭贷款要求解约的，双方当事人可以进行协商变更履行方式，法院也可以组织双方当事人协商解决，确因信贷政策变化不能履行合同的，可以适用情势变更原则解除合同，出卖人应当将收受的购房款或者定金返还买受人。出卖人请求买受人承担其为订立合同而实际发生的费用等合理损失的，可酌情予以支持。（4）对于名为受调控政策影响，或以房屋质量、逾期办证、面积差距、层高不符合约定、小区建设与宣传不符以及甲醛超标等理由，实为对房地产市场进行观望、期望开发商降低房价等因素要求解除合同的，应该严格审查是否符合法定或约定解除的条件，审查这些解除的理由是否足以导致买房人的合同目的落空。（5）对于单纯因贷款利率上调、贷款成数下降导致贷款不足以及贷款受限所引发的纠纷，一般不应适用情势变更。

2. 关于责任的认定和损失的分担。因受限购、限贷政策的影响引发的房屋买卖合同纠纷，当事人主张依据的事实大多为限购、限贷导致合同履行发生障碍，具体个案中是否可以适用“不可归责于当事人双方的事由”，免除不能依约履行的法律责任，以及确定免除责任的范围，必须考虑以下因素：首先，合同履行障碍与调控政策的实施之间存在因果关系。只有调控政策的实施是合同纠纷产生的最近、唯一或者关键的原因，且不存在阻断因果关系的情况下，当事人才可以据此主张免责。因首付提高影响买房人履约，首付提高应当是买房人履约障碍的关键原因、唯一原因，如果买房人有给付能力而只是资产在其他领域占用，首付提高后只是短期无法足额筹措，则不应认定为有因果关系；如果房价总额较高，首付提高的数额巨大，则可以依据公平原则予以免责。因出卖人无从知道买房人给付不能的原因，依据“谁主张，谁举证”的原则，应当由买房人对给付不能的原因承担举证责任。其次，违约人没有过错。只有纯粹因调控政策实施造成的违约才能够免责。对于调控政策与当事人过失混合的情形，则应当先考察当事人过失与调控政策对合同发生影响的先后，如果是在调控政策出台之前，则应当考察是否存在因果关系，以确定当事人是否可以主张免责；如果是在调控政策之后，则应对责任进行区分认定，查明当事人可以因调控政策主张免责的部分，同时由当事人承担因自己过错造成责任扩大的部分。如因信贷政策变化导致履行迟延，当事人在合理的期限内亦未适当履行，则应当先考察政策变更与迟延履行之间的因果关系，同时审查政策变更在整个迟延履行中作用的大小。如果限购、限贷政策的实施发生在当事人迟延履行期间，则当事人不能以情事变更或不可归责于一方当事人的事由主张免责。最后，免责的范围必须与调控政策的影响相对应。如果调控政策的实施导致全部债务给付不能，行为人应当就全部责任免责；如果调控政策的发生仅是延迟了合同的履行，则行为人仅应当就该相应的迟延免责。

因限购、禁购政策导致无法办理房屋过户手续的，一般应认定属于《最高人民法院关于审理商品房买卖合同纠纷案件适用法律若干问题的解释》第4条、第23条规定的“不可归责于当事人双方的事由”，解除合同后，出卖人应退还购房人交付的定金和首付款，出卖人不能要求买受人继续履行合同、承担违约责任或者适用定金罚则。

房屋买卖合同因调控政策影响而解除后，对当事人主张的有关预期利益损失，以及双方为订立合同及履行合同实际发生的装修费、评估费等费用，应当根据公平以及可预见性原则，由当事人双方进行合理分担。在具体处理时，应当区分买房人购房目的是属于消费性购房还是投资投机性购房以合理确定分担比例。对于消费性购房，买房人分担的数额，可以限定在损失额30%以内；对于投资投机性购房，买房人分担的数额，可以限定在损失额70%左右，并可以参考双方约定的定金、违约金数额进行调整。

（三）关于限购、限贷政策实施后订立房屋买卖合同纠纷的处理

当事人在新一轮限购、限贷实施后订立合同，对调控政策所带来的后果应该是清楚明白的，应该坚持合同严守原则，不应以情势变更原则调整双方的利益关系。对于合同的效力，应当严格控制无效的认定，只有确实违反了法律、行政法规的强制性效力性规定，才可以认定合同无效。此次房产新政采取的形式均为政府通知、部门规定，都属于行政管理性规定，不是效力性禁止规定，因此不应当作为审查合同效力的依据，不宜因为违反房产新政而直接认定合同无效。对于规避政策签订合同不能履行的责任认定，因买受人隐瞒或虚构事实情况，导致订立的合同违背调控政策而无法继续履行，出卖人有权请求依法变更或撤销合同，并要求买受人承担其因此所受损失；买受人有证据证明系受出卖人误导而致订立的合同违背调控政策而无法继续履行的，买受人有权请求依法变更或撤销合同，并要求出卖人承担其因此所受损失；双方当事人均知道或应当知道该合同违反调控政策的规定，一方当事人要求继续履行合同的，因该合同不具备继续履行条件，可不予支持；当事人请求依法解除合同，并要求对方当事人承担其因此所受损失的，因当事人双方对于合同的解除都有过错，应当按照过错大小分摊损失。

（四）关于借名买房纠纷的处理

借名买房，是指房屋的实际出资人借用他人名义购房，并以他人名义登记房屋所有权的行为。房地产限购的调控政策实施后，部分有购房需求的人失去了购房资格，即使能签买卖合同，也无法在房地产中心进行交易过户。从实践中的借名买房纠纷案件看，当事人借名买房往往是出于规避限购政策、信贷政策的目的。为规避调控政策，以他人名义与出卖人订立合同并办理了房屋权属证书，此种情形下，借名人与被借名人之间、被借名人与出卖人之间合同的效力依然不能被轻易否定。虽

然这种形式似乎违背了房产调控的政策限制，使政策所限制的当事人突破了限制而达到继续买房的目的，但这种突破只是个体间的调整，并没有使被允许买房人群的总量有所增加，也没有使受限制人群的总量减少，限购的效果和目的并没有因此而受到减损。借名买房实际上是不受限制的被借名人以丧失其相应资格为代价为受政策限制的实际购房人实现买房的目的，是被借名人对其相应资格的自由处分，这种处分并没有违反法律法规的强制性规定，并未损害社会的公共利益，司法上没有禁止的必要和依据，对借名买房合同原则上应当认定有效。

对出资人因与借名人发生争议而要求确认房屋所有权的，若当事人约定了房屋所有权归属于出资人，因该约定与物权法规定的不动产物权生效要件不符，并不发生物权效力，房屋所有权并未转移由出资人享有，只是在出资人与借名人之间产生了以在符合法律规定和合同约定的条件时完成物权变动为主要内容的债权债务关系，借名人因此对出资人负有相应的协助办理房屋所有权转移登记的义务。出资人有权要求登记权利人将房屋过户到自己名下，但不能直接请求确认所有权。人民法院应当进行释明，告知其不能基于债权请求确认房屋所有权，经释明仍不变更诉讼请求的，应当予以驳回。

对于出资人要求登记权利人协助办理过户登记的请求，应区分不同情况：出资人若仍不具备购房资格或该房屋不具备再行转让交易条件的，则因不具备过户登记条件，其请求因法律上的履行不能而得不到支持；若出资人符合购房条件或者该房屋具备了再行转让交易条件的，则因并不存在继续履行合同的障碍，应支持出资人主张登记权利人协助办理过户登记的请求；若双方约定待限购政策解禁后办理过户登记的，则因目前条件不成立，其提前请求办理登记不能得到支持。如果当事人要求解除合同的，应当认为出资人和借名人之间的合同目的不能实现，双方都有权解除合同。如果登记权利人擅自出售房屋的，出资人不得以无权处分为由主张合同无效，只能向借名人主张违约责任或者损失赔偿。如果登记权利人的债权人申请执行该房屋以实现债权，出资人不得以事实上物权人的身份提出执行异议，需自己承担可能危及其最终实现房屋所有权目的的风险。

此外，对于受住房限购政策影响，一些外地户籍的买房人，通过中介机构与用人单位签订虚假劳动合同，办理社会保险缴纳证明以购买房屋，在房屋价格下跌后，又以自己受调控政策限制为由，要求解除合同的，法院不宜对其社会保险缴纳的真假进行认定，亦不能轻易以受调控政策限制为由认定合同无效。

（五）关于房屋买卖居间合同纠纷的处理

理论上，居间人促成合同成立的，有权收取居间合同约定的报酬；未促成合同成立的，不得要求支付报酬，但可以要求支付从事居间活动支出的必要费用。但实践中，房屋买卖中介机构的服务范围已经有了很大的延伸，包含了办理贷款、过户等一系列服务，其收取的也是“一揽子”的报酬。在房屋买卖合同因受调控政策影响而解除的情形下，房屋买卖双方并未享受到中介的全部服务，也没有实现交易的目的，如果仍然坚持促成合同成立就有权收取报酬，则按照目前房屋中介行业的高额收费状况，会造成明显的显失公平，而以促成交易作为有资格收取全额中介费的标准则较为妥当。因此，在房屋买卖合同解除情况下，对房屋中介要求支付居间报酬的应根据其居间义务完成情况（如办理物业交接、贷款、过户等），酌情予以支持；当事人请求房地产经纪机构退还当事人委托其保管的购房款、定金和房屋产权证书等资料的，应予以支持。因房屋中介公司未及时全面履行受托义务，导致房屋出卖人因政策调整而遭受多支付营业税等损失的，应根据房屋中介公司的过错程度判令其承担相应的赔偿责任。

对于当事人确因居间人的居间行为订立合同，如果买卖合同明确约定以按揭贷款方式付款且买受人因不能办理约定的按揭贷款，或买受人由于相应住房限购政策的实施而无法办理房屋所有权变更登记，居间人以已经促成合同订立为由请求支付居间报酬的，在司法实践中一般不予支持，但居间人要求委托人支付从事居间活动支出的合理费用的，应得到支持。居间人故意隐瞒真实情况、违规操作，恶意损害委托人利益的，对居间人请求委托人支付报酬的，不应支持；委托人请求居间人赔偿所造成的损失，应根据当事人的过错程度处理。

（六）关于精装房买卖合同因质量问题引发纠纷的处理

在大多一、二线城市中，销售最好的往往就是精装房。精装修房屋与普通商品房最大的不同就是开发商已经做好了房屋的装修，购房人入住后可以省钱、省心、省时、省力，而且设计到位，房屋质量有保障。但由于合同对精装修标准约定模糊不清；部分精装修房的质量堪忧，装修污染、辐射指标超标时有出现，买房人在接房时发现存在质量问题拒绝接房或者主张出卖人承担违约赔偿责任的纠纷较普遍。

实务中发现，开发商往往与购房者签订的并不是单纯的买卖精装房的商品房买卖合同，而是签订了两份合同：(1) 关于清水房的商品房买卖合同；(2) 委托开发商或委托开发商推荐的装修企业进行装修的委托装修合同。目前，由于有关法律规范缺位，合同约定标准不明确，就合同约定而言形式上兼具了房屋买卖和装修两类纠纷性质，其构成了一种新类型案件。不同法院、不同的法官在对此类案件审理时，其认识和处理上也存在一定分歧。笔者认为，《商品房预售合同》与约定的装修合同形成一个整体，购房人的真实意思为购买精装修房，并无再委托开发商装修之意思，开发商不仅要承担因房屋建造质量引起后果的责任，还需承担因房屋装修质量问题引起后果的责任。委托装修协议系开发商规避法律风险的行为，购房者支付的购房对价里包含了装修清水房的价款，双方间并不是一个无偿委托关系，所以开发商不能仅就过错和重大过失承担责任。开发商交付的房屋不符合双方最终约定的精装房交付标准，应该按照买卖合同关系承担房屋质量责任。如果开发商如实告知买受人可在《商品房预售合同》附件的装修部分补充约定装修内容，购房者选择与装修企业另行签订装修合同的方式，法律不应过度干预，购房人应向装修企业主张违约责任或者损害赔偿。当然，我们要呼吁国家有关部门要研究精装修房的标准化，规范精装修房屋交易市场，充分保护购房人的权利。

《最高人民法院关于审理商品房买卖合同纠纷案件适用法律若干问题的解释》第13条规定：“因房屋质量问题严重影响正常居住使用，买受人请求解除合同和赔偿损失的，应予支持。交付使用的房屋存在质量问题，在保修期内，出卖人应当承担修复责任；出卖人拒绝修复或者在合理期限内拖延修复的，买受人可以自行或者委托他人修复。修复费用及修复期间造成的其他损失由出卖人承担。”就“严重影响正常居住使用”的审查认定，应采实质判断标准，即看房屋是否真的具有严重影响正常居住使用的质量问题。主要审查两方面：（1）是否符合有关房屋质量的法律规定和合同约定；（2）房屋是否达到正常的居住使用条件。如果存在影响居住的质量问题，开发商应承担整改责任和逾期交房的违约责任。如果只存在一般质量瑕疵，则购房人不得拒绝接房。

（七）关于欺诈买卖权利人权利冲突的处理

房屋原所有权人因买卖或者融资养老等原因，房屋被卖与第三人并办理房屋所有权转移登记的，根据物权法关于善意取得制度的规定以及保护交易安全的需要，只要第三人出于善意、支付了对价，第三人取得房屋的所有权，原所有权人丧失了房屋的所有权，只能向诈骗人主张损失赔偿。如果有证据证明第三人与诈骗人恶意串通，或者第三人以明显不合理低价购买，可以主张第三人与出卖人之间的房屋买卖合同无效而恢复所有权。房屋原权利人以诈骗为由向公安机关反映并要求立案侦查的，公安机关不应以属于民事或者经济纠纷为由拒绝受理，应该立案侦查，否则当事人的权利无法得到充分的保护。人民法院在审理案件中发现有诈骗犯罪线索的，应当将案件转由公安机关侦查。

（八）提高司法人员的职业素质，以保障权利为己任，维护稳定的社会秩序

在受骗的房屋买卖过程中，表现出来的是民事法律关系，但购房人的真实目的并不是购买房屋，而是借此形式实施诈骗，卖房人要以民事诉讼进行权利救济几乎是竹篮打水，只有由公安机关介入侦查才能减少受害人的损失。但公安机关常以属于经济纠纷为由而拒绝受理案件，致使纠纷无法得以解决，犯罪分子逃避了法律的惩罚，双方受害人的权利无法得到弥补。这就需要司法人员树立大局意识，把握好案件处理的基本原则，要坚持执行法律与贯彻政策相统一，坚决让犯罪分子受到法律的惩罚，维护稳定的社会秩序。

人民法院在审理涉房地产纠纷案件中，不仅要严格执行法律、行政法规和司法解释，而且要充分掌握中央及地方房地产调控政策的出台背景和具体规定，将政策精神与法律要求融会贯通，将政策精神切实贯彻落实到涉房地产纠纷案件的审判工作中，努力做到法律效果、社会效果与政治效果的统一。

同时，政府要加大对商品房开发企业的监管力度，规范商品房买卖市场。相关政府部门应加强对开发商资金链的监控、对在建工程加强质量监管、严格商品房验收环节、对已售或预售楼盘加强合同文本、销售广告的规范和研究等，促进问题的早发现、早预谋、早解决。要加强风险防范宣传，促进当事人提高法律意识和权利保护意识，注重纠纷的合理疏导和有效化解。房屋纠纷关乎民众的切身利益，且具有群体性，需要各相关部门及时了解和掌握房屋买卖合同纠纷出现的新情况、新动向，注重纠纷的合理疏导和法律释明，构建涉房地产纠纷多元化解机制，将调解作为处理民事案件的首选方式，努力将矛盾化解在基层，解决在萌芽状态。

参考文献

［1］韩世远：《合同法总论》（第3版），法律出版社2011年版。

［2］最高人民法院民事审判第一庭：《最高人民法院关于审理商品房买卖合同纠纷案件司法解释的理解与适用》，人民法院出版社2003年版。

［3］最高人民法院民事审判第二庭：《最高人民法院关于买卖合同司法解释理解与适用》，人民法院出版社2012年版。

［4］侯国跃：《最高人民法院商品房买卖合同司法解释精释精解》，中国法制出版社2016年版。

［5］奚晓明：《民事审判指导与参考》（总第59辑），人民法院出版社2014年版。

［李尚泽：国浩律师事务所合伙人（重庆），中国政法大学国际法学院博士在读］

房产新政下房屋买卖合同纠纷案件的法律分析和应对策略

许贵淳　王雪妍

随着房地产市场的繁荣发展，房价也随之上涨。自2010年以来，国家先后出台一系列房地产新政，全国各地的限贷、限购政策也紧随其后。在宏观调控政策不断加强的背景下，房地产领域出现了许多新情况，由此也存在更多潜在法律风险，区别于传统的房地产合同纠纷，限购、限贷带来的法律问题更加复杂多样。国家政策在一定时期内将会继续存在，了解研究房地产买卖合同纠纷案件的新发展及如何应对出现的新问题成为业界亟待解决的问题。

一、限购限贷政策出台的背景梳理

1998~2002年，房地产市场是国民经济的支柱产业，在政策支持的情况下，房地产价格平稳增长。2002~2007年，房地产市场开始出现发展过热的趋势，国家政策开始调整，通过宏观调控来控制房价过快上涨。到2008年，房地产政策开始收紧，宏观调控力度开始增大，加强信贷管理，并出台调整土地供应和开征交易税费等措施。

2010年1月2日，国务院办公厅发布《关于促进房地产市场平稳健康发展的通知》（国办发〔2010〕4号），加大差别化信贷政策执行力度，严格二套住房购房贷款管理。同时对首次购房与非首次购房继续实施差别化的住房税收政策。

2010年4月17日，国务院发布《关于坚决遏制部分城市房价过快上涨的通知》（国发〔2010〕10号），即“新国十条”，实行更为严格的差别化住房信贷政策；严格限制各种名目的炒房和投机性购房；加强对房地产开发企业购地和融资的监管，加大交易秩序监管力度。“新国十条”的正式出台，标志着房地产调控政策开始实施，同时也促进当前房屋买卖合同纠纷案件出现新特点。[1]

2011年1月，国务院办公厅发布《关于进一步做好房地产市场调控工作有关问

---

〔1〕 政策内容来源于中华人民共和国中央人民政府网站：http：//www. gov. cn/。

题的通知》（国办发〔2011〕1号），强化差别化住房信贷政策，严格住房用地供应管理，合理引导住房需求等。

2013年2月，国务院办公厅发布《关于继续做好房地产市场调控工作的通知》（国办发〔2013〕17号），继续严格执行商品住房限购措施，严格实施差别化住房信贷政策，坚决抑制投机投资性购房。

同时央行、银监会、财政部等部委分别出台政策，北京、上海、广州、深圳、厦门、长沙、成都等各地相继出台限购令。习近平总书记在党的十九大报告中再次提出“坚持房子是用来住的、不是用来炒的定位，加快建立多主体供给、多渠道保障、租购并举的住房制度，让全体人民住有所居”。截至2017年10月，已有超过50个地级以上城市实施限购政策。在以上房地产政策严格实施的背景下，房地产市场产生显著的调控效果，但也带来了更加复杂的法律问题，尤其明显的是，房屋买卖合同纠纷大量增加，纠纷出现新的特点，由此也引发了司法界对所涉及问题的讨论，如何应对新政策下房屋合同纠纷，对不同情况的处理及裁判成为争议热点。

二、房地产调控政策下房屋买卖合同纠纷呈现的特点

国办发〔2011〕1号文件及各地限购令出台后，一些城市的家庭明确限购第3套住房，对非本市户口的家庭购买第1套住房、第2套住房设置购买条件。政策出台的目的在于抑制房地产过快发展，控制不合理的住房需求，防止炒房行为。但同时新政的出台也促使房屋买卖合同纠纷呈现新的特点。

（一）新政影响房屋价格，房屋买卖合同纠纷数量呈上升趋势

房屋买卖合同纠纷数量增长，其诱因较多，直接因素是政策变化导致房价波动。房价上涨易引起开发商、出卖人违约行为。在房价快速上涨时，开发商、出卖人往往以各种理由解除合同、延迟履行合同，甚至主动要求支付违约金。如买受人同意解除合同，接受违约金，房价提高后的房子再行出卖则出卖人会获取更多价格利益。在房价下跌时，引发买受人退房潮，买受人要求解除合同、补偿差价，开发商、出卖人等则主张继续履行合同要求买受人承担违约责任。

（二）新政的出台直接影响合同的履行

房产新政出台后导致合同不能继续履行。综观中央及各地房产调控政策，主要集中在提高首套房首付比例，提高二套房及以上贷款利率，限制购买三套房、非本地居民购房及购房数量等。在调控政策出台后，往往会影响那些在政策出台以前已签订了合同但没有履行完毕的购房情况。如政策规定限制购房资格，出台后一些买受人直接丧失了购房资格，政策出台前签订的合同没有履行完毕，或签订了预售合同但没有网上签约的，由于买受人不符合购房条件会导致合同不能继续履行，买受人要求解除合同，出卖人主张承担违约责任。

（三）诉讼种类复杂化，案由增多

房产新政实施后诉讼主体多样化，案由增多。在传统的房屋买卖合同纠纷中，诉讼主体只涉及买卖合同双方。而房产新政出台后，往往有房产中介机构牵涉其中，除房屋买卖合同纠纷外还涉及居间合同纠纷。买受人因不符合购房条件要求解除房屋买卖合同的，还要求中介机构返还中介费，或中介机构要求买受人支付中介费用等情况。在当前的房地产业发展中，人们对房屋的选择不仅考虑交通、地理位置、生活便利等条件因素，还会综合考虑开发商提供的社区配套设置，如房屋装饰材料、小区绿化、车库车位需求、物业服务、小区安全性等。新建房屋不再限于毛坯房，精装修、全装修房屋更能满足人们需求。因而房屋的质量除要符合规划要求，还要满足安全性、美观性，交付标的也相应提高，由此产生的购房人群体性诉讼也增多。在实践中，精装修、全装修房屋买卖合同中，开发商往往还会与第三方装修公司签订装饰装修合同，购房人在对装饰装修问题提出异议时，也会引发三方当事人的纠纷。房屋买卖合同中除约定常规条款外，还包含物业服务内容或直接是物业服务合同，因物业服务引起的纠纷也日渐增多。

（四）隐名购房情况增多，纠纷频发

隐名购房，顾名思义，是以他人名义购房，房屋所有权登记在他人名下，双方约定由实际购房人享有真实的房屋所有权。隐名购房在房屋交易中时有发生，原因多样。除为了隐含非正当因素如实际购房人可能为掩盖高利借贷情况、流质等不受法律保护的情形，[1] 为了不暴露自己行政职务身份，而以他人名义购房，也不乏为了洗钱等以合法形式掩盖其他目的，利用他人名义买房。而宏观调整政策出台后，隐名购房情况增多，购房人因受到房产新政的影响，出现不符合购房条件不能以自己的名义出资购房，因此以他人名义买房并将房屋所有权登记在他人名义下，双方约定由实际购房人享有真实的房屋所有权，从而出现名义购房人与实际购房人不一致的情形。名义购房人如将房屋出卖给第三人，从而引发合同纠纷。同时隐名购房情况下主体类型复杂，在实践中名义购房人与实际购房人往往具有某种家庭关系或社会关系，个案中牵涉的主体较多，资金来源难以查清，增加了纠纷解决的难度。

（五）政府限价政策下，出现“双合同”情况

房地产限价政策，是行政直接干预市场价格的一种措施。根据传统的市场经济理论，价格是发挥社会资源配置的核心所在。一旦实行限价政策，市场机制将被破坏，市场的供需关系平衡难以实现，将出现需求过大、供给不足、经济萎缩等直接后果。间接后果更为严重，主要表现在腐败盛行、两极分化更为严重。

为规避政府调控政策而兴起的“双合同”现象，近来在各地楼市泛滥。所谓

〔1〕张丹：《“隐名购房”的法律解析和对策研究》，载南京师范大学法学院《金陵法律评论》编辑部编：《金陵法律评论》（2015秋季卷），法律出版社2016年版，第119～128页。

“双合同”，即在购房时签订两个合同：一份是符合政府指导价的购房合同；另一份是以“装修费”“整改费”或“改造费”“车库、车位费”等名义签订的补充协议，后者实际构成了隐形房价。因“双合同”中的名义楼价满足政府指导价要求，地方政府可以完成楼市调控任务，开发商可以获批预售许可证，办理网签等，卖房实现利润。各个开发商都是采取这等方式，购房者并无选择余地，另外，购房者还可因“装修款”“整改费”“改造费”“车库、车位费”等名目临时少缴交易税费。只要市场或政策波动，“双合同”纠纷也将不可避免地发生。“双合同”一旦发生纠纷如何处理？是尊重契约自由和私法自治还是强调政策目的或者公共利益？这就给法官们出了难题。如果说“双合同”是私法自治对政府管制的变相对抗，支持“双合同”，牺牲的是人们对法律对规则的敬畏，法律作为形成、维护、促进乃至纠正秩序工具的作用也将被扭曲。限价政策往往是地方政府的内部把控意见，通过行政干预手段予以落实，尚不构成规章、条例，更不是地方性法律，不属于法律、行政法规的强制性规定，不能否定“双合同”的合同效力。现在已经有些法院审理了类似案件，并作出了裁决。

三、房产新政调控下房屋纠纷的法律分析及应对策略

房产新政出台后，直接影响房屋买卖合同的履行。如前所述，限购限贷主要是在对购房资格、首付款比例、贷款成本等方面提高了买房的难度。房产政策在一定程度上抑制了投资性购房，但也在很大程度上影响了刚性需求的购房者，由此影响合同的履行。

（一）房产政策的法律性质分析

房产政策主要包括两方面，限购与限贷。限贷不应当属于不可抗力。《民法总则》及《合同法》都对不可抗力作出了规定，不可抗力是指不能预见、不能避免且不能克服的客观情况。不可抗力造成的是一种法律事实，会导致原有法律关系变更或消灭，或产生新的法律关系。限贷政策仅是增加了首付价款，提高了利率，对于购房人来说是会导致贷款数额减少或无法办理贷款，并不必然导致买卖合同不能继续履行，法律关系没有变更和消灭。如果购房人确实因限贷政策导致不能继续履行合同，则其应当证明限贷政策影响贷款不足或不能贷款直接导致不能继续履行房屋买卖合同。如果购房人因限贷政策不能获取银行贷款，却有其他渠道获取足够资金，具有履约能力的，应当继续履行合同。在实际贷款中，购房人征信记录不良、偿还能力不足等因素同样会影响其获取贷款的资格。银行贷款并不是支付房价的唯一方式，与实现合同目的之间不具有直接因果关系，不是不可以避免、不能克服的客观因素。

限贷政策也不适用情势变更原则。情势变更原则是指合同有效成立后，因不可归责于双方当事人的原因发生情势变更，致使合同的基础动摇或丧失。继续履行合

同会导致对一方当事人明显不公平或不能实现合同目的，从而允许变更合同内容或解除合同。房屋买卖合同的标的数额巨大，与当事人利益切身相关，双方在签订合同时应当对合同的内容、合同的履行有充分的认识和风险防范准备。双方当事人应当能预见到政策调整对贷款的影响。因限贷政策不是毫无预兆性出现的，如限贷情况能够适用情势变更原则不符合公平原则。房屋价格的不稳定性是众所周知的，在房屋买卖关系中，购房人主张不能继续履行合同是在对房价暴跌的防范，从而利用情势变更原则作为理由。此种情况下以情势变更为由认定合同不能继续履行是显失公平，不利于房地产市场交易的稳定性。

限购政策是不可抗力还是可适用情势变更情况，在实践中有不同的理解。如前所述，不可抗力一般包括两方面原因，因自然原因引起的自然灾害，以及因社会原因引起的社会现象，如战争、罢工等现象。北京市高级人民法院在《关于妥善处理涉及住房限购政策的房屋买卖合同纠纷案件若干问题的会议纪要》中明确住房限购政策不属于不可抗力，“国家对于房地产市场的宏观调控并非是一个令所有市场主体猝不及防的突变过程，而是经历了一个从限贷到限购逐步加强和完善的发展过程。房屋买卖合同作为一种标的额相对较大、与买卖双方切身利益密切相关的合同，当事人在签订合同时对合同订立后可能出现的房地产市场风险及各种履行障碍均应当有一定程度的预见和判断。因此，住房限购政策在司法实践中不宜认定为《合同法》第117条规定的不可抗力”。限购政策对于合同当事人虽然是不能预见的，但是并没有达到不能避免且不能克服的程度，仅是影响交易条件发生变化。对于在政策出台前已经签订合同但未办理网签或合同未履行完毕的情况是有履行影响的，增大了合同履行的难度，但不必然导致合同不能履行，不属于不可抗力。

《最高人民法院关于适用〈中华人民共和国合同法〉若干问题的解释（二）》[以下简称《合同法司法解释（二）》] 第26条规定：“合同成立以后客观情况发生了当事人在订立合同时无法预见的、非不可抗力造成的不属于商业风险的重大变化，继续履行合同对于一方当事人明显不公平或者不能实现合同目的，当事人请求人民法院变更或解除合同的，人民法院应当根据公平原则，并结合案件的实际情况确定是否变更或者解除。”在实践中，各地法院裁判观点有所不同，但还是倾向于将限购政策适用情势变更原则。对于住房限购政策实施前签订的合同，在政策出台后确因限购导致无法办理所有权转移手续的，一般应认定为不能归责于当事人双方的事由。不能实现合同目的，一方当事人要求解除合同的，除合同另有约定外，一般应当予以支持。

（二）房产政策对合同解除的影响

因限购限贷政策出台导致房屋买卖合同纠纷大量产生，最高人民法院与各地法院都出台了各种形式的会议纪要和审判意见。最高人民法院在2011年、2015年的《全国民事审判工作会议纪要》对房地产调控政策影响合同履行和解除审判思路作出指导意见，北京、上海、广东、浙江等地法院也出台审理意见作为指导本省法院裁判规则。各地限购限贷政策有所不同，但对合同解除的影响本质上是相同的。在实际中，限购与限贷对合同解除情况是不同的，同时将政策实施前与实施后订立合同的解除情况区别开。

1. 限购政策实施对合同解除的影响及法律分析

对于限购政策实施前已经签订的房屋买卖合同，确实因限购政策导致不能办理房屋过户手续的，根据法院的指导意见及《合同法司法解释（二）》第26条规定，买受人以不可归责于双方当事人的原因导致合同目的无法实现为由请求解除合同的，应当予以支持。在此种情况下解除合同，出卖人应当将已收到的购房款或定金返还买受人。出卖人请求买受人承担为履行合同实际发生的费用等合理损失的，可酌情予以支持。出卖人返还的定金只返还收到的数额，并不适用定金罚则的双倍返还。《最高人民法院关于审理商品房买卖合同纠纷案件适用法律若干问题的解释》第4条规定，“出卖人通过认购、订购、预订等方式向买受人收受定金作为订立商品房买卖合同担保的，如果因当事人一方原因未能订立商品房买卖合同，应当按照法律关于定金的规定处理；因不可归责于当事人双方的事由，导致商品房买卖合同未能订立的，出卖人应当将定金返还买受人”。实践中一般将限购政策适用情势变更原则，因政策实施致使购房人无法办理过户手续的，属于“因不可归责于双方当事人的原因导致买受人合同目的无法实现”。

对于限购政策实施后订立的房屋买卖合同，应当严格审查购房资格。买受人明知自己不符合购房资格，以欺诈手段与出卖人签订房屋买卖合同的，导致房屋因限购政策不能办理过户手续，符合《合同法》第54条第2款合同可撤销的法定事由，一方要求解除合同或撤销合同的，应当予以支持。买受人应当知道其不符合购房资格与出卖人签订买卖合同，导致房屋不能办理所有权变更手续的，符合《合同法》第110条第1项“法律上或者事实上不能履行”的情形，一方要求解除合同的应当予以支持。

2. 限贷政策对合同履行的影响

限贷政策对合同履行的影响，从最高人民法院与各地法院的会议纪要及裁判思路上看，如前所述主要是综合判断限贷政策的性质，买受人是否确因首付款、贷款利率的调整直接影响合同的履行，法院一般不直接判定合同解除，而一般要求买受人承担举证责任，严格审查限贷与合同履行的因果关系，法院在实践中更加强调生效合同对当事人的法律约束力。

（三）隐名购房的合同效力问题

隐名购房也称借名买房，为规避国家房产政策，借用他人名义购房，一般是已有住房的购房人想购买第二套或第三套等住房，为了规避限贷政策导致利率提高、限购政策对二套第三套房购房资格的限制，或因不具备购买经济适用房、限价房、共有产权房等政策性房屋，从而借符合条件的人的名义买房。在实践中，因经济适用房、限价房、共有产权房与普通商品房性质不同，购房条件有区别，在纠纷解决过程中处理方式与结果也不同。

借用他人名义购买商品房的，一般认定购房合同有效。借名买房一般会涉及三个合同，借名人、出名人与出卖人（包括二手房的出卖人与房地产开发商）三方当事人。一是借名人与出名人之间的借名合同，属于《合同法》规定下的无名合同；二是出名人与出卖人之间签订的名义上的房屋买卖合同，办理房屋所有权登记后，出名人是房屋所有权的名义权利人；三是借名人与出卖人签订的房屋买卖合同，借名人实际出资购买了房屋，是房屋实际权利人。借名购房使得房屋的所有权与使用权分离，出名人与借名人签订的借名合同是后续两个房屋买卖合同的基础。依照《合同法》第4条规定，"当事人依法享有自愿订立合同的权利，任何单位和个人不得非法干预"。双方签订的借名合同在不违反国家利益、社会公共利益和法律法规强制性规定情况下，基于真实意思表示签订的借名合同有效，则房屋买卖合同有效。如《北京市高级人民法院关于审理房屋买卖合同纠纷案件适用法律若干问题的指导意见（试行）》（京高法〔2010〕458号）第15条规定，"当事人约定一方以他人名义购买房屋，并将房屋登记在他人名下，借名人实际享有房屋权益，借名人依据合同约定要求登记人（出名人）办理房屋所有权转移登记的，可予支持。但是，该房屋因登记人的债权人查封或其他原因依法不能办理转移登记，或者涉及善意交易第三人利益的除外。当事人一方提供证据证明其对房屋的购买确实存在出资关系的，但不足以证明双方之间存在借名登记的约定，其住宅确认房屋归其所有或要求登记人办理房屋所有权转移登记的，不予支持；其向登记人另行主张出资债权的，应当根据出资的性质按照相关法律规定处理"。在各地法院的实际判决中，一般认定借名合同有效，借名人如能够证明其与出名人之间存在合法有效的借名合同且房屋已具备所有权过户登记的情况下，可以要求登记人将房屋变更至自己名下。

借用他人名义购买经济适用房的，一般认定合同无效。原建设部《经济适用住房管理办法》第2条规定，"本办法所称经济适用房，是指政府提供政策优惠，限定套型面积和销售价格，按照合理标准建设，面向城市低收入住房困难家庭供应，具有保障性质的政策性住房"。经济适用房是由国家统一下达计划，以划拨形式使用土地，免收土地出让金，对各种需经批准的收费实行减半征收，出售价格实行政府指导价，房屋出售有条件限制。经济适用房购房是有条件的，但是购房条件限制不是法律法规规定的，而是出自各省的政策文件，每个省市设置的条件并不相同。借用他人名义购买经济适用住房的，本质上是借用他人符合购买经济适用房的资质。而此种资质，依照规定是不得出借和转让，区别于借名购买普通商品的情形。借名人与出名人都明知借名人没有购房资格而签订合同，借名人主张出名人应当办理房屋所有权转移手续的，应当不予支持。经济适用房是保障低收入住房困境家庭的保障性住房，如果允许不享有此种资格的借名人享有所有权，与国家制定的保障性政策目的相悖，损害了其他符合条款购房人的利益，借名购房合同应当是无效的，属于《合同法》第52条第4项损害社会公共利益导致合同无效的情形。依照《民法总则》第146条第1款“行为人与相对人以虚假的意思表示实施的民事法律行为无效”认定借用他人名义购买经济适用住房行为效力，法律依据更加充分。因购房资质条件的规定多是在政策文件中，不属于法律行政法规的范围，也就不能适用第52条第5项“违反法律、行政法规的强制性规定”。

（四）“双合同”引发的合同纠纷问题

首先，从开发商与购房人、开发商设立或者指定的装修公司签订《委托装修合同》，或者《装修改造合同》，或者《车位（库）租赁合同》等内容看，各方当事人往往缺乏对相关装修、改造或者车库位条款的明确约定，没有约定各类装修对应的单价、面积、材料、品牌、车位号等，虽然约定了装修价款、改造价款或者车位价款的总额，却往往比通常的装修、改造或者车位租金明显价高，也没有关于金额如何构成的约定。其次，从合同履行情况看，虽然合同约定由购房人在办理收楼手续时或由开发商在约定的收楼期限届满一定期限，将涉案房屋交给第三人装修、改造等，但开发商在向购房人交付涉案房屋时，涉案房屋已经是精装修状态，或者并不需要改造（或者根本不允许改造），第三人并未有对案涉房屋进行装修、改造等，且第三人明确确认装修、改造款项实际就是购房款，车库位租金就是购房款。根据上述情形，并结合当时的房地产市场调控政策、涉案房屋相关城建档案资料及当事人陈述等事实，可以认定购房人在购买涉案房屋时，虽然分别与开发商及第三人签订“毛坯房”买卖合同和装修、改造合同，或者车库位租赁合同等，但涉案房屋实际上是不予装修、改造，或者车库位并不存在租赁状态，合同所约定的装修、改造费用，或者车库位租赁费用反映的并非真实成本，而是房价款的一部分，其与房屋买卖合同所约定的价款，共同构成涉案房屋的总价款。

当房地产市场价格下降，或者购房人有意反悔时，购房人往往以开发商欺诈为由主张撤销《委托装修合同》《装修改造合同》或者《车位（库）租赁合同》，但购房人不能提供证据证明其在签订合同时存在被欺诈或重大误解的情形，所以，法院不予支持购房人要求撤销相关合同的主张。至于购房人要求按市场正常价格评估装修、改造费用，按照市场正常价格确认车位（库）租金等，由于装修、改造款、车位（库）租金实际是房款的一部分，购房人在签订相关合同时是明知开发商为了规避政府限价规定的，故法院也不予支持购房人的主张。据了解，开发商往往在订立前述相关合同前，会让购房人签署购房须知，其中就有约定订立相关合同就是为了规避限价规定而采取的变通措施。所以，法院往往不予认定相关合同不是当事人的真实意思表示，购房人请求对相关合同予以撤销或者认定无效的请求得不到法院的支持。

那么，在《民法总则》实施后是否可以依照《民法总则》第146条第1款“行为人与相对人以虚假的意思表示实施的民事法律行为无效”呢？笔者认为，如果当事人的行为发生在《民法总则》实施后，应当依照该条规定认定相关合同无效，同时商品房买卖合同中的价格条款也会随之无效。

四、结语

法律纠纷的解决不仅要考虑法律效果，也要注重社会效果。纠纷的解决应当以法律法规作为参考，保障房地产市场交易的稳定性是处理纠纷解决的首要原则，并要结合个案的具体情况。房地产新政是国家宏观调控的一种手段，按照当前的趋势，政策在一段时间内可能会更加严格，也会导致出现更多的合同纠纷，但本质上是要依法维护契约精神。作为律师更加应当全面了解房地产政策，知悉法院的审判思路，总结个案的特点与联系，才能积极应对政策调整带来的法律纠纷。

参考文献

[1] 黄贤宏、贾高圣、钟康树、蔡惠娜、莫爱萍：《审慎把握政策法律，妥善处理涉房纠纷——浙江省宁波市中级人民法院关于房屋买卖合同纠纷案件审判情况的调研报告》，载《人民法院报》2013年8月15日。

[2] 宋安成：《房地产调控新政法律风险与规避》，载《上海房地》2016年第12期。

[3] 王亚明：《房产新政背景下的裁判立场研究——从民事案件的视角》，载《贵州警官职业学院学报》2011年第6期。

[4] 张丹：《“隐名购房”的法律解析和对策研究》，载南京师范大学法学院《金陵法律评论》编辑部编：《金陵法律评论》（2015秋季卷），法律出版社2016年版。

[5] 马强：《借名购房案件所涉问题之研究——以法院裁判的案件为中心》，载《政治与法律》2014年第7期。

[6] 刘汉文、陶鑫：《房地产“限购限贷”政策下房屋买卖合同之解除分析》，载 http：//law. wkinfo. com. cn/professional - articles/detail/NjAwMDAwMjYyMzM% 3D？searchId = 4e610db795bc47b08e93f3b93bd80aa5&index = 1&q = % E5% 88% 98% E6% B1% 89% E6% 96% 87% 20% E9% 99% 90% E8% B4% AD. 2017 - 3 - 21。

[7] 王嘉：《房产政策性违约引发情势变更原则的适用探析》，中国政法大学2011年硕士学位论文。

［许贵淳：国浩律师事务所合伙人（北京），香港公开大学中国法律硕士
王雪妍：国浩律师事务所律师（北京），大连海事大学国际法学硕士］

房地产股权投资信托风险的法律控制

李　华　朱庆杨

一、问题的提起与概念的厘清

随着国家房地产宏观调控及信贷政策的变化，房地产开发企业单纯通过银行贷款融资进行房地产开发受到极大的限制。房地产行业的特性决定了其发展受国家宏观政策影响巨大，因信贷政策调整，房地产开发企业融资困难，只有具备强大的融资能力和雄厚的资金实力才能满足房地产开发企业巨大的资金需求和发展需要。[1]相对于受到严格监管的银行信贷资金来源，房地产资金信托有着较高的灵活性以及独特的财产隔离功能与权益重构功能，并且可以财产权模式、受益权模式以及优先购买权等模式进行金融创新。因此，房地产资金信托作为银行信贷的重要补充，逐渐成为房地产融资的主要方式。[2] 其中，房地产股权投资信托成为房地产信托融资的主要途径。

房地产股权投资信托，是指信托公司直接以信托资金入股房地产开发企业，成为房地产开发企业的股东，信托公司通过对开发企业的控制以保障信托资金的安全，待信托计划到期时，通过减资分红、对外股权转让、对外转让信托受益权以及其他方式实现信托资金的退出。传统信托法理论与中国信托实践有所不同，信托资金通过股权投资方式入股房地产企业，亦面临着较大的风险，有必要对信托投资风险予以控制。本文着眼于通过对房地产股权投资信托风险分析，考察股权投资信托的运作方式，以加强对房地产股权投资信托风险的控制。

二、政策障碍：房地产信托贷款之禁止性规定

房地产开发企业向信托公司融资，最简单的方式是向信托公司贷款。信托公司房地产信托融资灵活多样，尤其是在前期拿地阶段可以参与配资，这能极大节省房

---

〔1〕 范健：《中国信托法论坛》，法律出版社 2015 年版，第 76 页。

〔2〕 马丽娟、王汀汀：《大资管时代的中国信托理论与实践》，首都经济贸易大学出版社 2014 年版，第 61 页。

地产开发企业的资金投入，待进入开发阶段就可以向银行申请开发贷替换信托拿地配资，可以说房地产仅用少量资金就可以撬动整个项目的运作。房地产资金信托大多与项目开发阶段介入，事实上，凡是开发商急需资金而银行贷款不能介入的时点都是有必要引进信托资金的时点，主要包括：招拍挂前或土地使用权出让金足额缴付前，一方面，不能以流动资金贷款缴纳出让金；另一方面，尚不符合开发贷申请条件，最好的办法就是通过设计信托产品募集资金；受让土地后、开发贷条件具备前，或者银行开发贷审批过程中，也可用信托资金过渡；银行开发贷到期必须收回，而项目仍需建设资金，此时也可以信托资金置换银行开发贷。

房地产信托贷款受国家宏观政策调整影响巨大。2009年，银行监管部门要求信托公司对房地产开发项目发放贷款，应遵守以下规定：（1）不得向未取得国有土地使用证、建设用地规划许可证、建设工程规划许可证、建筑工程施工许可证（“四证”）的房地产开发项目发放贷款，但信托公司最近一年监管评级为2C级（含）以上、经营稳健、风险管理水平良好的可向已取得国有土地使用证、建设用地规划许可证、建设工程规划许可证（“三证”）的房地产开发项目发放贷款；（2）申请贷款的房地产开发企业或其控股股东资质应不低于国家建设行政主管部门核发的二级房地产开发资质，但发放贷款的信托公司最近一年监管评级为2C级（含）以上、经营稳健、风险管理水平良好的除外；（3）申请贷款的房地产开发项目资本金比例应不低于35%（经济适用房除外）；（4）信托公司以投资附加回购承诺方式对房地产开发项目的间接融资适用前款规定；（5）信托公司向只取得“三证”的房地产开发项目发放信托贷款的，应在相应的信托合同中以显著方式向委托人或受益人进行相关风险提示，并在后续管理报告中进行充分披露；（6）严禁信托公司以商品房预售回购的方式变相发放房地产贷款。[1]

为进一步规范信托公司开展房地产信托业务，防范房地产信托业务风险，提高信托公司风险防范意识和风险控制能力，2010年2月11日，中国银监会办公厅发布《关于加强信托公司房地产业务监管有关问题的通知》（银监办发〔2010〕54号，以下简称54号文），要求商业银行个人理财资金投资于房地产信托产品的，理财客户应符合《信托公司集合资金信托计划管理办法》中有关合格投资者的规定；信托公司以结构化方式设计房地产集合资金信托计划的，其优先和劣后受益权配比比例不得高于3:1；停止执行《中国银监会关于支持信托公司创新发展有关问题的通知》（银监发〔2009〕25号）第10条中对监管评级2C级（含）以上、经营稳健、风险管理水平良好的信托公司发放房地产开发项目贷款的例外规定，信托公司发放贷款的房地产开发项目必须满足“四证”齐全、开发商或其控股股东具备二级资质、项目资本金比例达到国家最低要求等条件；信托公司不得以信托资金发放土地储备贷

〔1〕《中国银监会关于支持信托公司创新发展有关问题的通知》（银监发〔2009〕25号）。

款。土地储备贷款是指向借款人发放的用于土地收购及土地前期开发、整理的贷款；信托公司开展房地产信托业务应建立健全房地产贷款或投资审批标准、操作流程和风险管理制度并切实执行；应进行项目尽职调查，深入了解房地产企业的资质、财务状况、信用状况、以往开发经历，以及房地产项目的资本金、“四证”、开发前景等情况，确保房地产信托业务的合法、合规性和可行性；应严格落实房地产贷款担保，确保担保真实、合法、有效；应加强项目管理，密切监控房地产信托贷款或投资情况。

鉴于信托公司房地产信托业务增长迅速，个别信托公司开展这项业务不够审慎。为有效落实国家房地产调控政策，进一步规范房地产信托业务，提高信托公司风险防范意识和风险控制能力，2010 年 11 月 12 日，中国银监会办公厅发布《关于信托公司房地产信托业务风险提示的通知》（银监办发〔2010〕343 号），要求信托公司应立即对房地产信托业务进行合规性风险自查。逐笔分析业务合规性和风险状况，包括信托公司发放贷款的房地产开发项目是否满足“四证”齐全、开发商或其控股股东具备二级资质、项目资本金比例达到国家最低要求等条件；第一还款来源充足性、可靠性评价；抵质押等担保措施情况及评价；项目到期偿付能力评价及风险处置预案等内容，以加强对信托公司房地产信托业务合规性监管和风险监控。

可见，银行监管机关对房地产信托贷款采取了严格的管制措施。

三、房地产股权投资信托的运作机制

因融资类的房地产信托监管政策严格，房地产开发企业通过信托融集资金并办理相关开发手续，符合银行贷款条件后再向银行申请开发贷款。房地产股权投资信托成为房地产开发企业在资本金短缺的情况下的备选方案。

房地产股权投资信托运作是由信托公司通过发行集合资金信托产品，将所募集的信托资金直接投资于某房地产企业或房地产项目，形成实质性股权投资，并以一定方式直接或间接参与投资房地产企业或房地产项目的经营与管理，并将在房地产企业中根据所占的股权比例或房地产项目所有权的情况，获得的经营所得，作为委托人信托投资的信托收益。股权投资主要是针对那些自由资金比例不足35%，存在一定资金缺口，不符合商业银行贷款要求的房地产开发企业。信托公司通过注入资本金的方式，与房地产开发企业组建项目公司，使其自由资金比例达到要求。

一种情况是信托公司以信托资金入股房地产开发企业的项目公司，成为项目公司股东，入股项目公司的资金被评判为项目资本金则不存在法律瑕疵。在信托期限届满或信托期限内满足约定条件时，由约定的项目公司股东或其他第三方按照约定价款收购信托持股。另一种情况是信托公司可以信托资金中很少的一部分入股项目公司并成为项目公司股东，然后将剩余资金以股东借款的形式进入项目公司，如果

这部分资金劣后于银行贷款或其他债务的偿还，则一般认定为项目资本金。[1]

如果信托公司要成为项目公司的股东，可以通过直接对房地产开发企业增资扩股的形式来实现，或者通过受让房地产开发企业原股东所持有的房地产开发企业的股权。这两种模式的最终结果都是信托公司成为房地产开发企业的股东，以股东身份参与房地产项目开发。对于房地产开发企业原股东所取得的股权转让款，原股东可以股东借款的方式将股权转让款用于房地产项目的开发建设。鉴于非金融企业之间不能进行资金拆借，原股东可以通过金融机构进行委托贷款，以实现股东借款的合法性。

信托公司投资入股房地产开发企业，需要到工商行政管理机关办理股东变更登记成为房地产开发企业的股东。通常情况下，信托公司不是以自有资金进行实业投资，往往是以信托计划向房地产开发企业投资，信托公司为信托计划代持房地产开发企业的股权，从而成为房地产开发企业名义上的股东，但这需要有效的信托登记机构以实现信托登记制度，否则信托公司的代持关系无法得到确认。

四、房地产股权投资信托风险之控制

（一）信托公司作为受托人控制风险之理论基础

信托公司作为受托人，其职责是像一个普通谨慎的善良管理人经营自己的业务那样，经营信托业务。[2] 善良管理人的注意，起源于罗马法，指罗马法上的良家之父的注意，意指要有同富有经验、精通人情世故的人　样所具备的良苦用心、勤勉以及与其实际能力相符的注意。[3] 信托人处理信托事务必须恪尽职守，忠于职责，勤勉务实，不疏忽懈怠，处理信托事务应谨慎从事。[4] 受托人事务谨慎投资义务是特别针对受托人处理信托财产的投资事务时的谨慎要求，是一般谨慎义务在信托投资中的具体化。受托人在投资和管理信托财产时应如同一个谨慎的投资人那样，考虑信托的目的、条件、分配要求及其他情形，并运用合理的注意、技能及审慎。[5]

信托公司作为受托人，其房地产股权投资信托一般用于土地一级开发，“四证”取得前的房地产开发，为开发项目提供资金，相对“四证”取得后的开发项目来说，“四证”取得前的开发项目的风险更大。融资类的房地产属于债权投资，不会承担房地产开发企业的经营风险，信托贷款到期，开发商无论经营业绩如何，均需按约偿还贷款本息。房地产股权投资信托则需要承担开发商的经营风险，如果开发业绩不佳甚至亏损，则信托公司难以保障信托收益。因此信托公司必须加强房地产股权投

---

〔1〕 王巍：《金融投融资实务与案例》，经济管理出版社2013年版，第107页。

〔2〕 何宝玉：《信托法原理与判例》，中国法制出版社2013年版，第275页。

〔3〕 ［日］中野正俊、张军健：《信托法》，中国方正出版社2002年版，第143页。

〔4〕 余卫明：《信托受托人研究》，法律出版社2007年版，第176～177页。

〔5〕 姚朝兵：《美国信托法中的谨慎投资人规则研究》，法律出版社2016年版，第38页。

资信托的风险控制。

（二）对信托公司规范的监管

信托公司以固有资产从事股权投资业务，应符合以下条件：（1）具有良好的公司治理、内部控制及审计、合规和风险管理机制；（2）具有良好的社会信誉、业绩和及时、规范的信息披露；（3）最近3年内没有重大违法、违规行为；（4）最近1年监管评级3C级（含）以上；（5）货币性资产充足，能够承担潜在的赔偿责任；（6）具有从事股权投资业务所需的专业团队和相应的约束与激励机制。负责股权投资业务的人员达到3人以上，其中至少2名具备2年以上股权投资或相关业务经验；（7）具有能支持股权投资业务的业务处理系统、会计核算系统、风险管理系统及管理信息系统；（8）中国银监会规定的其他审慎性条件。

（三）信托公司固有资产股权投资业务监管

信托公司以固有资产从事股权投资业务，应向中国银监会或其派出机构提出资格申请，并报送下列文件和资料：（1）申请书；（2）对公司治理、内部控制及对股权投资业务的内部审计、合规和风险管理机制的评估报告；（3）最近两年经中介机构审计的财务报告和最近1个月的财务报表；（4）最近3年信息披露情况的说明（包括信息披露是否真实、完整、及时等合规性描述和每年重大事项临时披露的次数、存在的问题及整改情况等）；（5）负责股权投资业务的高管人员和主要从业人员名单、专业培训及从业履历；（6）业务处理系统、会计核算系统、风险管理系统、管理信息系统及对股权投资业务的支持情况说明；（7）董事会同意以固有资产从事股权投资业务的决议或批准文件；（8）公司董事长、总经理对公司最近3年未因违法、违规受到相关部门处罚的声明及对申报材料真实性、准确性和完整性的承诺书；（9）中国银监会要求提交的其他文件和资料。

信托公司以固有资产从事股权投资业务，应遵守以下规定：（1）不得投资于关联人，但按规定事前报告并进行信息披露的除外；（2）不得控制、共同控制或重大影响被投资企业，不得参与被投资企业的日常经营；（3）持有被投资企业股权不得超过5年。[1]

为突破54号文的限制，信托公司以股权信托的投资模式为有购地意向的开发商，或是尚未达到54号文强制性要求的房地产开发项目提供资金。在这种投资模式下，信托公司将通过单一或者集合资金信托计划所募集的资金以股权投资的方式注入房地产企业或其成立的项目公司。信托公司在注资时，通常会与目标公司的实际股东（隐名股东）签订《股权收购合同》或者《增资扩股协议》，与此同时，信托公司为最大限度地规避风险，在收购股权或增资扩股时，会要求隐名股东签订一份《股权回购合同》，其中约定回购股权的时间、金额，或者信托公司要求第三方机构

〔1〕《中国银监会关于支持信托公司创新发展有关问题的通知》（银监发〔2009〕25号）。

对股权收购行为作担保。

（四）房地产开发企业监管

通常情况下，信托公司投资成为房地产公司的股东，需要修改房地产开发公司的公司章程，实现对房地产公司的重大事项的决定权；通过向房地产公司董事会派驻董事，参与公司重大问题决策；通过向房地产公司的重要岗位派驻人员，加强对公司经营管理的控制；通过对公司印章的控制，防范经营风险。

（五）资金监管

信托公司通过设立信托监管账户、销售监管账户以实现对信托资金和销售收入进行监管。所有信托资金必须进入信托监管账户，信托公司根据房地产公司的用款申请，指令监管银行向房地产公司划付资金。此外，开发项目销售收入必须全部进入销售监管账户，防止房地产公司挪用销售收入。

（六）担保措施

在实际业务操作过程中，信托公司会要求开发企业及其股东、关联企业或实力雄厚的第三方提供保证、抵押、质押等担保措施，以此控制信托风险，保障信托受益人的收益。但是由于《物权法》和《担保法》中所设定的担保措施是为了保障债权的安全，是以主债权的存在为前提。在房地产股权投资信托中，信托公司一般是房地产公司的股东，信托公司持有的是房地产公司的股权，因此信托公司以房地产公司及其股东、关联企业或实力雄厚的第三方提供保证、抵押、质押等措施担保其投资的安全。信托公司可以通过信托受益权的结构化设计来有效控制信托计划的风险，信托受益优先向优先信托受益人进行分配，在信托财产足额向优先信托受益人分配信托本金和收益前，劣后信托受益人不得进行分配。

（七）信托资金退出风险控制

通常而言，房地产信托股权业务模式的操作在于信托产品到期后“股权变现退出”的保障问题，为此必须关注两个方面的问题：一是信托公司在房地产公司所处的控制地位，以便对于信托资金及银行后续贷款资金的使用和其他重要事项拥有决定权，从而确保资金的合理运用与项目的按期完成；二是房地产项目本身是否具有良好的市场前景，以便在“股权转让退出”等机制无法实现的情况下，信托公司通过拍卖等处置程序进行股权变现，从而确保信托资金的正常退出。

合法有效的信托资金退出机制将会大大增强信托资金的安全性，从而大大增强信托产品的吸引力，进而保障信托资金的顺利募集，信托资金的退出渠道一般有以下几种：

1. 转让信托受益权。信托受益人可以向开发商及其关联方、第三人转让信托受益权。从而实现信托资金的退出。信托产品缺乏流动性，信托受益人在信托计划期间要想退出信托，只有通过转让信托受益权的形式实现信托资金的退出。在信托计划届满时，也可以通过转让信托收益权的形式向外转让信托受益权，然后再以股权或其他资产方式向受让人分配，以此结束信托计划。

2. 转让股权。信托公司可以向开发商及其关联方、第三人转让其所持有的房地产公司的股权的方式终止信托计划。一般情况下，该类股权转让应为溢价转让，溢价部分作为投资收益，用于支付信托受益人的信托预期收益、信托报酬及信托其他费用。需要注意的是，在该种退出方式下，不得设计股权投资附加回购条款，否则将视为债务性集合信托计划，比照融资类房地产信托业务进行监管。[1]

3. 分红、减资。作为房地产公司股东的信托公司，可以获得房地产公司的分红，并以分红所得向信托受益人进行分配。房地产公司的盈利情况决定了受托人对信托受益人的分配。通过减资的方式实现信托资金的退出在法律上是允许的，只是需要履行减资程序。

五、结论

信托公司从事房地产股权投资信托对于解决房地产开发企业的融资难起到很大的作用。但信托公司的投资款项来源于集合资金信托计划所募集的资金，房地产股权投资信托必须防范投资风险，以最大限度地维护投资者的利益。受国家宏观政策的影响，房地产股权投资信托亦有可能因公共政策变化而受到调整，其风险防控亦会存在变化和不确定性。

［李华：国浩律师事务所合伙人（南京），南京大学法学博士
朱庆杨：国浩律师事务所律师（南京），华东政法大学法学学士］

---

〔1〕《中国银监会关于信托公司开展项目融资业务涉及项目资本金有关问题的通知》（银监发〔2009〕84号）规定投资附加关联方受让或投资附加其他第三方受让的情形视为股权投资附加回购承诺。

房地产抵押权与消费者购买权竞合时的处理

杨　波

一、常见的限制房地产抵押权实现的法定优先权

房地产抵押权实现过程中，抵押权所享有的优先受偿权利并非绝对，当遇到法律另有规定的情形时，抵押权实现的优先性便受到限制，目前常见的限制抵押权实现的法定优先权利有：

（一）建设工程价款优先受偿权

我国《合同法》第286条规定，发包人未按照约定支付价款的，承包人可以催告发包人在合理期限内支付价款。发包人逾期不支付的，除按照建设工程的性质不宜折价、拍卖的以外，承包人可以与发包人协议将该工程折价，也可以申请人民法院将该工程依法拍卖。建设工程的价款就该工程折价或者拍卖的价款优先受偿。《最高人民法院关于建设工程价款优先受偿权问题的批复》（2002年6月11日最高人民法院审判委员会第1225次会议通过，法释〔2002〕16号，以下简称《批复》）第1条答复，人民法院在审理房地产纠纷案件和办理执行案件中，应当依照《中华人民共和国合同法》第286条的规定，认定建筑工程的承包人的优先受偿权优于抵押权和其他债权。

（二）土地使用权出让金优先权

我国《城市房地产管理法》第51条规定，设定房地产抵押权的土地使用权是以划拨方式取得的，依法拍卖该房地产后，应当从拍卖所得的价款中缴纳相当于应缴纳的土地使用权出让金的款额后，抵押权人方可优先受偿。

（三）发生在抵押权设定前的欠缴税款优先权

我国《税收征收管理法》第45条第1款规定，税务机关征收税款，税收优先于无担保债权，法律另有规定的除外；纳税人欠缴的税款发生在纳税人以其财产设定抵押、质押或者纳税人的财产被留置之前的，税收应当先于抵押权、质权、留置权执行。

（四）消费者购买权优先权

《批复》第2条答复，消费者交付购买商品房的全部或者大部分款项后，承包人

就该商品房享有的工程价款优先受偿权不得对抗买受人。

上述限制优先权中，土地使用权出让金和发生在抵押权设定前的欠缴税款的优先权均是从公法角度出发，维护国家利益，本文不赘述；建设工程价款和作为消费者的购买方的优先权是从私法角度出发，维护民事主体中施工方和购买方利益。其中建设工程价款优先受偿权有合同法和最高人民法院司法解释明确规定，但消费者购买权优先于抵押权则尚无直接明确的规定，仅是根据最高人民法院《批复》中消费者购买权优于工程价款，而工程价款又优于抵押权，继而得出消费者购买权优于抵押权的结论，并且在现有的司法裁判中也沿用了该结论，笔者对此存有异议。

二、抵押权与消费者购买权竞合时的处理现状

案例一：笔者经办案件，A资产公司、B公司与招商银行贵阳分行三方签订《债权转让协议》，A资产公司与B公司签署《债务重组协议》《抵押协议》。依据《抵押协议》，A资产公司与B公司到贵阳市房屋产权处理处对抵押物办理了抵押登记和他项权证。在房屋抵押期间，B公司在未通知A资产公司的情况下，私自将已办理抵押登记的房屋出售给他人。A资产公司将B公司诉至贵州省高级人民法院，诉请B公司偿还全部债务及违约金，并要求对已办理抵押登记的房产优先受偿。贵州省高级人民法院一审判决中适用最高人民法院《批复》，认定A资产公司享有的抵押权优先权不得对抗商品房买受人，驳回了B公司要求对已办理抵押登记的房产优先受偿的诉请。

案例二：中华人民共和国最高人民法院公报案例（2013）民申字第1690号民事裁定书（赤水市农村信用合作联社与遵义市珂海房地产开发有限公司其他借款合同纠纷申请再审）中，法院认为：《最高人民法院关于建设工程价款优先受偿权问题的批复》是解决建筑工程款优先受偿权、抵押权以及消费者购买商品房的所有权之间权利冲突问题的司法解释，《物权法》对此并无明确规定，二者并不存在冲突。《最高人民法院关于建设工程价款优先受偿权问题的批复》规定，“一、人民法院在审理房地产纠纷案件和办理执行案件中，应当依照《中华人民共和国合同法》第二百八十六条的规定，认定建筑工程的承包人的优先受偿权优于抵押权和其他债权。二、消费者交付购买商品房的全部或者大部分款项后，承包人就该商品房享有的工程价款优先受偿权不得对抗买受人”，即交付全部或大部分房款的购房人的所有权优先于抵押权。本案中，二审法院根据案涉房屋实际开发人罗永中、单小洪已将设定抵押的房屋予以出售或者安置回迁户，购房人已全部或大部分交付了房款，并已实际交付房屋等事实，认定赤水农信社享有的抵押权不能对抗购房人，判决驳回赤水农信社要求确认对抵押物享有优先受偿权的诉请，符合《最高人民法院关于建设工程价款优先受偿权问题的批复》的规定。由于赤水农信社在申请再审中并未提供证据证明二审判决认定的案涉抵押房屋已出售或者安置回迁户，购房人已全部或大部

分交付房款，并已实际交付房屋等事实存在错误，因此赤水农信社的申请再审主张本院不予支持。

上述两案例均是引用《批复》为依据，认定购买权优先于抵押权。但是最高人民法院公报的案例，在认定购买权优先于抵押权时，存在偷换概念的情形，其得出“交付全部或大部分房款的购房人的所有权优先于抵押权”将属于债权范畴的消费者购买权等同于物权范畴的所有权，继而才得出优于同属物权的抵押权。由此可见，最高人民法院其实也明白将作为债权的消费者购买权径直优先于物权的抵押权，是明显违背“物权优于债权”的基本民事法律原则。

三、将消费者购买权径直优先于抵押权，缺乏法律依据且有悖民事法律基本原则

（一）缺乏法律依据，且有悖法律及司法解释规定

消费者购买权优先于抵押权至今尚无直接明确的法律、法规或司法解释的规定，仅是根据最高人民法院《批复》中，工程价款优先受偿权“优于”抵押权和其他债权，工程价款优先受偿权“不得对抗”消费者购买权，继而得出消费者购买权优于抵押权的结论，明显缺乏法律依据。两条文中“优于”与“不得对抗”的含义不同，不能从上述两条文推导出购房消费者权利处于“最优”地位的结论。相反，涉及抵押权与购买权竞合时，我国《物权法》第191条和《最高人民法院关于适用〈中华人民共和国担保法〉若干问题的解释》第67条规定，抵押权存续期间，抵押人转让抵押物未通知抵押权人或者未告知受让人的，如果抵押物已经登记的，抵押权人仍可以行使抵押权；取得抵押物所有权的受让人，可以代替债务人清偿其全部债务，使抵押权消灭。受让人清偿债务后可以向抵押人追偿。如果抵押物未经登记的，抵押权不得对抗受让人，因此给抵押权人造成损失的，由抵押人承担赔偿责任。上述两条款已明确解决此争议，且均是以保护抵押权优先为原则，并赋予了受让人涤除担保权而享有抵押物所有权。

（二）消费者购买权属于债权，未经物权登记依法不享有所有权

房地产作为不动产，根据我国《物权法》第9条的规定，不动产物权登记，最基本的效力表现为，除法律另有规定外，不动产物权的设立、变更、转让和消灭，经依法登记，发生效力；未经登记，不发生效力。在法理上，因物权的本质特征就是排他性，如果权利人获得的物权不能排他，就不能认为其是物权，因此而发生的物权变动自然应该无效。《批复》中将“消费者交付购买商品房的全部或者大部分款项后”作为法律要件，其并未涉及《物权法》规定的物权登记事项，此时，消费者的购买权仍属债权，其依法并不享有物权中的所有权，只能通过法律赋予其涤除担保权而享有抵押物所有权。

（三）工程款优先受偿权不得对抗消费者购买权，并不当然等同于消费者购买权优先于抵押权

《批复》中关于工程款优先受偿权不得对抗消费者购买权，属于特别规定，不能当然地以此对其他权利进行类比和类推。工程款优先受偿权作为特殊债权，其优于抵押权，是以合同法规定为基础，司法解释直接明确予以了规定。消费者购买权作为债权，在无直接明确的法律、法规或司法解释的规定下，将消费者购买权认定优先于抵押权，势必违背“物权优于债权”的基本民事法律原则，纵容抵押人未经抵押权人同意将抵押物进行处置而获利，动摇包括抵押权登记在内的不动产物权的基本制度——不动产登记制度。

（四）消费者在行使购买权时存在审慎义务

房地产抵押权的设置依法自办理抵押登记之日成立，该抵押登记具有物权的公示性，社会公众可以依法通过查询获知出售房屋的抵押登记情况。购买类似房地产的不动产，对于消费者来说明显属于大件商品，消费者在购买时应当尽到审慎义务，对于其所购房屋是否存在抵押情况予以核实，不能在发生抵押权房屋出售情形后，因未尽到该义务将该过错责任交由依法办理抵押权登记的抵押权人承担。

四、房地产抵押权与消费者购买权竞合时的处理建议

（一）按照购买权和抵押权实际发生顺序，区别对待确定优先权

抵押权设置先于购买权实际发生之日的，抵押权优先于购买权，买受人可通过行使涤除担保权而享有抵押物所有权。根据《最高人民法院关于适用〈中华人民共和国担保法〉若干问题的解释》第67条的规定，购买权实际发生之日先于抵押权设置之日的，购买权优先于抵押权。这种情形主要是指房开商已经取得商品房预售许可证或现房销售许可证，与消费者签署了用于备案登记的商品房买卖合同，将房屋出售给消费者，消费者已交付大部分或全部购房款，但在办理登记备案前，房开商又将已出售房屋抵押给他人并设置抵押权的情形。此种情形需同时满足以下三个条件：出售房屋已经取得商品房预售许可证或现房销售许可证、已签署用于备案登记的商品房买卖合同、已交付大部分或全部购房款。从保护交易的安全性来看，消费者基于对行政售房许可的信任，甚至进行了抵押权查询，在没有其他权利限制条件下，已尽到审慎义务和履行购房主要义务，此时应充分保护消费者购买权的优先权。

（二）加强抵押权登记信息的公示性，将其作为房屋出售的前置条件

充分利用大数据和互联网功能，在不动产登记中心官方网站中对于设置抵押权登记的不动产信息进行提示性公示，为合法查询人提供便捷的查询方式；在法律、法规中明确，对于已设置抵押权登记的房地产项目涉及对外销售时，行政主管机关在办理商品房预售许可证或现房销售时，需征得抵押权人同意，否则不得许可销售。对于抵押权人同意销售的，也应在商品房预售许可证或现房销售证照中将抵押登记

事项予以注明，以便购买者知晓抵押权基本情况。

（三）加大违法法律责任的惩罚力度

对于权利竞合时，丧失优先权一方，可参照《最高人民法院关于审理商品房买卖合同纠纷案件适用法律若干问题的解释》第8条规定，要求出卖人承担不低于购房款一倍的赔偿责任；对于涉案房开商企业，行业主管部门应降低其相应房开资质，限制其行业准入。

[杨波：国浩律师事务所合伙人（贵阳），四川大学法学学士]

建设工程施工合同无效时的法律实务探析

李　滨

建设工程施工合同是一种非常复杂的合同，合同的效力问题涉及方方面面。同时，鉴于建设工程施工在国民经济中的地位，它又是一种非常重要的合同。建设工程施工合同的效力问题是该合同研究中的基础问题，而建设工程施工合同无效时的处理则是法律实务中经常面对的问题。因此，如何处理建设工程施工合同无效时的法律纠纷、有效解决建设工程施工合同无效时的法律问题，对司法实务工作具有重要意义，笔者将结合法律实践，探析建设工程施工合同无效时的法律实务问题。

一、建设工程施工合同无效的认定

（一）建设工程施工合同效力探析的法律背景

随着我国经济结构的调整，国家对建筑和房地产行业的调控、监管力度越来越大。为了规范建设工程施工合同的文本，2013年国家住建部、国家工商总局联合发布2013版《建设工程施工合同（示范文本）》（GF－2013－0201）。2017年5月4日，住房和城乡建设部又印发了《建筑业发展“十三五”规划》。因此，12年前的《最高人民法院关于审理建设工程施工合同纠纷案件适用法律若干问题的解释》已经不能完全适应国民经济发展的需要，在此背景下，《最高人民法院关于审理建设工程施工合同纠纷案件适用法律若干问题的解释（二）（征求意见稿）》应运而生，以便更好地服务经济发展、社会稳定，更好地解决建设工程施工中的纠纷。而建设工程施工合同无效时的处理则是法律实务中经常面对的问题，故不得不将出台新的司法解释提上讨论议程。

（二）建设工程施工合同无效的法律认定

建设工程施工合同属于合同的一种，其无效的情形亦同于合同无效的情形。合同无效是指合同因欠缺一定生效要件而致合同当然不发生效力。《合同法》第52条规定的合同无效的情形有五种，这五种情形同样适用于建设工程施工合同无效的情形。具体到建设工程施工合同中来说，除《合同法》中的五种一般情形外，《最高人民法院关于审理建设工程施工合同纠纷案件适用法律若干问题的解释》第1条补充规定了五种具体情形，分别是：（1）承包人未取得建筑施工企业资质或者超越资质等级的；（2）没有资质的实际施工人借用有资质的建筑施工企业名义的；（3）建设工程必须进行招标而未招标或者中标无效的；（4）非法转包的建设工程施工合同；（5）违法分包的建设工程施工合同。现行的法律中囊括了以上合同无效的情形，建设工程施工合同的无效即可依此认定。

在（2014）合民一终字第01826号聊城市黄河工程局、陈李奇与和田地区吉音水利枢纽工程建设管理局建设工程施工合同纠纷案中，陈李奇作为个体公民，不具有承包建设施工工程的资质，却承包了国家的水利建设施工工程，属于承包人未取得建筑施工企业资质的情形。再如，在（2014）民一终字第310号中国建筑股份有限公司与昆山市超华投资发展有限公司建设工程施工合同纠纷案件中，因投标方以他人名义投标，弄虚作假，骗取中标，导致中标无效，从而导致建设工程施工合同无效。

（三）建设工程施工合同中黑白合同法律效力的认定

建设工程施工合同中的黑白合同即“阴阳合同”，即出现了两份合同，而两份合同的内容不一致。《建设工程施工合同司法解释》第21条规定：“当事人就同一建设工程另行订立的建设工程施工合同与经过备案的中标合同实质性内容不一致的，应该以备案的中标合同作为结算工程价款的依据。”此规定意为白合同有效，黑合同无效，但是该规定没有规定两个合同的性质，也没有明确规定各自的效力如何，只是规定了结算的依据。[1] 在法律实务中，此规定不能从根本上解决黑白合同的效力问题。

造成黑白合同的原因是多方面的，应从合同签订的具体情形入手，分析黑白合同的效力。建设工程合同往往都是数额巨大的合同，影响签订建设工程施工合同的因素是多方面的，包括市场、制度等。黑白合同的产生既有违反诚实信用规避法律的不良动机，也是建筑行业在目前体制机制下生存的无奈选择。在我国目前的建筑工程市场中，招标方掌握资源，往往在招投标中占据主导地位。如我国的强制招投标机制，把商品房等房地产项目统统界定为“关系社会公共利益、公众安全的项目”，从而也使之被纳入强制招投标的范畴。如此一来，私人之间的招投标也受到很多限制。因此，不能对规避法律的“黑合同”一概采取否定的态度，而应当针对“黑合同”规避的法律性质进行具体判断。[2] 如果黑合同体现的是双方当事人真实的意思表示，且未侵害国家、社会、他人的合法权益，那么黑合同也应受到法律保护，认定黑合同为有效合同。如果黑合同侵害了国家、社会、他人的合法权益，那么即使其是双方的真实意思表示，那么侵害他人权益的部分也应认定为无效。

---

〔1〕 高小威：《浅谈建设工程施工合同无效的认定》，载《法规解读》2014年第3期。

〔2〕 钱思雯：《建设工程“黑白合同”效力问题研究》，载《常熟理工学院报》2011年第3期。

在（2016）鄂民终1313号湖北凌峰建筑工程有限公司与武汉川南置业有限公司建设工程施工合同纠纷案中，出现了《施工意向性协议书》和《施工合同》之争。川南置业公司与湖北凌峰公司先签订了一份《施工意向性协议书》，随后又签订了一份《施工合同》，前者未备案，后者已备案。在实际履行过程中，双方均按照《施工意向性协议书》履行合同，且在一审前双方未提出异议。然而，一审时法院支持了湖北凌峰公司提出的《施工合同》是正式合同的请求，判决根据《施工合同》履行双方权利义务。到二审时，法院查明，《施工意向性协议书》是双方的真实意思表示，是双方实质性磋商的结果，而《施工合同》是“明招暗投”，违反了《招标投标法》第43条“在确定中标人前，招标人不得与投标人就投标价格、投标方案等实质性内容进行谈判”的规定，中标无效，中标前签订的协议亦无效，故本案所涉合同均认定无效。

但若在确定中标人后，双方签订《施工意向性协议书》，此时即不违反《招标投标法》第43条规定。若备案的《施工合同》因招标方湖北凌峰公司占主导地位而不利于川南置业公司，而谈判协商的《施工意向性协议书》才是真正体现双方权益、双方真实意思表示的合同，则应认定以“黑合同”《施工意向性协议书》的规定来履行双方的权利义务，如此才能真正维护双方的权利，维护市场的公平有序。

二、建设工程施工合同无效的处理

（一）建设工程施工合同无效的处理原则

1. 承担缔约过失责任的原则

缔约过失责任是指在合同订立过程中，一方因违背其依据的诚实信用原则所产生的义务，而致另一方遭受信赖利益的损失，因此应承担的损害赔偿责任。在双方签订建设工程施工合同的过程中，因一方的过错导致建设工程施工合同无效的，过错方应赔偿因合同无效而给对方造成的实际损失；若双方在签订合同的过程中都有过错的，依过错大小各自承担相应的赔偿责任。无论是建设工程施工合同尚未履行的，还是尚未履行完毕的，或者已经履行完毕的，一旦合同被确认为无效，过错方都应承担缔约过失责任。承担缔约过失责任的主要方式是赔偿对方的实际损失，而不包括尚未实现的利益。根据我国民事诉讼法“谁主张，谁举证”的原则，缔约过失责任应由无过错方举证。

2. 合同不再履行的原则

合同一旦无效，则是自始至终无效，那么合同对当事人无任何约束力，合同当事人当然可以不再履行合同。因此，若合同双方当事人已经订立建设工程施工合同，但合同仍尚未履行，被人民法院或者仲裁机构确认无效的，双方当事人均不需履行合同；或者合同已经履行但尚未履行完毕被确认无效的，合同则终止履行，尚未履行部分不再履行。对建设工程施工合同而言，确立此原则，是对当事人违法行为的及时纠正，以免因合同的继续履行导致更严重的法律后果。因此，在建设实践中，应加强对合同的监管，及时发现不具备生效条件的合同，并及时确认其无效。[1]

3. 民事责任、刑事责任、行政责任并重的原则

合同无效后的继续履行、赔偿损失等行为都是承担民事责任的体现，包括建设工程施工合同在内的合同的无效都是违反了法律法规的强制性规定，既然违法了，那么在承担民事责任之外还要承担相应的行政责任，其主要形式包括停止违法行为、处以罚款，责令停业整顿、降低资质等级、吊销资质证书、没收违法所得等。若在订立合同的过程中存在欺诈、胁迫等犯罪行为，则还需承担相应的刑事责任。

（二）建设工程施工合同无效的法律后果

建设工程施工合同无效的处理原则是从整体上概括当合同无效时应对违反合同的责任人施以何种方式的处理手段，进一步需讨论的是在这些原则下责任人应承担何种具体的法律后果。

1. 折价补偿

根据《最高人民法院关于审理建设工程施工合同纠纷案件适用法律若干问题的解释》第2条和第3条的规定，当建设工程施工合同无效时，但建设工程经竣工验收仍然合格，符合合同相对人的实际要求，或是经修复后合格的，发包人应当对承包人就竣工验收合格的建设工程进行折价补偿。因修复和工期拖延造成的损失应由过错方承担责任。这是由于一方已实际履行合同，且能达到另一方的要求，则另一方也要支付相应的对价才能保持公平。

2. 不支付工程款及发包人的过错赔偿责任

根据《最高人民法院关于审理建设工程施工合同纠纷案件适用法律若干问题的解释》第3条第2款的规定，在建设工程施工合同确认无效的情形下，如果将建设工程进行修复后，其质量仍然不合格，无法达到发包方的使用标准，则发包人可以不承担按照合同约定支付工程价款的给付义务。但是，如果发包人对建设工程的质量不合格亦有过错，应当按照过错程度对承包人不能得到的工程价款的损失承担赔偿责任。这是按过错程度进行责任分配的方式，对合同的无效负有全部过错的，承担全部责任，对合同的无效负有部分过错的，则按照过错的大小承担相应比例。

3. 收缴当事人的非法所得

《最高人民法院关于审理建设工程施工合同纠纷案件适用法律若干问题的解释》第4条规定了人民法院可以收缴承包人非法所得的三种情况：非法转包、违法分包、借用资质，是一条关于民事制裁的措施的规定。这里的违法所得是指扣除成本后的获利部分，并且只收缴实际取得，而非约定取得。此处的非法所得不包括违法财物。有的承包人因资质、刑事案件等原因在建设工程施工中会拥有违法财物，则违法财

---

〔1〕 贾颜如：《论无效建设工程施工合同的类型及处理原则》，载《法制与社会》2013年第2期。

物另行没收收缴，不可与违法所得“大杂烩”一起处理。

三、建设工程施工合同无效条件下的结算

建设工程施工合同无效时，如若施工人已经进行了工程建设，发包人无论是承担什么样的法律责任和法律后果，都应先对建设工程施工合同进行结算，结算完毕后才对施工人进行履行无效合同的补偿。

（一）法律对建设工程施工合同无效时的规定

《最高人民法院关于审理建设工程施工合同纠纷案件适用法律问题的解释》第2条、第3条和第21条都对建设工程施工合同的无效情况下的结算标准作了规定，区分为一项工程一份建设施工合同和一项工程两份以上不同内容的建设施工合同来分别加以规定，确定了不同的规则。

一项工程只有一份建设施工合同时，又区分竣工验收是否合格两种情况。当竣工验收合格时，可以参照该合同的约定进行结算支付，当竣工验收不合格时，如前文所述，发包人可不支付工程款，且应按照过错比例承担责任。

同时，司法解释还规定了存在黑白合同时的结算规则，即以“白合同作为结算标准”。综上，当前的结算主要有两种结算规则：一种是当不存在黑白合同问题时，工程质量合格参照无效合同的结算条款进行结算；另一种是当存在黑白合同时，按照备案的中标合同进行结算。第一种规则体现了合同法上的公平属性，即合同双方应支付平等的对价，而第二种黑白合同的问题如前文所述，不应“一刀切”，而应区别对待。

（二）现有建设工程施工合同无效时参照原合同在司法实践中遇到的问题

1. 参照无效合同结算工程款是唯一的结算方式，应区别对待

当建设工程施工合同无效，但工程竣工验收合格时，参照无效合同的规定来结算是目前唯一的途径，但是这种结算方式并不总是完全适用。法律设计规定了相对合理的解决方式，但是在司法实践中仍会遇到诸多问题，以目前的法律规定还无法解决。

主要原因在于发包方占据市场的主导地位，双方签订的合同并不总是公平的，甚至说大多数时候双方签订的合同对承包方是非常不利的，这是我国目前建设工程施工合同领域的一个严重问题。在这种情形下，仍然参照原有合同的条款进行结算无疑会损害承包人的利益。所以，无论是在绝对无效还是相对无效的情况下，合同中的结算条款不一定总是双方的真实意思表示，发包方可能会利用其优势地位作出欺诈、胁迫、显失公平的措施。所以，在这种情况下，如果竣工后验收的工程质量合格，那么再适用无效合同明显是显失公平的。因此，应当区分合同无效是不是因为结算条款无效而导致的。如果结算条款有效，而合同的无效跟结算条款有关，那么此时可以适用无效合同；如果因结算条款无效而导致合同无效，那么在结算工程

款时再参照无效合同很明显是存在漏洞的。

2. 参照无效合同结算工程款存在明细短板

由于在建设工程施工合同中发包方居于绝对主导地位，那么在订立合同时发包方可能一压再压，导致承包方没有利润空间。假设发包方A公司投标与建筑工程公司B公司签订了一份建设工程施工合同，B公司中标后发现利润空间太低，将工程承包给公民个人C，竣工后工程验收合格。此时工程款无法结算，三方通过法律程序进行解决。

由于公民C不具有承包资质，其承揽建设工程施工合同必然是无效，但是工程竣工验收合格，依然要结算工程款。此时如若依旧参照无效合同结算工程款，那么对实际承包人C是明显不公平的，同时势必会助长发包方采用其他方式规避法律、背离正常市场秩序的行为，故而需采用其他方式结算工程款，如按照正常的市价、双方重新协商的合理价格等，都需要新的司法解释作出进一步明确细致的规定。

3. 司法实践中黑白合同无效所面临的结算问题

黑白合同的效力问题前文已作论述，此部分主要讲在实务中遇到的一个非常典型的问题。现实中的建设工程施工合同，因为工期、成本等综合原因，一旦达成合同，施工方往往会立即施工，此时经招投标签订的合同可能还未备案。若此时双方产生纠纷，应按照哪份合同来呢？如果按照白合同，中标后签订的合同还未备案，显然不具有法律承认的效果。如果按照双方私下达成的黑合同，又与法律的规定相违背。目前的司法解释只规定按照备案的合同进行结算，实际上排除了其他形式的合同文件。无论是按照黑合同还是白合同，都有其两面性和价值性，应在此处区别对待、作出更详尽的规定。

（三）合同无效后建设工程优先受偿权问题

《合同法》第286条规定了建设工程优先受偿权的制度：发包人未按照约定支付价款的，承包人可以催告发包人在合理期限内支付价款。发包人逾期不支付的，除按照建设工程的性质不宜折价、拍卖的以外，承包人可以与发包人协议将该工程折价，也可以申请人民法院将该工程依法拍卖。建设工程的价款就该工程折价或者拍卖的价款优先受偿。优先受偿权在理论界有着诸多讨论，包括留置权论、抵押权论、优先受偿权论等，但无论何种理论，理论与实务界的主流观点都肯定了建设工程的优先受偿权，笔者主要就实务过程中遇到的问题进行简要阐述。

1. 与购房人消费权益的冲突

《最高人民法院关于建设工程价款优先受偿权问题的批复》第2条规定，消费者交付购买商品房的全部或者大部分款项后，承包人就该商品房享有的工程价款优先受偿权不得对抗买受人。意即如若消费者已取得商品房的产权，则施工人就不再享有优先受偿权，原因在于消费者也是善意的，其财产应得到保护，不能用消费者的财产去赔偿承包人的优先受偿权。

但是很多情形下开发商为了经济利益会违规销售，即在不符合商品房预售条件的情形下就与消费者签订商品房预售合同。此类合同违反了法律法规的强制性规定，属于无效合同，故购房者此时并未获得房子的权利，应取得建设工程优先受偿权。

2. 同一建设工程存在数个建设工程优先权的情形

理论界对这个问题存在不同意见，有学者参照抵押权理论提出应按时间顺序来处理时间冲突。但是笔者认为，在法律实践中，应充分考虑建设工程这一事物的特殊性。建设工程是完整的，承包方无论何时参与其中，都对这项工程发挥着不可磨灭的作用，少了哪一方，工程都将无法完成。因此，不宜按照时间顺序来解决优先权的冲突，应按照承包人贡献度的大小来确定建设工程优先权的属性，以此保障每一个承包方的合法权益。

四、小结

经过对建设工程施工合同无效的认定、处理、结算等方面的分析，我们可以清晰地看到建设工程施工合同在经济社会中的重要地位，在建设工程施工合同中质量至上，只要建设工程质量达到标准，承包人即可获得工程款。同时，要加强对无效建设工程施工合同泛滥的预防，加强对建筑施工企业的资质管理，加强对建设工程招投标活动的监管，加强对建筑施工合同履行的监管，切实落实对无效合同中违法责任者的追究，共同营造良好的建设工程施工环境。

[李滨：国浩律师事务所合伙人（天津），南开大学法学学士]

建设工程价款优先受偿权制度的发展现状与完善

王凯林

一、发展历程及性质

建设工程价款优先受偿权，又称不动产施工优先权、不动产建设优先权、建设工程优先权，是指不动产的施工人、承揽人或者承包人就该不动产修建而产生的债权，对该不动产享有的优先受偿的权利。

纵观我国建设工程价款优先受偿权制度的发展历程，历经了以下几个时期，也有学者主张经历了规则确立—细化—解构—重构四个阶段。

（一）合同法时期

在1999年10月1日起施行的《合同法》第286条“发包人未按照约定支付价款的，承包人可以催告发包人在合理期限内支付价款。发包人逾期不支付的，除按照建设工程的性质不宜折价、拍卖的以外，承包人可以与发包人协议将该工程折价，也可以申请人民法院将该工程依法拍卖。建设工程的价款就该工程折价或者拍卖的价款优先受偿”的规定中，我国借鉴外国立法进行了法律上的技术创造，第一次明确提出了建设工程价款优先受偿权，开启了我国建设工程价款优先受偿权制度的先河，使承包人的建设工程价款获得了立法上的有利保护。同时，这也是我国特色社会主义社会对民工权益的政策保护。

（二）批复时期

由于《合同法》第286条对建设工程价款优先受偿权仅作出了原则性的规定，并未明确建设工程价款优先受偿权行使的期限、效力、范围等，这就导致了建设工程价款优先受偿权在司法实践中的适用、理解不一。针对当时的司法现状，最高人民法院就上海市高级人民法院的请示作出了《关于建设工程价款优先受偿权问题的批复》（法释〔2002〕16号，以下简称《批复》），就建设工程价款优先受偿权的相关适用问题作出了回答，明确了建设工程价款优先受偿权优于抵押权和其他债权，规范了建设工程价款优先受偿权的行使。

（三）建设工程司法解释时期

最高人民法院发布并于2005年1月1日施行的《关于审理建设工程施工合同纠

纷案件适用法律问题的解释》（以下简称《建设工程司法解释》），就建设工程施工合同纠纷案件中施工合同无效时工程价款的结算、实际施工人的权利、合同相对性的突破等进行了明确，这也从另一个侧面丰富了建设工程价款优先受偿权的内容。

（四）民事诉讼法时期

自2013年1月1日起施行的《民事诉讼法》，就实现担保物权之诉、第三人撤销之诉等新制度作出了规定，而2015年2月4日施行的《最高人民法院关于适用〈中华人民共和国民事诉讼法〉的解释》（以下简称《民诉法解释》）更是就执行异议之诉、执行分配方案异议之诉进行了细化，而当事人通常主张的是其享有案涉建设工程项目的建设工程价款优先受偿权，这也使得第三人撤销之诉、执行异议之诉、执行分配方案异议之诉等类型的案件逐渐增多。

目前，就建设工程价款优先受偿权的性质而言，主流观点认为其属于法定优先权，而非留置权、抵押权，这与德日及我国台湾地区的规定有所不同。德日及我国台湾地区均将建设工程价款优先受偿权归为抵押权，如《德国民法典》第648条第1款[1]规定了建设工程的承揽人因自己的报酬债权而享有在定作人的建筑土地上给予保全抵押的请求权，此项抵押权随登入土地登记簿始告成立。而《日本民法典》第303条和第327条[2]规定了不动产工程的先取特权，具有优先于其他债权人受偿的权利。我国台湾地区“民法”第513条[3]规定了承揽人的法定抵押权，规定承揽人的抵押权须经登记，始生效力。

鉴于建设工程价款优先受偿权的性质及效力，目前无法律法规明文规定，且理论界也无统一的学术观点，这是导致各省市法院在司法实践中观点不一，出现同案不同判现象的主要原因。

二、立法现状

目前，我国对建设工程价款优先受偿权现行有效的明确规定包括：《合同法》第

[1] 《德国民法典》第648条第1款规定：建筑工作物或建筑工作物的各部分的承揽人，可以就其基于合同而发生的债权，请求给予定作人建筑地上的保全抵押权。工作尚未完成的，承揽人可以就与所提供的劳动相当的部分报酬，以及就不包含在报酬中的垫款，请求给予保全抵押权。参见《德国民法典》（第2版），陈卫佐译注，法律出版社2006年版，第218页。

[2] 《日本民法典》第303条规定：先取特权人，依照本法及其他法律的规定，可以就自己的债权对其债务人的财产享有优先于其他债权人受偿的权利。第327条规定：（1）不动产工程的先取特权，涉及工程中承担设计、施工或负责监理的人在债务人的不动产上因工程发生费用时，其对象在该项不动产上。（2）前项先取特权，由工程所生的不动产价格的增加，其对象仅为现存的增加额。渠涛编译：《最新日本民法》，法律出版社2006年版，第65页、第69页。

[3] 我国台湾地区“民法”第513条第1款规定：承揽之工作为建筑物或其他土地上之工作物，或为此等工作物之重大修缮者，承揽人得就承揽关系报酬额，对于其工作所附之定作人之不动产，请求定作人为抵押权之登记；或对于将来完成之定作人之不动产，请求预为抵押权之登记。

286条规定："发包人未按照约定支付价款的，承包人可以催告发包人在合理期限内支付价款。发包人逾期不支付的，除按照建设工程的性质不宜折价、拍卖的以外，承包人可以与发包人协议将该工程折价，也可以申请人民法院将该工程依法拍卖。建设工程的价款就该工程折价或者拍卖的价款优先受偿。"《最高人民法院关于建设工程价款优先受偿权问题的批复》（法释〔2002〕16号）规定："一、人民法院在审理房地产纠纷案件和办理执行案件中，应当依照《中华人民共和国合同法》第二百八十六条的规定，认定建筑工程的承包人的优先受偿权优于抵押权和其他债权。二、消费者交付购买商品房的全部或者大部分款项后，承包人就该商品房享有的工程价款优先受偿权不得对抗买受人。三、建筑工程价款包括承包人为建设工程应当支付的工作人员报酬、材料款等实际支出的费用，不包括承包人因发包人违约所造成的损失。四、建设工程承包人行使优先权的期限为六个月，自建设工程竣工之日或者建设工程合同约定的竣工之日起计算。五、本批复第一条至第三条自公布之日起施行，第四条自公布之日起六个月后施行。"

此外，《最高人民法院关于当前民事审判工作若干问题的意见》（2011年）（以下简称《意见》）第4条第26款"非因承包人的原因，建设工程未能在约定期间内竣工，承包人依据合同法第二百八十六条规定享有的优先受偿权不受影响；承包人行使优先受偿权的期限为六个月，自建设工程合同约定的竣工之日起计算；建设工程合同未约定竣工日期，或者由于发包人的原因，合同解除或终止履行时已经超出合同约定的竣工日期的，承包人行使优先受偿权的期限自合同解除或终止履行之日起计算"等条款也对建设工程价款优先受偿权进行了表述，但该《意见》仅为法院内部文件，非正式法律文件，不应作为裁判的依据，这便陷入了另一种尴尬境地。

但是，从《合同法》第286条及《批复》规定的内容来看，我国的建设工程价款优先受偿权制度是不完善的，存在缺漏。

三、司法实践

（一）建设工程价款优先受偿权的行使方式

《合同法》第286条并未明确建设工程价款优先受偿权的行使方式，仅规定了"可以"协议折价、申请法院拍卖，而司法实践中对于建设工程价款优先受偿权的行使一般是通过提起优先受偿权确认之诉，包括承包人单独提起建设工程价款优先受偿权确认之诉，也包括在工程款诉讼中一并提出确认其享有工程价款优先受偿权。但是，部分法院认为建设工程价款优先受偿权系法定优先权，无须通过诉讼等方式明示该优先权。

司法实践中的争议点主要集中在以下几个方面：

1. 建设工程价款优先受偿权是否适用实现担保物权程序。一种观点认为，《民事诉讼法》第196条、第197条对实现担保物权程序作出了规定，建设工程价款优先受偿权属于法定抵押权，性质、效力和担保物权类似，因而可以准用实现担保物权程序处理，向建设工程所在地基层法院申请拍卖承建工程，就拍卖的价款优先受偿。另一种观点认为，基于物权法定原则，建设工程价款优先受偿权不属于法定担保物权，故不能提起实现担保物权程序。

2. 建设工程价款优先受偿权是否能够通过民事调解书的方式予以确认。一种观点认为，建设工程价款优先受偿权属于具有物权性质的权利，不能通过调解书予以确认。而另一种观点则认为，建设工程价款优先受偿权系从权利，在建设工程施工合同案件调解中，可以一并确认建设工程价款优先受偿权。

3. 承包人能否通过向发包人发函的方式主张建设工程价款优先受偿权。一种观点认为，承包人通过发函方式主张建设工程价款优先受偿权的，可以认可其效力。至于工程欠款的数额可以通过后续程序确定，不能以工程款数额未定为由否定建设工程价款优先受偿权行使的有效性。另一种观点则认为，承包人通过发函方式主张建设工程价款优先受偿权的，需要确定欠付工程款的数额和工程折价的数额。对于欠付工程款数额及工程折价的数额不明确的，不能认定为优先受偿权行使的有效方式。

（二）建设工程价款优先受偿权的起算点

建设工程价款优先受偿权制度是我国合同法上的制度创新，根据《合同法》第286条的规定，建设工程价款优先受偿权的起算点应从工程价款债权未受清偿时起算。而2002年最高人民法院《批复》第4条规定：建设工程承包人行使优先权的期限为六个月，自建设工程竣工之日或者建设工程合同约定的竣工之日起计算。此后，建设工程施工合同纠纷案件中，关于建设工程价款优先受偿权起算日期的裁判规则主要是从实际竣工之日或者合同约定的竣工之日起计算。而2005年1月1日施行的《建设工程司法解释》第6条对垫资的效力予以肯定，那么，就会出现在实际竣工之日或合同约定竣工之日，工程款债权可能尚未届期的情形，此种情形下的建设工程价款优先受偿权如何起算？司法实践中，对此存有两种观点：一种观点认为，应根据《批复》的规定，从实际竣工之日或合同约定的竣工之日起算。而另一种观点则认为，应回归《合同法》第286条的规定，从债权应受清偿时起算。司法实践中，前述观点的裁判案例均存在。

（三）承包人预先放弃优先受偿权的效力

司法实践中，存在承包人因各种原因向发包人出具书面承诺函等，承诺其在剩余工程款范围内放弃工程价款优先受偿权。如何认定此类承诺的效力，实践中存在两种观点：一种观点认为，建设工程优先权制度的立法宗旨是保护承包人的利益，最终保障农民工等劳动者生存利益，体现了生存利益优高于经营利益的指导思想，以及维护社会稳定、维护劳动者权益的政策需要，故不应认定该类放弃承诺有效。而另一种观点则认为，建设工程价款优先受偿权的立法目的在于保障农民工工资等权益的优先实现，但前述权益也可以采取发包人通过筹集资金等方式予以保障。而建设工程价款优先受偿权作为财产性的民事权利，权利人可以自由处分，但须承担自己作出的民事行为的法律后果，故而放弃承诺有效。

（四）建设工程价款优先受偿权的范围

司法实践中，一种观点认为，根据最高人民法院《批复》第3条的规定，建设工程价款包括承包人应当支付的工作人员报酬、材料款等实际支出的费用，不包括承包人因发包人违约所造成的损失。另一种观点则认为，根据《物权法》第173条的规定，担保物权的担保范围包括主债权及其利息、违约金、损害赔偿金、保管担保财产和实现担保物权的费用。当事人另有约定的，按照约定。建设工程价款优先受偿权类似于担保物权，故其范围不应仅限于工作人员报酬、材料款等实际支出的费用，且根据住房和城乡建设部《建设工程施工发包与承包价格管理暂行规定》第5条的规定，建设工程价款由成本（直接成本、间接成本）、利润（酬金）和税金构成，故建设工程价款优先受偿权的范围包括直接费、间接费、利润、税金等。

（五）建设工程价款优先受偿权与保证的适用

实践中，存在承包人对发包人拖欠的建设工程价款享有优先受偿权，而第三人作为保证人为发包人的工程欠款向承包人提供保证的，此时承包人的建设工程价款优先受偿权如何行使，是否存在先后顺序？一种观点认为，建设工程价款优先受偿权属于承包人的法定权利，不是《物权法》《担保法》规定的物的担保，承包人是否行使建设工程价款优先受偿权对保证人的保证责任不产生影响，也即不存在建设工程价款优先受偿权行使的先后顺序问题。而另一种观点则认为，建设工程价款优先受偿权属于法定优先权，在效力上高于抵押权，故应优先行使建设工程价款优先受偿权。还有一种观点认为，建设工程价款优先受偿权类似于《物权法》第170条规定的担保物权，即在债务人不履行到期债务的情形下，担保物权人依法享有就担保财产优先受偿的权利，故而可以准用《物权法》有关担保物权的规定。同时，根据《物权法》第176条的规定，被担保的债权既有物保又有人保，债务人不履行到期债务，没有约定或者约定不明确，债务人自己提供物的担保的，债权人应当先就该物即建设工程项目的担保实现债权。因而承包人应当优先行使建设工程价款优先受偿权，且保证人只在建设工程价款优先受偿权不能受偿的范围内承担责任。

四、司法建议

（一）加强顶层设计，完善建设工程价款优先受偿权制度体系

建设工程施工合同纠纷案件，在司法实践中的案件量占比不高，但该类案件的上诉率较高，且通常会涉及再审或发回重审等程序，有鉴于此，亟须加强建设工程价款优先受偿权制度体系的完善。目前，在法律效力层面，我国仅《合同法》第286条就建设工程价款优先受偿权制度作了原则性规定，而其他效力层面未就建设工程

价款优先受偿权制度进行补充和完善，如可将建设工程价款优先受偿权的行使程序在民事诉讼法及其司法解释中进行规定，或者单独就建设工程价款优先受偿权制度出台司法解释，以统一建设工程价款优先受偿权制度的运行。

（二）完善立法，丰富建设工程价款优先受偿权制度内容

目前，我国就建设工程价款优先受偿权制度的立法仅为《合同法》第286条、《批复》，对建设工程价款优先受偿权的性质，以及行使方式、程序等并无明确的法律规定，这造成了司法实践中同案不同判的现象。所以，亟须出台相关的规范文件就建设工程价款优先受偿权的性质、行使方式，以及行使程序等方面作出明确，甚至限定性的规定，以免出现通过发函方式行使建设工程价款优先受偿权等认定不一的现象。

（三）结合司法实践，提升建设工程价款优先受偿权制度与其他法律制度之间的衔接

目前司法实践中，就建设工程价款优先受偿权制度与担保法律制度、执行程序制度等法律制度之间的界限与联系并无明确的规定，且各地法院对建设工程价款优先受偿权制度与其他法律制度之间的衔接的认识不统一，但大多从建设工程价款优先受偿权的立法宗旨角度进行考量，借此对建设工程价款优先受偿权制度与其他法律制度之间的衔接与程序上的适用问题进行理解，但不乏存在不同理解的情况。故此，应在明确建设工程价款优先受偿权性质的基础上，就该法律制度与实现担保物权实现特别程序等程序之间的适用作出明确规定，以便于法律制度之间的统一适用及程序衔接。

［王凯林：国浩律师事务所律师（贵阳），北方民族大学法学学士］

我国侵入土地制度的构建

——以英美侵权法侵入土地制度为借鉴

马国强　张志远

引 言

有恒产者有恒心，世界各国向来都十分重视对不动产权利的保护。现实中，土地和房屋是最主要的不动产。事实上，在普通法系，尤其是英美法律中，不动产（real property）与土地（land）密不可分，在某种意义上，两者的含义是相同的，这是因为土地往往随着房屋、林木等不可移动的附着物。英美法律对不动产权利的保护相当完善，英美法中颇具特色的侵入土地制度，对于土地占有人采取了严格的保护态度，即便侵入者未造成实质性损害，也应承担相应民事责任。相比而言，我国仅有对非法入侵住宅行为的立法，对于侵入土地的行为尚无明文规制。不论如何，侵入他人土地作为一种社会失序行为，行为人的目的可能是维护自身权益或其他无害的动机，如讨债、好奇等，且虽侵入行为未发生实际损害，但若从不动产权利保护视角看，无论目的如何，侵入都是对不动产权利人的一种妨碍或者侵扰，这种侵入行为在特定情况下有转化为违法犯罪行为的可能。借鉴英美法侵入土地制度有利于完善我国的权利保护体系。

一、英美法中侵入土地制度——保护私有财产权

（一）英国的侵入土地制度

普通法系传统对于占有和所有权的区分并非泾渭分明，在普通法理念中，占有是所有权的渊源。从此意义上看，英国的侵犯土地制度保护的不仅仅是合法所有权人，也保护占有人。早在12世纪中期，英国就通过判例逐渐确立了私人妨害制度（private nuisance），主要是保护土地权利人排除他人干扰而合法地行使和享有土地的权利。基于此，英国判例进一步增加了对土地排他性占有的保护，形成了英国侵权法范畴的“侵入土地制度”（trespass to land）。英国学者 Vivienne Harpwood 对侵入土地的行为定义为：没有合法理由直接进入或停留于他人占有之下的土地，或者放置

或构建东西在他人占有之下的土地上。[1] 这种侵权行为属于英国七种基本侵权类型之一的"非法侵入"。[2]

根据相关判例，构成侵入土地的行为应当符合以下要素：第一，可以提出此项控告的权利人是该土地的排他占有人，既包括了土地的合法使用权人，也包括了其他合法占有人，如承租人。第二，行为人的进入没有合法理由或者未经土地权利人的同意。第三，行为人在主观上必须是故意，非自愿行为的进入不承担责任，错误、无意识或者疏忽大意均不能免责。[3]第四，侵入的行为应当是直接的、有形的进入，即可以被人看见或者感知的行为。按照 Vivienne Harpwood 的定义，直接的、有形的进入一般包括行为人实施的自身行为，如闯入、逗留、打猎等，或者在他人土地上放置或构建物体。第五，侵入土地的范围既包括土地的表面，也包括土地上的空间（该范围必须以权利人合理利用为限度，不可无限拓展，故飞机飞越不属于侵入土地的行为），还包括土地表面以下的空间。第六，权利人不需要证明侵入土地的行为造成了实际损害，即可提出控告。相比而言，私人妨碍制度则要求证明侵扰行为所造成的实质性损害。

（二）美国的侵入土地制度

美国法的基础是英国法，但其在继受英国法的同时，也有自身发展。美国法对于不动产的侵犯也大体可以分为侵犯他人土地和妨碍（nuisance）。根据美国 Borland v. Sanders Lead Co., 369 So. 2d 523, 529（Ala. 1979）案件所确立的原则，侵犯他人土地保护的主要是对不动产排他性的占有权，妨碍保护的是占有人的用益权。

《美国侵权法重述》对侵入土地的行为有着明确的规定，其中第 329 条规定，非法侵入者是不享有经由土地占有人同意或其他方式建立的进入或在该占有人土地上停留的特权而进入或在该土地上停留的人。[4] 根据以上法律规定和判例，原告不需要证明侵入者造成了实质性的损害，即便侵入者在该土地上的出现未曾给该土地、其拥有者，或该拥有者对其安全享有法律保护之权益的任何其他物体或个人造成伤害，也应当负侵入的民事责任，这种侵权类型属于行为自身可诉性的侵权（actionable per se）。在侵入土地的构成要件中，要求行为主观为故意（包括完全无知的故意），但不能以错误为免责事由，这与英国法传统基本一致。如果行为人因为事故或者并非自身行为的情况下进入他人土地的，不构成该类型的侵权。[5]

---

〔1〕 Vivienne Harpwood, Princples of Tort Law, London, Cavendish Pubishing Limited, 2000, p. 220.

〔2〕 杨立新：《侵权法论》，人民法院出版社 2013 年版，第 378 页。

〔3〕 关于英国法侵入不动产的三个非免责事由所对应的判例分别为：Basely v. Clarkson（1681）3 Lev 37, Smith v. Stone（1647）Sty 65, League Against Cruel Sports v. Scott。

〔4〕 许传玺、石宏、和育东：《侵权法重述第二版：条文部分》，法律出版社 2015 年版，第 152 页。

〔5〕 Hawke v. Maus, 141 Ind. App. 126, 226 N. E. 2d 713（1967）以及 Malouf v. Dallas Athletic Country Club, 837 S. W. 2d 674（Tex. App. 1992），转引自［美］Dan B. Dobbs：《侵权法》（上册），中国政法大学出版社 2010 年版，第 90 页。

美国法中侵入土地制度所保护的主体不仅仅包括个人，也包括法人等社会组织。美国侵权法对侵犯土地行为的处罚，集中体现了美国人对于保护私有财产上寸土必争的态度。[1]

（三）英美侵入土地制度的内在联系

英美法对于不动产的法律保护分为两个部分，即土地与房屋，但两者之间权利客体并不相同：前者是私法对于财产权的绝对保护，进言之，是对占有与土地实际完整性的保护，而后者是公法对公民隐私权和生活安宁权的保护。可以说，正是侵入土地制度的存在，使得英美法对于不动产权利人的保护趋于完善。

英美两国作为普通法系代表性国家，由于法律上的继受关系，两国法律对于侵入土地的判断标准大致相同：第一，行为人的进入行为未取得所有权人的同意或者没有合法的理由；第二，行为人主观上应当为故意，但是错误认识、疏忽大意等都不能免责；第三，进入的行为应当是有形的、直观的行为，行为所及的范围包括土地的地表、地下以及地上；第四，在侵入者为故意的情况下，无须证明实质性损害的发生即可构成侵权。[2] 本质上，英美法上的侵入土地制度属于行为自身可诉性侵权行为，这种侵入型侵权的原告并无证明损害结果的义务，法官通过侵入的行为直接推定损害的存在，从而有效避免了原告举证困难的尴尬，这是英美法对私有财产权最有力的保护，充分体现了普通法系“风能进、雨能进，国王不能进”的私权至上理念。

二、构建侵入土地制度必要性之检讨——理论与现实

侵入土地制度源于以土地私有制为基础的英美两国，但并非不能适用于土地公有制的社会主义法治国家。从性质上看，法律制度作为上层建筑，一旦形成就具有相对独立性，从而使法律移植具备可能性。从内容上看，虽然英美法中侵入土地制度设计的初衷是保护土地的占有和所有权，但该制度对土地使用权的保护更为突出，通过扬弃和解释，仍可为社会主义法治服务。从作用上看，土地使用权属于财产权的范畴，构建该制度可促进宪法中对公民合法私有财产权保护的实现，从而进一步完善社会主义法治体系。

（一）建构侵入土地制度的法理基础

1. 巩固土地公有制。我国是社会主义国家，坚持生产资料公有制。根据《宪法》第6条的规定，土地作为最重要的生产资料亦属公有，即全民所有制和劳动群众集体所有制。《土地管理法》进一步规定了我国不同类型的土地分属国家或集体所有，

〔1〕 李响：《美国侵权法原理及案例研究》，中国政法大学出版社2004年版，第66页。

〔2〕 在英美法的侵入土地制度中，已将故意和过失区别对待之，对于故意侵入者，无须证明存在损害亦应承担民事责任；对于过失侵入者，只对其产生的实际损害承担相应民事责任。参见［美］小詹姆斯·A. 亨德森等：《美国侵权法——实体与程序》，北京大学出版社2014年版，第380页。

即确立了城乡二元体制。虽然土地所有权不得转让，但土地使用权可以转让。张千帆教授认为：土地的国家所有权只能是名义性的，实际使用权归属私人，或归属政府等特定主体。[1] 毕竟，全民参与土地管理的成本高昂。从某种意义上说，一般意义上的“国家”、“集体”或者“人民”不可能直接利用或管理某块土地，而是通过依法赋予使用权的方式，将对土地的利用和管理等权能转移到某些特定主体上，从而使土地使用权的界限相对清晰。一言以蔽之，我国的土地公有制的社会效应是通过特定主体对土地使用权的行使来实现的。对土地使用权的保护与土地公有制并行不悖。事实上，大多数侵入土地的行为是对土地使用权的妨碍。我国法律对特定主体的土地使用权保护越完善，客观上对土地公有制地位的巩固越有效。在此层面上，保护土地使用权的立法旨意，不仅是土地公有制的题中之义，也是构建我国侵入土地制度的基石。

2. 保护合法财产权。诚如约翰·洛克在《政府论》中所指出的：政府的目的在于保护私有财产权。[2] 在洛克看来，财产是先于政府而产生的。事实上，英美法中侵入土地制度的设立是以保护财产权为逻辑起点。西方国家对财产权的保护经历了一个从无限到有限的过程，但法官和立法者都不断通过判例或立法保护对土地的占有和完整性。在我国，土地使用权亦是财产权之一，特定主体对土地的利用和管理亦可获得相应合法的经济利益。因此，我国《宪法》所确立的对公民合法财产权的保护正是我国侵入土地制度构建的法律渊源。此外，公民的隐私权、生活安宁权、住宅权等人权的实现空间往往都要以土地、房屋等不动产为依托，对不动产权利保护得越充分，对以其为依托的其他权利的保护也越完善。侵入土地行为，即便没有对土地的价值和功能造成贬损，也直接妨碍了土地权利人对其财产排他性占有和使用权。从宪法意义上看，一切没有合法理由和未经土地权利人同意的侵入行为都是非法的。无论是公民还是法人，都有权要求非法侵入者承担相应民事责任。保护合法财产权，保护土地使用权人的合法权益，是现代法治对尊重私权的重要体现。

3. 减少失序行为，维护公共秩序。西方国家从资本主义自由时期过渡到垄断阶段后，更加重视通过立法来维护公共秩序。保护不动产权利与维护公共秩序之间并不相悖。依照美国学者詹姆斯·威尔逊提出的破窗理论：当一间工厂或者一个办公室的窗户坏了，路过的人可能因此认定这里无人维护或负责管理。一段时间过后，就会有人开始丢石头、打破更多窗户。很快的，所有的窗户都被破坏……[3]失序行为达到某个临界规模时就会发生犯罪。由于土地和房产具有一定的封闭性，一旦为

[1] 张千帆：《土地公有制的困惑与消解——重读宪法第10条》，载《城乡规划、土地征收与农民权利保障学术研讨会暨世界宪政论坛文集》2011年版，第257页。

[2] [英] 约翰·洛克：《政府论》（第二篇），顾肃译，译林出版社2016年版，第76页。

[3] [美] 乔治·凯林、[美] 凯瑟琳·科尔斯：《破窗效应——失序世界的关键影响力》，生活·读书·新知三联书店2014年版，第3页。

第三人所侵入，其行为受到的监督和控制较少，即便侵入者的最初目的可能无害，也可能发生其他的转化更严重的行为。例如，某甲擅入乙厂区赏花，又发现厂区内财物遂盗窃之。倘若法律对侵入土地的行为采取放任的态度，此种失序行为可能会最终威胁到公共秩序。通过建立侵入土地制度，明确土地权利的边界，客观上督促社会主体规范自身行为，挤压可能出现犯罪的空间条件，从而达到维护公共秩序的社会效果。

4. 引导公力救济。法律早已摒弃同态复仇式的私力救济，即便是法律允许的私力救济方式也严格限制其适用条件，例如，正当防卫只有在较为紧急的情况下才能实施。现阶段，我国社会中的经济纠纷和矛盾仍然不时凸显，纠纷的一方当事人选择私力救济方式也比较常见，特别是近来发生较多的民间借贷纠纷，借方擅自闯入贷方住所地讨债的行为多发。究其原因：一方面，理性方式诸如诉讼，存在执行难度大，实效不佳的情况；另一方面，债权人利用债务人对其人身的威胁、恐吓、骚扰的惧怕心理，往往能取回部分财物。若法律对此类侵入行为态度模糊，可能会导致具有社会危害性的行为出现，2017年的于欢案中杜某等人的非法讨债手段就是诱因。建立侵入不动产制度，对公民和法人的住所地采取完善的、排他的保护措施，对引导公力救济有着积极作用。

（二）我国立法缺陷之反思

1. 公法对侵入住宅行为的保护的范围较窄，责任判定标准较高。迄今为止，我国尚无“侵入土地”之概念，类似概念为“非法侵入住宅”。我国《宪法》第39条规定，公民的住宅不受侵犯。我国《刑法》以该条为渊源设置了“非法侵入住宅罪”，对非法侵入他人住宅的，处三年以下有期徒刑或者拘役。住宅可以扩大解释为用于（临时）居住的房屋，公民所有、居住、租住均可。此外，我国《治安管理处罚法》第40条第3款也规定了对非法侵入他人住宅行为的行政处罚。上述三级立法将保护的主体均限制为自然人，缺乏对法人等其他社会主体之保护；将保护的范围仅限于住宅，对公司住所地、厂区或土地的保护不在其列。无论是《刑法》还是《治安管理处罚法》，都将非法侵入住宅归入情节犯，视情节轻重决定是否需要处罚，在实践中掌握标准不一。以“非法侵入住宅罪”的适用为例，由于本罪一般不侵害住宅的所有权，在司法实践中没有引起足够的重视，适用较少。[1] 对于一些目的合法或无害的侵入行为，又往往不予处罚。例如，甲闯入乙公司要求其归还逾期欠款，因甲目的合法而往往并无处罚。又如，甲欲临摹乙公司内的壁画而擅自闯入，其行为一般也不会被处罚。

2. 私法对侵入土地的侵权行为立法仍属空白。由于我国对行为自身可诉性的侵

---

〔1〕 钱晓龙：《非法侵入住宅罪的认定与处罚》，载中国法院网：http：//old. chinacourt. org/html/article/200309/05/78954. shtml. 2003/9/5，最后访问日期：2018年9月1日。

权相对比较陌生，故《侵权责任法》并未对上述侵权明确立法。仅有的较为宽泛和原则性的规定见于《物权法》。例如，《物权法》第4条规定，国家、集体、私人的物权和其他权利人的物权受法律保护，任何单位和个人不得侵犯。同时，根据《物权法》的规定，对不动产物权的侵害行为，权利人可以请求排除妨害或者消除危险、恢复原状；造成权利人损害的，权利人可以请求损害赔偿，也可以主张其承担其他民事责任。立法现状说明我国私法对预防侵入型侵权之重要性的认识尚不充分。事实上，仅有公法对非法侵入住宅的规定是远远不够的。大多数社会活动主要集中于民事领域，主体多元化，包括自然人、法人或者其他社会组织，法律对其不动产权利应予平等保护，公权力显然不宜过度干涉，这势必要求私法领域尤其是侵权部门法对侵入土地的行为予以立法保护，作为公法调整范围过窄的一种补充。

三、我国侵入土地制度内容的构建

（一）侵入土地的概念

1. 法律移植的相容性。早期普通法中的侵入与道德上的可责难性几乎没有关系。相反，这是一种最早最严格的严格责任形式。[1] 实际上“侵入”是由事实和相应规则构成侵权行为，我国立法引入“侵入”一词时，亦应作为纯技术性的词汇，而不带有道德暗示。换言之，引发侵入行为的真实动机一般不在法律考量的范围内，不论行为人以何种理由，只要存在法律规定的事实和规则认定就应当承担民事责任。英美法上的侵入土地制度所保护的土地权益包括两类：一是对土地享有的排他性占有权；二是保持土地自身完整性的权益。其中第二类权益的保护是防止他人对土地作出任何物理性损害的权利，或者防止他人将土地（包括土地上的树木或者其他矿物）分割的权利。尽管我国土地所有权、地上树木以及地下矿藏均属于国家所有，[2]但从排他性占有保护的角度看，我国的土地使用权亦具有相对排他性，即国家将一定年限内的土地使用权排他性地授予某特定主体，只有在涉及公共利益的情况下，使用权才有可能被国家依法收回。故对此概念之引入亦不存在本质冲突。换言之，该制度既可阻止对一般意义上的国家或集体所享有的土地所有权之侵害，亦可阻止侵权人对土地使用权人的土地利用和管理权利的妨碍。诚如上文所述，前者的保护仍属名义性，后者才是实质性。

2. 侵入土地的定义。在英美侵权法理论中，此类侵权行为属于行为自身可诉性侵权。毋庸置疑，侵入土地制度的设立对现行法律中“非法侵入住宅”的适用进行

---

〔1〕［美］小詹姆斯·A. 亨德森等：《美国侵权法——实体与程序》，北京大学出版社2014年版，第379页。

〔2〕英美两国的土地制度存在不同，美国法确立的是土地完全私有制模式，土地允许私人所有和自由买卖，其价格完全由市场决定；英国法确立的是土地属于国王所有的特殊形式，社会主体通过批租获得土地使用权，而土地的流转仅是使用权的转让。

了必要的补充，其本质上是一种民事侵权行为。侵入土地应当定义为：行为人违反土地权利人的意愿或者未取得合法许可进入权利人土地范围的行为。从主体上看，侵入土地保护的权利人不仅包括自然人，也扩大到了法人或者其他社会组织等。从权益内容上看，侵入土地制度所保护的既包括土地的排他性占有，也包括土地的完整性。占有事实的发生主要基于土地使用权，也可能基于租赁关系等，换言之，合法的土地实际占有人有权对侵入土地的行为起诉或向公安机关提出控告。从土地范围上看，应当包括地面、地上合理空间以及地下。需要特别指出的是，土地的地面空间虽然具有开放性，但应当对其限制解释，将地面构筑的用于自然人生活居住的住宅或者其他封闭性空间排除在外，此类侵入行为应适用“非法侵入住宅”的法律规定。

（二）侵入土地的构成要件

在我国侵权责任法体系中，侵权责任一般以四构成要件为通说，即行为的违法性、行为人的过错、损害事实以及行为与损害事实之间的因果关系，特殊侵权责任则另有法律规定。尽管如此，我国相关法律不乏关于过错或乃至因果关系举证责任倒置的规定，但却没有任何规定排除受害人对损害事实的证明责任或规定对此举证责任倒置或推定。[1] 因此，在借鉴英美法相关理论基础上，侵入土地的构成要件应建议如下：

第一，行为的违法性。根据前文之定义，侵入者行为的违法性主要表现有二：(1) 违背了土地权利人的意愿或者 (2) 没有合法的理由。所谓“违背不动产权利人意愿”应当采取严格意思表示主义，即只要土地权利人没有明确表示允许，即可推定为不允许。明确表示既包括口头上同意，也包括行为上同意，例如，得知对方来意后打开门的行为。如果侵入者最初是经过土地权利人的允许而进入，但在土地权利人要求离开时拒绝离开，亦符合“违法性”的要求。

第二，行为的直接性。行为人是以可见的、物理的形式，使其行为效果直接作用于土地之上，例如，翻越、打猎、搁置私人物品以及在他人土地上设立构筑物等。光线、声音、灰尘、气味、电磁、震动等不可量物的侵入，均不构成侵入土地。因为此类侵入行为具有间接性，其行为效果往往是通过其他媒介所发生，故应当根据其产生原因的不同，归于相邻权关系、环境污染责任、高度危险责任的调整范围。譬如，你的收音机噪音打扰到我，但并未侵害我，因为噪音并未干涉到我的土地权利，只属于无形方式（间接性）的妨碍。[2]

第三，行为人的过错。过错包括故意和过失，但侵入土地者的主观上应为故意，即行为人明知其进入的区域属于他人的不动产范围。同时，认识错误不免责，例如：

---

〔1〕 胡雪梅：《英美侵权行为法行为“自身可诉”侵权制度极其合理借鉴》，载《现代法学》2011年第1期。

〔2〕 ［美］Dan B. Dobbs：《侵权法》（上册），中国政法大学出版社2010年版，第86页。

张三误以为李四的土地就是王五的土地而侵入，张三在主观上仍有侵入王五土地的故意，因此不得免责。英美法的侵入土地制度并不要求故意致害，[1]如果侵入者是过失侵入，那么侵入者应当对其所造成的实际损害承担民事责任。或者说，无损害则无赔偿。由于过失的侵入者主观上抱有的心态是不希望侵入结果的发生，若无实际损害而对其追责过于苛刻。因此，过失侵入者是否构成侵权责任，应当依据一般侵权责任构成要件加以判定。除此之外，非因自身行为而发生的侵入应予排除。

构成侵入土地侵权责任不需要证明损害结果，也就无所谓行为与结果之间的因果关系。排除损害结果的证明，既是对合法财产权采取了严格主义的态度，也解决了土地权利人的举证责任过重，损害证明困难的问题，从而最大限度地保护了土地权利人的排他性占有权。

（三）侵入者的法律责任

1. 侵权责任。侵入者既可以是自然人，也可以是法人或其他社会组织。法人或其他社会组织本身均不具备意思表达能力，只能通过其法定代表人、负责人或者授权代表人对外作出意思表示，若前述主体授权自然人实施了侵入行为，则授权的主体应承担侵权责任，侵入者的责任承担方式直接适用《侵权责任法》第15条的相关规定。土地权利人有权要求侵入者停止侵害、排除妨碍、赔偿损失。

2. 行政责任。根据英美法理论，侵害性侵权的救济方式之一为驱逐，但现代驱逐理论认为，驱逐的侵害人不仅仅是暂时侵入他人土地，而且有实际行使土地占用权。因此，在土地权利人要求侵入者离开，而侵入者拒不离开的情况下，公安机关有权将其立即带离，并可视情节给予侵入者警告、罚款，或者行政拘留等相应行政处罚。从此意义上看，当一个侵入土地的行为同时引发民事责任与行政责任的竞合时，在责任适用上并行不悖。

（四）权利人的救济方式

1. 损害赔偿权。英美法上的侵入土地制度中，侵入者承担的赔偿责任包括象征性损害赔偿金、一般性损害赔偿金和惩罚性损害赔偿金，区别在于：象征性损害赔偿金适用于侵害土地占有权的行为，同时无法证明土地权利人的实际损失的情形；一般性损害赔偿金适用于侵入行为已经发生，并真实地导致了土地权利人收益的减少或者侵入者对土地实际使用而产生的费用的情形；惩罚性损害赔偿金只适用于侵入者存在犯罪行为或者其他严重的不当行为。建构我国侵入土地制度应当充分考虑国情，惩罚性违约金不符合我国侵权责任法的损害赔偿原则，即“全部赔偿原则”。该原则要求侵权责任人对债的不履行或侵权行为所造成的一切能以财产赔偿的损害，应当予以全部赔偿，其目的在于弥补受害的损失。若立法要求土地侵入者承担惩罚

---

[1] Cleveland Park Club v. Perry，165 A. 2d 485（D. C. Mun. Ct. App. 1960），转引自［美］Dan B. Dobbs：《侵权法》（上册），中国政法大学出版社2010年版，第91页。

性赔偿责任，则土地权利人有通过他人违法行为而受益之嫌。故，我国对于侵入土地的赔偿金救济方式应由象征性赔偿金与一般性赔偿金组成。一方面，在我国国土面积辽阔、地理环境复杂等客观情况下，象征性损害赔偿金既避免了法律过于严苛的困境，也能起到法律的警示教育作用，但象征性损害赔偿金应以合理为原则，过于“象征”意义的赔偿对侵入者难以产生惩戒的效果，故其金额应由法官自由裁量。另一方面，虽然侵入土地不要求证明损害这一构成要件，但侵入行为已发生实际损害的，土地权利人有权要求赔偿。

2. 禁止令。为了防止侵入行为持续或者重复，英美法院可就此签发民事禁止令（Injunctions and Restraining Orders），对此法院签发的禁止令一般有三种：保护实际完整的禁令、保护占有的禁令、要求移除侵害物的禁令。行为人违反禁止令将涉嫌藐视法庭罪而受到控告和处罚。我国的禁止令制度主要集中在刑法和知识产权法领域，民事法律上除财产保全制度与禁止令相似之外，并无其他明文规定。禁止令亦应当作为一项对土地权利人的救济方式被纳入我国侵入土地制度的体系中，避免侵入行为的持续与反复，对于违反禁止令的行为人，参考我国《刑法修正案（八）》的相关规定，应当给予治安处罚。禁止令是对象征性损害赔偿金的制度补充，有利于增强对侵入者的法律惩戒效果。

3. 财产防卫权。在英美法上，土地权利人有权采用合理的武力进行财产防卫，例如：在1977年美国Griego v. Wilson案中，法院认为营业场所有权驱赶不守规矩的顾客，其工作人员甚至可以采用一定程度的攻击行为将其带离现场。我国《民法总则》也规定了民事上的正当防卫权，故作为土地权利人可在享有使用权的土地遭受他人入侵或持续侵扰时，有权使用合理的武力对土地权益进行防卫。对于“合理”的限度应当作如下解释：（1）防卫的武力应当与实际需要相当；（2）不得使用致命性武力，除非侵入者以武力威胁到土地权利人的人身安全。需要注意的是，如果侵入者是为了避免自身严重损伤或死亡而侵入他人土地的，土地权利人不得对其采取防卫，这也是由生命权高于财产权的基本法理所决定。

四、结语

构建我国的侵入土地制度是为保护土地使用权以及合法私有财产权，该制度对社会公共秩序的维护亦有积极的促进作用。现行法律对侵入法人住所地的行为往往是通过其是否扰乱其正常的经营秩序来判定和处罚的，一旦以维护自身合法权益为目的的侵入者出现时，法律往往陷入“志善而违于法者免”的怪圈，削弱了法律裁判的定分止争功能。因此，建议立法者在未来修改《侵权责任法》时，对侵入土地作为特殊侵权行为进行充分探讨。建构我国的侵入土地制度，对土地权利保护的范围扩大到了法人和其他社会组织，不仅保护了土地的使用权人，也保护合法的占有人以及土地完整性，以私法之力补充现行公法之不足。亦如此前发生之“于欢案”，讨债人闯入他人厂区即已侵犯他人土地，若对此有法律明文规定，讨债人囿于民事责任，可能采取更为文明和理性的手段；土地权利人可以要求公安机关将侵入者驱离，可能会避免悲剧的发生；更重要的是，侵入土地制度有利于促使行为人选择公力救济的方式解决争议，体现了现代法治尊重私权利的价值理念，对我国和谐社会构建不无裨益。

参考文献

［1］Vivienne Harpwood，Princples of Tort Law，London，Cavendish Pubishing Limited，2000，p. 220.

［2］杨立新：《侵权法论》，人民法院出版社 2013 年版。

［3］Basely v. Clarkson（1681）3 Lev 37，Smith v. Stone（1647）Sty 65，League Against Cruel Sports v. Scott.

［4］许传玺、石宏、和育东：《侵权法重述第二版：条文部分》，法律出版社 2015 年版。

［5］Hawke v. Maus，141 Ind. App. 126，226 N. E. 2d 713（1967）以及 Malouf v. Dallas Athletic Country Club，837 S. W. 2d 674（Tex. App. 1992），转引自［美］Dan B. Dobbs：《侵权法》（上册），中国政法大学出版社 2010 年版。

［6］李响：《美国侵权法原理及案例研究》，中国政法大学出版社 2004 年版。

［7］张千帆：《土地公有制的困惑与消解——重读宪法第 10 条》，载《城乡规划、土地征收与农民权利保障学术研讨会暨世界宪政论坛文集》2011 年版。

［8］［美］小詹姆斯·A. 亨德森等：《美国侵权法——实体与程序》，北京大学出版社 2014 年版。

［9］钱晓龙：《非法侵入住宅罪的认定与处罚》，载中国法院网：http：//old. chinacourt. org/html/article/200309/05/78954. shtml. 2003/9/5，最后访问日期：2018 年 9 月 1 日。

［10］［英］约翰·洛克：《政府论》（第二篇），顾肃译，译林出版社 2016 年版。

［11］［美］乔治·凯林、［美］凯瑟琳·科尔斯：《破窗效应——失序世界的关键影响力》，生活·读书·新知三联书店 2014 年版。

［12］胡雪梅：《英美侵权行为法行为“自身可诉”侵权制度极其合理借鉴》，载《现代法学》2011 年第 1 期。

［13］［美］Dan B. Dobbs：《侵权法》（上册），中国政法大学出版社 2010 年版。

［14］Cleveland Park Club v. Perry，165 A. 2d 485（D. C. Mun. Ct. App. 1960），转引自［美］Dan B. Dobbs：《侵权法》（上册），中国政法大学出版社 2010 年版。

［马国强：国浩律师事务所合伙人（南京），南京大学工商管理硕士（EMBA）
张志远：国浩律师事务所律师（南京），东南大学法学硕士］

建设工程价款优先受偿权的适用对象

——以违法建筑能否适用为视角

朱国祥

一、案情简述及问题的提出

2013年3月22日，甲公司与乙公司签订一份《建设工程施工合同》，约定由甲公司承建乙公司位于A市B区经济开发区的1、2号厂房，工程总价2270万元，且固定总价不变。双方约定开工之日支付至合同价的20%，工程主体结构封顶时支付至合同价的70%，工程竣工验收合格后支付至合同价的95%，余款作为质保金，两年内付清。合同约定的工程竣工日期为2013年11月30日。在施工过程中，甲公司又为乙公司建造了员工宿舍楼两栋、员工餐厅一栋以及人工湖和围墙等配套措施。2013年4月18日至2013年12月13日，乙公司陆续支付工程款1130万元。其间，因乙公司资金紧张，其在2013年10月26日出具《情况说明》一份，同意将工程竣工日期延后至2014年5月1日。2014年4月27日，工程完工，但乙公司并未配合验收，也未支付剩余工程款。2014年5月28日，甲乙公司结算后，乙公司向甲公司出具《欠条》一份，载明乙公司尚欠工程款1450万元。

2014年9月1日，甲公司向B区人民法院提起诉讼，要求乙公司支付拖欠的工程款及相应利息，并确认甲公司在欠付工程款范围内，对甲公司承建的1、2号厂房的拍卖、变卖款享有建设工程优先权。B区人民法院经过审理，判决乙公司应当支付1450万元工程款及相应利息，但以涉案工程没有建设工程规划许可证、建设用地规划许可证、建设工程施工许可证为由，驳回甲公司确认建设工程优先权的诉讼请求。后甲公司上诉，A市人民法院认为根据《合同法》第286条之规定，建设工程优先权的行使对象是建设工程的拍卖、变卖款，但因涉案工程“三证”皆无，属于《合同法》第286条中“按照建设工程的性质不宜折价、拍卖”的工程。非法建筑因欠缺必要施工文件，不能通过合法流转获得工程价款，因此判决甲公司不享有建设工程优先权，驳回上诉。经二审查明，乙公司持有涉案工程所占土地的国有建设用地使用权证，但并无建设用地规划许可证，且涉案工程被列入B区2013年重点工业项目，2013年至2014年，B区政府通过政府官方网站多次披露区政府领导现场参观、督办工程的信息，并通过B区委政府文件对涉案工程的进度多次督办、通报。

2016年12月18日，A市人民法院将案件移送B区人民法院执行，B区人民法院将涉案建筑、土地进行评估后于2017年9月29日通过淘宝司法拍卖系统以1903.7178万元拍出。在执行过程中，B区人民法院执行局陆续收到债权申报，累计超过6000万元。甲公司为维护合法权益，已向高级人民法院申请再审。

本案的争议焦点在于甲公司是否在乙公司欠付工程款的范围内享有建设工程优先权，而问题的关键在于建设工程优先权是否适用于违法建筑。

二、违法建筑和建设工程优先受偿权概念简述

（一）违法建筑的概念简述

在现阶段法律法规层面的文件中，并无“违法建筑”这一概念，也没有规定判断“违法建筑”含义的具体规定。在实践中，认定违法建筑的主要法律依据是《城乡规划法》《土地管理法》《物权法》等，都是从建筑行为应当合法合规的角度来判断建筑物是否为合法建筑。典型如《城乡规划法》第64条规定，“未取得建设工程规划许可证或者未按照建设工程规划许可证的规定进行建设的，由县级以上地方人民政府城乡规划主管部门责令停止建设；尚可采取改正措施的消除对规划实施的影响的，限期改正，处建设工程造价百分之五以上百分之十以下的罚款；无法采取改正措施的，限期拆除，不能拆除的，没收实物或者违法收入，可以并处建设工程造价百分之十以下的罚款”。结合《土地管理法》的有关规定，实务中将未取得建设用地规划许可证、建设工程规划许可证或者未按照建设工程规划许可证施工的建设工程认定为违法建筑，处罚方式包括责令停止建设、限期改正、限期拆除、没收、罚款。

但是法律条文在应对纷繁复杂的实践难题时往往显得单薄，而学界对违法建筑的认定提供了一种有益的理解和处理路径。该观点认为判断违法建筑应当以法律规定为依据，但是结合治理难题，可以将违法建筑分为相对违法建筑和绝对违法建筑，“相对违法建筑是指建筑行为在程序上存有瑕疵，但可在一定程度上进行补救的建筑；绝对违法建筑是指在任何情况下都不受法律保护的建筑，其在程序和实体上均不可补救”[1]。该理论从实质正义和公平公正的角度出发，为实践中各地政府因设立经济开发区以及招商引资而形成的大量暂时的“三无工程”问题的妥善解决提供了理论依据，完善了违法建筑与治理方式之间的理论空白。

〔1〕 吴兴国：《违法建筑治理的困境与出路》，载《理论学刊》2013年第7期。

（二）建设工程价款优先受偿权概念简述

建设工程价款优先受偿权的概念是学界对法律规定的提炼和总结，概念用语直接体现了该项请求权的行为基础、行使对象和效力层级。作为一项法技术上的创新，其最大的特点就是突破了债权相对性原则，赋予了建设工程价款请求权一种优先于物权的受偿顺位，现通说基本认可其实质为优先权。检索现有的法律规定，建设工程优先权的直接规定仅见于1999年颁布实施的《合同法》第286条，“……发包人逾期不支付的，除按照建设工程的性质不宜折价、拍卖的以外，承包人可以与发包人协议将该工程折价，也可以申请人民法院将该工程依法拍卖。建设工程的价款就该工程折价或者拍卖的价款优先受偿”。条文虽然明确了承包人的建设工程优先权，但因概念模糊、可操作性低，各地适用时在解释角度和方法方面存在较大差异。为解决建设工程优先权在实践中出现的种种问题，统一司法尺度，最高人民法院2002年针对上海市高级人民法院的请示，作出《关于建设工程价款优先受偿权问题的批复》（以下简称《批复》）。《批复》共5条，除第5条为《批复》的生效时间外，其余四条分别针对优先受偿权的优先层级、范围、行使期限作出了规定。之后，实体法层面再无针对建设工程优先权的直接规定，关于建设工程优先权在实际操作中出现的问题，只能通过法律解释的方式结合案件具体情况，“摸着石头过河”。笔者认为，本案中争议焦点的处理方式即应如此。

三、本案建设工程优先权适用对象认定逻辑的理解与重构

对于建设工程优先权的适用对象，法律规定仅见《合同法》第286条。本案一、二审法院均认为“三证”皆无的建筑属于典型的违法建筑，属于“不宜折价、拍卖”的范畴。若无法“折价、拍卖”，则不能形成变现款项，当然不存在建设工程优先权。笔者认为，法院的判决理由过于简单机械，应当多角度重构建设工程优先权适用对象的论证逻辑。

（一）建设工程优先权制度创设的背景

建设工程优先权制度是一项源自我国特殊国情的法技术创造。自我国改革开放以来，基础建设和房地产市场如火如荼，直接带动了我国经济的飞速发展，与此相伴，我国建设工程行业产生的纠纷也愈演愈烈。在1999年《合同法》颁布之前，据统计显示，1990年我国建筑企业拖欠工程款36亿元，1993年上升至308亿元，而1995年则超过600亿元。[1] 从事建设工程行业的建筑工人多来自经济欠发达的农村地区，参与建设工程的收入已经替代农业生产成为其主要的收入来源，工程款拖欠恶化的现状直接影响处于弱势地位的工人的生计，由此进一步在城乡发展乃至社会

---

〔1〕 王一兵：《论建筑工程承包人的法定抵押权——对〈合同法〉第286条的理解和探讨》，载《当代法学》2002年第11期。

稳定上产生恶性连锁反应。有鉴于此，1999 年通过的《合同法》在第 286 条增设了建设工程优先权制度，赋予建设工程承包人对工程变卖款要求优先受偿的权利。

（二）本案法院认定建设工程优先权的逻辑基础

结合有限的规定，建设工程优先权的实现流程可以大致概括为：发包人拖欠工程款—承包人催告后发包人仍未支付—承包人以诉讼方式确认优先权—对涉案工程的拍卖变卖款，承包人取得优先于抵押及其他债权人的优先受偿顺位，可见建设工程优先权实现机制的关键点在于涉案工程是否能够通过合法途径变现。

本案两审法院均认为，涉案建筑三证皆无，属于“不宜折价、拍卖的”建筑，由于不能折价、拍卖，故无法形成变卖款，建设工程优先权因行权标的不存在而不存在。这种认定逻辑在实践中导致了一类严重问题，即法院判决承包人无建设工程优先权后，涉案项目在未办理建筑三证的情况下被法院执行局拍卖、变卖，形成了变卖款，而建筑物在转售后也逐步完善了相关手续，这种客观情况与判决否定建设工程价款优先受偿权存在的理由直接冲突。本案即为此种情况，涉案工程被认定“不宜折价、拍卖”，但却在执行阶段成功变现。更有甚者，在庭审阶段没有三证的建筑，到执行阶段因为办理了三证转化为合法建筑。当然，这种情况并不多见，绝大多数被法院判决“不宜折价、拍卖”的建筑事后均被行政机关强制拆除，但不可否认的是，实践中也大量存在形式上为建筑三证皆无的违章工程，但日后逐渐补齐手续文件成为合法建筑的情况。问题的根源出自行政机关依据《城乡规划法》《土地管理法》的有关规定，对违法建筑的处罚有自由裁量的权力，只要不采取限期拆除的处罚措施，违法建筑就有转变为合法建筑的可能。

至此可以理解，法院认定违法建筑上不成立建设工程优先权的原因乃是出于对行政机关处罚违法建筑处罚措施不可知的考虑。但不得不指出，这种谨慎处理的方式虽然减少了判决中建设工程优先权成立与行政机关强制拆除之间的矛盾，但忽视了实践中大量存在的以“先投资，后办证”的开发区招商模式为代表的地方招商政策。在该政策下，政府为推进项目上马往往要求企业资金先落地，然后补办相应的手续、流程，将此类“违法建筑”一并认定为“不宜折价、拍卖”的建筑从而否定施工方享有建设工程优先权的做法明显不当。如何提供一种将行政机关不确定的处罚行为明确化的认定逻辑成为解决问题的关键。

（三）本案建设工程价款优先受偿权适用逻辑的重构

首先，《合同法》第 286 条并未明确规定违法建筑上不适用建设工程优先权，虽然法条中表述“按照建设工程的性质不宜折价、拍卖的”不适用建设工程优先权，有包含违法建筑的解释空间，但考虑到实践中大量存在的补办三证的情形，这种解释方式容易在实践中形成审执冲突的矛盾。

其次，根据《城乡规划法》《土地管理法》等有关法律法规的有关规定，行政机关对违法建筑的处罚有自由裁量的权力，违法建筑有补正为合法建筑的空间，而让法院在判决时有所顾忌的正是处罚的不确定性。但需要明确的是，行政机关依据行政法律法规作出的行政行为，特别是行政处罚行为均应有明确的法律依据，并符合比例原则的要求，即行政处罚的程度与违法行为的危害性成正比。被课以“限期拆除”处罚的违法建筑，应当是完全不具备可能认定为合法建筑的可能，属于“绝对违法建筑”，区别于本案中甲公司承建的厂房。本案中，公开途径均可查明涉案建筑属于当地政府重点工业项目，地区领导对其非常重视，在没有建设用地规划许可的前提下就办理了土地使用权证的事实充分反映了政府的重视程度。结合项目所在地为汇集政策优势的地区经济开发区，若涉案建筑未获得政府许可，不可能动工建设至完工也未收到相关查处通知。法院在审理过程中出于谨慎考虑，还可采用致函的形式询问涉案项目的开发背景、性质。综合政府对涉案项目的态度，可以确定涉案项目属于“相对违法建筑”，极有可能转化为合法建筑。最高人民法院的裁判文书也体现出这种认定思路。[1]

再次，2012年6月15日，最高人民法院发布《关于转发住房和城乡建设部〈关于无证房产依据协助执行文书办理产权登记有关问题的函〉的通知》（法〔2012〕151号），第2条明确规定，“不具备初始登记条件的，原则上进行‘现状处置’，即处置前披露房屋不具备初始登记条件的现状，买受人或承受人按照房屋的权利现状取得房屋，后续的产权登记事项由买受人或承受人自行负责”。其中“不具备初始登记条件”的无证房屋包括三证皆无的房屋。根据上述规定，此类房产仍旧可以“现状处置”为原则处理，由买受人负责后续登记事项。上述规定尊重客观事实，承认违法建筑在被责令拆除前仍旧有经济价值，给法院执行部门预留了执行口径，最大限度地保护了当事人的合法权益。最高人民法院的这种倾向性认识在最高人民法院（2016）最高法执监161号执行裁定书[2]也有所体现。因此，在执行层面，违法建筑也可通过法定程序变现，审判阶段一概否认违法建筑可变现的观点明显不当。

最后，建设工程价款优先受偿权的立法目的并未过时。近年来，我国房地产和基础建设市场受“一带一路”政策及固有的国内投资政商环境的影响，建设工程纠纷仍旧是当今社会矛盾的重点，而建筑工人工资拖欠的问题尚未得到妥善、全面的解决。中央层面出台了《保障农民工工资支付工作考核办法》等规范性文件，地方也将解决农民工工资问题作为一项重点的社会民生工程积极推进。在司法实践中，更应充分发挥《合同法》第286条的作用，保障建设工程优先权的实现，更好地化解建设工程领域的民生问题。

综上，建设工程优先权的判断不能简单、机械，应当结合现行法律法规，从法

〔1〕 最高人民法院（2014）民一终字第181号民事判决书“本院认为”第五部分。

〔2〕 根据《城乡规划法》第64条的规定，对违法建筑的法定处理机关为县级以上地方人民政府规划主管部门；处理方式包括，停止建设、限期改正并处罚款、限期拆除、没收实物或违法收入等。而在违法建筑被相关部门行使公权力拆除或自行拆除前，违法建筑仍具有一定的使用价值。

律执行体系—审判与执行—对接自洽的角度出发，综合案件具体情况，在查明建设工程项目背景和行政机关的处理意见后，综合认定违法建筑能否适用建设工程优先权。

[朱国祥：国浩律师事务所律师（南京），南京大学法律硕士]

五、家族财富管理

有限责任公司夫妻股权分割问题

——以《民法总则》财产权重构为视角

王小成　胡冬云

改革开放40年来，我国私人财富不断积累，私人家庭财产的形态或类型逐渐呈现多样化，尤其对于财富量级达到一定程度的高净值和超高净值家庭，股权和其他投资性权利在家庭总资产中所占的比重越来越大。同时，据相关数据，在京沪广深等我国一线城市经济发达地区，多年来离婚率高达35%以上。这些地区的离婚案件，除了动产、不动产、银行存款等财产成为分割争议焦点之外，越来越多的案件出现对夫妻共有的股权、股票、合伙份额等投资性财产类型的争议，而且此类争议往往标的数额大、法律关系复杂、分割难度大、诉讼成本高、影响面广。特别是针对有限责任公司股权的分割，由于其公司“封闭性”“人合性”等特点，司法实践中又与股份公司股权的分割采取不同的方式，且缺乏统一的操作标准，已成为离婚案件中夫妻财产分割的难点。本文试图从我国《民法总则》对我国私人财产权体系重新进行界定和构造的角度，对夫妻离婚时有限责任公司股权的性质和分割思路进行发散性思考和探讨。

一、我国《民法总则》对财产权体系的发展和重构，明确了股权作为独立民事权利类型的法律地位

《民法总则》的制定是我国法制建设史上的一项重要立法成果，加强了对人身权和财产权等民事权利的保护，体现了鲜明的时代特征和高度的前瞻性。与1986年制定的《民法通则》相比，《民法总则》在全面保障私权方面取得了显著的进步，其中，《民法总则》对权利体系、各种权利类型作出了清晰的界定，对于相关经济活动开展具有基础性的指引作用。财产权作为“民事权利”的重要组成部分，旨在贯彻落实党中央关于实现公民权利保障法治化和完善产权保护制度的要求，凸显对民事权利的尊重。

针对本文讨论的股权问题，涉及《民法总则》下列条文规定：

第 113 条：民事主体的财产权利受法律平等保护。

第 125 条：民事主体依法享有股权和其他投资性权利。

第 126 条：民事主体享有法律规定的其他民事权利和利益。

财产是法律保障的主体生存和发展需要的物质资料总和或经济利益。我国台湾地区民法学者王泽鉴先生认为："通常所谓财产，指由具有金钱价值的权利所构成的集合体。所谓具有金钱价值，指得获有对价而让与，或得以金钱表示者。其构成者，如物权、债权、智慧财产权（无体财产权）、社员权（如公司的股票）。"〔1〕我国《民法总则》第 113 条所规定的财产权利，是指权利标的具有财产上的价值的权利，包括物权、债权、知识产权、继承权、股权及其他投资性权利等。〔2〕

股权是资本证券，也称股东权，分为狭义和广义两种，狭义的股权是指股东向公司出资享有的权利；而广义的股权则指股东股利和义务的总称。民法总则采狭义的股权概念。股权根据其行使目的和内容标准可划分为自益权和共益权。股东以自己的利益为目的行使的权利为自益权，主要包括发给出资证明或股票的请求权、股份转让过户请求权、分配股息红利请求权和分配公司剩余财产请求权等；股东不仅以自身的利益还以公司的利益为目的行使的权利是共益权，主要包括出席股东会的表决权、任免董事等公司管理人员的请求权、查阅公司章程的请求权、请求法院宣告股东会决议无效的请求权以及对公司董事、监事提起诉讼的权利等。总之，股权是股东基于股东资格而享有的，从公司获取经济利益并参与公司经营管理的权利。

对于股权的性质，主要有以下观点：第一种观点认为属于物权，股东对其股权享有所有权，股东权就是股东的财产所有权；第二种观点认为属于债权，股东与公司的关系是债权人与债务人之间的关系，股东收益权成为一种债务请求权；第三种观点认为股权是一种独立的民事权利类型，具有目的权利与手段权利有机结合、团体权利与个体权利辩证统一的特征，兼具请求权与支配权的属性，具有资本性和流转性。

《民法总则》第 125 条确立了股权等独立的民事权利类型的法律地位。即公司享有法人财产权，股东享有股权，而股权是不同于所有权的独立的民事权利。能够依法转让是股权的重要内容之一，股权转让是指股东之间、股东与非股东之间进行股权转让，包括有限责任公司的股权转让与股份有限公司的股权转让。有限责任公司兼具人合与资合性，股权可以对内转让和对外转让。《公司法》第 71 条对有限责任公司对外转让股权作出了相应的强制性规定，如转让时需经其他股东过半数同意、其他股东享有优先购买权等。股份有限公司作为典型的资合公司，其股权以自由转

---

〔1〕王泽鉴：《民法总则》，北京大学出版社 2017 年版，第 217 页。

〔2〕沈德咏：《〈中华人民共和国民法总则〉条文理解与适用（下）》，人民法院出版社 2017 年版，第 774 页。

让为基本特征。[1]

二、股权作为一种独立的财产权利，若系一方婚内所得，在没有相反约定的情况下，属于我国《婚姻法》所规定的夫妻共同财产

根据我国《婚姻法》第17条的规定，我国实行夫妻法定共同财产制，即“夫妻在婚姻关系存续期间所得的下列财产，归夫妻共同所有：（一）工资、奖金；（二）生产、经营的收益；（三）知识产权的收益；（四）继承或赠与所得的财产，但本法第十八条第三项规定的除外；（五）其他应当归共同所有的财产。夫妻对共同所有的财产，有平等的处理权”。

法律设立夫妻财产制，调整夫妻财产关系，对保护夫妻的合法权利和财产利益，维护平等、和睦的家庭关系，并保障夫妻与第三人的交易安全，具有重要意义。共同财产制有利于保障夫妻中经济能力较弱一方的权益，有利于实现真正的夫妻地位平等。在婚姻关系存续期间，夫妻一方所取得的财产往往是双方彼此支持的结果。特别是在当前，男女两性的经济地位事实上仍存在很大差距，职业女性的受教育程度、就业机会和经济收入大多不如男子；或者由于家庭内部分工的不同，一些女性没有参加就业或因养育子女、照顾家庭放弃了原有的职业。具体到股权方面，经营公司而以股东身份拥有股权的夫妻配偶一方，随着经济交往和社会地位逐渐提升，家庭财产关系中也往往处于强势的地位。因此，实行夫妻共有也是对在婚姻期间为家庭和孩子做出奉献的一方配偶提供了保护。

针对《婚姻法》第17条关于“生产、经营的收益”的规定，人大法工委在《婚姻法释义》中作出如下解释[2]：如果说工资、奖金属于夫妻的劳动所得，那么从事生产、经营的收益，既包括劳动所得，也包括大量的资本性收入。随着市场经济的发展，有越来越多的人买卖股票和债券，投资于公司、企业经营，还有不少人依靠自己的资本或筹资兴办公司、企业，这些人成为大量资本的拥有者，经营收益丰厚。这些经营收益也属于夫妻共同财产。在婚姻法修改过程中，有人提出，为保护个人财产权，应当将个人的经营收益作为个人特有财产而不是夫妻共同财产，这种意见与法理相悖。

股权作为一种资本性财产权利，系股东基于对公司的出资而取得。婚姻关系存续期间，夫妻共同财产的出资，由货币或其他财产形态而转化为资本性的股权财产形态，根据“万变不离其宗”的原则，其将不会脱离了夫妻共有的财产属性。根据夫妻共同处理家庭事务，以及夫妻共同处理共同财产的原则，对外投资的行为应是

---

[1] 沈德咏：《〈中华人民共和国民法总则〉条文理解与适用（下）》，人民法院出版社2017年版，第853~857页。

[2] 胡康生：《中华人民共和国婚姻法释义》，载全国人大法工委网站：http：//www.chinalawedu.com/new/201303/qinyinjing2013031111495937223250.shtml，最后访问日期：2018年6月1日。

夫妻共同作出的决定，将共同财产投入公司作为公司资产，而换回股权，夫妻将共担投资风险，并共享投资收益。

三、有限责任公司“人合性”的特征，不应成为非股东配偶在面临离婚时，被否定股权作夫妻共同财产的理由

当前，有限责任公司资合性兼具人合性的特征，是实务界否定股权作为夫妻共同财产的最主要理由。因为股东配偶不具有登记在册的股东身份或股东资格，其不能越过作为股东的配偶另一方，而直接行使股权所包含的自益权和共益权在内的具体权利。其实，在夫妻双方没有面临离婚问题，夫妻感情融洽的时候，股权是否作为夫妻共同财产的问题一般不会显现出来，不具有股东身份的一方，其通过家事代理权或其他方式，实际亦行使或享有股权的相关权利内容；而只有到了离婚需要对共同财产清算分配的情况下，由于其未在股东名册上具名，而使股权不能成为共同财产而分配，只能享有股权的投资性收益。其若欲成为股东，需按有限责任公司“股权转让”的规定“过三关”：配偶另一方的同意，其他股东的同意，同时其他股东还需放弃优先购买权。笔者“谨慎又大胆”地思考：这是不是一种悖论？如果股权不属于夫妻共同财产，非股东配偶享有的只是投资性收益的权利，离婚时其实可以简单化进行处理，直接由股东一方向另一方支付股权的相应补偿款，而无须按“股权转让”的方式进行复杂地操作处理。

反观股份有限公司，按法律规定，无论是对内还是对外，股权具有自由转让的特性。但法律法规和相关监管部门，为确保公司管理层的稳定和保护中小股东的利益，针对公司创始人、大股东和高级管理人员的减少制定了多项限制性的规定。虽然从法理层面分析，这限制不是基于类似有限公司“人合性”方面的考虑，但实践中当股东的持股比例占到一定的量级，各大股东之间仍是存在“人合性合作”的博弈，如当前不少股份公司、上市公司股东之间签订的“一致行动人协议”、内部推行“合伙人制度”、搭建“有限合伙”持股平台等形式，无非是从制度层面、公司治理层面加强股东之间的合作，保障公司的稳定。这些制度和方法并非不能在有限公司的层面进行适用。在离婚财产分割的司法操作层面，对于股份公司的股权（股票），法院可以直接判决根据股票数量按比例分割；甚至对于“更高一级形态”的上市公司处于限售“锁定期”内的股权（股票），夫妻离婚时即可以通过非交易过户的方式完成股权分配交割。由此，对于有限公司股权的离婚分割，一定苛求按“股权转让”的规则进行操作，实属有“区别对待”之嫌。

其实，从立法层面分析，对于有限公司“人合性”的突破，在公司股权面临继承问题时，《公司法》第76条规定：“自然人股东死亡后，其合法继承人可以继承股东资格；但是，公司章程另有规定的除外。”同样来自立法机关的官方释义[1]：股权就其本质属性来说，既包括股东的财产权，也包括基于财产权产生的身份权即股东资格，该身份权体现为股东可以就公司的事务行使表决权等有关参与公司决策的权利。就股权所具有的财产权属性而言，其作为遗产被继承是符合我国现行法律规定的。自然人股东的合法继承人可以继承股东资格。这样规定一方面考虑到股东身份即股东资格是基于股东的财产权而产生的，一般来说，其身份权应当随其财产权一同转让；另一方面也考虑到被继承人作为公司的股东，对公司曾作出过贡献，其死后如无遗嘱另作安排，由其法定继承人继承其股东资格存在合理性，也符合我国传统。

四、实务中，有限责任公司股权夫妻共有性质的偏离，使股权分割成为离婚时财产清算分配的难点

目前，基于夫妻离婚而发生的有限公司股权分割，按“股权转让”的模式进行操作，最高人民法院相关司法解释规定比较原则且不全面[2]，各地法院在具体案件处理过程中，根据各自实际按不同的模式进行操作，多有出现同案不同判的情形。

在具体的司法实务中，主要有“分股”和“分钱”两种情形：

（一）双方均获得部分股权成为公司股东的情形

双方各自获得股权，即双方都要成为有限责任公司的股东。但是现实中往往是，夫妻一方实际参与经营公司，另一方对公司情况不甚了解，而通常也都是非股东一方来主张分割，这时如何取得其他股东的同意并说服其放弃优先购买权就是一个难题。

根据现行《公司法》第71条的规定，离婚时，非股东配偶一方要成为股东，在确认股权系夫妻共同财产的前提下，还需要通过股东大会或其他形式征询其他股东过半数同意，对于那些未予明确答复的股东需给予30日的时间，30日后依然未答复的才视为同意转让，同时其他股东均需放弃优先购买权。如果股东人数较少，相对还比较容易，但是对于股东人数众多的公司而言，这无疑增加了难度。且现实中，

---

〔1〕 安建：《中华人民共和国公司法释义》（最新修正版），载全国人大法工委网站，最后访问日期：2018年6月1日。

〔2〕《最高人民法院关于适用〈中华人民共和国婚姻法〉若干问题的解释（二）》第16条规定，人民法院审理离婚案件，涉及分割夫妻共同财产中以一方名义在有限责任公司的出资额，另一方不是该公司股东的，按以下情形分别处理：（1）夫妻双方协商一致将出资额部分或者全部转让给该股东的配偶，过半数股东同意、其他股东明确表示放弃优先购买权的，该股东的配偶可以成为该公司股东；（2）夫妻双方就出资额转让份额和转让价格等事项协商一致后，过半数股东不同意转让，但愿意以同等价格购买该出资额的，人民法院可以对转让出资所得财产进行分割。过半数股东不同意转让，也不愿意以同等价格购买该出资额的，视为其同意转让，该股东的配偶可以成为该公司股东。用于证明前款规定的过半数股东同意的证据，可以是股东会决议，也可以是当事人通过其他合法途径取得的股东的书面声明材料。

有限责任公司股东之间多是基于亲属关系或者是合作伙伴关系而形成，要想实现以上的程序操作，可谓“蜀道难，难于上青天”。

（二）一方拿股一方拿折价款的情形

这种情形下，配偶一方放弃成为股东，而只要求对股权对应价值进行分割。此时，对应的股权以及股权收益的价值如何确定，就成为该种情形之下需要考虑的关键问题。对此，不同法院对不同案件均会有不同的处理方式。结合大量司法案例，我们发现，目前具体的操作方法主要如下：

1. 双方协商确定股权价格，最后由法院按照协商确定的价格来进行分割；

2. 协商不成的情形下，由法院委托第三方司法评估机构进行司法审计，确定股权价值后，再来计算股权的折价款；

3. 协商不成的情形下，双方对公司的资产负债表的真实性都能确认的时候，可以此资产负债表作为依据来计算股权折价款；

4. 协商不成的情形下，股权的直接持有方又拒不履行配合审计的义务，由法院根据公司的《工商年检报告书》《税务部门税务申报表》《银行基本账户流水单》等材料交由审计部门出具审计意见，最后由法院根据审计意见及法庭查明的其他事实来酌情确定股权的价格；

5. 协商不成的情形下，一方坚决不同意直接分割股权和进行司法审计（往往是直接持有股权一方），法院根据公司每月递交给国家税务局的保税资料来确定股权的价值再行分割。

除了第一种双方通过协商对股权价值达成一致意见之外，其他四种情形都需要评估股权的价值。因为股权价值的确定受诸多因素的影响，不同的估价模式和方法会有不同的结果。尤其在公司被夫妻一方实际控制的情况下，司法实践中很难实现股权分割的公平公正。

五、结语

近年来，离婚案件中涉及股权分割的情形越来越多，暴露出来的问题和矛盾也越来越多，如何协调《婚姻法》与《公司法》之间的法律适用关系，建立股权分割的统一法律适用体系已非常紧迫且必要。笔者建议在《民法总则》的统领之下，在民法典《婚姻家庭编》制订过程中，把诸如股权等新类型的夫妻共同财产分割问题尽可能进行细化，以免各地法院执法不一，出现同案不同判的情形。上述观点仅为一家之言和管窥之见，谬误之处，在所难免。权且作抛砖引玉之“砖块”，以收各位专家珠玑玉石之言。

［王小成：国浩律师事务所合伙人（上海），中国政法大学法学学士
胡冬云：国浩律师事务所律师（上海），华东政法大学诉讼法学硕士］

家族信托的优弊及其相关产品的实践性分析

李 卉

一、家族信托揭秘

所谓家族信托，就是（超）高净值人士（委托人）将家族资产（现金、不动产、股票、家族企业股权）转移给受托人（自然人或者信托机构）持有，并同时指定信托受益人，受托人根据信托协议的要求、按照委托人的意愿，为受益人的利益或特定目的，管理或处置信托财产，实现财富的有效管理及传承。

在国外，家族信托的起步较早，其雏形可追溯到古罗马帝国时期（公元前510～公元前476年）。当时《罗马法》将外来人、解放自由人排斥于遗产继承权之外。为避开这样的规定，罗马人将自己的财产委托移交给其信任的第三人，要求为其妻子或子女利益而代行对遗产的管理和处分，从而在实际上实现遗产继承权。但从历史沿革上看，信托的真正发展源于英国封建土地所有权制度，但最终导致土地法律所有权与英国衡平法项下所有权分离。在中世纪，十字军东征，贵族、骑士出征之前会通过信托的方式将自己的资产托付给教会，自己的妻子和儿女从中受益，后来这种信托制度不断得以发展和日渐完善。1893年，英国颁布《受托人条例》，成为信托立法的根源。18世纪末19世纪初，信托制度自英国引入美国并逐步完善。明治维新后期，日本开始引进信托制度，强调法律对信托行业的规范和约束，在家族信托几百年的发展历程中，通过法律的完善、制度的规范、架构的创新，目前已经形成较为成熟的操作规范。英国女王伊丽莎白二世、洛克菲勒家族、肯尼迪家族、普利兹克家族、戴尔家族、比尔·盖茨、三星集团李氏家族等均通过家族信托的形式管理财产，实现财富传承。

相比较而言，中国信托法历史相对较短。2001年4月28日，全国人大常委会表决通过《信托法》，信托法律制度正式引入中国。2013年被称为“中国民事信托元年”。2013年年初，平安信托发行“平安财富·鸿承世家”系列单一万全资金信托，被认为国内首只家族信托产品，随后，招行和外贸信托合作发行国内首单私人银行家族信托。2014年，在经济下行、竞争加剧及政府的推动下，信托业步入转型发展阶段，2014年8月4日，中国银监会发布《中国银监会办公厅关于信托公司风险监管的指导意见》，首次明确提出“探索家族财富管理，为客户量身定制资产管理方案”，这也是政府金融管理部门首次在正式法规文件中提出“家族财富管理”的概念。在此之后，国内68家信托公司，其中上海信托、中融信托、中信信托纷纷成立家族信托管理办公室，第三方理财机构诺亚财富的家族办公室落地青岛，律师事务所也参与其中……总之，经过两年多的发展，目前国内家族信托市场格局已经形成信托公司、私人银行、第三方理财机构等多元机构参与的竞争格局。

然而，与欧美信托法律制度相比，国内信托发展仍不成熟。国外信托产品从现金、房地产、企业股权、艺术品到游艇等多种多样，范围广泛，且受托人多为发展成熟的家族办公室，通过专业团队为委托人提供定制化的信托服务。而我国，由于信托法带有明显强制法意味，与家族信托的“自由”价值理念产生冲突，主要表现为信托主体的权利义务失衡；另外，信托业长期以来专注于资金类财产管理，信托配套制度未能及时构建或完善，以至于房产类、股权类资产等作为信托财产的有效性在法律上存在一定的不确定性。因此，国内的家族信托制度尚存在较大的发展空间。

二、家族信托的功能及实践中存在的问题

（一）家族信托——缘何“富过三代”

1. 家族信托可以实现财富的传承规划。一方面，设立家族企业的家族信托，可以避免传承到二代、三代、四代时因股权分散而导致家业败落，充分保障家族企业的控制权和话语权。企业创始人去世后，家族成员如果分别继承企业股权很可能造成上市公司股权结构分散，从而使家族逐步失去对家族企业的控制权，但如果设立家族信托，则即使企业创始人突然离世，上市公司的股权结构也不会发生变动，这可充分保障家族企业的股权稳定，有效避免创一代突然离世或丧失行为能力而给企业造成冲击。另一方面，委托人通常在信托契约中约定家族财产不可分割或转让等条款，保障家族股权的整体性不会因家族成员纠纷而受到影响。此外，家族信托还可以有效避免传统继承法律行为所导致的一次性将资产、企业的所有权交接给二代继承人而“败家”的风险。

香港利丰集团最早于1906年由冯柏燎与李道明先生在广州创立，冯柏燎去世后，李道明退出，在去世前，冯柏燎将利丰控制权交给次子冯慕英，股权分给十几名子女，冯慕英去世前又将控制权交给三弟冯汉柱，股权分给其7个子女，冯汉柱重病后将在美国的两个儿子冯国经和冯国伦叫回继承家业，兄弟俩回国后才发现问题棘手。利丰集团经过三代分配，股权非常分散，散落到35个堂兄弟姐妹手中，并且因家族股权分散还导致企业内部产生一系列腐败问题。后兄弟二人只好向香港好几大银行贷款80亿港元公开收购已经在香港联交所上市的利丰的股票，最后完成利丰退市，再按退市股价追加80%的溢价从亲戚手里将股票全部买回，整个回购持续两年，

冯氏兄弟终于从35个家族股东手中受理回购到家族企业的股权。后来，冯氏兄弟将利丰再度上市，完成股权重组收购和企业转型，而现在，冯氏兄弟充分吸取以往教训，冯国经已经把手中的家族股份转移到信托安排中。

2. 家族信托可以实现资产保护。在家族企业中，企业家的个人财产和家族资产无法完全区分，资产混同导致企业在面临债务危机时，企业家的个人财产也被查封、冻结和抵债。家族信托的设立，将信托财产与企业家的个人资产完全独立，在资产保护、债务隔离、防范企业家婚变风险等方面为家族财富筑起了一道天然屏障。

“传媒大亨”默多克和邓文迪的婚姻曾备受媒体关注，据报道，邓文迪离婚后仅获得了纽约的一套豪宅以及北京的一套四合院，与默多克130多亿美元身家比起来微不足道，究其缘由还要归结于家族信托的运作。美国新闻集团的决策权由A类和B类股票构成，其中只有B类股票具有投票权，2007年，默多克通过家族信托将其持有的2600万股新闻集团的A类股票平均分配给了其6名子女（其中包括邓文迪为默多克所生的两个女儿）。但是由于A类股票并无投票权，且已被置入信托，因此默多克子女仅享有相关受益权而不能借此介入集团运作。同时，根据美国证券交易委员会备案的GCMT信托公司（默多克家族信托基金的运营方）的文件显示，新闻集团B类股票的投票权与邓文迪及其两个女儿无关，而是由默多克与前两任妻子所生的四个子女充当该信托的监管人，由其拥有投票权并在默多克去世后负责指定受托人。如此一来，新闻集团的控制权实际上是掌握在默多克和他的4个子女手里，即使遭遇实际控制人的婚姻变故，该集团也不会因为夫妻共同财产的分割而导致控制权旁落。在与邓文迪的离婚案中，家族信托安排一方面使默多克能够履行身为父亲应尽的抚养义务，通过受益权赋予的方式使两个年幼的女儿可以定期获得分红；另一方面也为邓文迪插手新闻集团设置了防火墙，由于信托财产独立于委托人的个人财产，因此并不会被纳入夫妻共同财产而遭遇分割，也不会由此产生股权纷争从而使企业运作陷入困境。因此，家族信托发挥了紧锁企业股权、保护财产安全的功能。与之类似的还有龙湖地产的案例，地产界女首富吴亚军在与丈夫蔡奎离婚时，同样是通过家族信托的运用有效避免了企业股权的分散以及由此带来的对股价的负面影响。

此外，家族信托以其天然的特点和法律优势，还具有合理节税、私密保护、子女供养、企业治理、慈善公益等诸多功能。

（二）家族信托在实践中存在的问题

1. 家族信托计划在企业传承中有相对僵化之嫌。新鸿基案例让我们重新审视家族信托在家族治理中的有效性，新鸿基创始人郭得胜把生前42%的股权放入信托，受益人为郭氏三兄弟，其去世后18年，郭氏三兄弟一直联手经营新鸿基，然而，2008年发生家庭纠纷，最后导致郭氏老大被踢出董事局，被剥夺受益人资格，上市公司股价缩水超过60%，但如果当初在信托中设计退出机制，结局可能会好得多。

可以看出，家族信托主要解决资产传承问题，并不能取代家族企业领导力传承，对于家族信托，现大多仅从委托人、受托人、受益人三个方面展开论及，而在家族信托的设立、运作和终止过程中，考虑到全球化资产配置能力、对委托人的监管、家族纠纷的调解、家族精神的传承等因素，在家族信托的定制中，应当既要充分考虑家族自身特点，也要兼顾家族治理和企业治理的要素，将家族宪法、股东协议和信托文件有机结合，才能最终达到家族股权和财富科学传承的目的。

2. 家族信托受益人利益保护缺乏制度保障。由于家族信托期限较长，在委托人去世后，受益人知情权被无视的情况下，其利益极易遭受损害，受益人在受托人面前处于一种非常弱势的地位。

建议设立信托监察人制度。由于家族信托业务高度依赖委托人对受托人的信任，为提高委托人对所托财富的安全感和对信托目的实现的预期，强化对受托人的监督和约束，许多国家创设了信托监察人制度，而我国信托立法对家族信托的信托监察人的规范尚属空白。信托监察人肩负监督信托项目按信托文件约定及委托人意愿顺利运行的重任，并且根据权责一致原则，若信托监察人由于错误或过失履行职责造成信托财产损失，信托监察人要承担相应的法律责任。在实践中，信托监察人可以由律师事务所、亲友、注册会计师或其他第三方机构担任，确保信托目的真正实现和受益人利益的最大保护。

三、特殊需求信托产品架构及实践性分析

（一）人寿保险金信托

人寿保险金信托主要适用于进行税务筹划的高净值群体方面，根据《个人所得税法》，保险赔款免缴个人所得税；另外，人寿保险信托可以规避遗产税。除此之外，对于属于无民事行为能力或者限制民事行为能力人的受益人可以避免因其不具备处理保险金的能力而造成财富的挥霍或流失。人寿保险金信托在家庭财富管理方面具有诸多优势，在国外是众多家庭的重要选择，2014 年 5 月 4 日，国内中信信托和信诚人寿推出了中国首款“传家”系列保险金信托，填补了我国在此领域的空白。此后，平安人寿、中宏人寿、中德安联、中意人寿等保险公司相继推出保险金信托产品。

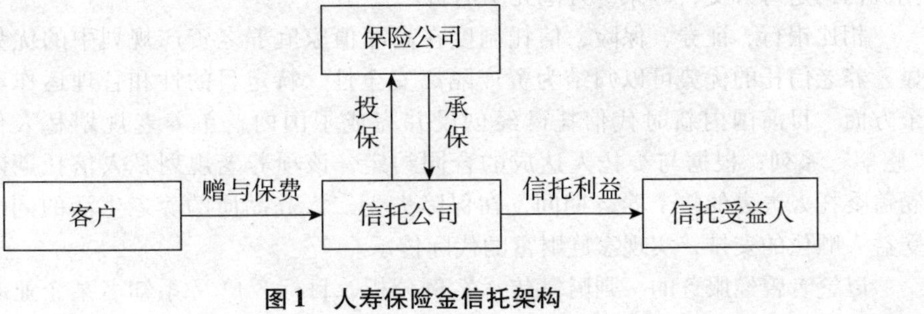

图 1　人寿保险金信托架构

以笔者曾经服务的一则财富传承案例分析，目标客户L系某企业老总，婚生子W已满18周岁，但是属于先天性智力低下。此时，若通过大额保单对家族财富进行传承，虽然具有可行性，但是单一大额保单本身流动性差，且无法解决企业继承管理等问题，而且假使L身故后，作为保险受益人的W因自身精神状况根本不具备处理保险金的能力和条件，其合法权益不能得到保障。而保险金信托则能够实现委托人在保险理赔后对受益人如何获取财产的管理意志的延续，而不仅仅是简单的财富增值。目标客户L将保险金或人寿保单作为信托财产，将保险赔款或满期保险金交付受托人。在规避遗产税的同时，由受托人（信托机构）对标的资产进行管理和运作，实现保值增值等目的，并于信托终止时，将信托资产及相关收益交付受益人。

除此之外，为实现目标客户L财富管理和传承的综合目的，笔者还为其搭配诉讼及非诉法律工具保障婚生子W安全成长和合法监护，同时站在家长和子女不同的角度搭配商业险筹划、遗嘱规划等金融和法律工具，充分保障目标客户L家族财富的有效传承。

相比美国的不可撤销人寿保险金信托，中国的人寿保险金信托在投保人权利方面更加灵活。美国不可撤销人寿保险金信托将保单的全部权利都转移给受托人，从原则上可以避免未来投保人的债务、继承、婚姻等风险，然我国当前的人寿保险金信托，其保单的所有权并未转移，若投保人在世期间因债务、继承、婚姻等问题导致保单被强制退保，也势必会影响人寿保险金信托的有效性；另外，考虑到投保人去世后，受益人为获取更多的利益可能挑战信托，从而导致信托目的无法实现的风险，故在设立人寿保险金信托时需要与专业的私人财富律师或法律、金融专家提前规划设计必要的机制，预见和规避各种存在的财富和事务性风险，从而保证信托目的的最终实现。

（二）养老信托

养老信托适用于无法得到家庭照顾的高净值中老年人。养老信托分为自益信托和他益信托，梅艳芳在汇丰银行为母亲设立的信托即属于他益型养老信托，由于母亲不善于理财且嗜好赌博，为防止挥霍巨额资产而难以保障基本生活，梅艳芳与受托机构约定每月支付母亲7万港元生活费。

相比银行、证券、保险，信托制度在高净值家庭养老资产规划中的优势更为明显。养老信托的优势可以归结为资产隔离安全性、特定目的性和管理运作灵活性三个方面。目前国内新时代信托已经创设并完成了国内首单养老规划私人信托——“悠享”系列，根据与委托人达成的合同约定，该项养老规划私人信托期限30年，涵盖委托人夫妻的整个养老期间，在保障夫妻二人高品质的养老生活的同时，通过受益人顺位的安排，实现家族财富的代际传承。

以笔者曾经服务的一则财富传承案例分析，目标客户V系知名某企业老总，婚生子K已经结婚，未生育子女，由于K不仅不务正业，且风流成性、婚内出轨，其

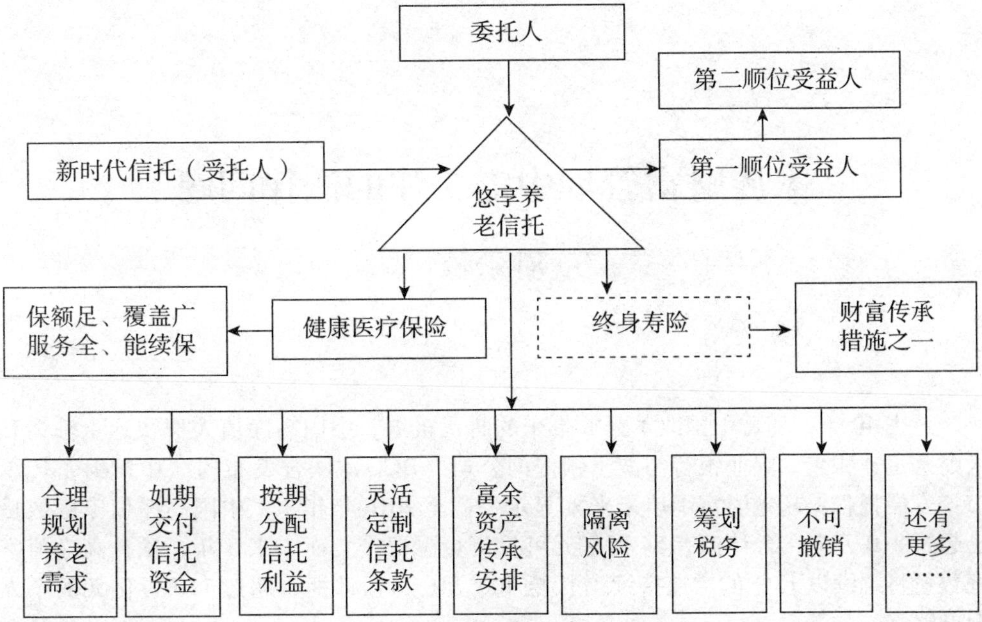

图2 “悠享”退休养老规划信托

与妻子E关系不睦，甚至到达离婚的边缘。由于目标客户V夫妻二人缺乏财富规划和传承意识，在委托笔者之前从来没有对财富进行综合规划和风险防范。在接受委托后，笔者对目标客户V的财富进行风险筛查，并在征得其同意的基础上为其开展综合的财富传承计划，其中非常重要的一项就是为其选择和设立养老信托，整个传承方案获得目标客户V的满意和认可。

中国有句古谚，“治大国如烹小鲜”，长期的财富保持及有效传承是家族治理的关键，而家族信托在实现高净值家庭资产有效传承方面功不可没。在实践中，私人财富律师应充分运用好家族信托及其他财富传承工具，为客户定制个性化和优质的财富传承方案，在满足高净值群体财富管理和传承的同时，不断推动中国家族信托制度发展完善。

[李卉：国浩律师事务所合伙人（济南），南开大学法学学士]

家族财富管理中需关注的法律问题

周蒙俊

过去40年，随着中国改革开放带来的时代机遇，中国高净值人群快速上涨，私人财富迅速积累。兴业银行与波士顿咨询公司（BCG）联合发布的《中国财富传承市场发展报告：超越财富承启未来》显示，截至2016年年末，中国高净值家庭数量已超过210万户，合计拥有54万亿元可投资金融资产。而未来5年，预计高净值家庭数量将继续以13%的增速持续增长至400万户，预计拥有超过110万亿元的个人金融财富。

我国家族财富管理市场潜力巨大、前景广阔，这是每一位家族财富管理从业人员的切身感受。而作为法律工作者，我们在为不同的家族财富管理机构以及高净值客户提供法律服务的过程中，又时常面临爆发性和多样性的业务需求与现有法律体系之间的矛盾。为此，笔者将通过此文对掣肘家族财富管理业务的一些主要法律问题进行梳理和剖析。

一、信托制度问题

结合国外成功的实践经验，家族信托在我国已从方兴未艾发展成了一种较为成功的财富管理产品。毫不夸张地说，对高净值客户而言，家族信托已几乎是家族财富管理和传承的不二之选。然而，看似成熟的家族信托业务，实际上也是目前我国家族财富管理业务相关法律制度缺失的一个缩影。

首先，家族信托的性质并不明确。根据我国《信托法》的规定，信托分为民事信托、营业信托和公益信托。[1] 从家族信托的实质来看，其属于家族财富管理和信托制度相结合的结果。相比一般的信托，家族信托既有社会属性，也有家族属性；既有财产属性，也有人的属性。因此，其究竟属于民事信托还是营业信托，始终没有定论。而根据《信托公司管理办法》，从事营业信托的机构（我们通常所说的信托

[1] 《信托法》第3条规定："委托人、受托人、受益人（以下统称'信托当事人'）在中华人民共和国境内进行民事、营业、公益信托活动，适用本法。"

公司）存在特定的准入要求且须取得相应的行政许可。[1] 显然，如果家族信托最终被界定为营业信托的，则其受托人的范围将大大受限，并可能导致部分优秀的家族财富管理机构被拒之门外。反之，如果家族信托被界定为民事信托的，则目前我国除《信托法》外缺少规制民事信托或者说整个信托业的详细法律规则，可能导致行业的低端化竞争以及受托人道德风险的突出。

其次，我国信托领域并未建立如国外“受托人法”或“受托人条例”等以受托人权责为核心要素的行为制度。尤其是在我国《信托法》对受托人规定较为严格的情况下，没有“受托人法”或“受托人条例”等制度明确受托人的法定免责情形，则可能导致受托人的责任无限扩大，打击受托人参与大额和复杂家族财富管理业务的积极性。因此，家族信托中受托人权责的不确定性也始终是困扰业界的一个难题。

除此之外，信托财产登记制度未建立也是一个制约家族财富管理业务发展的重要因素。基于家族信托的发展以及多样化财富管理需求的形成，越来越多的委托人考虑采用股权、不动产等实物而非现金资产设立家族信托。但根据我国《信托法》的规定，委托人以法律、行政法规规定应当办理登记手续的财产设立信托的，则应当依法办理信托登记；未依法办理信托登记的，该信托不产生效力。可见，如果委托人设立的家族信托是以股权、不动产等财产作为信托财产的，则其所设立信托的生效应以办理信托登记为前提。近年来相继实施的《信托登记管理办法》及《中国信托登记有限责任公司信托登记管理细则》，虽然开启了信托登记的新阶段，但是《信托登记管理办法》确立的信托登记主要为信托产品及其受益权登记，[2] 并非信托财产登记。目前，《信托法》对于信托财产登记制度仅作了原则规定，而对于信托财产登记机关、申请登记主体、登记手续等问题却未被纳入信托登记制度中，特别是缺乏针对中国高净值家庭大量持有的股权和不动产的登记与转移制度，从而导致以股权或不动产等财产作为信托财产的信托可能被认定为无效，这已经成为家族财富管理突破现金类别的主要障碍。

---

〔1〕《信托公司管理办法》第7条第1款规定：“设立信托公司，应当经中国银行业监督管理委员会批准，并领取金融许可证。”第8条规定：“设立信托公司，应当具备下列条件：（一）有符合《中华人民共和国公司法》和中国银行业监督管理委员会规定的公司章程；（二）有具备中国银行业监督管理委员会规定的入股资格的股东；（三）具有本办法规定的最低限额的注册资本；（四）有具备中国银行业监督管理委员会规定任职资格的董事、高级管理人员和与其业务相适应的信托从业人员；（五）具有健全的组织机构、信托业务操作规程和风险控制制度；（六）有符合要求的营业场所、安全防范措施和与业务有关的其他措施；（七）中国银行业监督管理委员会规定的其他条件。”

〔2〕《信托登记管理办法》第2条规定：“本办法所称信托登记是指中国信托登记有限责任公司（简称信托登记公司）对信托机构的信托产品及其受益权信息、国务院银行业监督管理机构规定的其他信息及其变动情况予以记录的行为。”

二、税制问题

基于对信托以及非交易过户等行为未制定特殊税制的实际情况，以家族信托、家族基金等形式建立的契约型家族财富管理产品普遍存在税负的重复征收问题，具体表现在：

1. 产品设立时就财产转移产生的纳税义务与产品终止时财产真实转移产生的纳税义务相重复。

2. 产品存续期间投资收益产生的所得税纳税义务与收益分配时产生的所得税纳税义务相重复。

实践中，重复征税的问题尤以将非货币资产作为信托财产时更为突出。以物业不动产为例，在产品设立和终止时涉及两次产权转移，也即将产生两次包括契税、增值税、印花税等在内的高额交易性税费；但是，该不动产转移的目的本身并非交易，与征税本意相悖。另外，考虑到契约型产品本身税制方面的不确定性，且家族信托、家族基金的存续时间一般较长，在此期间内税收政策的波动性等均可能导致受托人就其经营不动产而取得的收益被征收所得税；其后，如受托人再向受益人分配收益，则受益人就该部分收益缴纳的所得税同样存在重复征税问题。

此外，我们也应该看到许多发达国家家族财富管理之所以迅速发展的一个大的动因是规避高昂的遗产税。但是就我国来说，遗产税始终是雷声大过雨点，而没有遗产税则意味着财富传承仅在不动产过户等特殊情形时涉及税费。较之家族信托和家族基金通常持续收取的管理费而言，法定或遗嘱继承在我国有时反而是一种成本更低的财富传承方式。不可否认，遗产税的缺位也对国内家族财富传承的发展构成了一定的限制。

三、企业法人制度问题

值得关注的是，在家族财富管理业务中除了财富传承之外，往往同时还伴随着家族企业经营权的转移。特别是在实体企业经营风险愈加突出的背景下，许多家族企业正加速寻求企业控制权、经营权和财产权的相互剥离。因此，在法制层面上就特别需要完整的公司治理规则、私人财产保护制度以及职业经理人行为准则等予以规范。但是，从目前来看，这些制度和规范的建立还有待时日。

以公司股权为例，已有越来越多的企业家尝试将股权项下的财产性权利和表决权、管理权等经营性权利进行区分，并以财产性权利作为家族财富传承的依托。但是，该等区分目前仍只是处于“法无禁止”的灰色地带，实际仍是缺乏明确的法律依据。换言之，一旦家族中的核心个人遇到风险，其对家族企业的控制权或经营权是否会影响已剥离的财产性权利的独立性，还有待法律的进一步解释。

总而言之，作为新生事物的家族财富管理既是给市场的机遇也是对制度的挑战。

而作为这个领域内的践行者，我们应认识到法律的滞后性，也无须为家族财富管理中面临的法律问题感到过多的惊讶或遗憾。相反地，笔者相信在市场和需求的推动下，与家族财富管理相关的法律体系必将逐步完善，而家族财富管理行业也终将大放异彩！

[周蒙俊：国浩律师事务所合伙人（上海），利兹大学国际商法硕士]

国内A股上市公司股东离婚股权变更情况数据分析报告

王小成　胡冬云　刘中贵　罗亚中

一、前言

离婚案件的逐年增多，对普通百姓的日常生活会产生巨大的影响，对上市公司的实际控制人、控股股东或者高管等一类人群的影响更是不容小觑。鉴于前述人员名下的资产数量巨大，且这些资产的变化不仅关乎个人，也关乎公司股东、整个公司以及广大中小股民的切身利益，所以了解离婚案件可能会给上市公司实际控制人、控股股东或高管本人以及公司所带来的影响，能够对于自己名下资产的安排和公司的经营未雨绸缪，提前做好妥善的安排，显得尤为重要，以免导致出现离婚纠纷时手足无措、缺乏妥善有效的应对措施的局面。

为了实现上述目的，我们主要以公开信息披露网站可查询的截至2018年1月涉及股东离婚的40家A股上市公司作为样本，并对其发布的相关披露信息进行归纳和梳理。这40家上市公司的实际控制人、股东均因为个人的离婚从而需要对作为夫妻共同财产的上市公司股权进行分割，虽然导致每个股东离婚的原因千差万别，离婚过程中双方对于股权分割的意见各有不同，需要在律师的介入下经过多轮的博弈和谈判，甚至需要通过法院的诉讼程序来解决问题，但是，不论过程如何，形式如何，最终呈现出来的结果在宏观上具有一定的共通性。通过这些数据的整合，我们试图从股权分割角度来明晰实际控制人和大股东的个人离婚事件对于上市公司的影响，以及影响的程度究竟如何，同时在上述前提下引入思考，怎样才能抛开形式层面的数据而去规避这些潜在的风险与问题。如果说我们的报告能引发阅读的各位，尤其是我们的法律同仁，以及各位上市公司的实际控制人、大股东，或者拟上市的公司大股东、高管等，对上述问题的思考，那我们这份报告就是成功的、有价值的。

二、报告正文

（一）深市中小板和创业板的公司数量居多

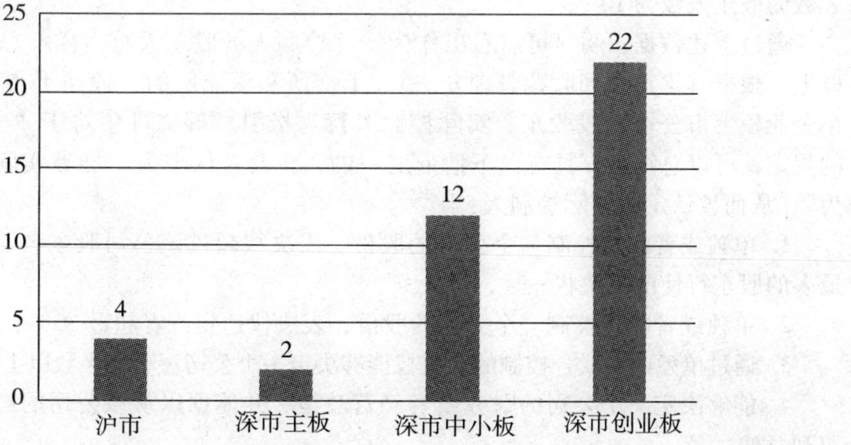

图1　40家A股上市公司板块分布情况

在我们检索到的40家上市公司中，其中有4家是上交所上市的，36家是在深交所上市的，这36家中，2家是主板上市，12家是中小板上市，22家是创业板上市。由此可见，中小板和创业板的比重占到了样本数据的85%。按照我们的理解，造成这种现象的原因主要是，沪市和深市主板上市公司多为大型国企或者经营年限较长的民营企业，相对来说较为稳定，而深市中小板和创业板尤其是创业板上市公司多是近些年上市的民营企业，且多为近十几年创立的新公司，公司以及公司的实际控制人的年龄层相对较低。

（二）实际控制人占相对多数

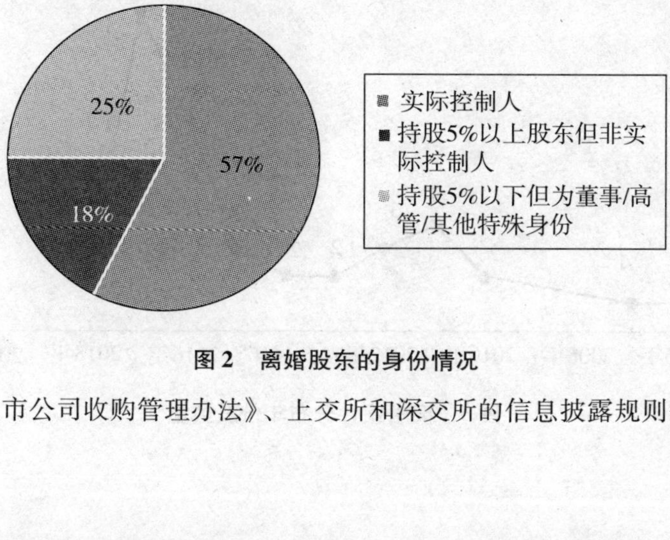

图2　离婚股东的身份情况

按照《上市公司收购管理办法》、上交所和深交所的信息披露规则等规定，一般只有持股5%以上的股东或者上市公司的董监高发生权益变动时，才会进行信息披露。在我们检索到的40家样本数据中，作为实际控制人的股东人数为23人，持股5%以上但非实际控制人的股东为7人，持股5%以下但为董事、高管或者其他特殊人数的股东人数为10人。

通过上述数据，明显可以看出作为实际控制人的股东人数占样本总数据的50%以上。根据《上市公司收购管理办法》、上交所和深交所的《股票上市规则》、《中小企业板上市公司控股股东、实际控制人行为指引》等文件中对于“实际控制人”的规定，可以总结为，具有以下情形之一的，将会被认定为“能够实际支配公司行为”，从而被认定为实际控制人：

1. 单独或者联合控制一个公司的股份、表决权超过该公司股东名册中持股数量最多的股东行使的表决权；

2. 单独或者联合控制一个公司的股份、表决权达到或者超过30%；

3. 通过单独或者联合控制的表决权能够决定一个公司董事会半数以上成员当选的；

4. 能够决定一个公司的财务或者经营政策、并能据以从该公司的经营活动中获取利益的；

5. 有关部门根据实质重于形式的原则判断某一主体事实上能对公司的行为实施控制的其他情形。

由于实际控制人的变更将可能导致控制人地位的改变和公司股权结构的重大变化，甚至会给公司的股价和经营带来不利影响，所以实际控制人的变更也是上市公司需要向公众披露的重大信息之一，若不能真实、及时地加以披露，则需要承担相应的责任。正因为实际控制人对于上市公司的重要地位，这也使得接下来的数据研究变得更有价值和意义。

（三）从离婚导致股权变动的公告时间来看，离婚人数逐年增长

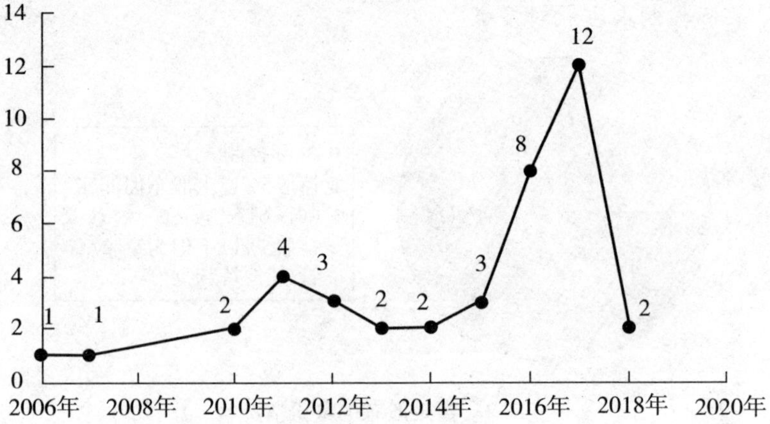

图3 离婚案件分布年份及数量

从离婚导致股权变动的公告时间来看，2016 年和 2017 年度的股东离婚数量最多，分别为 8 起和 12 起，自 2006 年至 2017 年，上市公司实际控制人、大股东离婚数量是逐年增长的（因为我们的数据收集截止到 2018 年 1 月，所以目前看来 2018 年的案件数量只有 2 起）。而上市公司股东离婚的案件数量逐年递增的现状，也与每年法院和民政部公布出来的年度离婚率数据在整体上相吻合，均呈现出逐年上升的趋势。

2017 年 9 月，根据国家民政部门发布的数据显示：仅在 2017 年上半年，全国新婚夫妇有 558 万对，与此同时，有 185 万对夫妇离婚。图 4 中也显示自 2012 年以来，我国的离婚人数也是一路攀升的。该数据仅限于在民政局办理离婚登记以协议方式解除婚姻关系的夫妻人数，如果再加上法院诉讼或调解离婚的人数，离婚总数更是惊人。

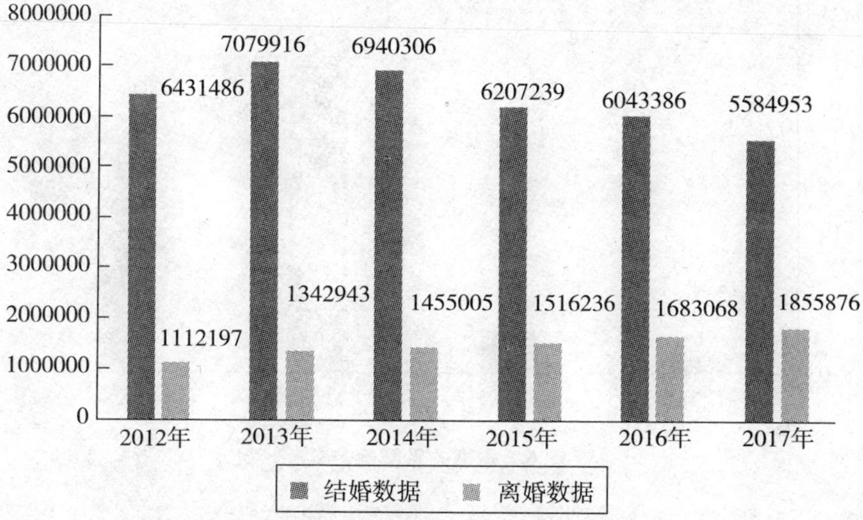

图 4　2012～2017 年全国结婚、离婚数据

（四）离婚前，夫妻一方直接或间接持股的比例显著高于夫妻双方直接或间接持股的比例

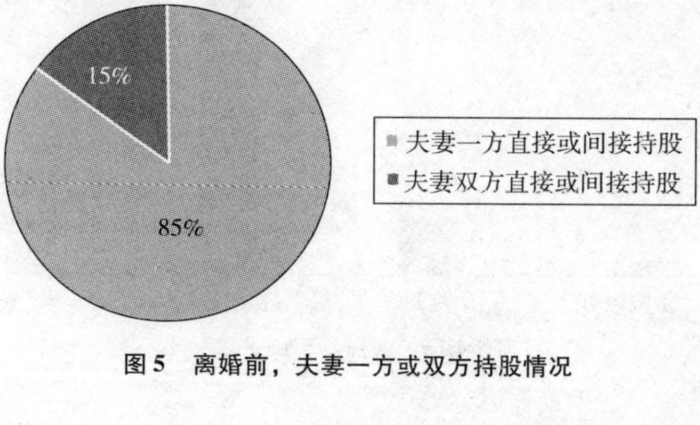

图 5　离婚前，夫妻一方或双方持股情况

在我们检索到的40家上市公司股东离婚案例数据中，夫妻一方直接或间接持有上市公司股票的数量为34家，夫妻双方同时直接或间接持有上市公司股票的数量为6家。可见，上市公司中，由夫妻一方直接或间接持股的现象比较普遍，占到样本数据的85%，所以在离婚时对作为夫妻共同财产的股权分割后，才会需要将一方名下的全部或部分股权过户至另一方名下。

（五）通过协议离婚方式来解除婚姻关系的人数在半数以上，将近70%的离婚事件中双方通过自行达成协议的方式进行股权分割

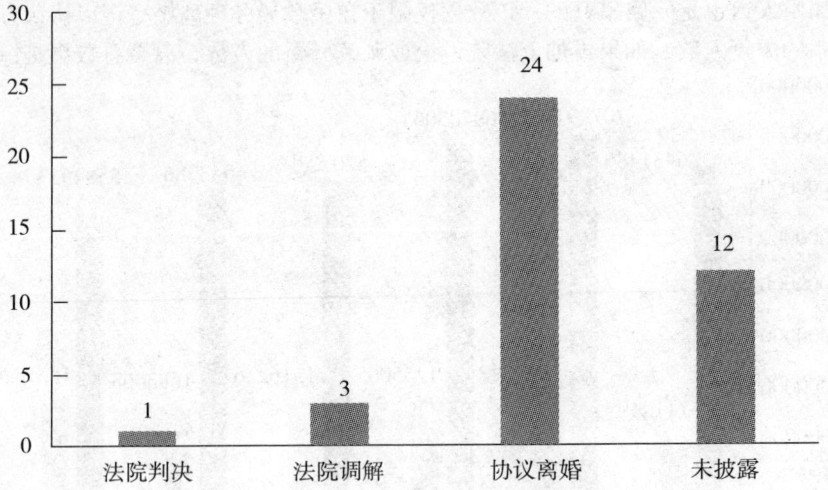

图6 婚姻关系解除方式

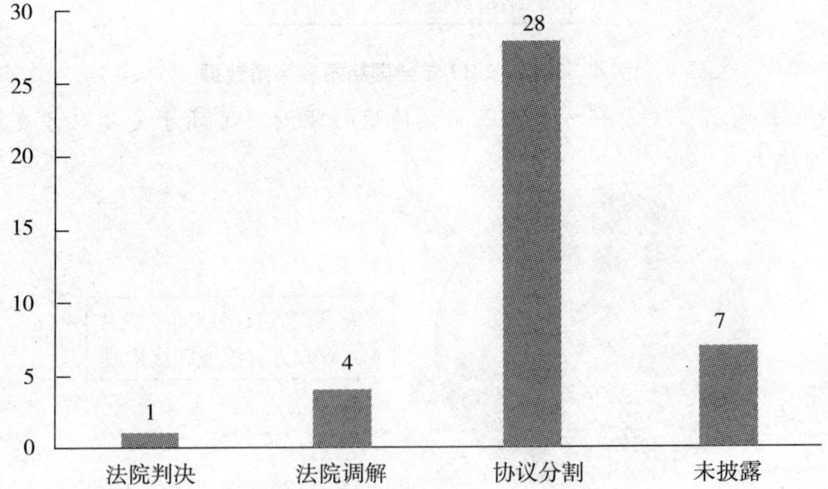

图7 股权分割模式

我们国家目前支持认可的离婚方式只有两种，即诉讼离婚和协议离婚。协议离婚即双方自行前往夫妻任何一方户籍所在地民政局办理离婚登记，诉讼离婚即双方通过向法院起诉的方式来解除婚姻关系。而诉讼离婚又分为判决离婚和调解离婚。在我们检索到的40家上市公司股东离婚数据中，通过法院判决的离婚为1起，通过法院调解离婚的为3起，协议离婚的为24起，未披露离婚方式的有12起。

可以看出，上市公司股东通过协议离婚的方式来解除夫妻婚姻关系的比例远远高于诉讼离婚。因为涉及上市公司股权的分割，所以可以预见，即使是通过协议离婚的方式来解除婚姻关系，过程想必也是经过层层博弈与权衡，通常均系在律师等专业人士的参与和指导下完成，绝不是双方直接走到民政局签下一纸协议那么简单。如果能对包括股权在内的夫妻共同财产达成一致的分割意见，对夫妻双方、对公司而言，无疑都不啻为巨大的福音。

同样，在图7的数据中，夫妻双方通过法院判决对股权进行分割的有1起，通过法院调解对股权进行分割的有4起，未披露股权分割情形的有7起，以协议方式确定分割的有28起，占到了样本数据的70%。可见，图7反映的数据与图6所体现的解除婚姻关系的方式在本质上是一脉相承的。

（六）离婚时股权的分割模式以及对上市公司股权结构的影响

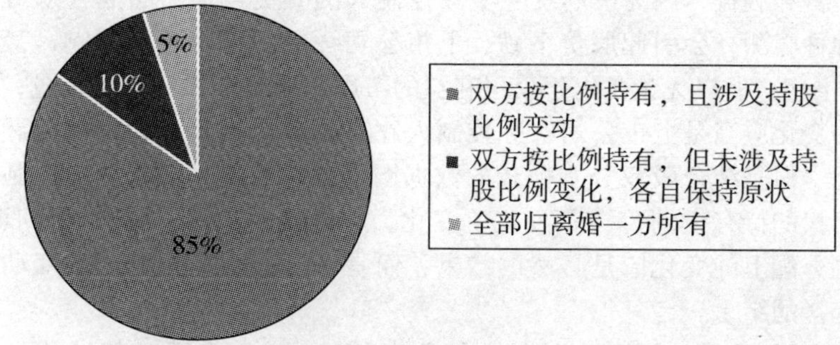

图8　离婚后双方持股比例的变动情况

从我们检索到的40家上市公司的数据中，可以看出，无论是通过法院离婚，还是夫妻双方通过协议的方式自行解除婚姻关系，绝大部分还是对作为夫妻共同财产的上市公司股权进行了分割，由夫妻双方在离婚时按比例持有。前述做法可以说是离婚案件中涉及上市公司股权分割的普遍做法，当然比例的持有不是绝对的五五分，一般是一方获取大多数，另一方相对数量较少，原因可能是保持一方的实际控制人或大股东地位，所以可能在公司股权之外的其他财产上做了倾斜与让步，以换取公司实际控制人和大股东地位的稳定。图9中所列明的实际控制人是否因此发生变化的数据统计足以成为支持上述猜想的现实依据。

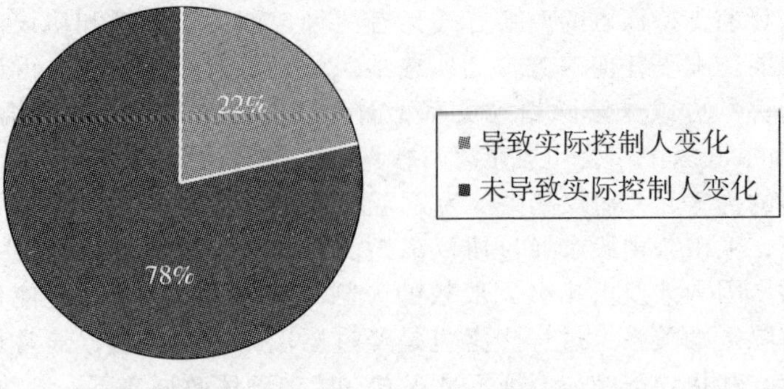

图9 是否导致实际控制人发生变化

在23家涉及上市公司实际控制人离婚案例中，因为股东的个人离婚导致实际控制人发生变化的案件数量有5起，占比21.74%。

结合上述婚姻关系解除方式以及股权分割方式的数据，二者从本质上来说是一脉相承的。无论是法院调解，还是夫妻双方之间通过协议离婚，必须具备的前提和基础都是双方对于财产的分割达成了一致意见，这里的财产自然包含上市公司的股权。夫妻双方之间对于离婚时财产的分割达成一致意见，一般来说都会重点考虑上市公司的经营和利益，因为一旦发生实际控制人的变更可能会引起公众对于公司未来发展的种种臆测，会引起股价下跌、上市公司评级下调等不利影响，甚至会诱发“野蛮人”上门。所以无论是出于公司利益的考虑，还是个人利益的衡量，不引起实际控制人的变化应当是上市公司实际控制人在离婚时应当重点协商的问题，当然也是难点问题。但是结合股权分割模式的数据图，可以看出，即使实际控制人没有变化，但是股权的持有比例85%都发生了变化，所以通俗来说，离婚导致股权分割从而产生比例分配上的变化应是必然的结果，而是否引起实际控制人的变动则取决于夫妻共同选择的结果。

（七）离婚后，高达27%左右的人将股票表决权委托原配偶继续行使，剩余73%的人则选择自己行使表决权

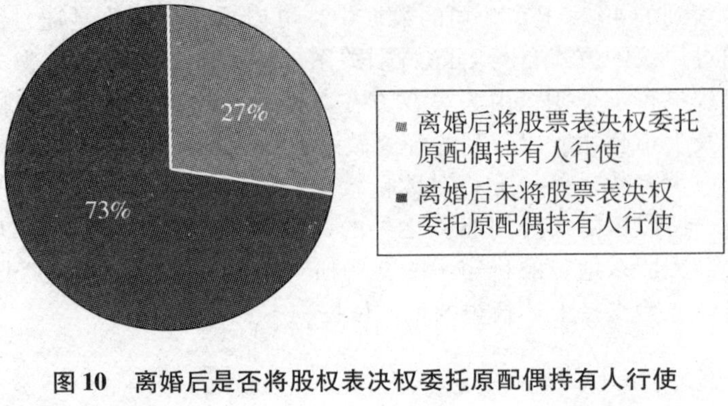

图10 离婚后是否将股权表决权委托原配偶持有人行使

离婚时，双方会对作为夫妻共同财产之一的上市公司股权进行分割，众所周知，持有股票对应的表决权是股东基本权利之一，其重要性不言而喻。根据现有数据统计显示，离婚后仍然将股票表决权委托原配偶持有人行使的数量为11家，剩下的29家在离婚后都未将股票表决权委托原配偶持有人行使，即自己与原配偶各自独立行使表决权。离婚后仍然将股票表决权委托原配偶持有人行使也是维护上市公司稳定性的方式之一。但是即使是独立行使，配偶双方或一方都要做出接受原先双方或一方接受股票时所承诺接受的限制，诸如股票交易锁定期的限制、已经签署的一致行动协议或者拟签订的一致行动协议的约束等，而上述承诺和约定，亦是上市公司公告需要向公众披露的重要内容之一。

（八）离婚后夫妻双方签署一致行动协议的比例达到17%

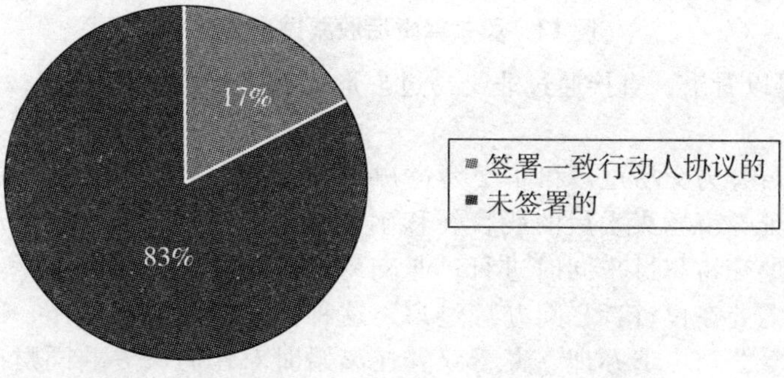

图11　离婚后夫妻双方是否签署一致行动协议

根据《上市公司收购管理办法》等文件的规定，一致行动人是指通过协议、合作、关联方关系等合法途径扩大其对一个上市公司股份的控制比例，或者巩固其对上市公司的控制地位，在行使上市公司表决权时采取相同意思表示的两个以上的自然人、法人或者其他组织。一致行动人在进行表决统计时应该合并计算其所持有的公司股份。一致行动人协议，就是指股东之间为确立上述一致行动行为而签订的协议。

现实中的情况是，当夫妻双方均是股东时，在婚姻存续期间内，尤其是夫妻感情琴瑟和鸣的阶段，往往会推定为双方是一致行动人。但是，在夫妻双方感情恶化甚至进入离婚阶段，乃至到最后解除夫妻关系时，为确保实际控制人的地位不受影响，公司的利益不受损害，董事会或股东大会往往会要求双方之间签订一致行动人协议，以防因为双方的婚姻破裂而出现对公司经营的不理性行为，最大程度削弱实际控制人或大股东离婚对于公司的不利影响。

现实中要求双方签订一致行动协议的情况往往出现在如下情形：双方均是股东或者因离婚时的股权分割导致双方均成为公司股东，且双方的股权合并起来足以达到对上市公司的实际控制地位。

（九）股权分割后多采取非交易过户的形式来完成过户

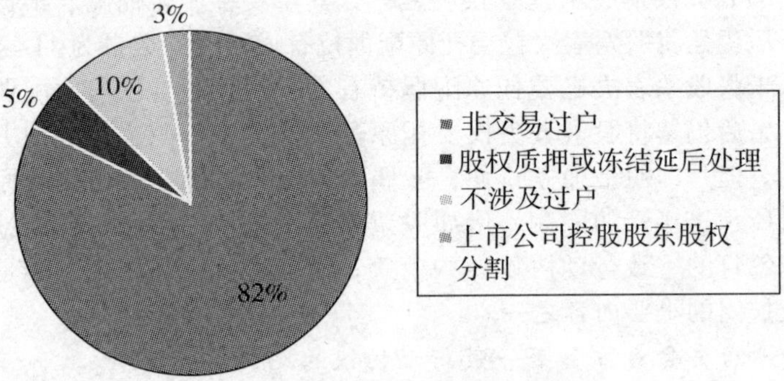

图12　股东离婚后股票过户情况

由图12可以看出，直接通过非交易过户形式完成过户的有33家，不涉及过户的只有4家。

股票过户可分为交易过户和非交易过户两种情况。二者的区别是：交易过户是指投资者参与证券市场买卖后的股权转移确认登记，由沪、深交易所通过交易系统统一办理，股票交易与过户同时进行；非交易过户则一般是因为继承、赠与或法院判决等原因而需要在投资者之间办理过户，这种情况下的过户工作一般是由相关方向证券登记结算公司申请办理。夫妻双方在离婚时对作为夫妻共同财产的上市公司股权进行的分割一般都是通过非交易过户的形式完成。

除此之外，也会出现不涉及交易过户的现象，比如双方各自名下的股份归各自所有，或者一方继续持有，另一方获得其他财产的补偿等，在样本数据中不涉及过户的情形有4起，占样本数据的10%，是一个相对较低的数据。

现实中也会出现夫妻双方通过协议的方式，将所持有的全部或部分股票过户给夫妻之外的第三人（这种情况比较少见），该第三人如果是双方的直系亲属，通常仍采取非交易过户的形式，如果是非直系亲属之外的第三人，会选择正常的交易过户方式。

司法实践中也会出现这样的问题，在公司股权被质押或冻结的情况下，法院一般不会对该部分被质押或冻结的股权作出处理，因为在解封前，这部分股权的状态存在极大的不确定性，法院无法对不确定的权利进行处理，通常会建议夫妻双方在该部分股权权利确定后再另案诉讼。样本数据中也反映了这一司法现状，其中有2起就是因为股权被质押或者冻结导致延后处理。

数据中还有1起案件，是夫妻双方通过控股公司平台来持有上市公司的股票，因上市公司的股票非系夫妻双方以自然人的身份直接持有，所以在离婚时也不直接对上市公司的股权进行分割，而是对双方间接持有上市公司股权的公司股权进行分割。

（十）离婚后新获得股票一方可能涉及继续遵守另一方作出的公开承诺

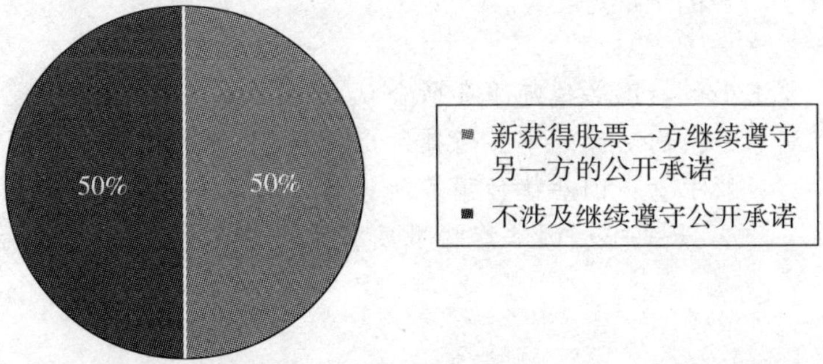

图 13　是否涉及离婚后新获得股票一方继续遵守另一方作出的公开承诺

在我们检索到的 40 家上市公司股东离婚案例数据中，有一半的数据涉及离婚后新获得股票一方需继续遵守另一方之前作出的公开承诺。这些承诺一般包括：

1. 首次公开发行并上市时作出的股票锁定期承诺；
2. 一致行动关系承诺；
3. 上市后大股东及董监高作出的一定期限内不减持股票的承诺；
4. 董监高每年减持股票限制的承诺；
5. 股东作为上市公司的交易对方曾作出的业绩补偿承诺；
6. 避免同业竞争及规范关联交易的承诺。

上市公司的实际控制人、持股 5% 以上股东、董监高等作为对上市公司经营具有决策权的特殊身份股东，不同程度上都曾按照相关监管法规或因为经营需要作出过一些公开承诺，并且该等承诺都是与其持有的上市公司股票相关联的。因此，根据监管机构的要求或者基于维护公司稳定的需要，离婚后新获得股票的一方很可能需要继续遵守另一方曾经作出的公开承诺。

三、总结

通过对上述 40 家上市公司股东离婚数据的梳理与分析，由此可以看出：在离婚率逐年上升的大环境下，上市公司实际控制人和大股东离婚的概率也随之增长，如何尽可能减少离婚事件对于上市公司造成的负面影响和经营风险，确实成为需要引起重视和关注的问题。

目前，绝大多数的上市公司因为实际控制人、大股东的离婚事件使得其所持有的公司股权在夫妻之间进行了重新分配，甚至有些股权分割直接导致公司实际控制人的状况发生了变化，对公司的影响不可谓不严重。

正因如此，建议各位上市公司的实际控制人、大股东能够及早地对直接或间接持有的公司股权作出筹划和安排，避免因突发事件，诸如个人的婚姻问题等从而对公司经营造成冲击，导致上市公司陷入风险，既不利于经济市场的稳定发展，也不利于公司和个人资产的维护与壮大。

［王小成：国浩律师事务所合伙人（上海），中国政法大学法学学士
胡冬云：国浩律师事务所律师（上海），华东政法大学诉讼法学硕士
刘中贵：国浩律师事务所律师（上海），华东政法大学法律硕士
罗亚中：国浩律师事务所律师（上海），复旦大学法律硕士］

2015～2017年福州市离婚诉讼大数据分析报告

王晓艳　王晨照　马兰花　吕忆仁

数据来源说明：

1. 本报告共统计裁判文书2506份。

2. 本报告统计数据均来源于中国裁判文书网公开的判决书。因离婚案件涉及个人隐私，部分案件经当事人申请，裁判文书不在互联网公布，本次统计仅根据已公布案件所显示的数据进行统计分析。

3. 本报告统计范围为2015年至2017年福州地区（具体为鼓楼区、台江区、仓山区、晋安区、马尾区、闽侯县、连江县、罗源县、闽清县、永泰县、平潭县、福清市、长乐区）离婚纠纷案件判决书。

4. 本报告检索的案由仅为“离婚纠纷”，其他案由未计入本报告统计数据。

本律师团队统计了中国裁判文书网公开的2015年至2017年福州市离婚纠纷案件2000余份裁判文书，经过收集、筛选、统计相关数据，作出以下分析报告：

一、哪个区的离婚率最高？

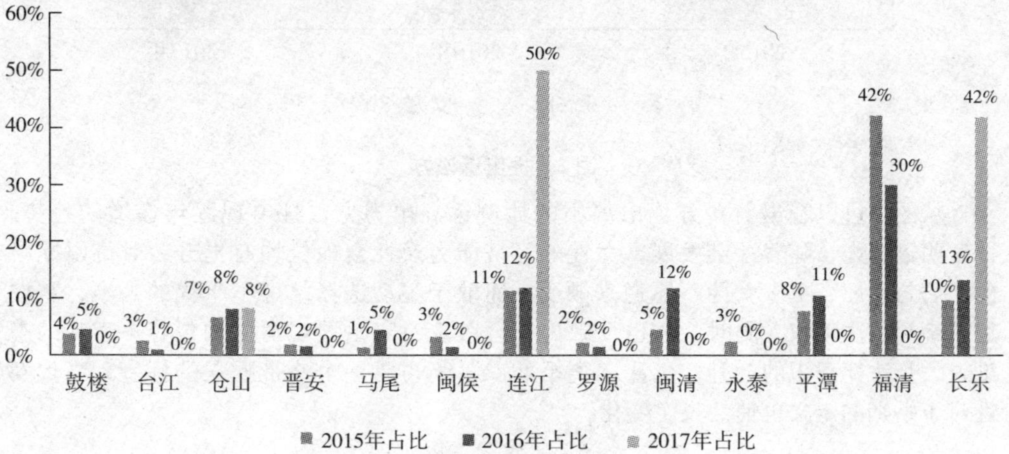

图1　离婚案件地区分布情况

经统计发现，2015年、2016年、2017年离婚率最高的地区分别是福清、长乐（与福清并列）和连江，而福清更是连续两年位居榜首。福清的离婚纠纷案件中被告是外国人的涉外婚姻占比较大，该类案件具有婚后双方从未共同生活、被告经合法传唤未到庭参加庭审等共同特征。根据判决书认定的事实，同时结合福清地区民众多有境外旅居的现实情况，我们合理推测该地区离婚率畸高的原因极有可能是该地区中国公民企图通过“结婚”途径获取国外合法身份却因种种原因未能如愿，一方为解除虚假婚姻关系而启动离婚诉讼，这就是民间所说的“假结婚”。此类情况在福清、长乐、连江、罗源地区较为常见。我们所分析的判决显示，这些虚假婚姻的持续时间并不短，少则几年，多则十几年，也就是说，人生中本可以享受美好生活的时光被虚耗在一个婚姻的空壳中，不能不说是一种悲哀。本团队律师特别提示：法律上没有所谓的“假结婚”，一旦依法缔结婚姻，在法律上就建立了婚姻关系，将会带来一系列的法律后果及风险，奉劝有此想法的人切莫玩弄法律而将自己套牢。

二、哪一方提出离婚的比例大？

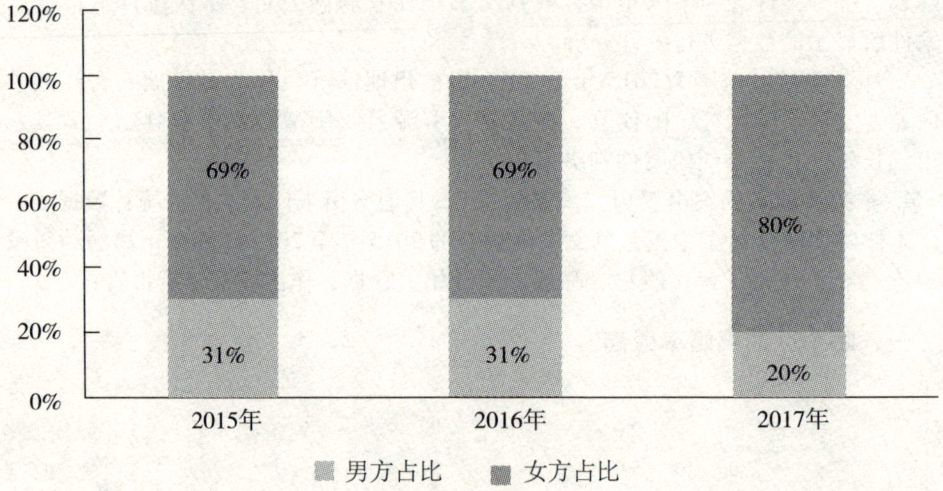

图2　提出诉讼方

从图2可以看出，女方提出离婚的比例远高出男方，且出现逐年递增的趋势。这说明近年来，随着社会发展，女性的经济能力及社会地位均有提升，对待婚姻中的矛盾与委屈，更多女性不愿逆来顺受，而敢于主动选择结束不幸福的婚姻，掌握追求幸福的主动权。同时，这也反映出社会舆论对离婚展现出更加包容、客观的态度，大众法律意识的上升，也让“离婚妇女”不再是一个略带贬义的标签，当代女性对于婚姻的定义也悄然发生变化。

三、谁是离婚主力军？

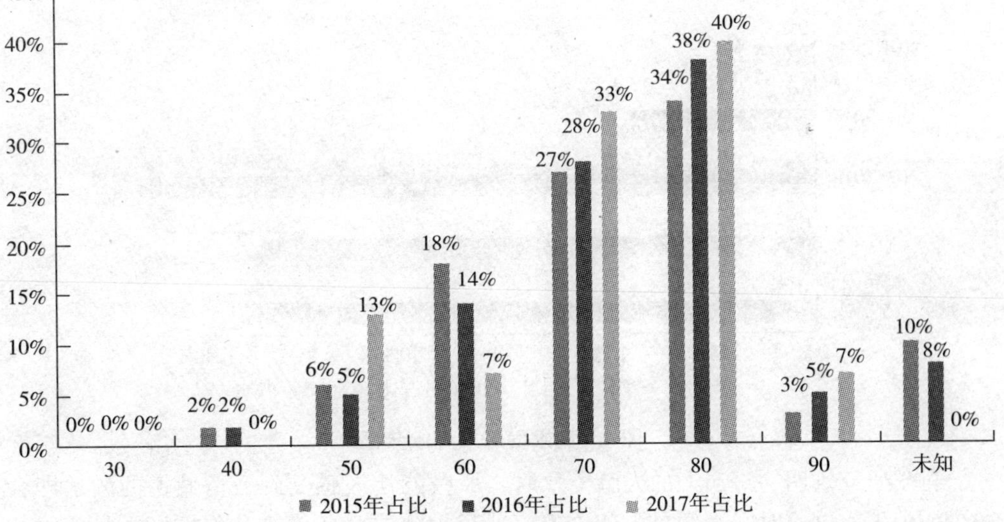

图3　离婚者年龄段

"80后"作为中国第一代独生子女，是最不愿意将就婚姻的，紧随其后的是"70后"大军。本团队分析了"80后"离婚率较高的主要原因有以下几点：其一，父母催婚，双方在结婚前彼此了解不深、感情基础薄弱，草率建立婚姻关系，婚后发现性格不合，因生活琐事经常争吵，最终导致婚姻以悲剧收场。其二，未婚先孕，奉子成婚。在我们统计的案例中发现，未婚生育而后补办结婚证的情况屡见不鲜。这其中虽存在某些地域重男轻女思想的影响，同时也反映出青年男女对待婚姻、生育的态度不够慎重。其三，父母过多参与并干涉小夫妻的生活，也是导致"80后"夫妻婚姻破裂的重要因素。很多妈宝男，妈宝女事事听从父母的意见，家庭事务不是夫妻之间进行沟通商量，而是由父母来决定，因此引发夫妻矛盾，导致婚姻最终走向破裂。

时代更迭，社会发展，人们对待婚姻的态度也随之变化，社会对于离婚亦是愈加宽容，但本团队律师还是希望青年男女们因爱成婚，在走进婚姻之前谨记修炼爱情付出的努力，且行且珍惜。同时也给家长们一个建议，不要包办子女的一切，子女的生活应该让他们自己去过，这样他们才能尽快承担起家庭责任和社会责任。

四、熬过了七年之痒，却走不过十年之约？

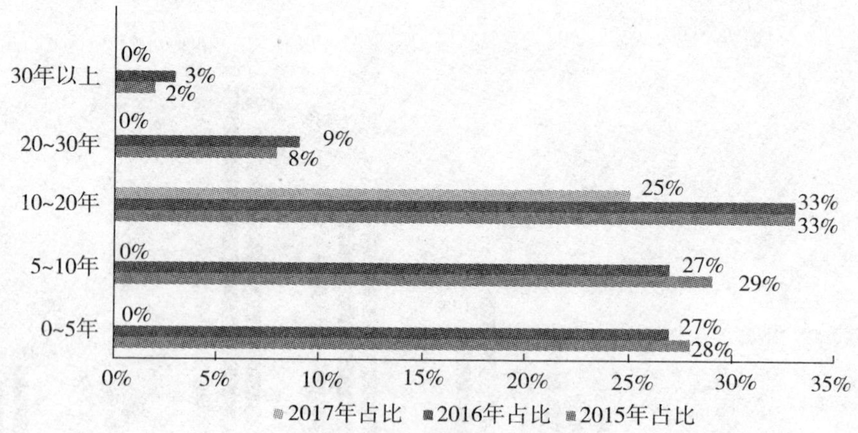

图4　离婚时婚姻存续年限

科学研究表明，每当人的大脑倦怠时，那些能让人感受到爱情愉悦的激素即会减少或消失，这段时间大约是七年左右，所以七年之痒常常被称作婚姻中最危险的时点。全国《司法大数据之离婚纠纷》也显示其中2～7年为婚姻破裂的高发期。而福州地区近三年的离婚纠纷数据统计，均显示离婚时婚姻存续10～20年的比例是最大的，这说明福州地区离婚人群的婚姻存续时间普遍较长，人们对于婚姻还是偏向保守、慎重的。但婚姻无论何时都需要保鲜，即使熬过了七年之痒，如未妥善经营，也可能走不过十年之约，更无法白头到老。

五、谁是摧毁婚姻的杀手？

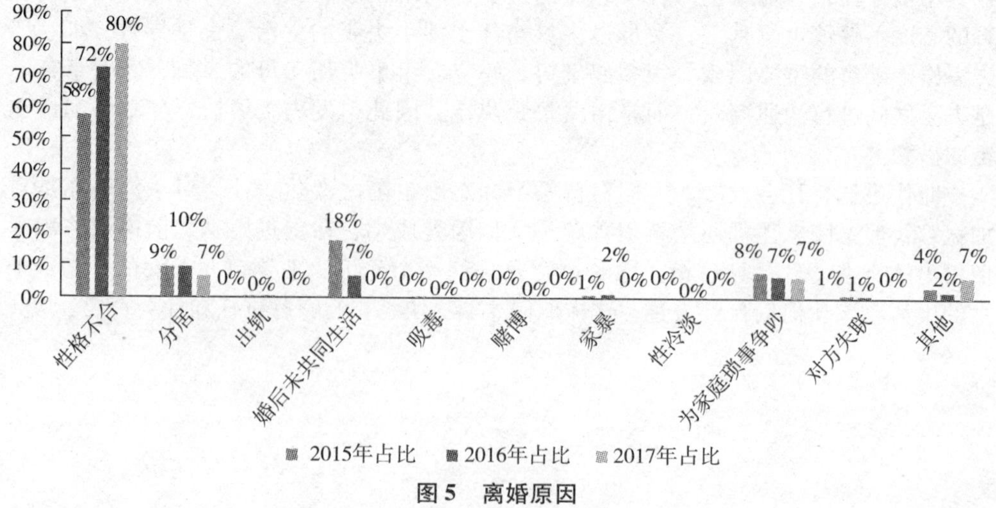

图5　离婚原因

排除上文所说的“假结婚”类离婚案件，以图5显示“性格不合”是离婚纠纷中最常见的原因，其后“分居”“为家庭琐事争吵”也成为摧毁婚姻的元凶，而“出轨”“家暴”“吸毒”“赌博”等在常人眼里比较有杀伤力的离婚事由则占比不大。究其原因，一方面，因为法院对“出轨”“家暴”“吸毒”“赌博”等事实认定的证据要求较为严苛，因此，原告虽以这些事由提出离婚，但无法提供有效证据证明对方的过错，最终法院未予认定；另一方面，也显示了在婚姻生活中林林总总的小矛盾累积起来对夫妻感情的破坏力也是很强的。当然，当爱已不在，离婚其实不需要理由，只需要借口，因此在判决书中，我们发现甚至有原告以“被告经常因跳广场舞不回家……”“被告听闻2012年为世界末日，从此离家出走，至今未归……”等为由起诉离婚的奇葩案件。本团队律师希望大家在婚姻生活中彼此多一些理解，多一些包容，更要多一些关爱，少一些争吵，切勿因小失大，赔上得之不易的感情。

六、婚姻不是你想离，想离就能离

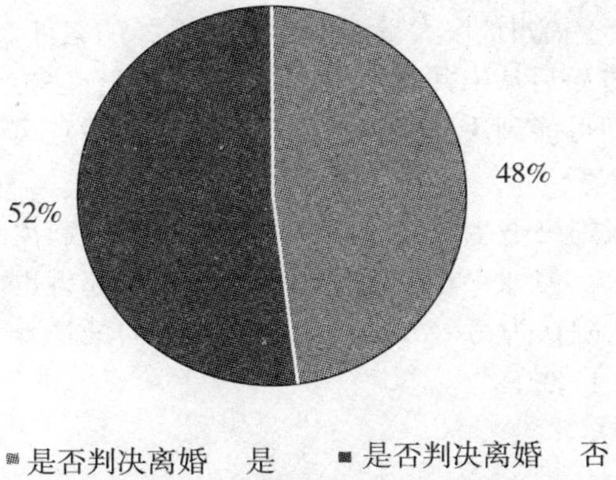

图6　第一次起诉离婚的判决结果

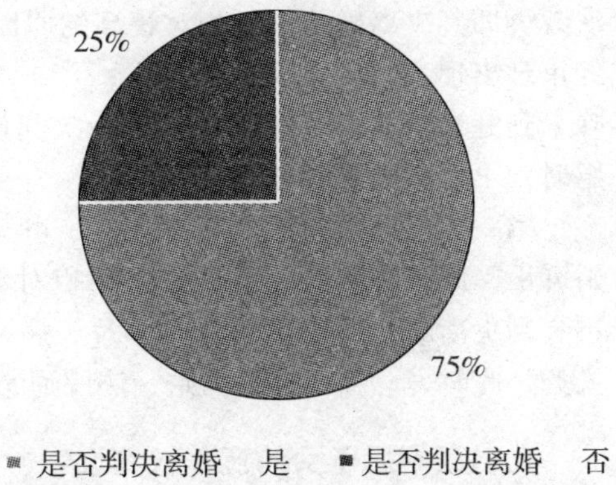

图7　三次及以上起诉离婚的判决结果

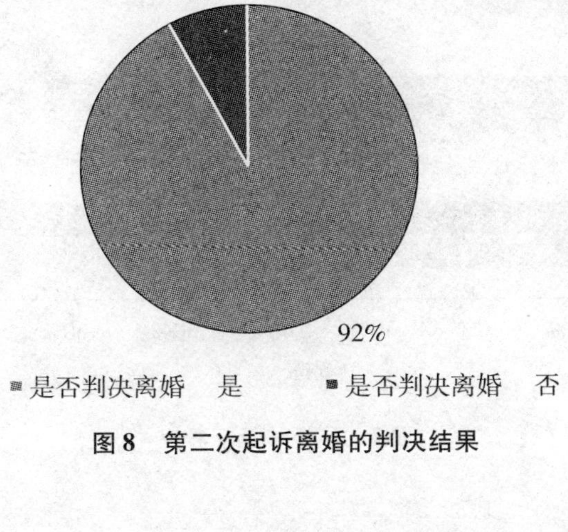

图8　第二次起诉离婚的判决结果

《婚姻法》第32条第3～4款规定："有下列情形之一，调解无效的，应准予离婚：（一）重婚或有配偶者与他人同居的；

（二）实施家庭暴力或虐待、遗弃家庭成员的；

（三）有赌博、吸毒等恶习屡教不改的；

（四）因感情不和分居满二年的；

（五）其他导致夫妻感情破裂的情形。

一方被宣告失踪，另一方提出离婚诉讼的，应准予离婚。"

以上法条规定的情形为"法定离婚事由"，在司法实践中，如无充分证据证明存在上述"法定离婚事由"，法院在第一次起诉离婚的审理中通常判决不离婚。而即使出现上述"法定离婚事由"，司法实践中判决不离婚的可能性也非常大。对于第一次起诉离婚未果的案件，原告需在判决生效之日起6月后才可再次提起离婚诉讼。

全国《司法大数据之离婚纠纷》的数据显示，第一次起诉即判决离婚的比例为34.19%，而我们团队统计的数据为52%，高出17.81%。经过分析，福州地区第一次起诉即判决离婚的比例相对较高的原因在于福州地区大量涉及"假结婚"的案件，经审理出现：（1）被告系外国人；（2）双方婚后从未共同生活；（3）被告经合法传唤未到庭参与庭审的情况时，第一次起诉即可能判决离婚。另外，在双方都同意离婚时，第一次起诉亦可判决离婚。

第一次起诉判决不予离婚之后，可于该判决书生效之日起6个月后再次提起离婚诉讼，此时法院判决离婚的比例相对较高。但如存在特殊情形，即使多次起诉也不会判决离婚，比如一方患有重大疾病，法院认为另一方本应当尽到夫妻间的扶养义务，此时另一方如提出离婚，法院通常不予支持。

七、离婚后子女的抚养权归谁？

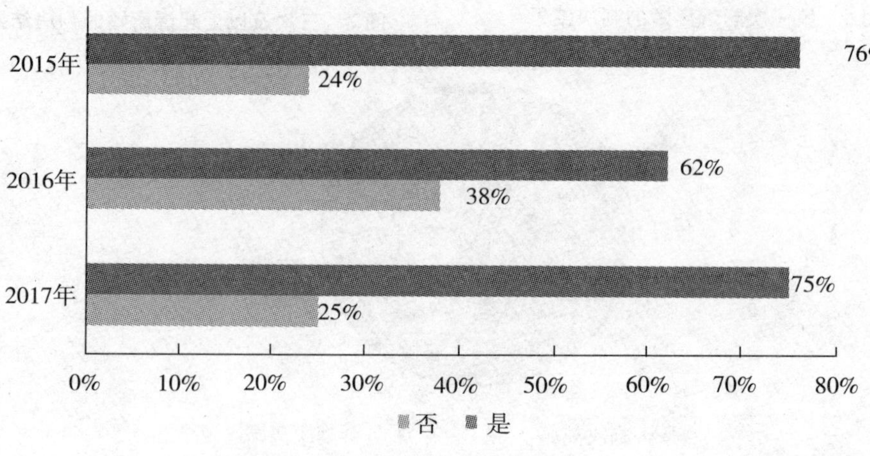

图9 是否涉及抚养权

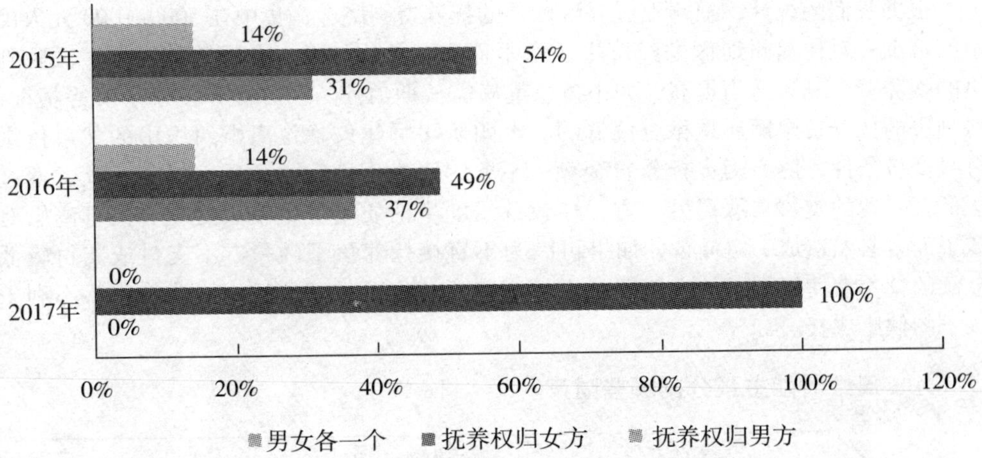

图 10　抚养权归属

在离婚纠纷案件中，涉及子女抚养权的比例仅占 30% 左右。

从图 9、图 10 可见，在涉及抚养权的离婚案件中，离婚时子女的抚养权多判归女方。法院在确定抚养权归属时，一般会从有利于子女健康成长的原则出发，综合考虑男、女方的收入、职业、学历、是否有不良习性等客观抚养条件，在法律规定的范围内作出抚养权归属的判决。照顾孩子付出较多，孩子在情感上比较依赖的一方相对而言比较容易得到孩子的抚养权。如果孩子的年龄超过 8 周岁，法院还需要征求孩子的意见来决定由哪一方直接抚养孩子。

八、法院判决的抚养费是多少？

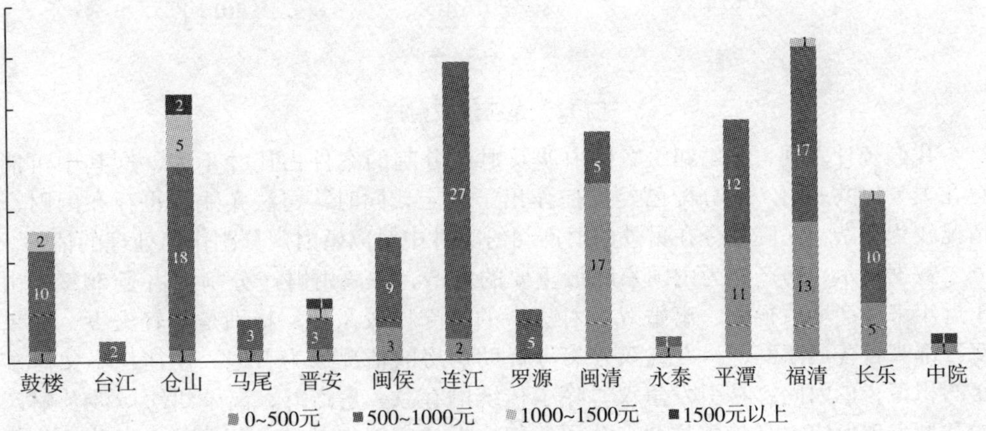

图 11　抚养费金额

根据我们的统计，福州地区五区八县的抚养费判决金额集中在500～1000元人民币的范围，对比福州地区的经济生活水平而言，总体偏低。在特殊情况下，法院判决的抚养费金额有适当提高，如小孩患重病需长期治疗、一方抚养多个子女等情况，但判决的抚养费金额还是相对偏低的。本团队律师建议各位离婚纠纷中的父母依据自身经济条件，协商确定抚养费金额，不要因为夫妻之间的矛盾而迁怒子女，通过压低抚养费的支付来惩罚另一方，导致孩子的生活质量发生较大变化。父母离婚对孩子而言必然造成一定痛苦，如果再因为不直接抚养孩子的一方不支付或支付较低金额的抚养费使得孩子的生活质量大幅度降低，将对孩子造成进一步伤害，不利于孩子的健康成长。

九、离婚时能主张分割哪些财产？

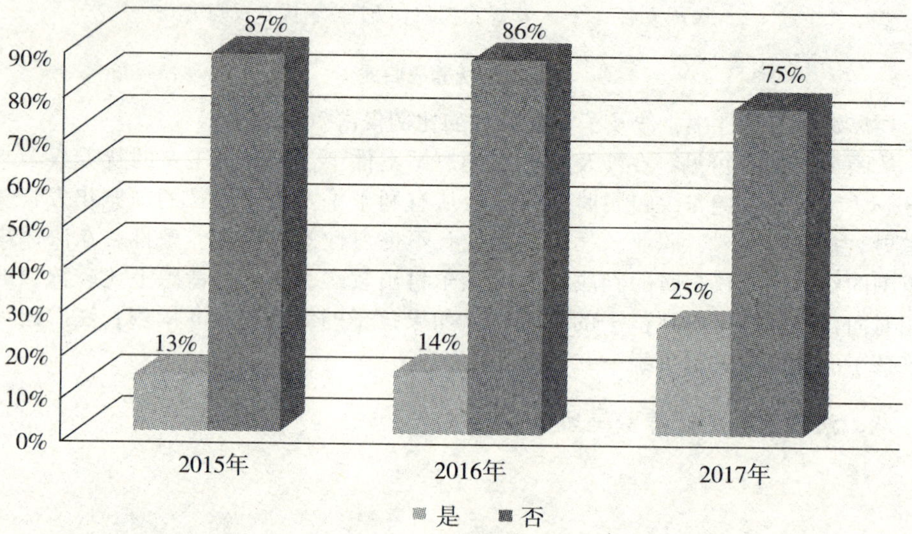

图12　是否涉及财产

我们统计发现，离婚纠纷案件中涉及财产分割的案件占比并不大，这其中可能存在夫妻对共有财产的分配已经提前作出了约定，同时，司法实践中也存在因财产情况较为复杂，法院判令在另外的财产纠纷案件中对离婚财产分割作出处理的情形。

数据显示，房产作为中国家庭最重要的资产，在离婚财产分割中占了50%。由于近年来房产增值很大，离婚双方对房产的争夺比较激烈。特别是年轻夫妻，如果双方都来自普通家庭，一方或双方父母资助购房的情况极为普遍，往往耗尽父母多年的积蓄，也因此容易引发争议。除了传统的存款、房产外，离婚纠纷所涉及财产的类型表现形式也日趋多样化，公司股权、拆迁安置权益、大额保单、彩礼、公积金等财产类型也出现在离婚财产的处理中。

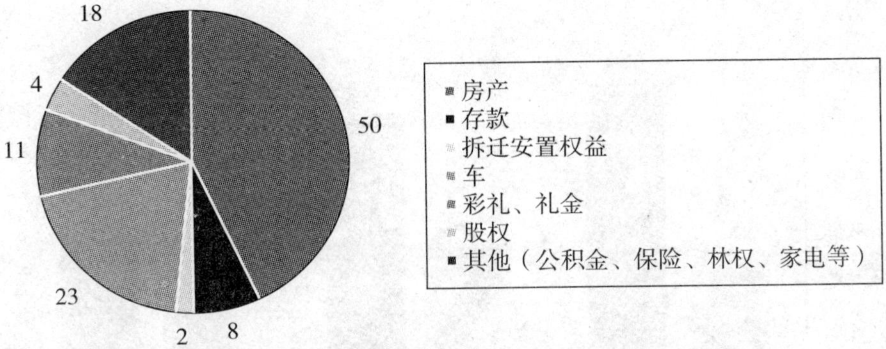

图13　财产类型

对于个人财产，法律作出了相应的规定，在离婚财产分配时，这部分财产将不被分割。

《婚姻法》第18条规定："有下列情形之一的，为夫妻一方的财产：

（一）一方的婚前财产；

（二）一方因身体受到伤害获得的医疗费、残疾人生活补助费等费用；

（三）遗嘱或赠与合同中确定只归夫或妻一方的财产；

（四）一方专用的生活用品；

（五）其他应当归一方的财产。"

结合法律规定与司法实践，离婚财产分割时，一般遵循以下原则：

1. 男女平等原则。

2. 照顾子女和女方利益原则。这里的"照顾"，既可以在财产份额上给予女方适当多分，也可以在财产种类上将某项生活特别需要的财产，比如住房，分配给女方。毕竟从女性的家务负担、生理特点、职场地位等方面来看，女性在离婚后创造财富能力较男性相对弱一些，因此，在离婚时应予以适当照顾。同时，在分割夫妻共同财产时，要特别注意保护未成年人的合法财产权益。未成年人的合法财产不能列入夫妻共同财产进行分割。

3. 有利生活，方便生活原则。在离婚分割共同财产时，不应损害财产效用、性能和经济价值。不可分物按实际需要和有利发挥效用原则归一方所有，分得方应依公平原则，按离婚时的实际价值给另一方相应的补偿。

4. 过错赔偿原则。一方将夫妻共同财产非法隐藏、转移拒不交出的或非法变卖、毁损的，分割财产时，对隐藏、转移、变卖、毁损财产的一方应予以少分或不分。

5. 夫妻一方所有的财产，在共同生活中消耗、毁损、灭失的，另一方不予补偿。

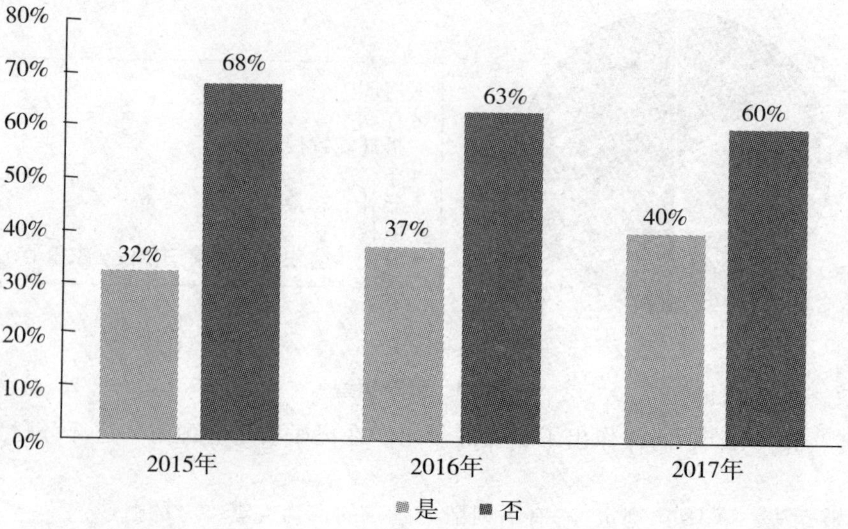

图14　是否聘请律师

十、离婚时是否聘请律师？

数据显示，福州地区离婚纠纷案件聘请律师的比例呈现逐年递增的趋势。根据前面的分析，由于家庭财产类型日益多样，夫妻共同财产的认定呈现复杂化趋势，并非简单的一分为二。因此，离婚纠纷案件中涉及较为复杂的财产关系时，当事人自己难以解决，需要律师提供专业的法律帮助，方可厘清其中的法律关系，对财产的归属有正确的认识，有利于纠纷的解决。

十一、离婚案件的上诉率有多高？

经统计，离婚纠纷案件上诉率仅为3%，大多数离婚纠纷均通过一审程序审理终结，仅有少数财产情况复杂的离婚案件存在上诉二审法院的情形。

十二、细数离婚纠纷中那些奇葩案例

（一）抚养多年的婚生子竟非亲生，法院判决过错方赔偿抚养费及精神损失

2010年10月，小强与小丽偶然相识，两人一见如故、相见恨晚，很快就谈婚论嫁，领取了结婚证。两年后，婚生子小小强出生了，可原本甜蜜美满的婚姻却悄然出现裂痕。由于婚前缺乏深入了解，双方学识、性格、消费观念、价值观念、生活环境和生活习惯均存在巨大差异，两人经常为琐事争吵，而后，小强更是发现自己抚养了多年的婚生子小小强竟然不是自己的亲生儿子。小强一怒之下向法院提出离婚请求，同时要求小丽赔偿其抚养小孩的抚养费5万元，并给予其精神损害赔偿8万

元。法院经过开庭审理，作出以下判决：（1）准予小强与小丽离婚；（2）小小强由小丽抚养；（3）小丽支付小强养育小小强的抚养费1.5万元；（4）小丽赔偿小强精神抚慰金2万元。

【律师说法】

《婚姻法》第4条规定："夫妻应当互相忠实，互相尊重；家庭成员间应当敬老爱幼，互相帮助，维护平等、和睦、文明的婚姻家庭关系"。第46条规定："……导致离婚的，无过错方有权请求损害赔偿。"

《最高人民法院关于适用〈中华人民共和国婚姻法〉若干问题的解释（一）》第28条规定："婚姻法第四十六条规定的'损害赔偿'，包括物质损害赔偿和精神损害赔偿。"

小强与小丽婚姻关系存续期间，因小丽与他人有不正当男女关系的行为，并生育一子，导致离婚，根据法律规定，小丽应该承担相应的损害赔偿，法院依法支持了小强提出的损害赔偿请求。综合考虑小强所受精神损害时间及小丽的月收入情况等，酌定给付精神损害赔偿的金额。小强与小小强并无血缘关系，故小强对小小强无法定抚养义务，小强在婚姻关系存续期间为小小强所付出的抚养费应当由小丽返还给小强。抚养费的具体金额由法院综合考虑当地生活水平及双方收入情况等酌定。

（二）为取得境外户籍而"假结婚"，却差点涉嫌重婚罪

林甲常年在香港工作，为了取得香港的合法居民身份，通过各种渠道找到了香港籍的陈乙帮忙，制造了一场"假结婚"。林甲与陈乙于2007年11月22日在福州民政局登记结婚。婚后陈乙即返回香港，再未到过内地，也无联系，林甲到香港亦未找到陈乙。2011年5月11日、6月9日林甲分别收到福州市出入境管理处出具的《前往港澳台地区申请不予批准决定通知书》《申请出国（境）审批意见告知书》，载明"配偶涉嫌重婚"，致林甲被限制出境。林甲早已联系不上陈乙，只得一纸诉状向法院起诉离婚。

【律师说法】

福州地区的涉外离婚案件中"假结婚"类案件居多，可谓福州的"地方特色"，而大家须知法律不可儿戏，一旦依法领取结婚证，即建立了具有法律意义的婚姻关系，必须接受《婚姻法》等法律法规的规范和约束，你眼中的"假结婚"有朝一日可能造成法律上的真重婚，而重婚是要承担刑事责任的。因此，本团队律师再次告诫各位："婚姻"有风险，"结婚"需谨慎！

（三）双方签订了婚内财产约定书，为何却得不到法院的支持？

大陈与小王是一对半路夫妻，但大陈与前妻离婚后一直保持联系，小王对此心怀芥蒂，遂让大陈签下《财产约定书》，约定如大陈与前妻复婚，则大陈与小王婚后共有的一套位于市中心的房产归小王所有。财产约定书的签订并没有让夫妻关系好转，大陈和小王最终还是因离婚纠纷闹到了法院。小王拿出《财产约定书》要求将

市中心的房产判归自己，而大陈却对此提出异议。法院开庭审理后，认为该《财产约定书》系附生效条件的合同，应在条件发生时生效，现小王未能举证大陈将与前妻复婚，故无法证明《财产约定书》所附生效条件发生，因此判定该约定书未生效，法院对小王的主张不予支持。

【律师说法】

《婚姻法》第19条规定："夫妻可以约定婚姻关系存续期间所得的财产以及婚前财产归各自所有、共同所有或部分各自所有、部分共同所有。"

婚姻关系存续期间，夫妻双方如无特别约定，夫妻财产适用法定的所得共同制，换言之，夫妻双方也可以适用约定财产制。但司法实践中我们发现许多夫妻之间的财产约定却被法院认定为无效。总结司法案例中的常见情况，我们提示大家，以下三种约定将有可能会被法院判定无效：

1. 约定财产归子女所有。很多夫妻在签订协议时约定共有财产中的部分财产归子女所有，但这些财产却仍然是由父母管控。这种约定性质上属于父母对子女的赠与。《合同法》第186条规定，"赠与人在赠与财产的权利转移之前可以撤销赠与。具有救灾、扶贫等社会公益、道德义务性质的赠与合同或者经过公证的赠与合同，不适用前款规定"。因此，从法律上看，夫妻双方虽然约定共有财产归子女所有，在没有交付财产或办理产权转移之前，如果其中一方反悔，是可以撤销赠与的，针对这部分财产的约定就归于无效。

但如果夫妻双方在离婚协议中约定夫妻双方共有的房产在离婚后归子女所有，由于离婚协议是为解除双方婚姻关系的目的而订立，是夫妻双方对子女抚养、共同财产分割以及债权债务等问题达成共识的意思表示。离婚协议中涉及房产的赠与同父母对子女的抚养义务及其他附随义务紧密相连，离婚协议中将财产赠与子女所涉及的赠与关系是伴随解除婚姻关系而签订的，具有很强的人身依附性，该赠与不得随意撤销。离婚协议中关于财产分割的条款或者当事人因离婚就财产分割达成的协议，对男女双方具有法律约束力，任何一方都不能随意变更或撤销。

2. 约定一方婚前房产归双方共有但未办理产权转移登记。有些夫妻协议约定将一方的婚前房产约定为双方共有，却没有及时办理产权转移登记，这在法律上也属于未履行的赠与行为，在最终发生争议时，如赠与方反悔，则受赠方无法得到法院的支持。

3. 在夫妻财产约定中约定提出离婚者净身出户的条款。对待此类"忠诚协议"，各地市法院的处理各不相同，但极有可能因此类条款被认为限制离婚自由，而被认定为无效。

十三、结语

"没有哪种选择能够比选择与另外一个人、一个伴侣、一个配偶结合，会在你人生的旅途上留下那么多的印记。当婚姻之石被抛至人生的池塘时，它会泛起幸福的涟漪，也可能激起痛苦的波浪，而这种幸福或者痛苦的结局，很大程度上取决于你人生的这一重大决定。”这是一位美国牧师在其女儿结婚前写给他女儿的一段话，分享给所有准备结婚或者已经在婚姻中的男女。如果你正准备结婚，请认真想一想，你真的准备好了吗？如果你打算离婚，也请认真地、理性地考虑离婚带给你、带给对方、带给孩子的影响，客观地对待离婚。作为长年处理婚姻家庭纠纷的专业律师团队，我们用心对待每一个委托人，用专业处理每一个纠纷，通过对离婚大数据的分析，让我们帮助当事人更好地认识离婚诉讼的进程和可能的走向，客观、理性地对待自己的诉求，更好地解决纠纷。

婚姻不易，且行且珍惜。

[王晓艳：国浩律师事务所合伙人（福州），厦门大学法律硕士
王晨照：国浩律师事务所合伙人（福州），厦门大学法律硕士
马兰花：国浩律师事务所合伙人（福州），厦门大学法学学士
吕忆仁：国浩律师事务所律师助理（福州），华东政法大学法学学士]

2017年渝贵川离婚诉讼大数据分析报告

乔一清　王　欣　管孟娇　向文丽

渝贵川地区作为西南地区最具代表性的三个省份，其离婚诉讼的数量逐年增加。三地的离婚诉讼大数据，不仅可以体现大西南地区婚姻家庭的状况，也是全国婚姻家庭的缩影。国浩重庆办公室乔一清律师团队，通过对2017年1月1日至2017年12月31日渝贵川三地各法院的离婚判决进行统计、分析后，对其中1287份判决书作大数据归纳总结，撰写本报告，以期为大家提供参考。[1]

一、女性成为将离婚率推高的“主力军”

原告性别	案件数量
男	303
女	977
不详	7

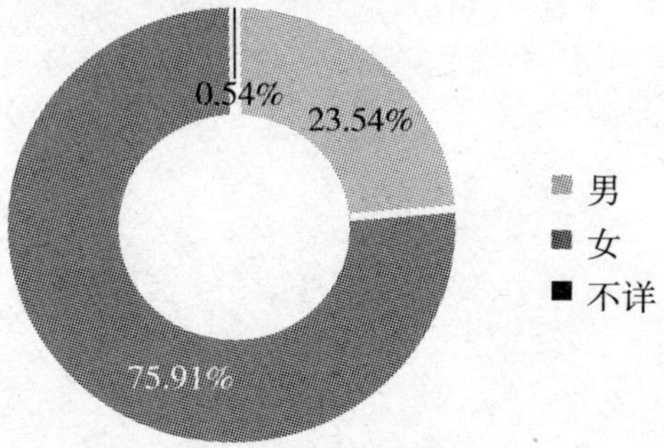

图1　离婚案件原告统计

---

〔1〕本次报告仅统计互联网公开的数据。本次统计选取了2017年1月1日至2017年12月31日的相关数据，统计日期为2018年3月4日。检索途径：威科先行（该平台是目前法律界较常使用的法律搜索案例库之一，该平台数据主要来自中国裁判文书网）。检索地区：重庆、贵州、四川（以下简称渝贵川）。检索关键词：民事、离婚纠纷、2017年、判决书。本次渝贵川共检索到1336件离婚判决书，其中49份未在互联网上公布判决书内容，故本团队此次仅对剩余1287份判决书进行统计。由于离婚案件的特殊性及隐私性，根据2016年10月1日施行的《最高人民法院关于人民法院在互联网公布裁判文书的规定》，离婚诉讼或者涉及未成年子女抚养、监护的情形，人民法院作出的裁判文书可不在互联网公布。故本次数据统计仅限于公开数据库中所显示的数据进行统计分析。

渝贵川的调查数据显示，渝贵川的女性主动提起离婚的，所占比例为75.91%。这个数字，颠覆了我们之前对于传统婚姻中女性逆来顺受的所有设想。越来越多的女性敢于主动提出离婚，这一社会现象的背后，是女性经济与社会地位日益崛起的转变！同时，这也与大众法律意识的不断增强有关。为追求幸福的婚姻和充实的精神生活，女性在面对不幸的婚姻更勇敢和主动地提出离婚，单从这一角度来看，离婚率升高也体现出社会的进步，或许这将是人类社会发展不可逆转的潮流。

二、婚姻不是“儿戏”，怎能说离就离

起诉次数	案件数量	判决离婚数量	判决不离
起诉一次	973	184	920
起诉二次以上	314	182	

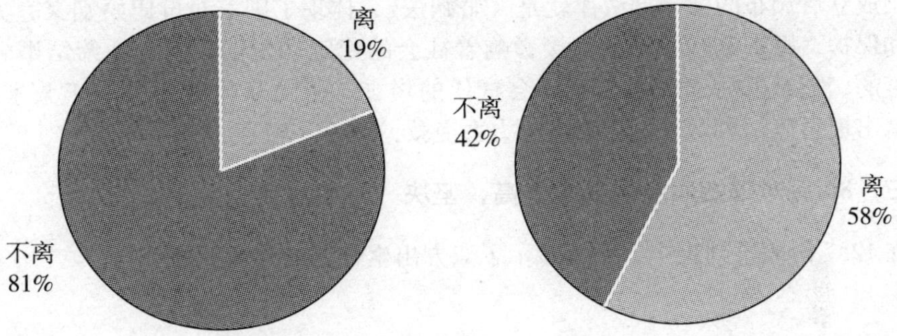

第一次起诉情况　　二次及以上起诉情况

起诉次数与法院是否判离数量图

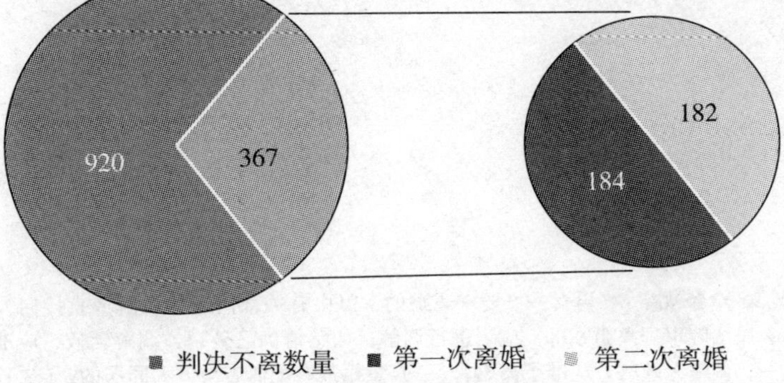

图2 离婚案件审判情况统计

从统计的数据可以看出，在1287份判决中，有920份判决不准予离婚，占比71.48%，另外367份判决离婚的判决书中，第一次起诉就判离有184份，判决离婚率为21.89%，两次及以上起诉判离有182份，判决离婚率为57.96%。其中，在判决离婚的案件中，被告同意离婚、被告下落不明或者离家出走杳无音讯占了很大比重。同时，法院在审理离婚纠纷时比较慎重，除了具有我国《婚姻法》第32条[1]规定的情形，对于第一次起诉离婚的当事人只要尚有和好可能或被告不同意离婚的情况，法院一般会以感情尚未完全破裂为由判决不准予离婚。而一旦判决不予离婚后，根据《民事诉讼法》第111条第7项明确规定：判决不准离婚和调节和好的离婚案件，判决、调解维持的案件，没有新情况、新理由，原告在六个月内又起诉的，不予受理。这相当于给夫妻双方一个“冷静期”或“感情修复期”，这段期间过后原告才能第二次起诉。

我们说家庭是社会的重要细胞，婚姻家庭关系是最基础、最普遍的社会关系。新中国成立后颁布的第一部法律就是《婚姻法》，体现了国家对健康婚姻家庭关系的重视和保护，婚姻家庭的建设直接影响着社会的稳定和发展。双方在缔结婚姻时都是甜蜜的，随着婚后家庭责任、社会责任的增加，爱情从风花雪月归于柴米油盐，当婚姻出现裂痕，男女双方均应该努力去挽救，而不是轻言放弃。

三、80后对婚姻质量的要求最高，坚决“不将就”

在1287份离婚判决中，明确显示了双方出生日期的有826件。

---

[1] 《婚姻法》第32条规定：“男女一方要求离婚的，可由有关部门进行调解或直接向人民法院提出离婚诉讼。人民法院审理离婚案件，应当进行调解；如感情确已破裂，调解无效，应准予离婚。有下列情形之一，调解无效的，应准予离婚：（一）重婚或有配偶者与他人同居的；（二）实施家庭暴力或虐待、遗弃家庭成员的；（三）有赌博、吸毒等恶习屡教不改的；（四）因感情不和分居满二年的；（五）其他导致夫妻感情破裂的情形。一方被宣告失踪，另一方提出离婚诉讼的，应准予离婚。”

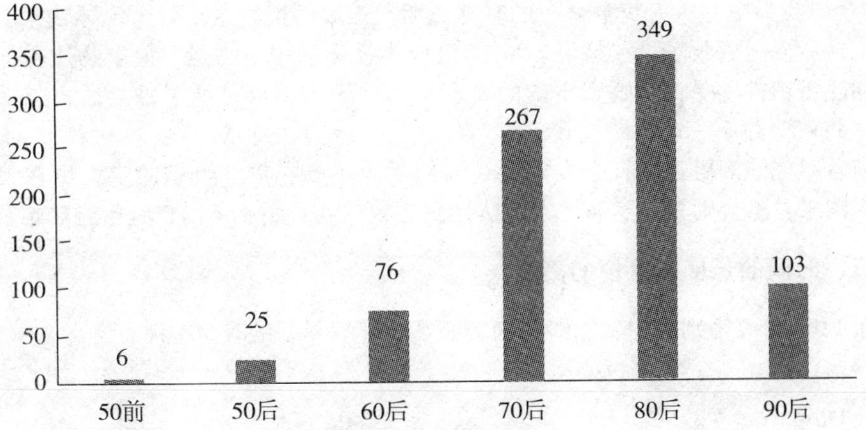

各年龄阶段离婚数量图

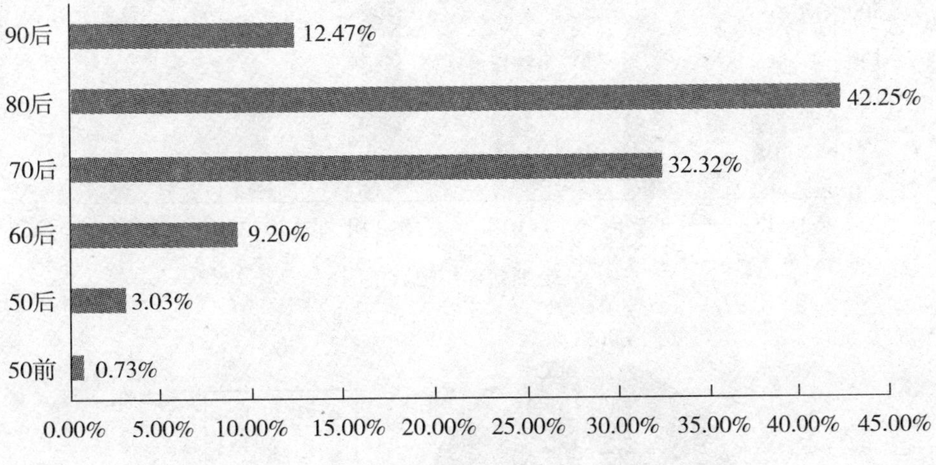

各年龄阶段离婚数量百分比

图3　各年龄阶段离婚统计

从本次统计数据可以看出，70后、80后、90后是离婚的主要群体，其中80后更是成为起诉离婚的主力军，共349件，占离婚案件总数的42.25%。从过去的谈离婚色变，到纠结于离或不离，再到如今的坚决不将就，社会大众的婚姻观正在发生着巨大改变。原因有三：一是作为我国第一批独生子女，80后很多男女青年从小就得到父母无微不至的关怀，多数独立而具有个性，使他们对小家庭的感情没那么依恋；二是80后从小到大都习惯于父母奉献型的爱，在自己的婚姻中，也常常抱着

"对方要以我为中心，为我奉献"的心理，惯性索取而拒绝主动付出，导致家庭矛盾升级，最后以离婚收场；三是很多80后已成为社会的中坚力量，追求物质生活的同时更加注重精神感受，对婚姻质量的要求更高，婚姻不再是结了婚之后再怎么不好也要"将就"过下去的传统模式。

随着时代浪潮更迭，社会在发展，人们视野不断拓展，婚姻的定义也在发生改变，合则来，不合则去。然而，本团队还是想说一句：婚姻不易，且行且珍惜。

四、时间的长度≠感情的高度

在1287份离婚判决中，能够明确判断婚姻存续年限的有961件。

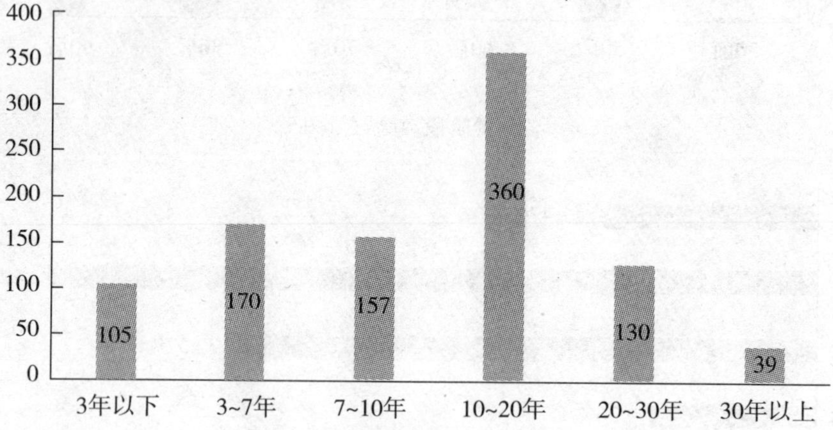

婚姻存续年限数量图

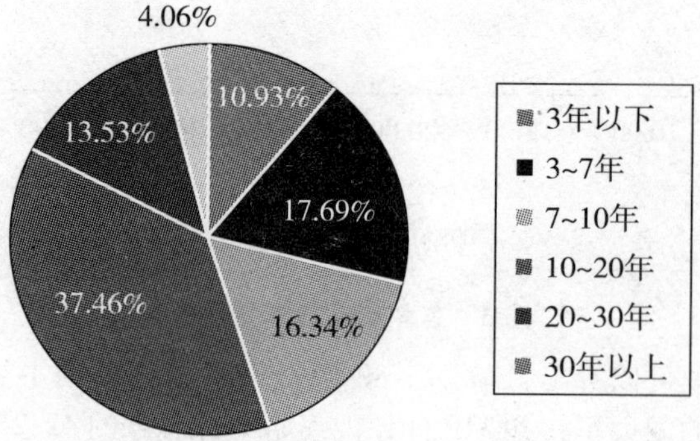

婚姻存续年限比例图

图4 婚姻存续年限统计

据最高人民法院发布的2017年《司法大数据专题报告之离婚纠纷》显示，婚后2~7年为婚姻破裂的高发期。一直以来就有“婚姻难逃7年之痒”的说法，大众普遍认为婚姻一般持续到第7年左右会感觉到平淡、无聊、乏味，从而出现感情危机导致离婚。但是渝贵川三地的婚姻存续年限普遍较长，其中婚后不足7年（包括3年以下和3~7年）离婚的案件总共仅占28.62%。而且经统计发现，在渝贵川三地婚后10~20年才是婚姻破裂的高发期，在能明确婚姻存续年限的961件案件中，结婚10~20年起诉离婚的夫妻有360对，所占比例最高，为37.46%，其次才是3~7年的夫妻，共170对，所占比例为17.69%。

由此可见，婚姻存续时间的长短并不能代表夫妻感情状态的和谐与否，即使婚姻存续年限较长，夫妻感情破裂时还是会起诉离婚。

五、最美不过初相识，结婚审慎才是福

择偶方式	经人介绍	自由恋爱	相亲	其他	不详
案件数量	466	526	9	22	263

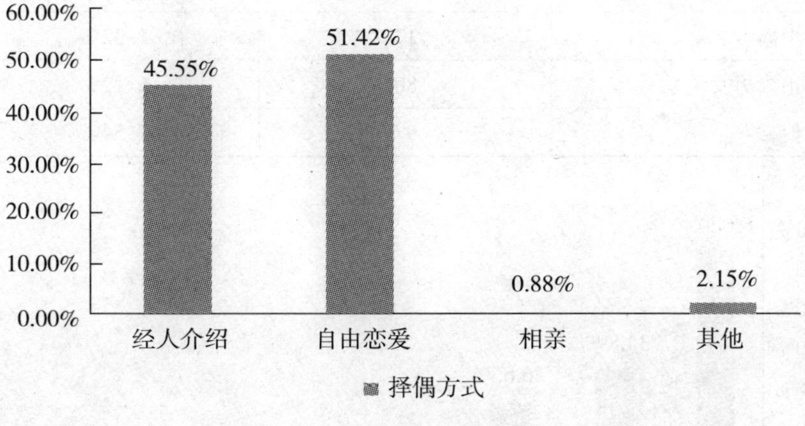

图5 择偶方式统计

除去未载明离婚原因的263份判决，我们发现，相亲并不是男女择偶的主要方式，在1024份判决中，通过相亲结合在一起的仅仅9件，还没占到案件数量的1%。数据显示，经人介绍和自由恋爱才是相识相知相爱的主要方式，其中自由恋爱结婚的有526件，占51.42%，紧随其后的是经人介绍结婚的有466件，占45.55%，其他择偶方式主要是指包括网络相识、父母包办婚姻等，共22件，占比2.15%。这一方面反映了随着社会的发展，人们在择偶时享有的自由度也越来越大，更宁愿选择自由恋爱而不是“父母之命，媒妁之言”；另一方面也反映了现代人的生活节奏较快，工作压力较大，社交范围较小，越来越多的人选择了经人介绍这种简单高效的

择偶方式。

但是调查数据显示，无论选择什么择偶方式，超70%的离婚案件中，双方的婚前了解时间不足1年，甚至有的仅十天半个月就草率结婚，这就是所谓的“闪婚”。既然男女双方来自不同的原生家庭，有着不同的性格和生活习惯，那么婚前双方更应当进行充分的了解，确定能否完全地接纳对方，毕竟良好的感情基础是婚姻幸福、稳定的前提。

六、爱到尽头，覆水难收

离婚原因	案件数量	所占比例
性格不合	836	64.96%
分居	449	34.89%
家暴	343	26.65%
赌博	107	8.31%
刑事犯罪	15	1.17%
聚少离多	17	1.32%
不正当男女关系	80	6.22%
其他	97	7.54%

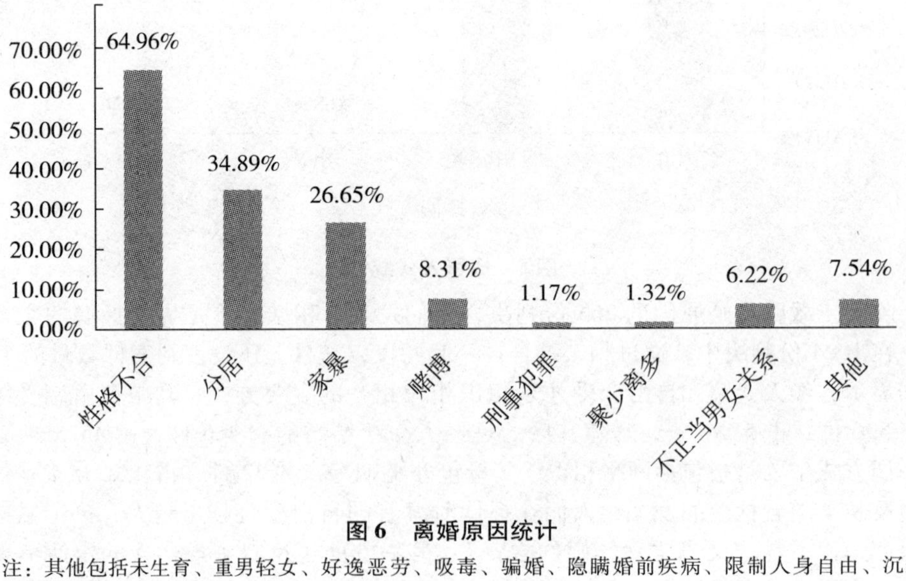

图6　离婚原因统计

注：其他包括未生育、重男轻女、好逸恶劳、吸毒、骗婚、隐瞒婚前疾病、限制人身自由、沉迷传销、患有精神问题等。

幸福的姿态只有一种，但是不幸的姿态却有千千万万。在本次统计的数据中，除判决未明确指出离婚原因的以外，离婚原因排名前五位的分别是性格不合、分居、家暴、赌博和不正当男女关系，分别占比 64.96%、34.89%、26.65%、8.31%、6.22%。

（一）性格不合——离婚最无奈的理由

在1287份离婚判决中，因性格不合导致离婚的案件数量有836件，占比64.96%。可见，性格不合已成了离婚的罪魁祸首。为什么婚前如此甜蜜的男女婚后却发现双方性格不合呢，仅仅是因为婚前了解不够吗？从公布的判决书中，我们发现，大多数所谓的不合都是那些听起来匪夷所思的小事。性格不合，本质上不过是夫妻间容忍度和宽容度下降，要求不知不觉增高。人越熟越亲，在潜意识中就会对其要求越来越高。每个人都有自己与他人不同的性格特质，尤其随着婚后的长时间相处，近距离的接触、短兵相接，个性中不合的潜在因子就得以慢慢显露，于是才有了个性不合的感觉。所谓“人无完人”，但为何恋爱期间很少有人会明显觉得性格不合呢？除了彼此缺乏了解之外，一个重要原因就是恋爱时双方更多都是肯定对方的优点，弱化和包容对方的缺点，“情人眼里出西施”，自然恋人之间的和谐程度更高。由此可见，既然绝大多数夫妻都无法避免因性格、认知的差异导致为生活琐事产生冲突，那么除了沟通、包容之外，学会“用放大镜看对方的优点，用显微镜才能看到对方缺点”的姿态，才是婚姻美满的夫妻相处之道。

（二）分居——最忌讳的选择

因分居而提出离婚的案件数量共449件，占比34.89%。虽然我国《婚姻法》将“因感情不和分居满二年的”作为离婚的法定原因，但是在司法实践中，即使夫妻双方分居满二年，法院判决离婚的案件却并不多见。因为法律意义上的分居需具备三个要素：感情不和、分开居住、不履行夫妻间义务（包括性生活等）。夫妻因就业、学习等原因常年异地居住的；同住一套房，不在同一张床睡，各自分灶吃饭，但感情不和，不履行夫妻间相互义务等情形，法院一般不会认定为夫妻分居。

另外，从统计的案件中发现，很多年轻夫妻在发生争吵后动不动就轻易选择分居。我们认为，“分居”不是解决问题的方法，婚姻需要经营，“冷战”不是明智之举，夫妻之间产生矛盾后最重要的就是沟通，双方一旦分居，沟通必然受阻，久而久之，婚姻势必走向尽头。

（三）家暴——婚姻不能承受之重

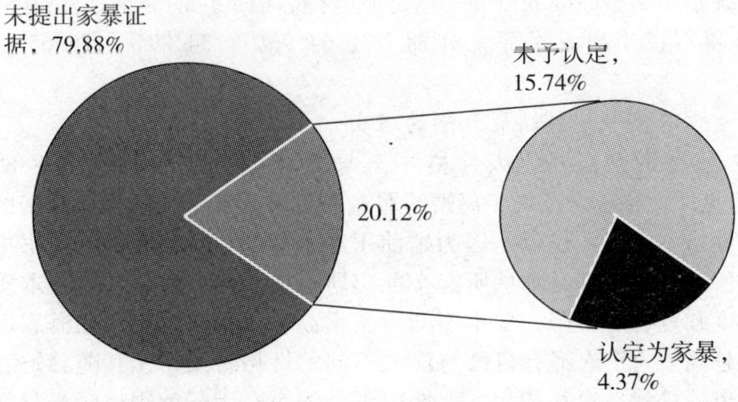

图7 家暴证据情况

虽然2016年3月1日《反家庭暴力法》就正式实施，但是家庭暴力事件仍然时有发生。在我们的统计范畴内，因家暴提出离婚的案件就有343件，占比26.65%。家暴属于法院判决离婚的法定情形，根据我国《婚姻法》规定，一方以暴力或虐待、遗弃家庭成员，另一方要求离婚的，调解无效，应准予离婚。但是仅有69件提出家暴证据，仅占家暴案件总数的20.12%。而在提出家暴证据后，被法院采信的仅仅15件，仅占4.37%。

《反家庭暴力法》明确指出，家庭暴力是指家庭成员之间以殴打、捆绑、残害、限制人身自由以及经常谩骂、恐吓等方式实施的身体、精神等侵害行为。[1] 国家禁止任何形式的家庭暴力，一旦发生家庭暴力，妇联、居委会、反家暴中心、工会等相关组织都可以为家暴受害者提供帮助。[2] 虽然我们一直在宣传“反家庭暴力”，人身安全保护令也正积极地发挥作用，但家暴案件仍屡禁不止。2018年4月初，《人民日报》在微博上发布了一则名为《反抗家暴究竟有多难?》的短视频，视频指出，2017年全国涉及家暴案件数量总共94571件，而报警率只有9.50%。家暴取证难有其特定的原因：家暴多发生在家庭内部成员之间，一般无第三人知晓，行为具有隐蔽性；受害人多有“家丑不可外扬”的心理，逆来顺受，导致家暴行为越来越严重，过程具有反复性与渐进性；受害人法律意识淡薄，在发生家暴后一味的忍气吞声，不寻求救助，也不及时去医院验伤，导致证据未能及时保存或者证明力不高。

我们强烈呼吁广大婚姻家庭中的家暴受害者，对家暴一定要敢于说“NO”!

---

〔1〕《反家庭暴力法》第2条规定，本法所称家庭暴力，是指家庭成员之间以殴打、捆绑、残害、限制人身自由以及经常性谩骂、恐吓等方式实施的身体、精神等侵害行为。

〔2〕《反家庭暴力法》第3条规定，家庭成员之间应当互相帮助，互相关爱，和睦相处，履行家庭义务。反家庭暴力是国家、社会和每个家庭的共同责任。国家禁止任何形式的家庭暴力。

（四）赌博——千金耗尽，家终破

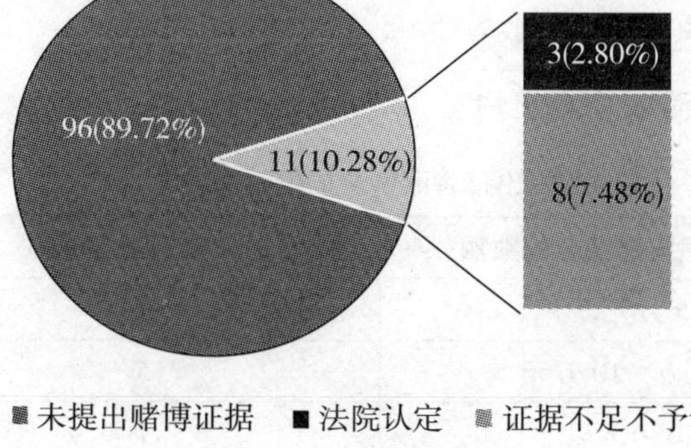

图8　赌博证据情况

将赌博作为离婚原因的案件共107件，其中仅11件（占比10.28%）提出赌博的证据，但是法院仅认定了3件，而且还是因为被告在法庭中自认。“小赌怡情，大赌伤身”，要证明夫妻一方存在小赌很容易，但是“小赌”一般不构成法定离婚原因中的“赌博”，而要证明夫妻一方嗜赌成性，具有法定离婚原因中的“赌博”行为相对较难，证据一般体现为证人证言、通话录音、夫妻一方书写的保证书等形式。

（五）不正当男女关系——认定并非易事

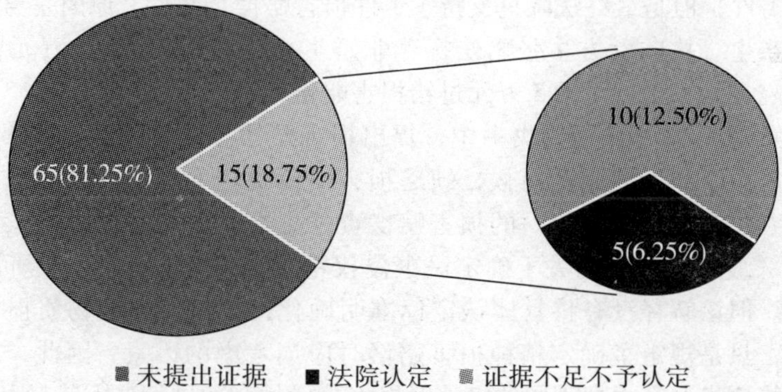

图9　不正当男女关系证据情况

在1287件离婚纠纷中，夫妻一方主张另一方违背婚姻忠实义务、出轨、婚外情、与他人同居等不正当男女关系的案件共80件，占案件总数的6.22%，但是提出不正当男女关系的案件数量仅15件，被法院认定的也只有5件。在夫妻一方提供的证明不正当男女关系的案件中，证据类型为社交软件的聊天记录、照片、开房记录、录像、证人等，即使这些证据能认定一方有第三者，也很难认定对方与第三人同居。因为《婚姻法》明确规定，“有配偶者与他人同居”才算作法院判决离婚的法定理由，也是受害方获得损害赔偿的条件，但是“有配偶者与他人同居”指有配偶者与婚外异性，以夫妻名义持续、稳定地共同居住。[1] 而要收集这一类证据非常困难，所以以此作为离婚理由和损害赔偿的理由，除一方自己承认外，一般难获法院支持。

七、过错损害赔偿＆净身出户

表1　提出损害赔偿金的离婚案件统计

提出损害赔偿金的数额	案件数量
5万元以下	4
5万～10万元	5
10万元以上	1

根据《婚姻法》第46条的规定，因重婚、有配偶者与他人同居、家暴、虐待或遗弃家庭成员这些严重危害婚姻家庭关系的行为，导致离婚的，属于离婚赔偿条件，无过错方可以请求过错损害赔偿。[2] 那么过错损害赔偿标准是什么呢？

在我们统计的案件中，提出过错损害赔偿的案件共10件，提出的原因为违背忠实义务，存在不正当男女关系、家暴、精神损失、非婚生子等。从数据来看，当事人要求的损害赔偿金额情况为，5万元以下的有4件，5万～10万元的有5件，10万元以上的有1件，但是最终法院只支持了1件损害赔偿金案件，原因是男方在离婚后发现儿子非亲生，故向女方主张赔偿抚养非婚生子的费用以及10万元精神损害赔偿，然而法院最终只支持了1.5万元过错损害赔偿金。

我们注意到，在1287份判决书中，提出损害赔偿金的案件还不到1%。这反映出当事人在向法院起诉离婚的时候，缺乏损害赔偿责任的意识；同时，在法院对该类案件进行判决时，并没有统一的损害赔偿责任标准，在离婚损害赔偿中，法院通常参照适用《最高人民法院关于确定民事侵权精神损害赔偿责任若干问题的解释》的有关规定。但该解释没有将具体认定标准明确化，也没有明确物质损害或者财产损害的范围，只是规定了确定精神损害赔偿时应当考虑的因素，因此，在审判实践过程中还只能依靠法官根据不同的案情对损害赔偿的金额进行自由裁量。

实践中，一方提出过错损害赔偿时，往往伴随“净身出户”之争。不少夫妻因为各种原因会签署婚姻忠诚协议，大多数忠诚协议中都有“净身出户”的表述，通

---

〔1〕《最高人民法院关于适用〈中华人民共和国婚姻法〉若干问题的解释（一）》第2条规定，《婚姻法》第3条、第32条、第46条规定的“有配偶者与他人同居”的情形，是指有配偶者与婚外异性，不以夫妻名义，持续、稳定地共同居住。

〔2〕《婚姻法》第46条规定：“有下列情形之一，导致离婚的，无过错方有权请求损害赔偿：（一）重婚的；（二）有配偶者与他人同居的；（三）实施家庭暴力的；（四）虐待、遗弃家庭成员的。”

常是约定过错方在离婚时不得要求分割夫妻共同财产，从而由无过错方获得全部夫妻共同财产的约定。忠诚协议里面如果涉及限制人身自由的条款，通常无效；而涉及财产分割的条款，如果是双方真实意思表示，应当认定有效。然而，在司法实践中，法院即使认定忠诚协议有效，却不一定会按照忠诚协议的内容对夫妻共同财产进行分割。若忠诚协议中约定类似“如一方婚内出轨，则所有财产归另一方所有”这种所谓的净身出户条款的，在双方争议较大的情况下，法院通常会认为过错方也应有其合法的财产权益。原因在于若对违反忠诚义务的一方承担的财产责任过于严厉，可能造成其生活困难，而无过错方获利过大，双方利益过于失衡。因此，在司法实践中，法院往往不会完全支持“净身出户”条款。

八、财产之争未必能弥补情感创伤

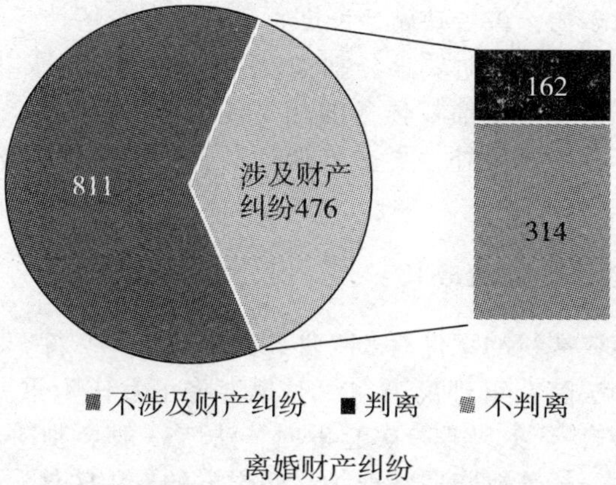

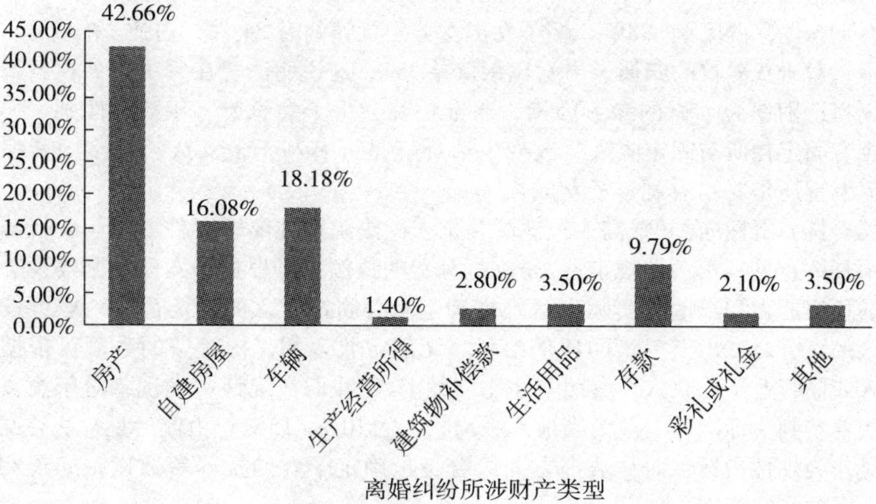

图 10　离婚财产纠纷统计

在统计的渝贵川离婚判决中，涉及财产纠纷的案件数量共476件，所涉财产类型排名前四的分别是房产、车辆、自建房屋、存款及现金，分别占比42.66%、18.18%、16.08%、9.79%。其中，涉及财产纠纷并判决离婚的案件数量有162件，而法院仅对其中的50件案涉财产予以了分割，另外112件则不予处理或者告知当事人另行起诉，理由多为：被告缺席，难以查清权属关系；按揭付款的房、车并未取得所有权或者未取得完全所有权；未提供债权债务证明；涉及案外第三人等。根据《最高人民法院关于适用〈中华人民共和国婚姻法〉若干问题的解释（二）》第21条的规定，离婚时双方对尚未取得所有权或者尚未取得完全所有权的房屋有争议且协商不成的，人民法院不宜判决房屋的所有权归属，应当根据实际情况判决由当事人使用。当事人就前款规定的房屋取得所有权后，有争议的可另行向人民法院提起诉讼。

涉及债务纠纷的案件共187件，其中判决离婚的67件，而31件未对债务予以处理，不予处理的理由多为：被告缺席、证据不足，难以查清债务真伪等。

因此，如果起诉离婚的同时要求分割夫妻共同财产和主张共同债务的，建议提前准备好财产权属证明、存在债权债务的相关证据等，以免法院在开庭时无法查清财产归属而不便进行分割。另外，再次单独就财产分割提出诉讼也必然会增加大量的时间和人力成本。

九、谁来保障孩子的健康成长

离婚中涉及抚养权纠纷的案件有846件，其中只有277件，即21.52%的比例判决离婚，这也说明，法院在审理离婚纠纷时也会将子女作为重要的考量因素——若离婚诉讼中涉及未成年子女，第一次起诉时，法院一般会判决不准予离婚。同时，在判决离婚的案件中，抚养权归属情况为：归男方的有107件，占比38.63%，归女方的有116件，占比41.88%，多子女男女分别抚养的有54件，占比19.49%。此数据显示，对于抚养权的归属，男女比例仅差3%，这说明法院在判决抚养权归属时不会仅仅将性别作为唯一的参考因素，通常法院会将子女意愿、年龄、性别、夫妻一方是否有固定住所与固定收入、改变生活环境是否有利于子女成长等多因素综合考量，但宗旨还是要“有利于子女成长”。

关于抚养费标准，《最高人民法院关于人民法院审理离婚案件处理子女抚养问题的若干具体意见》第7条规定：“子女抚育费的数额，可根据子女的实际需要、父母双方的负担能力和当地的实际生活水平确定。有固定收入的，抚育费一般可按其月总收入的百分之二十至三十的比例给付。无固定收入的，抚育费的数额可依据当年总收入或同行业平均收入，参照上述比例确定。”我们在统计中发现，对于渝贵川三地的抚养费判决标准，一般为当地月平均收入的10%～15%。由此可见，法院并非将此意见作为硬性指标，而是从多方面综合考量确定子女的抚养费数额，如子女现实生活所需的实际费用。

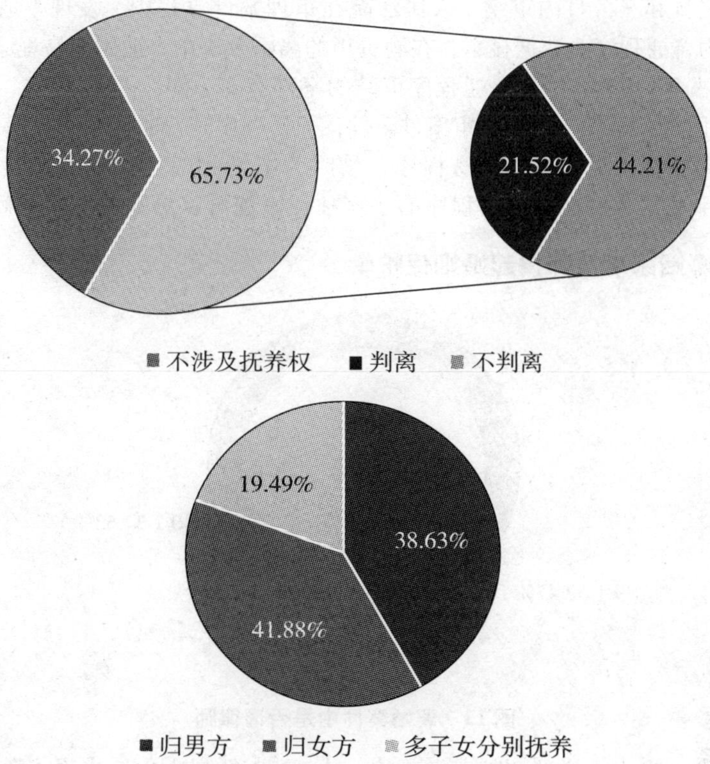

图 11　判决离婚且涉及抚养权数据图

十、离婚案件适用的审理程序

表 2　离婚案件适用的审判程序统计

审理程序		案件数量
简易程序		1032
普通程序	一审	184
	二审	62
	发回重审	3
	再审	2
简转普程序		2

《民事诉讼法》规定，基层人民法院和派出法庭审理事实清楚、权利义务关系明确、争议不大的简单的民事案件，适用简易程序。人民法院适用简易程序审理案件，

应当在立案之日起三个月内审结。人民法院在审理案件过程中，发现不适用简易程序的，裁定转为普通程序。数据显示，在渝贵川的离婚判决中，适用简易程序审结的案件共1032件，占80.19%；适用普通程序审结的案件有257件，占19.81%，其中二审案件62件、发回重审案件3件、再审案件2件；简易程序转普通程序的案件有2件。

之所以离婚案件更多适用简易程序，是因为案情相对比较简单，其具有隐私性和保护未成年子女等特性，简易程序的法官独任审理可以更好地发挥调解作用。

十一、婚姻家事律师撑起婚姻保护伞

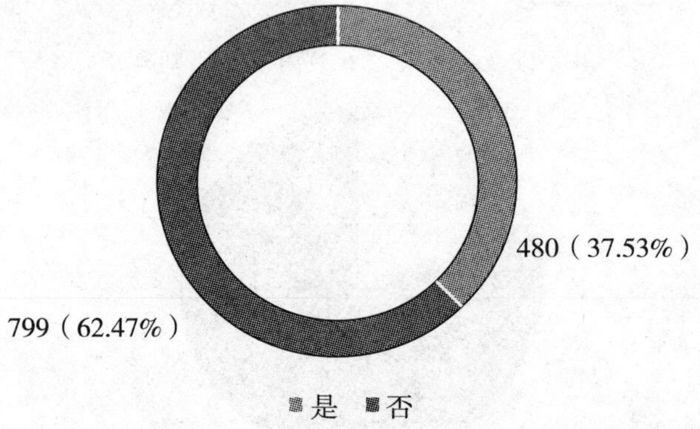

图12 离婚案件中是否请律师

数据显示，除去不详的8件离婚判决，在1279份判决中，当事人聘请律师的案件数量为480件，占比37.53%。我们发现，较之往年，在离婚诉讼中，当事人聘请律师的比例明显增高。过去传统的观念认为，离婚是男女双方的家务事，感情破裂与否也只有自己说得清楚，且经济能力、财产状况也比较简单。随着改革开放，人们的物质生活水平提高，家庭人员组成和财产结构的多元化，使婚姻家庭关系也越来越复杂。一旦婚姻、家庭发生矛盾、纠纷，当案情比较复杂、争议较大、涉及财产分割较多，并存在子女（婚生及非婚生）抚养、过错损害赔偿等情形时，当事人更倾向于选择从事私人法律服务的律师来为自己提供专业的法律支持和帮助。毕竟专业的人做专业的事，律师就好比向导，当你身处陌生环境中，向导的作用是不言而喻的，可以避免自己走冤枉道，浪费不必要的时间、金钱和精力。

十二、千年修得共枕眠

婚姻里的两个人就像是两个齿轮的咬合，齿轮都是尖锐物，要想非常好地咬合在一块，除了需要润滑剂以外，还需要长久的相处、沟通、包容，磨合的时间越长越容易融合，所以对待婚姻一定要慎重。很多人开始是把婚姻当成情感的港湾，日子长了却又把它变成了辩论的法庭。生活久了，再恩爱的夫妻难免会发生争执，但如何处理生活中的冲突和争吵，更多的是需要我们的智慧。每个人都不可能完美，欣赏优点、包容缺点、谦让个性、接纳差异……讲情或讲理，一字之差，天堂或地狱。婚姻不易，且行且珍惜，一旦选择婚姻，就如张宇在《给你们》里唱的那样：“他将是你的新郎，从今以后他就是你一生的伴，他的一切都将和你紧密相关，福和祸都要同当”“她将是你的新娘，她是别人用心托付在你手上，你要用一生加倍照顾对待，喜或悲都要同享”。

［乔一清：国浩律师事务所合伙人（重庆），西南政法大学法学硕士
王欣：国浩律师事务所律师（重庆），西南政法大学法学硕士
管孟娇：国浩律师事务所律师（重庆），海南大学法学学士
向文丽：国浩律师事务所实习律师（重庆），西南政法大学法学学士］

六、知识产权与反不正当竞争

网络平台名誉侵权责任的界定

方诗龙

互联网自诞生第一天起就具有传播门槛低、传播速度快、影响范围大等优势。随着互联网的发展，实践中也出现了大量的网络名誉侵权的案件，有民事案件也有刑事案件（如2018年沸沸扬扬的鸿茅药酒跨省抓人案），有起诉信息发布者+网络平台的案件，也有只起诉网络平台的案件。在信息发布者、受害者、网络平台三者之间，本文集中梳理讨论网络平台主体（也称网络服务提供者）在此类网络名誉纠纷中如何承担法律责任。

一、案由选择

网络平台承担法律责任的直接规定是《侵权责任法》第36条规定："网络用户利用网络服务实施侵权行为的，被侵权人有权通知网络服务提供者采取删除、屏蔽、断开链接等必要措施。网络服务提供者接到通知后未及时采取必要措施的，对损害的扩大部分与该网络用户承担连带责任。"司法实践中，针对此条的民事案由为"网络侵权责任纠纷"。然而，实践中我们发现不少法院针对网络名誉侵权的立案案由为"名誉权纠纷"。"网络侵权责任纠纷"和"名誉权纠纷"是两个平行的案由。笔者认为，如果"信息发布者+网络平台"是共同被告，那么案由应当选择"名誉权纠纷"；如果只有网络平台是被告，则案由应当选择"网络侵权责任纠纷"。然而，实践中很多法院并不是完全这样做的。在（2014）沪二中民一（民）终字第1905号案中，上海市第二中级人民法院就把上海密纯饮料食品有限公司与北京百度网讯科技有限公司之间的纠纷案由界定为"名誉权纠纷"；而在（2017）辽02民终7101号案件中，大连市中级人民法院就把刘先明与天涯社区网络科技股份有限公司、中国化学工程第六建设有限公司之间的纠纷案由界定为"网络侵权责任纠纷"。由此可见，"网络侵权责任纠纷"和"名誉权纠纷"这两个案由在实践中还存在混用的情况。

二、名誉侵权与新闻监督的边界

讨论网络平台是否承担侵权责任，先有必要分析名誉权侵权的构成要件，这个构成要件同一般侵权案件的构成要件一样，即“受害人确有名誉被损害的事实，行为人行为违法，违法行为与损害后果之间有因果关系，行为人主观上有过错”。对于因撰写、发表批评文章引起的名誉权纠纷，最高人民法院的解答〔1〕明确了“文章反映的问题基本真实，没有侮辱他人人格的内容的，不应认定为侵害他人名誉权；文章反映的问题虽基本属实，但有侮辱他人人格的内容，使他人名誉受到损害的，应认定为侵害他人名誉权；文章的基本内容失实，使他人名誉受到损害的，应认定为侵害他人名誉权”。对于这一解答的理解还是要结合一些案例去消化。

在（2017）京01民终5729号案件中，原告兰越峰主张被告王志安微博构成名誉侵权，并提出微博一内容“现在可以下结论了：很多此前关于走廊医生的新闻都是虚假新闻。兰越峰不过是一个为了自己私利，绑架了医院甚至整个医疗行业的一个非典型医生”，微博二内容“兰越峰本人更像是个病人，明显有偏执性人格，甚至有轻度妄想，也让兰越峰彻底失去了治疗的机会”，微博三内容“兰的举报在证据上都不成立。而且，兰越峰颇为自豪的，恰恰是自己任主任期间收入飞速增长”，微博四内容“兰越峰显然有严重的精神疾病，她最需要的是去接受治疗”，微博五内容“明明她是个病人，但媒体却把她当作英雄，而周围的人却不得不把她当作一个正常人，其实她有迫害妄想症”。法院最后认定微博三属于“事实陈述”，而微博一、二、四、五属于“意见表达”，最后判定不构成名誉侵权，驳回原告所有诉讼请求，二审维持了一审判决。

在（2014）三中民终字第04050号案件中，网友wyr201109在被告的平台上发表了一篇名为《所谓的“贝儿好通乳”，各位妈妈一定擦亮眼睛!》的网帖，原告贝儿好（北京）科技有限责任公司起诉网站平台主体广州盛成文化传播有限公司构成名誉侵权，因为网友在帖文中使用了大量侮辱、诽谤性语言，如“上当”“忽悠”“黑心的商家”“深受其害”“揉坏”“杀猪”等用语内容。然而，一审、二审均认定“其发帖内容主要是对自身所接受服务的感受和评价，虽然该主观性感受和评价是负面性的，所用的个别言辞存在过激情形，但并无明显的侮辱、诽谤内容，是接受贝儿好公司服务后的消费者的一种情绪宣泄，并非对贝儿好公司的恶意攻击”。故不构成名誉侵权。

而在（2014）大民一终字第1876号案件中，被告在天涯论坛发布题目为《求助帮忙!!! 谢了》《求助!》《求助!!!!!》的帖子，反映其丈夫杨洪义在本案原告作为法定代表人的大连华鼎重工起重机器有限公司工作时受伤，本案原告不积极为其治疗，拒付医疗费、工资等一切费用，对本案原告有如下评价：“大连华鼎重工起重机器有限公司法定代表人王盛銮目中无法，道德品质败坏、没有人性，自己的员工受伤不管，单位效益很好，注册资金800万元，单位老板王盛銮最近又买车又买房，就

〔1〕 参见《最高人民法院关于审理名誉权案件若干问题的解答》。

是不给受伤员工拿出一分钱来治病生活。”上述发帖总点击量在300次左右，回复量为4次。本案最后被一审、二审法院均认定构成名誉侵权，主要理由是“从杨洪义治疗开始到现在公司一直拒绝支付药费、工资等一切费用等主要情况与事实严重不符，且帖中还使用了道德品质败坏、没有人性等侮辱性用词，使得社会公众对被侵害人社会评价的降低”，本案最终被告被判刊登不少于100字的道歉声明，承担300元公告费及1000元公证费。

从上述案例不难看出，是否构成名誉侵权主要的考量点为“捏造、散布虚假的事实”＋“贬损他人人格的侮辱性词语”＋“社会公众对被侵害人社会评价的降低”三大要素，其中第一项为重要的客观考量要素，而第二项、第三项均为主观考量要素。法院在实践中适用相对比较严格的标准，因为法律既要保护公民或法人的名誉权不受侵犯，也要保护公民的言论自由及新闻机构的监督权。

三、“通知—删除”规则及网络平台的责任

由于名誉侵权的界定存在一定的主观性，而《侵权责任法》第36条确定了“通知—删除”规则。现实中被侵害人又总是在第一时间通知网络平台要求删帖，因此在接到通知时是否删帖、何时删帖就常常成了网络平台公司一个棘手的问题。

笔者以“网络服务提供”“删除”“名誉权”为关键词进行检索，共检索到12篇终审判决，其中分析发现12个终审判决中仅3个认定侵权，理由是涉案帖文发布时间较长（长达4年）、延迟履行25天和8个月；其余9个认定不侵权的判决中，有超出4个月删除的亦被认定不侵权。（见表1）

表1 12个案件删帖情况统计

案号	案由	删帖通知时间	删帖时间	判决结果
(2017)京01民终5729号	名誉权	2015.01.05删帖通知没有要求链接地址，视为无效通知；2015.01.20发出包含链接地址的通知，为有效通知	2015.01.22 微梦公司删除涉案微博	原告主张侵害名誉权没有事实与法律依据，微梦公司不承担侵权责任
(2017)京01民终7568号	名誉权	诉前未通知删帖	网络服务商收到法院传票后删帖	认定履行了“通知—删除”义务，判定不侵权
(2017)辽02民终1194号	名誉权	2016.03.24发出有效删帖通知	2016年7月前及时删除	认定履行了“通知—删除”义务，判定不侵权

续表

案号	案由	删帖通知时间	删帖时间	判决结果
(2017)辽02民终7101号	网络侵权责任纠纷	诉前未发出通知	在接到一审法院送达手续后删除	涉案帖文由用户自行发布，网络服务提供商不存在侵权行为，涉案帖子已删除，不担责
(2016)京01民终4081号	名誉权	诉前未通知删帖	在首次证据交换日前一天删帖	判定不侵权
(2015)一中民终字第04876号	名誉权	诉前未有效通知删帖	收到诉状及时删除	履行了相关法律义务，没有过错，不应承担侵权责任
(2015)沪二中民一(民)终字第67号	名誉权	诉前发出有效删帖通知	诉讼后删除涉案帖并断开涉案链接	亦可认定为已履行事后监管义务，未构成侵权
(2014)大民一终字第1876号	名誉权	2014. 03. 19发出有效删帖通知	2014. 03. 28删帖	认定已尽相关的管理义务，不应承担侵权责任
(2014)沪二中民一(民)终字第1905号	名誉权	诉前未发出有效删帖通知	诉后及时删帖	认定已履行事后监管义务，不存在过错，不构成侵权
(2016)闽01民终1422号	名誉权	2014. 12. 19发出有效删帖通知	2015. 08. 31删帖	延迟履行删帖义务，判定侵权
(2016)浙01民终1784号	网络侵权责任纠纷	2014. 08. 09发出有效删帖通知	2014. 09. 04删帖	未及时删帖，承担相应责任

续表

案号	案由	删帖通知时间	删帖时间	判决结果
(2015) 大民一终字第01845号	网络侵权责任纠纷	2010.07 涉案帖文发布，内容包括“用贪污款购买小汽车、房屋、包养情妇等挥霍”等侮辱、诽谤语言；2014.12.13 发出有效删帖通知	2014.12.15 删帖	考虑涉案帖子存在时间较长（4年），本院认为网络服务提供商应当知道该帖子内容存在侵权的可能性但未采取必要措施，且对未能提供发帖人信息也存在过错，故综合判定侵权成立

研究上述案例不难发现：首先，网络平台承担责任并不需要一个在先的司法判决确定网络用户构成了名誉侵权，也就是说，网络服务提供商应当自己判断帖子内容是否存在侵权的可能性。其次，网络服务提供商在接到通知后何时删帖，司法实践中差异很大，最短的有25天删帖构成侵权的案例，但也有4个月删帖不构成侵权的案例。《最高人民法院关于审理利用信息网络侵害人身权益民事纠纷案件适用法律若干问题的规定》第6条也规定，法院对于网络服务提供商是否履行及时删除义务应根据网络服务的性质、有效通知的形式和准确程度、网络信息侵害权益的类型和程度等因素综合判断。再次，实践中不少网络平台公司是在接到法院诉讼的传票通知后才履行删除义务，这一点在上述12个案例中有6个案例都得到了支持，均认定不承担侵权责任，然而，在（2016）闽01民终1422号案例中，一审、二审法院均明确表达了此为迟延履行，故应承担法律责任。最后，网络平台承担责任的主要形式是刊登道歉声明（7天或30天）+赔偿损失（2000～13000元），赔偿额并不高，而公开赔礼道歉才是网络平台公司的主要争议点。

四、删除义务独立于名誉侵权认定？

在（2017）京01民终5729号案件中，一审法院（北京市海淀区人民法院）、二审法院（北京市第一中级人民法院）均明确表达了观点：“作为网络服务提供商，微梦公司承担侵权责任的前提是王志安发表的微博言论构成对兰越峰的名誉权侵权。鉴于兰越峰的侵权诉求并不成立，故微梦公司作为网络服务提供商亦无须承担相应的侵权责任。”

然而，在（2014）三中民终字第04050号案件中，一审、二审法院均认定网络用户的发帖不构成名誉，而二审法院（北京市第三中级人民法院）仍撤销了北京朝阳区法院的一审判决，判令网络服务提供商应当删除涉案帖文及跟帖，理由如下：

第一，现涉案网帖及跟帖中存在“杀猪”“黑心”“害人”“上当”“无良”“骗钱”等言语，该言语的使用未体现出相互尊重和尊重网上道德，是对网站服务条款和论坛总则的违反，存在言语本身的不当。

第二，依据《国家通用语言文字法》第5条规定，公民在使用言语时应遵从有利于精神文明建设的原则。当通过规范性和文明性言语足以表达思想观点所欲表述的内容时，应避免使用非规范性和非文明性言语。该言语使用原则的适用范围当然包括网络用语。而“杀猪”“黑心”“害人”“上当”“无良”“骗钱”等言语，明显违反了网络语言的规范性和文明性，存在言语本身的不当，不利于精神文明建设。

最终，北京市第三中级人民法院充分考虑了网络言论的特点（言论者身份的隐蔽性、言论内容存在的长期性以及言论传播的迅捷性）等，在认定涉案帖文不构成名誉侵权的前提下，仍判令被告作为网络服务提供商删除涉案帖文。

上述案例是笔者见到的唯一一个将删除义务独立于名誉侵权认定的案件。案例判决充分考虑了网络言论的特点，但法理上能否得到支持，笔者认为仍有进一步商榷的空间。

五、名誉侵权一定公开赔礼道歉？

研究上述案例不难发现，一旦侵权认定成立，通常都有刊登道歉声明（7天或30天）的法律责任，而这一点恰恰对网络平台公司非常难以接受。网络平台公司一直认为自己是中立的第三方，并没有名誉侵权的故意，不应当承担公开赔礼道歉责任，这也是网络平台公司不断上诉的主要原因。其实，公开赔礼道歉的责任形式确定有进一步探讨的空间。首先，法律只是规定了“赔礼道歉”责任，并没有规定一定是“公开赔礼道歉”，完全允许“书面致歉”或其他道歉方式；其次，“公开赔礼道歉”的时间长短有一定的人为主观性，而且有可能会造成二次伤害；最后，在类似网络平台公司的名誉侵权认定案件中，人民法院判决“删除义务” + “书面致歉”或许既能及时制止损害的扩大，也有利于及时平息各方纠纷，避免缠诉。因此，笔者呼吁人民法院更多地探索“删除义务” + “书面致歉”的责任形式，避免机械地适用《侵权责任法》第36条中的连带责任。

六、网络名誉侵权案件的行为保全应当慎行

2018年5月16~18日，国内主流新闻媒体[1]均报道了上海市长宁区人民法院在一起网络名誉权案件中首次作出“行为保全”裁定，在案件终审判决之前裁定被告应立即停止侵权行为，删除发布在相关媒体上的涉案文章及内容。长宁区人民法院此举的主要理由是“发生在网络空间的侵害名誉权纠纷，具有侵权信息传播途径多、速度快、范围广等特点，而审判规律决定案件审理需要一定周期”。但笔者对这

---

〔1〕参见上海政法综治网：http：//gov. eastday. com/node2/zzb/shzfzz2013/zfsd/fy/u1ai1308790. html，最后访问日期：2018年6月1日。

种司法探索还是有不同看法。如本文所述，名誉侵权的认定有很大的争议空间，一方面，公民或法人的名誉权固然要保护；但另一方面，公民也享有言论自由及举报投诉权，互联网就是公民公开进行举报投诉的良好场所，对互联网平台公司而言，其也享有传播自由及新闻监督权，司法判决需要在保护名誉权、举报投诉权、新闻监督权之间作出平衡和选择，这有待于个案基于具体案情作出裁判。本文的研究也表明司法判决对认定名誉侵权是偏保守的。如果在终审裁判之前，网络言论都很容易地适用“行为保全”予以删除了，而且还是原告方所在地法院作出的裁定，这难免会被诟病为“地方保护主义”，长此以往，笔者相信这并不利于产品或服务的改善，也最终会损害消费者的福祉。因此，笔者呼吁针对网络名誉权的行为保全应当慎行，留有网络环境更多自由争论的空间。

[方诗龙：国浩律师事务所合伙人（上海），华东政法大学法学硕士]

恶意知识产权诉讼的立法规制与损害赔偿责任

栗晓南　岳倩倩

一、恶意诉讼的概念和产生

恶意诉讼，是侵权行为的一种类型，一般指故意以他人受到损害为目的，缺乏法律和事实上的合理合法依据而提起民事诉讼，致使相对人在诉讼中遭受损失的行为。有诉讼权利的存在，就有权利被滥用的可能，恶意诉讼也是滥用诉权的一种表现形式。规制恶意诉讼的目的，为要求起诉方在起诉时应正当行使诉讼权利，建立防范恶意诉讼制度的主要意义在于：以平衡现代社会两种重要而又对立的社会价值为目标，即保护个人不为不合法的诉讼所困扰的价值和鼓励从法律的实施中获得帮助的价值。因此，应以诉讼的正当性来衡量是否属于恶意诉讼。

最高人民法院于2004年发布《最高人民法院民三庭关于恶意诉讼问题的研究报告》，上述恶意诉讼的定义即来源于该报告，该报告还指出要防止权利的滥用，营造一个可预见的、能够让一切创造社会财富的源泉充分涌流的公平竞争环境。

有权利的保护，就有权利的滥用。由于知识产权这一权利性质的无形性、专有性、违法隐蔽性等特点，权利基础往往形式上看似合法，实则具有违法性，使得在知识产权领域，恶意诉讼往往具有更大的隐蔽性，难以鉴别。

二、现今的法律框架下关于恶意知识产权诉讼问题的保护体系

在大陆法系国家，规制恶意诉讼是基于“诚实信用原则”，先从程序法的角度规制诉讼权利的滥用，然后赋予受害人损害赔偿的请求权。中国现今的法律体系中，没有对恶意诉讼或恶意知识产权诉讼作出专门性的规定，相关责任和救济措施散落于各一般法和特别法之中。

一般法见于：

《民法总则》第120条规定：“民事权益受到侵害的，被侵权人有权请求侵权人承担侵权责任。”第132条规定：“民事主体不得滥用民事权利损害国家利益、社会公共利益或者他人合法权益。”

《民法通则》第106条第2款规定：“公民、法人由于过错侵害国家的、集体的

财产，侵害他人财产、人身的应当承担民事责任。”

《侵权责任法》第6条第1款规定：“行为人因过错侵害他人民事权益，应当承担侵权责任。”

《民事诉讼法》第13条规定：“民事诉讼应当遵循诚实信用原则。当事人有权在法律规定的范围内处分自己的民事权利和诉讼权利。”

2011年《民事案件案由规定》第155项明确添加了“因恶意提起知识产权诉讼损害责任纠纷”诉讼案由，给打击恶意诉讼提供了程序性依据。

特别法见于：

《专利法》第47条第1、2款规定：“宣告无效的专利权视为自始即不存在。宣告专利权无效的决定，对在宣告专利权无效前人民法院作出并已执行的专利侵权的判决、调解书，已经履行或者强制执行的专利侵权纠纷处理决定，以及已经履行的专利实施许可合同和专利权转让合同，不具有追溯力。但是因专利权人的恶意给他人造成的损失，应当给予赔偿。”

《商标法》第47条第1、2款作出相同规定：“依照本法第四十四条、第四十五条的规定宣告无效的注册商标，由商标局予以公告，该注册商标专用权视为自始即不存在。宣告注册商标无效的决定或者裁定，对宣告无效前人民法院做出并已执行的商标侵权案件的判决、裁定、调解书和工商行政管理部门做出并已执行的商标侵权案件的处理决定以及已经履行的商标转让或者使用许可合同不具有追溯力。但是，因商标注册人的恶意给他人造成的损失，应当给予赔偿。”

《反不正当竞争法》第2条规定：“经营者在生产经营活动中，应当遵循自愿、平等、公平、诚信的原则，遵守法律和商业道德。本法所称的不正当竞争行为，是指经营者在生产经营活动中，违反本法规定，扰乱市场竞争秩序，损害其他经营者或者消费者的合法权益的行为。”第17条规定：“经营者违反本法规定，给他人造成损害的，应当依法承担民事责任。经营者的合法权益受到不正当竞争行为损害的，可以向人民法院提起诉讼。因不正当竞争行为受到损害的经营者的赔偿数额，按照其因被侵权所受到的实际损失确定；实际损失难以计算的，按照侵权人因侵权所获得的利益确定。赔偿数额还应当包括经营者为制止侵权行为所支付的合理开支。”

国际条约见于：

TRIPs协议（与贸易有关的知识产权协议）第48条第1款规定：“The judicial authorities shall have the authority to order a party at whose request measures were taken and who has abused enforcement procedures to provide to a party wrongfully enjoined or restrained adequate compensation for the injury suffered because of such abuse. The judicial authorities shall also have the authority to order the applicant to pay the defendant expenses, which may include appropriate attorney's fees.”“如果一方当事人所要求的措施已

经采取，但该方滥用了知识产权的执法程序，司法当局应有权责令该当事人向误受禁止或限制的另一方当事人对因滥用而造成的损害提供适当赔偿。司法当局还应有权责令原告为被告支付开支，其中包括适当的律师费。”

上述法律规定和国际条约，已初步形成关于恶意知识产权损害赔偿的保护框架和依据，虽TRIPs协议不能为中国法院直接适用，仍可以从TRIPs协议的内容窥见国内法相关知识产权法律规定的核心精神，即行为人滥用权利措施给他人造成的损害，应当承担赔偿责任。

三、知识产权恶意诉讼损害责任的特点和构成要件

如前所述，知识产权恶意诉讼损害赔偿责任究其根本是一种侵权责任，因此，可以建立在侵权责任构成要件的分析框架基础上。

《商事侵权中恶意诉讼行为的法律规制》[1]一文中，认为恶意诉讼侵权行为作为一般侵权行为，可以适用《侵权责任法》第6条第1款作为请求权规范基础予以规制。(1) 恶意诉讼行为本身是违法的侵权行为。为法院所认定的恶意诉讼行为属于违反民事诉讼法的规定、滥用诉讼权利的行为，本身具有违法性，该行为属于侵权行为。(2) 恶意诉讼行为会造成受害人的损失，存在损害后果。这里有两层意思：一是在商事侵权中，恶意诉讼行为往往会侵犯受害人的商事人格权、营业权、工业产权、债权、物权等；二是恶意诉讼行为会导致受害人的损失，包括为应诉所支付的律师费、调查取证的费用、诉讼费用等，还可能导致受害人作为市场主体的市场经营份额降低、销售收入下降，进而影响营业利润。(3) 恶意诉讼行为与损害结果之间存在因果关系。从事实上因果关系来分析，无恶意诉讼行为，则必无其损失；而从法律上因果关系分析，恶意诉讼行为是属于法律应予规制的行为，而行为人在实施恶意诉讼行为前，应该能够预见其行为给受害人造成损失，且这一损失正是行为人所追求的目的，故符合法律上因果关系。(4) 行为人存在过错。需要指出的是：为平衡保护正当行使诉讼权利和规制滥用诉讼权利之间的利益冲突，对于受侵权法规制的恶意诉讼行为人的过错程度作限缩解释，要求行为人的过错不仅是故意，而且应达到恶意（malice）的程度。

北京知识产权法院作出的（2015）京知民初字第1446号民事判决书中认为，恶意诉讼的构成要件包括：(1) 一方当事人以提起知识产权诉讼的方式提出了某项请求，或者以提出某项请求相威胁。(2) 提出请求的乙方当事人具有主观上的恶意。(3) 具有实际的损害后果。(4) 提出请求的乙方当事人提起知识产权诉讼的行为与损害后果之间具有因果关系。

北京市朝阳区人民法院作出的（2015）民（知）初字第22620号民事判决书中

[1] 胡岩：《商事侵权中恶意诉讼行为的法律规制》，载《人民司法》2014年第21期。

认为，在认定因恶意提起知识产权诉讼损害责任时，应当考虑如下要件：（1）行为人提起的知识产权诉讼在事实和法律上无合法根据，具有违法性。行为人不具有知识产权权利基础或者虽然形式上享有某一项知识产权，但该知识产权却是恶意取得的，不具备实质上的合法性，那么以此种知识产权作为权利基础提起的侵权诉讼即应当属于无合法根据的诉讼。（2）行为人具有主观恶意，即明知其起诉无合法理由，仍然以获取不当利益、损害对方合法权益或破坏对方竞争优势为目的提起诉讼。该主观恶意要件虽然重在考虑行为人在提起诉讼时的主观状态，但行为人在取得知识产权或申请知识产权授权时具有主观恶意对于认定提起诉讼时的主观恶意具有重要的意义和影响。（3）行为人恶意提起的知识产权诉讼给对方当事人造成了损害，或者破坏或削弱了对方当事人的竞争优势，从而使对方当事人陷入不利境地等。

江苏省无锡市中级人民法院作出的（2016）苏02民初71号民事判决书中认为，认定恶意应考虑如下因素：一是无事实依据和正当理由提起民事诉讼，即原告提起知识产权诉讼并没有合法的权利基础；二是以损害他人法律权益为目的，即主观上具有恶意；三是给他人造成了损害，即给他人造成了经济损失或竞争优势的削弱。

由上述专题研究和司法判例中，可以看出，现今普遍认为恶意诉讼的认定应遵循侵权责任构成要件和分析方法。结合知识产权案件的特点，可以把知识产权恶意诉讼构成要件归纳为三点：一是明知其缺乏法律和事实上的合理合法依据而提起民事诉讼，尤其是知识产权诉讼中没有权利基础或明知其权利基础系不正当手段获得；二是故意以损害他人为目的；三是致使他人受到损害。

四、知识产权恶意诉讼中“恶意”的认定

在上述侵权责任构成要件之中，判断的难点是主观过错，即判断原告提起诉讼是否具有主观恶意。恶意从字面来看表达的是主观的心理和行为的意图，判断行为人的心理和意图本身是一门综合而复杂的科学，加上知识产权的无形性、专有性、违法隐蔽性等特征，似乎更加难以捉摸和判断。然而，在上述判例中，我们看到，通过侵权人的行为、恶意诉讼权利基础违法的原因等方面，可以综合判断和衡量侵权人是否具有恶意。恶意诉讼中的“恶意”主要体现为两个方面：一是明知自己的诉讼请求缺乏事实和法律依据；二是具有侵害对方合法权益的不正当的诉讼目的。

用《商标法》来作分析示例，商标无效之后商标专用权自始不存在，但并不是商标无效之后，商标有效期间内权利人基于商标专用权提起的诉讼都视为恶意诉讼。权利基础违法的原因，即商标无效的原因，在判断行为人“明知”和“恶意”方面具有重要的意义。

商标无效的原因，如果系违反《商标法》第10条（含有禁止使用的元素）、第11条（缺乏显著特征）、第12条（缺乏显著性）、第16条第1款（含有虚假地理标志）、第30条（与在先商标相同或近似）、第31条（与在先商标相同或者近似）、第

32条前半段（损害他人在先权利）而造成，此类无效事由下，行为人的恶意并非认定该类商标无效案件的要件。因此，基于此类无效事由的商标无效案件，在商标无效前行为人基于商标专用权提起的侵权诉讼，很难确定该类诉讼行为人主观上“明知”或存在“恶意”，而更多需要通过诉讼行为人的其他行为而进行综合判断。

而商标无效的原因，如果系以欺骗手段或其他不正当手段取得注册的，或系基于第15条（代理人抢注）、第32条后半段（不正当抢注）等而造成，根据《商标审查及审理标准》的释明，这些规定是基于诚实信用原则而作出，也就是说，基于此类无效事由，行为人违反了诚实信用原则，行为人系以“不正当手段”获得商标注册，即恶意抢注。由于行为人在商标申请注册阶段就具有主观恶意，基于违法诚实信用原则的商标专用权基础提起的侵权诉讼，在绝大多数情况下其主观恶意也延续了其在申请注册阶段的恶意，其目的是获取不正当利益，这种恶意贯穿始终并具有持续性，因此，这类案件中商标申请阶段的恶意对恶意诉讼中的“明知”和“恶意”判断具有重大意义和关联性。

五、知识产权恶意诉讼中的赔偿范围

基于恶意诉讼是侵权行为的一种类型，恶意诉讼损害赔偿责任也可适用侵权责任的赔偿原则来进行。

《侵权责任法》第19条规定，侵害他人财产的，财产损失按照损失发生时的市场价格或其他方式计算。

财产权侵权损害赔偿以填补为原则，以财产损失程度为基础，实现对财产损失的全面赔偿，是侵权赔偿之基本准则。全面赔偿不仅包括侵害他人财产所造成的直接损害损失，而且还包括可能产生的间接损失，即除了积极损害之外还应赔偿本应获得但因侵权损害导致而没有获得的财产利益。《民法通则》第117条已对间接损失的赔偿有所规定，只要在侵权行为实施时财产的取得具有可能性，即便损失的并非现实的利益，损失也应成立。[1]

尤其是针对知识产权案件，与一般的财产损害或者人身伤害造成的损害不同，具有特殊性，其损害结果往往体现在一种行为上，最明显的是停止使用，原告启动恶意诉讼的意图，即为禁止他人使用该项知识产权，从而不正当地独占该项知识产权所带来的经济利益，或者通过禁止使用达到削弱竞争对手市场优势的目的，而这种停止使用造成的损害结果是持续的。换句话说，如果仅仅考虑诉讼本身造成的损失，而不考虑损害结果持续发生所带来的损失，那么在知识产权案件中难以对被损害方进行必要的、合理的救济。

因此，在恶意诉讼，尤其在知识产权恶意诉讼中，应全面弥补恶意诉讼给遭受

---

〔1〕 陈小君：《财产权侵权赔偿责任规范解析》，载《法商研究》2010年第6期。

损害一方所造成的损失。在判断损害赔偿的范围时，关键是考虑该损失与恶意知识产权诉讼之间是否具有因果关系，只有具有因果关系，才应该纳入损害赔偿的计算范围。损失赔偿的范围尤其包括生产上造成的损失、经营上的损失（或言之预期可得之利益），也包括为弥补损失所发生的合理支出，对于某些恶意情节特别严重和突出的，应该考虑适用惩罚性赔偿。如此，才能全面填补给损害方造成的损失，打击和规制恶意知识产权诉讼行为。

［粟晓南：国浩律师事务所合伙人（北京），北京大学法学学士
岳倩倩：国浩律师事务所律师（北京），北京大学法学学士］

新商业模式下企业知识产权战略思考
——以共享单车为视角

王晨照

一、新商业模式下的共享单车

近年来，随着“滴滴”“优步”等网约车业务的推广，一种共享经济下新商业模式的雏形渐渐清晰。这种新商业模式借助共享平台，连接供给方和需求方，供给方可以充分利用闲置的资源来获得额外的经济利益，需求方可以用更低的花费随时随地获得廉价方便的服务，当然这一新商业模式的运转离不开互联网技术的运用。供需双方需要把自己的供需信息传送到共享平台的互联网云端，共享平台通过互联网大数据技术进行合理安排，满足供需双方的要求。共享单车正是在“共享经济”潮流影响下，借助“互联网＋”大数据平台兴起的一种新型短途出行工具。由于其符合国家“绿色、环保、经济”的发展理念，并且满足了社会公众对于“最后一公里”的需求，借助风投公司资金的大量涌入，共享单车如雨后春笋般强势疯长。共享单车在给人们的出行带来“快捷、方便、经济”的同时，也产生了一些亟须解决的问题，其中最为紧迫的就是共享单车企业发展的知识产权问题，知识产权问题不能解决好，可能会葬送共享单车企业良好的发展前景。

共享单车与普通单车的区别就在于共享性，以互联网技术为纽带来实现单车使用权的共享。共享单车的发展理念基于：“人们需要的是单车的使用价值，而非单车本身”[1]，在互联网和大数据平台的基础上，实现单车所有权和使用权的分离，供需双方各取所需。共享单车运作的商业模式就是：首先用户需要下载手机 APP 进行注册，然后利用手机 APP 中的 GPS 导航进行找车，之后通过手机 APP 进行扫码，共享单车的智能锁就会打开，骑行结束之后只要把车停到特定区域，锁车之后 APP 会自动结算和扣费。共享单车既能够充分利用闲置的自行车资源，又能满足用户的短

---

〔1〕 汤天波、吴晓隽：《共享经济：“互联网＋”下的颠覆性经济模式》，载《科学发展》2012 年第 85 期。

途需求。增加闲置自行车的使用价值，减少用户的短途出行费用，这“一加一减”才是共享单车的竞争力之所在。

近日，国内手机门禁品牌“令令开门”对北京摩拜科技有限公司提起专利侵权诉讼和行政处理请求，[1] 诉请摩拜单车停止侵权行为，并就其专利侵犯行为进行赔偿。北京市知识产权法院及北京市知识产权局均已经受理，此案的审理结果和行政处理结果必将影响共享单车的发展前景，同时也给共享单车企业知识产权的重视和保护敲响警钟。共享单车知识产权保护的特殊之处在于，这是一种不同于传统自行车租赁的新型商业运作模式。它借助互联网平台，运用大数据云端技术连接闲置的自行车与用户的需求，这个共享的连接平台是共享单车商业模式的关键。作为一种新型的单车共享平台，它所具有的独创性的运营方式和新技术的运用正是知识产权纠纷的易发区。由于共享单车是近年兴起的新鲜事物，它的崛起让整个社会始料不及，关于共享单车企业的知识产权保护更是处于起步阶段。由于共享单车市场的异常火爆，共享单车企业之间的竞争也会更加白热化，为了抢占市场和企业的可持续发展，共享单车企业的知识产权战争即将打响，此次的摩拜侵权事件只是共享单车企业知识产权纠纷的一个口子。共享单车企业要想获得长足发展以及应对可能面临的知识产权纠纷，那么就必须高度重视企业的知识产权问题，通过合理的策略来保护自己的知识产权。

二、共享单车的专利问题

以共享单车行业的两大巨头“摩拜”和“ofo”为例，它们各自采取了不同的措施来保护自己的专利。北京摩拜科技有限公司自成立两年来，共申请专利33件，在这33件专利申请中，有发明15件、实用新型13件、外观设计5件。从专利涉及的技术领域来看，摩拜单车专利申请涉及车锁及防盗系统、电机、自行车车架、自行车无链结构、自行车管理系统、挡泥板、轮毂等自行车其他部件。可以看出，北京摩拜科技有限公司专利布局比较全面，涉及单车的各个方面，至于一些发明还处于审查阶段，能不能通过审查还不得而知，但是这种针对专利全面布局的态度还是值得称赞的。反观“ofo”单车，其专利申请则相对比较集中，其已经公开的5件专利申请全部涉及自行车车锁，其中发明专利3件、实用新型1件、外观设计1件。

从“摩拜”和“ofo”的专利申请可以看出，共享单车的车锁是专利申请的聚集

---

[1] “令令开门”向北京市知识产权法院起诉摩拜侵害发明专利权一案所涉专利尚不明确，但其向北京市知识产权局发起专利侵权纠纷处理请求所涉专利是明确的，即“专利号：ZL201310630670.7”“互联网门禁临时用户授权装置和方法”的发明专利。其运行原理为，互联网门禁临时用户授权装由临时用户授权装置和通信终端组成，通信终端发送临时用户授权申请请求消息，门禁系统收到请求后，进行临时用户授权验证；针对通过权限验证通过且权限申请类型为新增的临时用户生成一个唯一的临时授权令牌，门禁系统执行最终授权结果，并向通信终端发送临时用户授权申请响应消息。

区，“令令开门”起诉“摩拜”专利侵权也是关于解锁技术，因此车锁的专利保护对于共享单车企业的发展至关重要。“摩拜”和“ofo”最大的区别也在于车锁的差异，摩拜一直立足于“智能锁”，ofo则从“机械锁”起步，后来发展成“机械锁+智能锁”模式。尽管机械锁具有稳定、经济等优点，但是无疑智能锁才具有更好的发展前景，ofo能够及时对车锁更新换代也是与时俱进。至于ofo为什么没有完全摒弃机械锁，而采取“机械锁+智能锁”模式，可能有以下两点考量：一是不至于打脸先前手撕电子锁的事实，延续机械锁一贯的便捷、开锁率高的优势；二是基于专利侵权的考虑，规避摩拜在电子锁领域的专利技术。[1]

共享单车企业如何更好地保护企业核心专利，为企业进一步发展赢得先机，恰当的专利布局策略必不可少。首先，在进行专利布局之前要明白自己的核心专利技术所在，确定自己的技术和产品在该领域中的位置，自身技术与同行技术的差异和相似之处，这些是进行专利科学布局的前提。其次，应清晰定位企业的发展方向，围绕企业的发展规划确定专利布局的总体方向和目标。以ofo为例，其专利申请全部涉及车锁技术，那么明显ofo侧重于自行车车锁技术的研发。最后，应根据企业的发展需要、市场环境的差异、竞争对手的状况等各种因素确定具体科学的专利布局策略。

从专利申请情况可以看出，共享单车企业巨头摩拜和ofo的专利申请数量都明显不足，这一方面是由于共享单车是一种新事物，共享单车企业对于相关技术研发都还处于起步阶段；另一方面在于共享单车作为一种新鲜事物，其产生了一系列亟待解决的问题。专利技术虽然不能解决一切问题，但是可以辅助解决一些问题，在共享单车的相关专利审查中可以设置一些门槛来减少和避免一些问题的发生。2017年4月21日，北京市出台《鼓励规范发展共享自行车的指导意见（试行）》意见稿，意见稿中指出：“企业投放车辆应符合国家、行业标准并安装卫星定位装置。”这一意见稿的出台立即引发共享单车业内的震动，因为作为共享单车巨头之一的ofo，尽管其已宣布与北斗导航北京公司开展了深度合作，但是至今并未在单车上安装卫星定位装置。如果这一建议稿通过，势必会给ofo等目前不具备卫星定位装置的单车企业造成毁灭性打击。当然这一指导意见的出台也是无可厚非，正是由于共享单车的普及低成本、漏洞百出，才造成一系列的社会问题。因此通过技术设计环节，适当提高技术标准，可以减少或杜绝一些社会问题。例如，对智能锁专利申请的审查，可以要求其不仅要方便快捷，还要保证安全。智能锁要具有识别儿童和成人的功能，在开锁前通过用户注册环节避免12周岁以下儿童用车；智能锁的设计还要防止单车被乱停乱放，可以通过单车不停放在规定区域就不停止收费，甚至通过智能警告、罚款等功能来敦促停车有序；智能锁还应具有防偷功能，通过GPS、报警装置的设

---

[1] 付钦伟：《智能锁，能否锁定共享单车的成功?》，载IPRdaily中文网，最后访问日期：2018年6月1日。

置来防止人们陷入道德困境。

三、共享单车的商标问题

风靡大街小巷的共享单车在商标问题上亦遇到了不少麻烦。北京摩拜科技有限公司成立于2015年年初，其名下有257件商标，但是却是在公司成立后两个月才提交商标注册申请，并且没有围绕“摩拜”进行商标布局。后来的查询发现，在北京摩拜科技有限公司成立之前，已经有人抢注了多件“摩拜”商标，甚至在第12类自行车商品上已经存在“摩拜”商标[1]。ofo的情况也不容乐观，共享单车模式首创在2014年，首批共享单车进入校园是2015年6月，但是ofo进行商标布局却是在2016年8月。在如今商标“抢注成风”的环境下，忽视商标布局必将会给企业带来惨痛的代价，粗略查询一下，注册在先的“ofo”商标竟有20件之多。这种商标布局的战略失误一定会给ofo未来的发展留下隐患。

商标是企业的脸，是企业重要的无形资产，这张脸具有巨大的号召力和影响力。商标布局设计的好，可以促进企业宣传，让消费者对产品和服务予以认可，产生品牌效应。吸取共享单车两大巨头“摩拜”和“ofo”商标注册问题的教训，合理及时进行商标布局对于共享单车的可持续发展至关重要。第一，商标申请时间宜早不宜晚。“市场未动，商标先行”，为了防止被竞争对手恶意抢注，在确定产品名称后应立即进行商标注册，抢得先机。第二，重要商标多类注册。不仅要注意重要商标的注册保护，还要在重要商标的相关产品和服务上进行多类别注册保护。例如，ofo先在第12类“交通工具”类别中注册了“ofo”等一系列商标，然后又在第25类衣帽服装类、第39类物流服务类等其他领域注册商标，这样就为企业日后业务的扩展预留了发展空间。

“小黄车”“小红车”“小橙车”这些广泛流传的单车名称作为文字商标注册自不待言，问题是这些颜色各异的共享单车的醒目的颜色能否作为颜色商标进行注册？消费者对于颜色有自己的偏好，共享单车独具特色的颜色组合给人以巨大的视觉冲击，这种强烈的视觉识别功能用于商业目的就能产生可观的商标价值。我国《商标法》规定，任何能够将自然人、法人或者其他组织的商品与他人的商品区别开的可视性标志，包括文字、图形、字母、数字、三维标志、颜色组合和声音等以及上述要素的组合，均可以作为商标申请注册。共享单车车身的颜色是以一定的比例，按照一定的标准进行的色彩搭配，其不仅能够带来视觉的享受，而且经过了长期使用和广泛宣传，已经具备了区别其他同类产品的显著性。从理论上来说，“小黄车”“小红车”“小橙车”车身的颜色组合是可以申请商标的，但是这些共享单车企业还没有针对车身颜色进行商标申请的实质性努力，这未免有些遗憾。

[1] 杭州商瑞广告有限公司在第12类自行车商品上注册了“摩拜”商标，申请号为：14070194。

四、共享单车的APP

就目前共享单车的运营模式来说，单车的成功使用必然要用到APP。每个用户在使用共享单车之前都需要用手机下载一个APP，对于摩拜用户而言，其可以通过手机APP随时随地定位查看身边的单车信息，还可以提前预约单车，在骑行过程中可以随时查看骑行线路、骑行距离，在骑行结束之后只要锁车，APP就能够自动结算扣费。对于ofo用户而言，通过手机APP手动输入单车后面的数字编码，输完数字编码后就会显示四位的开锁密码，手动输入开锁密码后，车锁就打开了。骑行结束之后锁车APP会自动停止计费和结算扣费。如果单车本身有问题还可以通过APP进行在线保修。

APP作为计算机软件的一种，其自然受到著作权法的保护。一款APP应用可以分为两部分，一是APP的表面人机交互界面，二是APP程序代码本身，因此对于APP的知识产权保护也应从两方面同时入手。

毫无疑问，APP对于共享单车至关重要，因此共享单车企业在APP的开发上也是不遗余力。对于技术相对比较成熟的共享单车企业，如何及时保护自己苦心经营的APP是值得深思的。在2014年《专利审查指南》[1]修改之后，对于人机交互界面的外观设计专利申请已经被认可。共享单车APP的界面图形色彩，都是经过企业精心设计的，每一个共享单车企业的APP设计都具有自己的特色，是区别于其他同类企业的。其独创性的APP界面既可以通过著作权法来保护，也完全可以通过申请外观设计专利来进行保护。遗憾的是，尚未看到共享单车企业将自己手机APP的人机交互界面申请外观设计专利。每个共享单车企业的用户APP界面都存在差异，但是其最大的差异还是在于每一种单车APP内部的运行原理和运用的技术。对于APP程序代码本身的保护要及时申请计算机软件著作权登记，虽然著作权自创作完成之日就自动获得，著作权登记不是获得权利的必备条件。但是，如果发生APP的著作权之争，主张权利的话首先就必须证明自己是著作权人，因此申请APP的软件著作权登记势在必行。而隐藏在APP程序代码背后的底层逻辑算法，一定条件下，也可以考虑通过申请发明专利予以保护。

共享单车作为共享经济的一分子，其运行背后的商业模式一直被人们津津乐道。共享单车的运作模式有点“滴滴”的影子，在共享经济的环境下，“闲置即浪费”，通过移动互联网、大数据等平台整合人们的需求，调动闲置的资源。其中最关键的是依托于互联网技术的平台。单纯的商业模式，如果不涉及任何技术方案是不能被授予专利的，但是如果借助符合新颖性、创造性、实用性要求的技术方案来实现该

---

〔1〕《专利审查指南》第四部分第五章第6.1节第二段第（4）项之后新增一项，内容如下：（5）对于包括图形用户界面的产品外观设计，如果涉案专利其余部分的设计为惯常设计，其图形用户界面对整体视觉效果更具有显著的影响。

商业模式，那么该与技术方案结合的商业模式就有可能被授予专利权〔1〕。对于共享单车而言，为实现其共享的商业模式，通过手机APP中的GPS定位功能，自动报警装置以及通过智能锁的识别开锁功能，使这个商业运行模式包含有客观的技术方案，自然共享单车的这种商业模式就有可能被授予专利。试想如果真有一家共享单车企业获得了这个专利，那么其他共享单车企业也就走到了尽头。但是这只是一种担忧而已，我们都知道一种产品或服务要想获得专利权保护，其必须通过清晰的描述来确定专利所要保护的内容，所以共享单车商业模式的专利申请难度不小。但是每一个有战略眼光的单车企业都应该对涉及共享单车商业模式的专利进行排查和评估，以应对可能会发生的专利权纠纷。

共享单车作为新商业模式下的一个新生儿，知识产权保护任重而道远。任何一个有战略眼光的企业都要重视自身核心知识产权的保护，通过科学合理的知识产权战略布局和规划来为企业的长远发展打下基础。对于共享单车企业而言，首先，要注意自身核心专利的申请，每个单车企业的专利立足点都存在差异，要明白自己的技术优势所在，通过合理专利布局使自己立于不败之地。其次，合理的商标布局必不可少。共享单车的商标抢注现象比较严重，共享单车企业对于商标注册一定不能轻视，避免给企业发展带来不必要的麻烦。最后，共享单车的APP是单车运营模式的关键一环，对于APP界面既可以申请著作权登记，也可以通过申请外观设计专利进行保护，对于APP程序代码可以申请计算机软件著作权登记。现在，共享单车的发展正处于火爆发展的初级阶段，各个单车企业为了抢占先机更是机关算尽，此时，对于企业知识产权战略的思考就显得尤为重要，这个命题，是值得每家共享单车企业深思的。

参考文献

[1] 汤天波、吴晓隽：《共享经济："互联网+"下的颠覆性经济模式》，载《科学发展》2015年第12期。

[2] 李俊慧：《创业者如何布局商标保护》，载《中国工商报》2015年5月19日，第7版。

[3] 周坤维：《共享经济时代的企业商业模式分析——以ofo共享单车为例》，载《经营管理者》2017年第3期。

[4] 付钦伟：《智能锁：能否锁定共享单车的成功?》，载http：//www. iprdaily. cn/artic－le_15850. html，最后访问日期：2018年6月1日。

〔1〕《专利审查指南》第二部分第一章第4.2节第（2）项之后新增一段，内容如下：【例如】涉及商业模式的权利要求，如果既包含商业规则和方法的内容，又包含技术特征，则不应当依据专利法第二十五条排除其获得专利权的可能性。

[5] 深圳中北知识产权:《利用知识产权来保护 APP(二)——著作权保护篇》,载 http://www. docin. com/p-1673885534. html,最后访问日期:2018 年 6 月 1 日。

[王晨照:国浩律师事务所合伙人(福州),厦门大学法律硕士]

商业秘密侵权诉讼中的技术鉴定和技术调查官

徐棣枫　杨关峰

商业秘密侵权纠纷案件目前呈现增长的趋势明显，由于立法规定的不足、实践经验的缺乏以及本身的特点，特别是涉及技术性问题，故法官需要对尚未确定的由原告私定的技术秘密加以确权，既缺乏相应背景知识，又需要勉为其难地直面尚未确定的权利，其中的困难可想而知。笔者结合处理商业秘密侵权案件的实践，就这一问题进行思考并提出浅见。

一、商业秘密的特点：权利的不确定和法官对技术的不可回避

（一）不公开、不固定

原告在提起商业秘密诉讼时所主张的商业秘密并不像专利那样，专利保护的技术基于专利法的公开要求已在书面文件——专利文件中显示和固定，而商业秘密基于不为公众所知悉的要求则处于保密之中，且大多尚处于未提取和固定之中。诉讼之中原告经常不断变化其秘密，就是这一特点的表现之一。

（二）事后的私定

专利是已由法定的授权单位——国家知识产权局经过法定程序审批后授权的。原告提起专利侵权诉讼都是依据已由确权机构事先确定权利的专利权。而商业秘密则是由原告在提起诉讼前采取保密措施的自认为是具有商业价值的相关信息，并未经过权力机构审查，是否符合法定要件，是在提起诉讼后再经原被告质证、法院审查等，在具体诉讼程序中审查判定的。

（三）法官判定

法院对于技术事实无法回避，无法将技术权利的认定问题像审理专利案件那样交给专利局（专利审查授权和确权的职能在专利局和专利复审委员会），法官审理该类案件时必须直接面对技术事实。法院在缺乏技术知识的背景下如何处理专业技术

问题从而公证审理案件是急需解决的难题。[1]

二、技术事实查明判定主体的选择

(一) 域外技术事实查明路径

1. 英美的专家证人：外部化的当事人查明技术事实的助手

在英国和美国，不管法官有没有技术背景，法官一般要请专家证人帮助了解、判断技术事实。英国的专家证人制度体现于1999年《民事诉讼规则》第35章“专家证人和技术顾问”以及作为其补充的《诉讼指引》第35章、《专家证人指南》，美国的专家证人制度体现于1975年《联邦证据规则》第7章及各州证据法典[2]。根据以上规定和判例，专家证人一般是指在一项法律程序中作证，并对作证的客观事项具有专门知识的人。专家证人分为三类，包括由当事人自行聘请不适用回避的一般专家证人、当事人共同选定适用回避的单一联合专家证人以及法院依职权聘请适用回避的技术陪审员。通常情况下，影响英美法中专家证据的可采性规则主要有以下三个因素：第一，专家证人的必要性，英美法官提出了“利益衡量”原则[3]，衡量专家证据的说服力与花费金额确定是否需要专家证人；第二，专家证人的资格问题，《美国联邦证据规则》第702条对此作了规定[4]，从规定中可以看出法院更注重专家证人的实际经验和现实解决问题的能力；第三，专家证言的相关性和非普通知识性[5]。英美法采用当事人主义，法官只需评估双方专家证人在提交结论、出庭作证、接受双方律师的调查询问过程中呈现的证据的各个方面，从而最大限度地发现真实，增进裁判的准确性。

2. 日韩的技术调查官：内部化的法官查明技术事实的助手

日本对知识产权诉讼技术事实认定采用技术调查官与专家委员会并存模式，技术调查官属于司法辅助人员，就涉案技术问题向当事人发问和裁判官陈述；专家委员会属于非常任职员，由法院临时任命向合议庭作技术说明。[6] 技术调查官遵照法官的命令，为审理专利案件的法官提供技术方面的支持，负责解释专利保护范围、

---

〔1〕 徐棣枫、黄斌慧：《商业秘密侵权诉讼中技术事实的查明》，载《重庆大学学报》（社会科学版）2014年第6期。

〔2〕 徐棣枫、黄斌慧：《商业秘密侵权诉讼中技术事实的查明》，载《重庆大学学报》（社会科学版）2014年第6期。

〔3〕 “利益衡量”原则，具体来说，有以下三个方面：一是所预计使用的专家证据是否具有较强的说服力；二是所使用的专家证据是否对解决争议有帮助；三是使用专家证据所花费的金钱和案件的标的额。

〔4〕《美国联邦证据规则》第702条规定：如果科学、技术或其他专业知识将有助于事实审判者理解证据或确定事实，凭知识、技能、经验、训练教育够格为专家的证人可以用意见或其他方式作证。

〔5〕 张慧霞、王娅菲：《英美法专家证人制度对中国的借鉴意义》，载《人民论坛》2012年第8期。

〔6〕 王志雄：《技术调查官的社会分工意蕴与制度完善研究》，载《贵州社会科学》2017年第8期。

被告涉嫌侵权产品或方法的技术内涵，并进行对比，但不作判断。韩国也采用技术调查官模式，专利法院的技术审查官绝大多数是韩国知识产权局在职审查员。根据以上规定，技术调查官一般是指在专业性较强的案件中帮助法官查明技术事实、提出技术审查意见的法院在编司法辅助人员。由于技术调查官的责任重大，各国在技术调查官的任命资格上作了严格的规定，体现在《韩国技术审查官规则》第2条〔1〕以及我国台湾地区“智慧财产法院组织法”第16条，法院注重技术调查官的学历起点、教育背景、专业经验、最高年龄、健康状况等条件。在职能定位上，由于技术调查官的身份归属为法院在编司法辅助人员，他既不能像技术法官一样既参与技术事实的认定又行使审判权，也不同于专家证人、技术鉴定专家及专家咨询人员代表当事人利益，其职责是代表法院独立公平公正地查明技术事实。

（二）中国技术事实查明制度

对于侵犯商业秘密的诉讼中涉及较为复杂的技术事实认定，法官很难单独对技术事实是否具有不为公众知悉以及与其他技术相同性作出判断，往往需要求助专业人士。而目前司法实践中出现较多的专业人士包括鉴定人员、专家辅助人以及技术调查官，但是三种专业人士的具体适用以及相互之间的关系存在很大问题。

1. 技术鉴定人员

司法实务中应用最广的是求助司法鉴定机构，借助鉴定人员的专业知识来解决这一专门性问题。《全国人民代表大会常务委员会关于司法鉴定管理问题的决定》明确司法鉴定是指在诉讼活动中鉴定人运用科学技术或专门知识对诉讼涉及的专门性问题进行鉴别和判断并提供鉴定意见的活动。《最高人民法院关于民事诉讼证据的若干规定》具体规定了鉴定程序的启动、鉴定结论的质证和认证等一系列制度。由于鉴定结论比其他书证、视听资料和证人证言具有更高的证明力，因而成为非常重要的定案证据。〔2〕但是，在实务中，技术鉴定环节一般较为复杂，专业技术性强，法院决定启动司法鉴定程序的条件不明确，存在一定的随意性，易出现过度鉴定，浪费司法资源；当事人重复或多次申请重新鉴定，影响诉讼效率。

2. 专家辅助人

除了技术鉴定以外，法院还会采用专家辅助人制度来解决技术问题，《最高人民

〔1〕《韩国技术审查官规则》第2条规定：技术审查官应当具备下列资格之一：（1）在韩国知识产权局作为审查官或法官5年以上；（2）任5级或5级以上公务员5年以上，并且作为国家工作人员从事工业技术或科学技术工作7年以上；（3）在科学技术分支领域获得硕士学位，并且在相关领域从事经营或研究10年以上；（4）在科学技术分支领域获得博士学位；（5）根据国家技术工作许可法，获得许可从事被认证的技术工作。

〔2〕1998年6月19日，最高人民法院审判委员会第995次会议通过的《关于民事经济审判方式改革问题的若干规定》（法释〔1998〕14号）第27条第1款规定：“物证、历史档案、鉴定结论、勘验笔录或者经过公证、登记的书证，其证明力一般高于其他书证、视听资料和证人证言。”从而以司法解释的形式，确立了鉴定结论的证据优先规则。

法院关于民事诉讼证据的若干规定》第61条第1款规定，当事人可以向人民法院申请一至二名具有专门知识的人员出庭就案件的专门性问题进行说明，新修订的《民事诉讼法》将上述内容明确规定在第79条〔1〕。而对于专家辅助人的要求以及效力问题，法律未作详细规定，且由于专家辅助人的加入很可能会增加法官审查负担，影响诉讼效率，法官对专家辅助人制度认可度偏低。

3. 新的尝试：技术调查官

为了解决科技进步带来的挑战，2015年1月，最高人民法院公布《关于知识产权法院技术调查官参与诉讼活动若干问题的暂行规定》（以下简称《技术调查官暂行规定》），标志着技术调查官这一新主体正式从幕后走到台前。《技术调查官暂行规定》将技术调查官划分在司法辅助人员序列，在专业性较强的案件中，法院可以指派技术调查官辅助审判，提出的技术审查意见可以作为法官认定技术事实的参考。〔2〕

技术调查官可以利用其专业知识帮助法官完善相关技术背景、技术特点等信息，弥补法官专业技术知识的欠缺，实现技术与法律的全面融合，帮助法官对案件作出全面判断。技术调查官制度的出现能够很好地解决以往技术事实审查存在的问题，使得技术性事实审查更加科学化、中立化、专业化，但值得注意的是，该制度在实务运作两年的时间内，也出现了人员选任资格不明确、人员背景影响公正、技术审查意见公开不明确、独任技术调查官易影响技术事实审查的权威性等问题〔3〕。特别是技术调查官进入诉讼是作为法官的辅助人，其并不直接面对当事人，甚至对其指派和作出的意见，当事人既无提出回避和质疑其资质、水平和能力的机会，对其意见如何影响法官作出判决也无从知晓，更无法充分就此提出实质性意见。如何去协调司法鉴定、专家辅助人、技术调查官三个制度的关系，最大限度地查明技术事实，成为实务中的难题。

三、技术事实查明的重要机制：技术鉴定中的若干问题与对策

（一）启动技术鉴定的决定条件

在审判商业秘密侵权案件中，由于会涉及专业性较强的技术问题，不可避免地需要求助司法鉴定机构。诉讼当事人在案件中有提请法院鉴定的权利，但是鉴定决定权和鉴定委托权都由司法机关享有。根据《民事诉讼法》第76条第2款〔4〕的规

〔1〕《民事诉讼法》第79条规定，当事人可以申请人民法院通知有专门知识的人出庭，就鉴定人作出的鉴定意见或者专业问题提出意见。

〔2〕《关于知识产权法院技术调查官参与诉讼活动若干问题的暂行规定》第9条规定：技术调查官提出的技术审查意见可以作为法官认定技术事实的参考。

〔3〕李昌超：《我国技术调查官制度的逻辑生成及制度背景》，载《河南大学学报》（社会科学版）2017年第4期。

〔4〕《民事诉讼法》第76条第2款规定，当事人未申请鉴定，人民法院对专门性问题认为需要鉴定的，应当委托具备资格的鉴定人进行鉴定。

定，法院只有满足“专门性问题”及“认为需要鉴定”这两个条件时才决定鉴定。

关于“专门性问题”，根据《河南省高级人民法院商业秘密侵权纠纷案件审理的若干指导意见（试行）》和《江苏省高级人民法院侵犯商业秘密纠纷案件审理指南》的规定，主要包括两个方面：第一，权利人所诉被侵权的商业秘密是否为公知技术；第二，侵权人使用的商业秘密与权利人合法享有的商业秘密是否相同。可见，专门性问题所涉及的领域应该是技术领域，所作判断应该是事实性判断，而非法律问题或其他意见。实践中要避免就是否侵权、是否属于商业秘密这些法律问题进行技术鉴定。

关于“认为需要鉴定”这一条件，目前没有明确的规定来解释，由法官进行自由裁量。一般来说，应该是在法官针对技术性问题的理解和判断无法凭借自己的知识、经验和能力作出准确的认定，或者所涉及的技术性问题超出其认知范围的情况下，方属于需要鉴定。比如，在恩平卫冠化工有限公司与罗某等商业秘密侵权纠纷上诉案〔1〕中，卫冠公司在一审中并未主张申请法院进行技术鉴定，且卫冠公司没有举证证明甚至说明其核心技术配方究竟如何，二审法院只能经过对原审法院保全的罗某手写并由友邦公司保存的“香皂片”配方与卫冠公司“米纸配方”的对比。在已认定两者原料配方成分的配比比例不同的情况下，法院不认为该两个产品配方是“需要鉴定”的“专门性问题”，故而对卫冠公司认为罗某、吴某使用的产品配方侵犯其商业秘密不予支持。在笔者代理的汉高华威电子有限公司及汉高（中国）投资有限公司诉中鹏新材料股份公司及封其立等商业秘密侵权纠纷案中，江苏省高级人民法院没有接受原告要求对厂房布局的技术鉴定要求，认为其并不需要进行鉴定，结合其他技术鉴定的结论，判定不构成侵犯商业秘密，驳回了原告要求被告赔偿1亿余元的诉讼请求。

因此，原告当事人在申请鉴定时，需要阐述进行鉴定的必要性，论证说明需要鉴定的情形和具体事项，并尽可能早地向法院申请技术鉴定。而且，为方便说服法官，还需要明确自己拥有的技术秘密的秘密点，并及时向法院说明技术秘密的内容，这样才能方便于法官理解原告的技术秘密，有助于确定其是不是“需要鉴定”的“专门性问题”，以决定是否进行技术鉴定。

（二）申请重新鉴定的条件

在审判商业秘密侵权案件中，当事人对于鉴定结论存在异议，申请重新鉴定的，人民法院应根据具体情况，对确实属于法律规定的需要重新鉴定的情况的，为了保障当事人的合法权益以及作出公正裁判，应当予以批准。当事人申请重新鉴定的条件根据《人民法院司法鉴定工作暂行规定》第14条、《最高人民法院关于民事诉讼证据的若干规定》（法释〔2001〕33号）第27条、《河南省高级人民法院商业秘密

〔1〕 广东省高级人民法院（2004）粤高法民三终字第295号民事判决书。

侵权纠纷案件审理的若干指导意见（试行）》的规定，可以分为以下几点：(1) 鉴定人不具备相关鉴定资格的；(2) 鉴定程序不符合法律规定的；(3) 鉴定结论与其他证据有矛盾的；(4) 鉴定结论明显依据不足的；(5) 鉴定材料有虚假，或者原鉴定方法有缺陷的；(6) 鉴定人应当回避没有回避，而对其鉴定结论有持不同意见的；(7) 同一案件具有多个不同鉴定结论的；(8) 有证据证明存在影响鉴定人准确鉴定因素的；(9) 经过质证认定不能作为证据使用的其他情形。而根据《最高人民法院关于民事诉讼证据的若干规定》第27条第2款的规定，对有缺陷的鉴定结论，可以通过补充鉴定、重新质证或者补充质证等方法解决的，不予重新鉴定。

原告当事人在诉讼过程中，应当将鉴定过程中存在的问题与申请重新鉴定的条件比照后再采取重新鉴定、补充鉴定、重新质证或补充质证的诉讼策略。比如，在昆山埃索托普化工有限公司、江苏汇鸿国际集团土产进出口苏州有限公司与上海化工研究院侵害商业秘密纠纷上诉案[1]中，上诉人诉称，上海市科委不具备鉴定资质，其进行鉴定与《司法鉴定程序通则》和《人民法院对外委托司法鉴定管理规定》等有关规定不符，且原审上海市科委鉴定专家未出庭回答提问，应认定鉴定结论无效，申请重新鉴定。后经法院查明，上海市科委具备鉴定资质，鉴定程序符合规定，且一审庭审中，上海市科学技术委员会委托的有关鉴定专家到庭接受了质询，采纳该鉴定意见。而在笔者代理的无锡海鹰企业集团与无锡祥生医学影像有限责任公司、莫善珏等商业秘密侵权纠纷案[2]中，由于一审法院没有将原告的技术秘密载体出示给被告质证，在阐述如此做法将损害被告的诉讼权利的理由后，最高人民法院接受了我们重新鉴定的申请，经重新鉴定将原来一审认定的14项技术秘密改为仅有4项为技术秘密，将一审判决赔偿310万元改为赔偿51.6万余元。

（三）当事人自行委托鉴定的鉴定结论之法律效力

商业秘密侵权案件的专业性较强，在诉讼前当事人为了取得诉讼有利地位往往会自行委托有关鉴定机构作出鉴定，而这种当事人自行委托鉴定的鉴定结论是否具有法律效力、是否可以作为定案依据，是实务中的一大问题。根据《最高人民法院关于民事诉讼证据的若干规定》第28条[3]的规定，诉讼的一方当事人是有权自行委托鉴定的，该鉴定结论作为一项证据，应在开庭前向其他所有当事人公开，由其他当事人针对该鉴定结论提出意见，并在庭审时进行质证，若其他当事人有足够证据进行反驳并申请重新鉴定的，那么法院就应当准许。而双方当事人均自行委托鉴定得出的鉴定结论不一致时，根据《北京市高级人民法院关于办理各类案件有关证据问题的规定（试行）》第32条的规定，民事、行政诉讼及刑事自诉案件诉讼前，

---

〔1〕上海市高级人民法院（2005）沪高民三（知）终字第40号民事判决书。

〔2〕最高人民法院（1999）知终字第3号民事判决书。

〔3〕《最高人民法院关于民事诉讼证据的若干规定》第28条规定，一方当事人自行委托有关部门作出的鉴定结论，另一方当事人有证据足以反驳并申请重新鉴定的，人民法院应予准许。

对同一专门性问题，由当事人一方自行委托不具有法定、指定鉴定资格的鉴定部门、鉴定人作出的鉴定结论，庭审中对方当事人提出异议的，或者诉讼双方当事人分别自行委托不同的法定鉴定部门作出不同鉴定结论的，法院应按照本规定第28条的有关规定重新鉴定。

法律并没有明文规定当事人自行委托鉴定的鉴定结论的性质，也没有直接规定该鉴定结论无效，而是需要通过法庭质证、审查后才上升为认定案件事实的依据。比如，在俞锡贤、杭州益生宜居建材科技有限公司与金华市欣生沸石开发有限公司侵害商业秘密纠纷上诉案[1]中，原告欣生公司以其自行委托的鉴定机构所作的《质量鉴定报告》的结论，主张被告侵犯了其商业秘密，但是最终二审法院在法庭质证中认为该鉴定报告仅依据相关科技查新报告、评估报告、检测报告作出，无双方产品实物的鉴定分析，亦无双方产品的生产线、生产工艺的现场保全、评定，且评估、检验报告等仅记载依照国家标准对产品进行的相关检测，不具备应有的参考价值，缺乏证明力。虽然目前主流意见和做法非常明确——不予采纳，但诉讼中仍有余地，自行委托鉴定在符合特定条件时仍可被法官采用。如何提高被采用的概率，可以从以下几个方面入手：

第一，委托有资质的鉴定机构。原告或被告当事人应当首先考虑委托《人民法院司法鉴定人名册》中的司法鉴定机构，再考虑由司法部以及地方省级司法行政管理部门根据《全国人民代表大会常务委员会关于司法鉴定管理问题的决定》所赋职权核准颁发司法鉴定资质的司法鉴定机构。

第二，明确秘密范围，提供充分完整真实的鉴定材料。原告或被告当事人在鉴定之前需要明确秘密范围，撰写详细的文件，具体描述秘密点，并按照秘密点的等级程度以及对方当事人可能获知的程度对秘密点进行分层。当事人在向鉴定机构提供鉴定材料时，要保证检材的来源、取得、保管、送检应当符合法律、有关规定，与相关提取笔录、扣押物品清单等记载的内容相符，检材充足、可靠。

第三，第三方取证。原告或被告当事人在对鉴定材料进行取证时，可以委托有资质的第三方进行取证，并由第三方对证据进行保存，出具附有签字的取证文件，于开庭前提交。

第四，申请鉴定人回避。原告或被告当事人在鉴定机构确定鉴定人员之后，对司法鉴定人本人或者其近亲属与本人委托的鉴定事项或者鉴定事项涉及的案件有利害关系，可能影响其独立、客观、公正进行鉴定的，应当向鉴定机构申请回避。

四、技术调查官参与下的商业秘密技术事实查明：现有机制下当事人的应对

特别需要提出的是，首先，应允许当事人申请技术调查官回避，在开庭之前应

[1] 浙江省高级人民法院（2009）浙知终字第70号民事判决书。

当充分了解技术调查官的相关情况，特别是其技术背景、从业经验和经历，是否有利益冲突，若涉及当事人的利益冲突，需要及时和坚持向法官申请回避，回避的程序可以参照《民事诉讼法》的有关规定；其次，当事人向法院申请司法鉴定时，可以申请技术调查官介入以帮助处理技术性问题，如确定鉴定范围、鉴定建材等，双方在确定鉴定范围时，往往各自从自身利益出发，可能有意模糊或者歪曲诉讼焦点，影响诉讼效率，而技术调查官处于中立地位，可以发表专业意见，利于明确细化鉴定范围〔1〕；最后，当事人对判决书存疑的，可以要求公开技术审查意见，《最高人民法院关于知识产权法院技术调查官参与诉讼活动若干问题的暂行规定》没有规定技术审查意见是否可以公开，技术审查意见不公开不仅会损害当事人的诉权，导致"审判突袭"情形的出现，而且会影响裁判的公信力，因此当事人应当有权申请公开。

东亚地区所选择的技术调查官与欧美等所选择的专家证人的差异主要来源于法系制度和习惯差异，技术调查官制度的普及性其实并不高，在强调效率方面其优于专家证人，但如果不考虑其封闭性所可能带来的对当事人诉讼权利的负面影响，从而避免其不适当的适用而影响司法裁判的公正性，其效果将差强人意。因此，应该特别关注这一新制度的运行，作为律师，要了解这一制度并敢于在实践中趋利避害，该坚持的仍应当坚持。

为了防止法官对技术调查官的过度依赖，应该充分发挥当事人及专家辅助人和技术鉴定的作用，通过庭审实质化的进行保障法官独立判断的裁判权，有利于审判结果更加公正。

［徐棣枫：国浩律师事务所合伙人（南京），南京大学法学博士
杨关峰：国浩律师事务所实习生（南京），南京大学法学硕士］

〔1〕 蔡学恩：《技术调查官与鉴定专家的分殊与共存》，载《法律适用》2015年第5期。

股东对公司商标侵权责任的承担

金　力　汤　华

市场经济的发展，伴随人类智力活动的进步，也必然要求国家的法律体系能够对智力活动成果提供越来越全面的保护。2018 年 4 月 10 日，国家主席习近平在博鳌亚洲论坛 2018 年年会开幕式发表题为《开放共创繁荣　创新引领未来》的主旨演讲[1]，强调加强知识产权保护是完善产权保护制度最重要的内容，也是提高中国经济竞争力最大的激励。

目前的司法环境对商标权利人的保护力度越来越大，但在具体案件中仍存在一定的不足。例如，在现实案例中，表面上看，商标侵权人为公司法人，但是商标侵权行为实际是侵权公司的股东、控制人利用公司的名义，隐在公司背后进行的，其侵权行为的非法获益也实际最终归于个人，但法院判决通常是判定侵权赔偿责任人为侵权公司，而对侵权行为的实际实施人、受益人却没有进行追责。如此造成的后果，就是在强制执行阶段，面对一家空壳公司，被侵权人虽然胜诉，却无法获得实际赔偿的情况。

一、真实案例简述

（一）案件原、被告的基本情况

该案原告为×××公司（外资企业，是中国热水器、净水机等产品的领军企业，年销售额达 100 亿元，其品牌家喻户晓）；被告 1 为自然人（成××），是被告 2 的股东及实际控制人；被告 2 为中山市××公司，是侵权产品的生产者；被告 3 为山西×××电器经营部，是个体工商户，侵权产品的销售者。

（二）案件的立案、审理及判决简介

受原告委托，代理律师通过细致调查，发现三个被告存在共同及分别实施了对原告的商标侵权及不正当竞争的违法行为，其中，被告 1 先在中国大陆注册了侵权

---

[1] 《开放共创繁荣 创新引领未来》，载 http：//www. ccdi. gov. cn/toutiao/201804/t20180410_ 169617. html，最后访问日期：2018 年 6 月 1 日。

商标，之后在香港设立一人公司（以下简称香港公司），再将侵权商标转让给香港公司，随后由香港公司将侵权商标授权给被告1实际控制下的被告2使用，最终以被告2的名义长期生产、销售带有侵权商标的热水器产品，被告3作为被告2的代理商，在山西某地当地开设×××热水器产品专卖店，销售被告2生产的侵权产品。

据此，代理律师首先对侵权商标的历史沿革进行了调查取证，再对被告2生产、销售侵权产品的事实进行了证据保全公证，又在被告3所在地购买了被告3销售的由被告2生产的带有侵权标识的产品，对此购机行为也进行了证据保全公证。而且，在香港对香港公司的设立及存续情况进行了调查。在取得了全面、翔实的相关证据后，为避免因被告提管辖异议导致案件拖延，选择在被告2住所地法院提起诉讼。

在该案审理过程中，被告3为逃避对其可能不利的判决结果，自行办理了工商注销，代理律师建议原告，及时撤销对该个体工商户的起诉，而将该个体工商户的经营者追加为被告3。因该案证据较多，三被告共同委托的代理人也竭尽所能，从证据三性、审理程序、实体问题等多方面进行了质疑、抗辩，使得该案历经多次开庭，耗时一年左右，最终获得胜诉，一审判决被告2、被告3停止一切商标侵权及不正当竞争行为，并合计赔偿25万元人民币，但未判决被告1担责。对于一审判决，原被告均未上诉。

（三）现就被告1在该案中扮演的角色进行简要说明

1. 2005年11月21日，被告1申请注册了涉案的侵权商标，2008年11月17日，完成商标注册。

2. 2005年11月14日，被告1出资设立中山市××电器厂，该厂性质为个体工商户，该厂因使用涉案侵权商标进行生产、销售，存在虚假宣传等违法行为，于2012年9月26日被中山市工商局东凤分局立案查处。后于2016年1月22日注销。

3. 2010年7月9日，被告1出资10000港元，在香港设立“美国×××公司”（注：字号与原告字号完全相同），被告1是该香港公司的唯一股东和唯一董事。

4. 2010年7月29日，被告1将涉案的侵权商标转让给被告1设立的美国×××公司，2011年6月14日完成商标转让。

5. 2011年11月24日，被告1与某案外人共同出资设立被告2（被告1系被告2的股东和实际控制人），被告1设立的“美国×××公司”将涉案侵权商标授权许可被告2使用，被告2使用涉案侵权商标进行生产、销售。

6. 在侵权过程中，被告1深度参与相关工作。经过近10年的积累，被告1已在中山当地购置了豪车、别墅，但被告2的厂房、设备、设施基本都是租用的，净资产几乎为零。

通过上述事实，可以清楚地看出被告1才是涉案商标侵权行为的实施人及实际获益人，被告2只是被告1用来实施商标侵权违法行为的工具和挡箭牌。

（四）对该判决的反思

该案判决有两个亮点。

其一，该案证据准备充分翔实，代理思路清晰，诉讼策略得当，最终成功地取得了较高的判赔金额。据了解，在该一审法院，之前审理的商标侵权案件的最高判赔金额是30万元，与该案类似的案件，判赔金额一般不超过10万元，而该案判赔25万元。

其二，针对案情变化，对被告3及时进行调整，从而实现了对被告3的追责，避免销售者逃避责任。

但该案判决有一个遗憾。据代理律师的调查举证，被告1虽是个人，但其通过实际控制的被告2，实施了相关商标侵权行为，是商标侵权行为的主导者及实际获利人，理应承担相应的赔偿责任。该审理法院过分强调“公司法人人格独立”的原则，忽略了被告1在案涉商标侵权行为中所起的主导作用，没有确认被告1的商标侵权责任，没有判决被告1对被告2的侵权赔偿责任承担连带责任。

笔者在下文中，将通过类似案例，探讨对侵权公司的股东、实际控制人，是否应根据其在商标侵权行为中的角色和作用，进行追责。

二、相似案件判决

（一）江苏省高级人民法院作出的樱花卫厨（中国）股份有限公司与苏州樱花科技发展有限公司、中山樱花集成厨卫有限公司、中山樱花卫厨有限公司、屠××（苏州樱花科技发展有限公司、中山樱花卫厨有限公司的法人、董事长）、余××（中山樱花集成厨卫有限公司的法人、董事长）侵害商标权及不正当竞争纠纷一案二审判决［案号：（2015）苏知民终字第00179号］[1]

在该案中，江苏省高级人民法院审理认定：从主观故意来看，屠××作为苏州樱花电器有限公司的法定代表人，曾经有过侵犯樱花卫厨公司知识产权的历史；在本院判决苏州樱花电器有限公司构成侵权的情况下，屠××又相继成立了苏州樱花公司、苏州樱花公司中山分公司、中山樱花卫厨公司，其主观恶意明显。余××作为中山樱花集成厨卫公司法定代表人，亦明知樱花卫厨公司的“樱花”系列注册商标及与其自身商标的区别。从经营职权看，苏州樱花公司、中山樱花集成厨卫公司、中山樱花卫厨公司股东构成较为简单，苏州樱花公司股东系屠××与黄××，中山樱花卫厨公司股东系屠××与郑××，其中屠××均占股90%，且系苏州樱花公司、中山樱花卫厨公司的法定代表人；中山樱花集成厨卫公司股东系余××与韦××，

---

〔1〕 案例链接：无讼网：https：//www. itslaw. com/detail？judgementId = 5139792c – 30c4 – 4470 – ac1c – 8ac080b1c84f&area = 1&index = 2&sortType = 1&count = 3&conditions = searchWord% 2B% EF% BC% 882015% EF% BC% 89% E8% 8B% 8F% E7% 9F% A5% E6% B0% 91% E7% BB% 88% E5% AD% 97% E7% AC% AC00179% E5% 8F% B7% 2B1% 2B% EF% BC% 882015% EF% BC% 89% E8% 8B% 8F% E7% 9F% A5% E6% B0% 91% E7% BB% 88% E5% AD% 97% E7% AC% AC00179% E5% 8F% B7，最后访问日期：2018年6月1日。

其中余良成占股90%，系中山樱花集成厨卫公司的法定代表人。苏州樱花公司、苏州樱花公司中山分公司、中山樱花集成厨卫公司、中山樱花卫厨公司受屠××及余××影响的程度较高。从侵权行为看，苏州樱花公司、苏州樱花公司中山分公司、中山樱花集成厨卫公司、中山樱花卫厨公司登记注册时故意使用与樱花卫厨公司相同的字号，在实际经营中不规范使用其商标，并使用与樱花卫厨公司相似的广告宣传语，经营与樱花卫厨公司相类似的产品。可以说，苏州樱花公司、苏州樱花公司中山分公司、中山樱花集成厨卫公司、中山樱花卫厨公司成立至今系以侵权经营为主业，屠××与余××应对此承担相应责任。综合上述分析，足以认定屠××与余××在明知樱花卫厨公司“樱花”系列注册商标及商誉的情况下，通过控制苏州樱花公司、苏州樱花公司中山分公司、中山樱花集成厨卫公司、中山樱花卫厨公司实施侵权行为，其个人对全案侵权行为起到了重要作用，故与苏州樱花公司、苏州樱花公司中山分公司、中山樱花集成厨卫公司、中山樱花卫厨公司构成共同侵权，应对上述公司所实施的涉案侵权行为所产生的损害结果承担连带责任。

（二）四川省高级人民法院作出的山特电子（深圳）有限公司（以下简称山特电子公司）与叶××、佛山市瑞芯工业电子有限公司（以下简称佛山瑞芯公司）、佛山市中科新能电子有限公司（以下简称佛山中科新能公司）、南京州盟电子有限公司（以下简称南京州盟公司）、深圳市伯瑞节能科技有限公司（原深圳市山特科技有限公司，以下简称深圳山特公司）、深圳市通用电力科技有限公司（原深圳市伊顿山特科技有限公司，以下简称深圳伊顿山特公司）、周××、四川英威康科技有限公司（以下简称四川英威康公司）、四川星迪科技发展有限公司（以下简称四川星迪公司）侵害商标权、不正当竞争纠纷一案二审判决［案号：（2016）川民终940号］[1]

在该案中，四川省高级人民法院审理认定：叶××、佛山瑞芯公司、深圳山特公司、深圳伊顿山特公司的行为构成共同侵权，叶××应与佛山瑞芯公司、深圳山特公司、深圳伊顿山特公司承担连带责任。本案中，叶××早在2003年就存在委托他人生产使用“STKUPS”标识的不间断电源产品的行为。2004年，叶××作为唯一董事成立美国山特电源有限公司。此后，叶××先后以法定代表人身份或以普通股东身份成立了深圳山特公司、佛山瑞芯公司、深圳伊顿山特公司、佛山中科新能公司，其中深圳伊顿山特公司和深圳山特公司无人办公，佛山中科新能公司掌握深圳伊顿山特公司和深圳山特公司的公章及深圳伊顿山特公司业务专用章。南京州盟公司受叶××委托，多次就一系列与山特电子公司的注册商标相同或近似的标识申请注

---

〔1〕 案例链接：无讼网：https：//www. itslaw. com/detail？judgementId = 93bba2ba – 19fc – 4617 – bf8d – f1e2cb40fd84&area = 1&index = 1&sortType = 1&count = 1&conditions = searchWord% 2B% EF% BC% 882016% EF% BC% 89% E5% B7% 9D% E6% B0% 91% E7% BB% 88940% E5% 8F% B7% 2B1% 2B% EF% BC% 882016% EF% BC% 89% E5% B7% 9D% E6% B0% 91% E7% BB% 88940% E5% 8F% B7，最后访问日期：2018年6月1日。

册，并存在就同一标识因山特电子公司异议，被国家商标局裁定不予注册之后，反复申请注册的情况。南京州盟公司将申请注册中的标识授权佛山瑞芯公司使用，佛山瑞芯公司使用深圳山特公司或深圳伊顿山特公司的企业名称生产、销售不间断电源产品，佛山中科新能公司通过发展区域代理商方式销售佛山瑞芯公司生产的不间断电源。上述一系列事实可以反映，叶××、南京州盟公司、佛山瑞芯公司、深圳山特公司、深圳伊顿山特公司侵权恶意明显，有共同的意思联络；从近似商标申请注册到侵权产品的生产销售各个环节，亦是由叶××、南京州盟公司、佛山瑞芯公司、深圳山特公司、深圳伊顿山特公司分工合作、通力完成，最终造成对山特电子公司注册商标专用权的侵害。

叶××早在2003年即存在委托他人生产侵权产品的事实；其后，叶××陆续与他人共同设立公司，为侵权行为的实施提供组织基础；此外，南京州盟公司多次反复申请与山特电子公司商标相同或近似的商标亦是受叶××委托。叶××的前述行为并非代表公司意志的职务行为，而是独立的、积极的个人行为，是共同侵权行为中的重要一环，叶××与佛山瑞芯公司、深圳山特公司、深圳伊顿山特公司之间构成共同侵权，应该承担连带责任。

周××以成华区星迪电子科技经营部名义签订合同，销售案涉侵权产品，侵犯了山特电子公司的商标权，四川英威康公司销售案涉侵权产品，侵犯了山特电子公司的商标权。依照《侵权责任法》第15条之规定，周××、四川星迪公司、四川英威康公司侵犯了山特电子公司的商标权，应承担停止侵权、赔偿损失等民事责任。

三、分析与期望

公司法为保护和鼓励投资，同时也保证公司经营的灵活性和高效性，创制了股东有限责任和公司独立法人地位的制度。对股东而言，股东依约定足额出资后，即享受有限责任的待遇，不再对公司的债务承担责任；股东通过公司权力机关依法定程序行使其权利，不直接插手公司的经营。公司则独立地运用股东投入到公司中的财产从事经营，创造利润。公司在经营活动中，与债权人独立地发生债权、债务关系，承担由此产生的民事责任。但是，实际经济生活中，有的公司的股东通过各种途径控制着公司，为赚取高额利润或逃避债务，常常擅自挪用公司的财产，或者与自己的财产混同、账目混同、业务混同。有的股东为达到非法目的，设立一个空壳公司从事违法活动，实际控制该公司，但又以有限责任为掩护逃避责任。由此，公司在实际上已失去了独立地位，该独立法人地位被股东滥用了。同时，股东利用上述方式逃避其应承担的责任，也滥用了其有限责任的待遇；而公司的债权人将面临着极大的交易风险。面对这一现实问题，一些国家在维护公司股东有限责任的基本原则的同时，本着权利和义务相一致的原则，为切实保护债权人的利益、维护正常的交易秩序，创制了公司法人人格否认（在普通法系国家称为“揭开公司面纱”）的制度。即当符合法定条件，认定股东滥用公司法人独立地位和有限责任时，可以“揭开公司面纱”，将公司股东和公司视为一体，追究股东和公司共同的法律责任。

根据《公司法》第20条“公司股东应当遵守法律、行政法规和公司章程，依法行使股东权利，不得滥用股东权利损害公司或者其他股东的利益；不得滥用公司法人独立地位和股东有限责任损害公司债权人的利益。公司股东滥用股东权利给公司或者其他股东造成损失的，应当依法承担赔偿责任。公司股东滥用公司法人独立地位和股东有限责任，逃避债务，严重损害公司债权人利益的，应当对公司债务承担连带责任”的规定，对公司实际控制人进行追责的的权利人只局限在公司股东或公司债权人这两类群体，但是在商标侵权案件中，侵权公司的实际控制人是否应承担连带赔偿责任，因《公司法》没有涉及，因此同一类型的案件，甲地法院可能会被认定共同侵权，需承担连带责任；乙地法院却会有完全不同的判决，认定只是公司实施了商标侵权行为，公司的实际控制人无须承担赔偿责任。此种情况的形成，主要是在公司法层面，对“公司人格否认”（“揭开公司面纱”）的司法运用主要只集中在侵犯了公司其他股东或公司债权人的合法利益的范畴，忽略了公司股东、实际控制人通过公司侵犯其他当事人的情况，直接导致很多商标侵权案件中未能实现对公司实际控制人的追责。

公司法人人格独立、股东有限责任虽然是《公司法》的制度基石，但公司法人人格独立是基于股东不直接参与公司经营活动，公司与其股东具有相互独立人格作出的制度设计，如果出现公司股东直接参与了公司的经营活动，严重损害其他当事人利益并从中获得个人收益时，公司法人人格独立、股东有限责任就不应成为公司股东的保护伞，助其逃避相应的法律赔偿责任。在目前《公司法》没有对第20条作出实质修改之前，在当商标侵权案件中有足够的合法证据，可以证明当公司与股东在人员、经营、财产方面交叉或混同，此时公司就丧失了独立人格和独立承担责任的基础，而沦为股东逃避侵权责任的工具，发生了公司实际控制人与公司人格混同的情况，且该情况严重损害其他当事人的合法利益时，就应当优先适用《侵权责任法》第8条“二人以上共同实施侵权行为，造成他人损害的，应当承担连带责任”的规定，判令公司实际控制人个人对公司债务承担连带责任。如此既可以更全面有效地保护知识产权权利人的合法权益，也可体现《侵权责任法》的立法本意，在一定程度上弥补《公司法》的缺失。

众所周知，知识产权诉讼案件，存在耗时长、侵权人身份较难确定、取证困难、案情复杂、判赔金额偏低等诸多不利条件，而且随着法律惩治力度的加大，实施商标侵权的行为日益隐蔽化，侵权手段日益多样化，真正实施商标侵权行为并从中获利的个人往往会通过设立公司，甚至是通过代理人设立公司或设立多家关联公司的方式，将侵权商标的注册、授权、实际使用、生产、销售等各个环节，分解到不同的公司主体，从而在一个商标侵权案件中，出现多个侵权人，这直接导致了侵权人身份认定、责任认定的困难，为侵权行为的实际获益人逃避法律责任做掩护，同时如果法院只判决公司承担商标侵权赔偿责任，而个人不承担责任，侵权公司的实际控制人对此也早已留好退路，通过将侵权公司空壳化，将侵权所得的非法利益转至个人名下，这样，即使被侵权人及法院执行局付出巨大的努力与执行成本，也无法执行到侵权公司的资产，最终使侵权公司需承担的赔偿责任仅仅停留在判决书的纸面，无法落到实处，也无法对侵权人的股东、实际控制人实现有效追责。

四、结语

在司法审判实践中，对知识产权侵权案件，有必要适当扩大“公司人格否认”的法律适用范围，如案件中出现典型的公司股东或实际控制人将公司作为侵权工具，既通过控制公司经营获取不正当利益，又试图利用公司法人人格独立制度规避承担侵权责任的情形，且该类行为极大地侵害了知识产权权利人的利益，违背了公认的商业道德和诚信原则，为加大对侵权源头的打击力度，遏制以侵权为主业的不正当搭车、模仿行为，有必要对知识产权实行更为严格的法律保护措施，不要简单地套用或依据《公司法》“公司法人人格独立”的法律原则，而是应适用《侵权责任法》第8条“二人以上实施侵权行为，造成他人损害的，应当承担连带责任”的规定，对侵权公司的法人、实际控制人等个人侵权主体判以连带责任，以起到规范公司经营秩序、保护知识产权权利人的合法权益的司法导向作用。

［金力：国浩律师事务所合伙人（南京），南京大学国际工商管理硕士
汤华：国浩律师事务所律师（南京），南京大学法律硕士］

新《反不正当竞争法》下涉及客户名单的商业秘密属性的认定

曾咏梅　徐　垚

一、引言

依据我国2018年1月1日起施行的《反不正当竞争法》中的规定，不为公众所知悉、具有商业价值并经权利人采取相应保密措施的技术信息和经营信息为商业秘密（trade secret），受到法律保护。通常包括技术信息（technology information）和经营信息（management information）。技术信息是指符合商业秘密定义的非专利技术。例如：技术设计、应用实验、工艺流程、工业配方、化学配方、制作工艺、技术样品、质量控制、制作方法和计算机程序等信息。技术信息可以是有特定的完整的技术内容，构成一项产品、工艺、材料及其改进的技术方案，也可以是某一产品、工艺、材料等技术或产品中的部分技术要素；经营信息指符合商业秘密定义的有关经营管理方面的方法、经验和策略。例如，发展规划、竞争方案、管理诀窍、客户名单、货源情报、产销策略、财务状况、投融资计划、标书标底、谈判方案、财产担保及诉讼纠纷等方面的信息。其中，客户名单（customer lists）属于经营信息之一，通常与直接接触客户的雇员跳槽相联系。在涉及不正当竞争侵权案件中，客户名单的商业秘密属性较难举证与界定，笔者在代理此类案件的过程中，时常面临"客户名单"的认定以及侵权人侵权行为界定的困境，此类证据的搜集和筛选经常陷入困境，导致权利人追究侵权人责任的维权之路步履维艰。本文旨在结合成文法规定，通过个案分析，对实务中客户名单构成商业秘密的要件、举证责任分配及损害赔偿的计算作初步探讨。

二、商业秘密中客户名单的界定

客户名单作为商业秘密的一种，其与技术秘密不同，大多来源于公共信息。根据我国2007年2月1日起施行的《最高人民法院关于审理不正当竞争民事案件应用法律若干问题的解释》（以下简称《不正当竞争民事案件解释》）规定，"商业秘密中的客户名单，一般是指客户的名称、地址、联系方式以及交易的习惯、意向、内容等构成的区别于相关公知信息的特殊客户信息，包括汇集众多客户的客户名册，以及保持长期稳定交易关系的特定客户”。结合2018年1月1日起施行的《反不正当竞争法》有关规定，作为企业经营信息的客户名单，在具备商业秘密的基本属性，即秘密性、价值性、实用性、保密性的前提下，才可能获得法律保护。

三、构成商业秘密的客户名单认定标准

客户名单作为商业秘密之一，与技术秘密存在不同之处。其主要依靠其秘密性体现价值。简单的客户名单，即客户单位的名称、地址、联系方式等基本信息的组合难以构成法律意义上的客户名单。因为此类信息通常可以通过公开渠道被任何人获知。作为商业秘密的客户名单需要具有稳定性，一次性、偶然性的或曾经交易的客户与客户名单权利人之间可能没有建立起经常的业务往来，与被控侵权者也就不产生竞争关系，这样的客户名单很难被认定为商业秘密予以保护。另外，对于没有进行过交易而自行收集的客户名单，要进行甄别。对未花费人力、物力、财力，没有相关人员的创造性劳动，仅从公开渠道通过简单方式轻易获得的客户名单或客户名册，不构成商业秘密。

因此，客户名单若要构成商业秘密，其必须包含其他经过权利人不断积累，且耗费较大人力、物力资源后获得的深度信息，如交易习惯、付款方式、配送方式、商品质量或客户特殊需求等。在客户名单的商业秘密属性中，最难以论证也是庭审中原被告需要着重论证的部分，即证明客户名单的秘密性。

TRIPs协议规定，商业秘密的秘密性在于“对于通常涉及该类信息的同行业中的人来说，它不是以整体或者其他组成部分的准确排列组合为这样的人所公知或者为这样的人所能获得”；美国的法典（general statutes）中规定商业秘密须依据情况采取合理保密措施；而加拿大相关法律则将“在该商业或贸易中不是普遍周知”这一特性界定为秘密性。

依据我国《反不正当竞争法》、国家工商行政管理局在1995年11月23日发布的《关于禁止侵犯商业秘密行为的若干规定》，秘密性即为“不为公众所知悉”。基于此属性，若被告将之以“公知信息”为由抗辩，客户名单的秘密性即被排除，原告难以胜诉。故权利人应举证其采取了合理的保密措施。

对于经营信息秘密性的认定，向来是各国商业秘密侵权诉讼中的重要部分。美国作为世界上商业秘密法制最完善的国家，其具有典型意义的案例值得我们参考。在“彼得蒙特烟花公司诉萨特克利夫案”中，原告通过证明其客户资源通过住户探访（cold－calling），这一种耗时又成本高的方式获取，以及被告日记中每个客户的详细情况、观感调查等（即本案中的客户名单）与原告电脑中的客户资料一致，使得法院认定本案中的客户名单为商业秘密；在“杜邦公司诉克里斯托夫案”中，主

审法官指出，“也许应当修建一般的栅栏和顶棚，以挡投来的眼光，但不能要求商业秘密的发明人提防不能遇见、不能察觉、不能防备的现有间谍方式”，以此来论证商业秘密权利人的需采取保密措施的适当性。

在我国，同样存在现有案例值得在论证客户名单的商业秘密属性时予以参考。在“天津罗升企业有限公司与魏九桢等侵害商业秘密纠纷案”［天津市高级人民法院（2013）津高民三终字第46号］中，原告罗升公司通过举证其对公司中涉及的各项经营信息和数据都采取了保密措施（建立相关软件系统用于储存客户信息），公司各级员工根据不同的权限，利用保密数据进行工作来论证客户名单具有商业秘密属性的前提：秘密性与保密性。

由此可见，无论在我国还是其他国家，论证客户名单的秘密性是在商业秘密侵权诉讼中不可忽视的一部分。

四、举证责任分配

《不正当竞争民事案件解释》中规定，权利人指称他人侵犯其商业秘密的，应对其拥有的商业秘密符合法定条件、对方当事人的信息与其商业秘密相同或者实质相同以及对方当事人采取不正当手段的事实负举证责任。即权利人需证明以下事项：

（一）客户名单具有合法来源

原告若须证明客户来源的合法性，其必须阐释客户名单的具体内容。一般包括客户的名称、地址、联系方式以及交易的习惯、意向等。

与此同时，为了促进公平竞争以及鼓励良好商业道德，权利人还应当举证被告使用其客户名单在一定领域、地域范围内。笔者认为，行业领域限制于与权利人经营范围相同或相似的领域，即被告应为权利人的竞争对手，与权利人产生商业上的利害关系，而地域领域应限制于该客户名单作为商业秘密保护期间，权利人有可能开展业务经营的地区。

（二）客户名单构成商业秘密

客户名单的商业秘密属性论证主要侧重于其具有实用性、价值性，能为权利人带来经济利益；权利人对此采取了适当的、必要的保密措施；该客户名单为权利人耗费一定努力获得，并非他人可通过公众渠道获知的本文上述特性。

（三）被告存在侵权行为

原告在此类诉讼中，除举证上述要件外，还需证明被告客户内容与原告存在实质性相同。由于实践中，客户流失多与员工离职有关，故权利人难以搜集相关资料。从利益平衡角度，权利人应提供材料证明被控侵权人具有知悉、接触相关经营信息的权限，以及被控侵权人或其利害关系人从事与原告相同或实质性相似业务。

五、特殊抗辩

（一）“客户自愿抗辩”

由于市场具有自由性、选择性，保护客户名单的同时，须避免造成企业垄断客户市场。在此情况下，若被控侵权人可证明其同样付出人力财力等客观努力且客户为自主选择交易相对方，即被告的客户名单具有合法来源，被告不承担侵权责任。上述抗辩被称为“客户自愿”抗辩，主要发生于员工跳槽后独立与客户单位进行交易的合法性抗辩。但被告之抗辩必须满足：（1）证明被告并未与客户建立紧密信赖关系，客户单位与被控侵权人客户作为理性经济人对新交易单位的选择是非合理的；（2）被告不存在引诱或变相引诱客户单位选择新交易相对人，客户单位主动、自愿与被告进行交易。只有在满足上述条件时，被告的“客户自愿”抗辩方可成立。

（二）“记忆抗辩”

商业秘密侵权案件中，被控侵权的离职员工通常会称自己对正常工作中所获客户信息形成记忆，此种抗辩被称为“记忆抗辩”（memorization defense）。在美国“斯坦皮德公司诉梅”一案中，被告即运用了此种抗辩，声称其已牢记原告由工具批发商组成的客户名单内容。伊利诺伊上诉法院驳回了被告的抗辩，认为“记忆也是侵占商业秘密的一种形式”，并认为原告对其客户名单花费努力、采取保密措施，构成商业秘密。与此同时，该上述法院认可商业秘密的侵占不仅可通过有形复制，也可通过记忆。事实上，被告也承认自己通过记忆客户而重新开发了这部分客户名单。

此类抗辩在我国有关商业秘密的侵权诉讼中较为罕见，实务中判例较少，也无相关法律法规对此进行限定。

六、我国商业秘密侵权损害赔偿计算

《不正当竞争民事案件解释》第17条规定：“确定反不正当竞争法第十条规定的侵犯商业秘密行为的损害赔偿额，可以参照确定侵犯专利权的损害赔偿额的方法进行……因侵权行为导致商业秘密已为公众所知悉的，应当根据该项商业秘密的商业价值确定损害赔偿额。商业秘密的商业价值，根据其研究开发成本、实施该项商业秘密的收益、可得利益、可保持竞争优势的时间等因素确定。”换言之，侵犯商业秘密的损害赔偿可参照我国《专利法》第60条、《最高人民法院关于审理专利纠纷案件适用法律问题的若干规定》第20条、第21条、第22条之规定进行赔偿。结合我国司法实践，法院在计算商业秘密侵权损害的赔偿数额时，一般采取以下计算方式：

1. 以商业秘密权利人因侵权行为遭受的损失为赔偿额。这种赔偿的计算方式要求侵害人对于商业秘密权利人可计算的财产、收入方面的损失，应全部予以赔偿。主要包括：研发成本、现实利益损失等已经遭受的损失和必然遭受的损失。

2. 以侵权人因侵权行为所获得的利润为赔偿额。我国法院通常以“销售额×平

均利润率 = 获利额”来确定侵权人所获的利润，在平均利润难以查明时，可委托专业机构评估。侵权人的获利仅限于实际获利，而不包括预期获利。

3. 以不低于商业秘密许可使用的合理费用为赔偿额。此种方式仅限于权利人与他人签有商业秘密许可使用合同，与此同时综合考虑被控侵权人行为的性质、情节以及商业秘密许可的性质、范围等因素，在不低于许可使用费至该许可使用费的3倍幅度内确定。

4. 定额赔偿（法定赔偿）。即人民法院依据案件不同情况确定赔偿数额。依据我国现行法律规定权利人因被侵权所受到的实际损失、侵权人因侵权所获得的利益难以确定的，由人民法院根据侵权行为的情节判决给予权利人300万元以下的赔偿。

5. 当事人自愿协商赔偿数额。

需要注意的是，依据最新《反不正当竞争法》的规定，上述赔偿方式应按其先后顺序进行，赔偿数额还应当包括经营者为制止侵权行为所支付的合理开支。

七、结语

我国《反不正当竞争法》自1993年实施以来，商业秘密保护面临的社会、经济、政治环境以及随之改变的商业形态、规模与颁布时已大不相同，自2018年1月1日起施行的修订后的《反不正当竞争法》对商业秘密的保护范围进一步扩大，但对于相关信息的商业秘密属性认定仍面临较大难度，包括缺乏更加细致、明确的法律依据以及足够数量的判例支撑。从企业角度而言，有必要在完善对客户名单秘密化措施的同时，建立健全更加严密的商业秘密保护制度；除与员工签订标准化《劳动合同》之外，更需考虑利用现行法律规定与涉密员工签订周全的《保密协议》《竞业协议》等；从离职员工角度，应明确其是否属于保护商业秘密义务的规范主体，防止客户名单的过度保护造成市场垄断。

［曾咏梅：国浩律师事务所合伙人（南京），南京大学法律硕士
徐垚：国浩律师事务所实习生（南京），爱丁堡大学国际经济法硕士］

程 序 篇

一、诉讼与仲裁

我国多元化纠纷解决机制建设研究

——以南宁市为研究重点

花育萍

多元化纠纷解决机制，是指一个社会中，由各种不同性质、功能和形式的纠纷解决方式（包括诉讼和非诉讼两大类型），相互协调互补，共同构成的纠纷解决和社会治理系统。[1]

一、国内外多元化纠纷解决机制的比较

“多元化纠纷解决机制”起源于20世纪起西方法学界开展的替代性纠纷解决机制ADR（alternative dispute resolution）运动，主要想借仲裁和调解等替代性纠纷解决方式来弥补西方文化封闭而高度技术化的诉讼审判制度的不足，缓解法院的压力，并顺应随着社会高度发展而出现的一些新型法律关系中当事人差异化的救济需求。各个国家不同的历史文化背景、国情也催生了不同的纠纷解决机制。

（一）国内外多元化纠纷解决的经验做法

1. 美国多元化纠纷解决的经验做法

美国历来推崇以诉讼解决纠纷，但随着诉讼量的激增和诉讼本身的局限性，美国致力于发展ADR技术，主要包括仲裁、调解和谈判。

仲裁是最正式的替代化纠纷解决方法，根据联邦《ADR法》的规定，仲裁是指由一个或三个仲裁人主持、由双方律师及其委托人参加的辩论式听审。与通常所说的商事仲裁不同，首先，仲裁是诉讼开庭前的前置环节，适用证据规则比较松散；其次，它不是一裁终裁，当事人如果接受裁决，则它就变成了法院的判决。如果不接受，当事人可以要求重新进行正式的法庭审理。仲裁的一个优点是当事人可以协商把仲裁的范围限制到一个权利请求甚至一个争点上。

---

〔1〕 范愉：《代替性纠纷解决方式（ADR）研究——兼论多元化纠纷解决机制》，载《法哲学与法社会论丛》1999年第2期。

调解是指由一个中立的第三方支持，协调当事人之间的讨论、协商，以便帮助他们确定各方都能接受的解决方法。调解可以在诉讼的任何阶段进行。调解的优势在于：（1）当事人对解决纠纷作出最终决定，具有更大的主动权；（2）调解具有时间上的优势，调解需要几周时间，仲裁需要几个月的时间，诉讼耗时更长；（3）调解与仲裁一样具有保密性；（4）进行调解的费用低于仲裁，远低于诉讼。

谈判相对于仲裁和调解而言是最不正式的替代性纠纷解决方式。谈判是双方当事人达成协议、见面并讨论他们之间的争端。谈判的优点在于最大限度地节约时间和费用并高效解决纠纷，减少彼此的敌意。

除此以外，美国的替代性纠纷解决办法还包括案件评估、早期中立评估、微型审理、和解会议等。

2. 英国多元化纠纷解决的经验做法

英国纠纷解决机制的特别之处在于，在英国行政机关介入个人纠纷解决上有着悠久历史。行政机关被赋予准司法职能，凡是基于行政法规而发生的案件，都由相关的行政裁判所审理，同时，还管辖一部分与社会福利有关的当事人之间的争议。目前在英国大约有90种行政裁判所，共有裁判官15000多人，行政辅助人员8000多人，每年通过行政裁判所处理的案件在百万件左右，而诉诸法院的行政案件为数不多。以2001年为例，英国行政裁判处共处理案件121万多件，而同期向法院起诉的行政案件只有5000件。[1]

在劳动争议领域，英国设立了专门的咨询调解结构，负责解决个人和团体的劳动争议并且向当事人提供建议。在其他领域，主要有两个民间机构提供诉讼外纠纷解决方式，即全国律师ADR网络和纠纷解决中心。前者是处理商事纠纷最早和最重要的机构，创建于1989年，该机构采取由当事人自愿参加的、无拘束力的纠纷解决方式；后者是建立于1990年的民间纠纷解决机构，其纠纷解决过程注重保护当事人的秘密，未经当事人同意，不得发表有关纠纷的一切信息。

除了上述纠纷解决方式以外，其他的纠纷解决方式在英国长期受到社会各阶层的怀疑，导致替代性纠纷解决方式在英国的发展远远赶不上美国。直至1996年《最终报告》指出，应当鼓励人们只有在用尽其他可利用的、更为适合的纠纷解决方式后才诉诸法院诉讼程序解决纠纷，所有民事法院都应提供替代性纠纷解决方法的信息。[2] 1998年10月公布的《民事诉讼规则》从基本原则到具体制度都对替代性纠纷解决方式给予了官方支持。从此，英国替代性纠纷解决方式进入一个新时期。

在此期间，法院开始积极利用民间纠纷解决资源。同时，《民事诉讼规则》消除了阻碍替代性纠纷解决方式实践的因素。相关统计数据表明，在1998年的3年后，使用快速程序审理于庭前实现和解或撤诉的比例有明显提高；而商务纠纷的调解数

---

〔1〕 参见国务院法制办《政府法制工作简报》2003年第9期。

〔2〕 Final Report. Section I，part 7.

量增加了14.1%。[1]

3. 德国多元化纠纷解决的经验做法

德国非常注重低成本和高效率的效益观念，这个在纠纷处理领域也有明显体现，德国的替代性纠纷解决方式有两类：

（1）强制性的机构先处理是特定案件起诉前的必经阶段，具体包括争议标的在1500马克以下的小额诉讼案件和邻里纠纷案件，必须在诉讼前进行调解；有关发明专利、著作权使用费、不正当竞争方面的纠纷；有关车辆事故补偿基金的纠纷等案件。

（2）非强制性的处理机构主要包括仲裁、中介人调解、具有调解职能的和解所的调处、行业协会的调解组织和仲裁所的调处等。

4. 中国古代多元化纠纷解决的经验做法

唐朝之后，我国的诉讼体系逐渐完善，但中国古代大量社会纠纷是通过非诉讼的方式解决，而不是通过诉讼方式解决的。非诉方式包括调解（官方、民间）、宗族审判、行会裁决等。官方调处从调解主体上大致分为两类：第一类是由司法机构或司法官吏主持和参与的调处纠纷活动。清朝同治年间，蒯子范担任长州知州。有人起诉婶婶因来借钱未成打人。蒯知州知道原告伤得轻微，便劝说其撤诉，理由是原告本是穷苦人家，亲戚还来借钱，说明她更困难。打官司不仅费时而且花费巨大，何必为一时生气而两败俱伤？说罢给原告两千文钱，让他回家。其人感泣而去。[2]在封建时代，考察官吏政绩的重要标准是诉清狱结。所以许多官员使用调解方式使得息讼于公堂审讯之前。

第二类是以乡正、乡保或其他带有行政司法身份性质的基层公职人员为主体的调解。虽为诉讼外和解，但由于调解人身份的原因，多少带有官方或半官方的性质，调解的力度比较大。调解的范围包括土地纠纷、债权债务纠纷、合同纠纷、婚姻家庭纠纷等，范围非常广泛。

此外，以家族首领、乡里领袖、有威望的乡绅等为主体的民间调解和行会裁决也对化解纠纷、维持中国古代的社会秩序起到不容忽视的作用。

5. 中国现代多元化纠纷解决的经验做法

我国现行的纠纷解决方式除以法院判决和法院调解为主的诉讼解决方式外，还有诉讼外解决方式，包括仲裁、劳动争议处理制度、消费者纠纷解决机制、行政机关的纠纷处理机制、交通事故处理机制、医疗纠纷处理机制以及民间组织调解，还包括极富中国特色的信访制度。它们共同组成了当代中国的纠纷解决机制。

（二）国内外多元化纠纷解决机制比较分析

虽然国内外的纠纷解决机制表面上看起来各不相同，但也有共性和区别之处，

---

〔1〕 范愉主编：《ADR原理与实务》，厦门大学出版社2002年版，第158页。

〔2〕 范愉：《多元化纠纷解决机制的国际化发展趋势》，载《人民法院报》2016年7月6日。

通过分析我们就可以发现多元化纠纷解决机制内在的发展规律。

表1 国内外多元化纠纷解决机制比较

	国外			中国	
	美国	英国	德国	古代	现代
区别	美国致力于发展ADR技术，主要包括仲裁、调解和谈判	英国行政机关介入个人纠纷解决有着悠久历史。行政机关被赋予准司法职能	德国非常注重低成本和高效率的替代性纠纷解决方式	中国古代非诉讼解决方式多样，包括调解（官方、民间）、宗族审判、行会裁决等。官方调解占主导	诉讼外解决方式，包括仲裁、劳动争议处理制度等多种方式覆盖社会各领域，政府在机制设置中起主导作用
共性	1. 都受到本国历史和主流思想文化的深远影响 2. 都基于社会的客观要求而产生 3. 都是为了分流社会矛盾纠纷，维持社会稳定 4. 前身是封建制国家的，均有行政机关介入个人纠纷解决的悠久历史（如现为君主立宪制的英国及其有2132年封建社会历史的中国）				

二、多元化纠纷解决机制的发展规律

通过以上比较，我们不难看出中外多元化纠纷解决机制的一些共性和区别，通过对这些共性和特性的分析，笔者找到了多元化纠纷解决机制的发展规律。

（一）多元化纠纷解决机制的发展起因都是基于本国社会发展的客观要求，目的都是分流社会矛盾纠纷，维护社会稳定

如果将每个国家各领域出现的纷繁复杂的社会矛盾比喻为洪水，那么对于洪水的正确态度不是堵，不是视而不见，而是合理地引导和分流。而能够对社会矛盾进行引导和分流的是一个合理而卓有成效的纠纷解决机制，多元化纠纷机制建设是化解当前多元化社会矛盾的有效途径。

司法是维护社会公平正义的最后一道防线，然而，单一的诉讼解决机制难以消化多元化的社会矛盾纠纷，也难以满足随着社会高度发展而出现的一些新型法律关系中的当事人差异化的救济需求。因此，多元化纠纷机制建设使这一机制发挥有效作用是当前社会发展的客观需求，同时多元化纠纷机制也是整个社会的安全阀，是完善社会主义法治的必由之路。

构建社会主义和谐社会必须将视点集中于当前经济发展与社会发展不和谐、人与自然发展不和谐、区域发展不和谐、城乡发展不和谐以及由此引发的诸多社会矛盾和纠纷的解决问题上，而多元化纠纷解决机制建设以及多元化纠纷解决机制的有

效运行是解决上述问题的必由之路。

（二）多元化纠纷解决机制受到本国历史和主流文化思想的深刻影响

由于儒家思想的长期渗透，儒家思想也成为古代中国法制建设的重要取向。儒家提倡仁、义、礼、智、信，反对过与不及，崇尚中庸、和谐。这些思想深刻地影响着上至君王、下至布衣的思想和行为方式，其反映在纠纷处理方式上，则为中国古代以德化人调处纠纷，最终达到息讼的目的。因此，中国古代形成了包括调解（官方、民间）、宗族审判、行会裁决，官方调解占主导的多元化纠纷解决机制。该机制主要是在诉讼的外围设计纠纷解决方式，在诉讼之前解决纠纷。

相反，1787年通过的《美国宪法》是美国主流思想的完美体现，正义、民主、自由写进了宪法，也融入了美国人的血液中。中国人长久对于诉讼的态度是，万不得已才提起诉讼；而美国人是动辄起诉，推崇以诉讼解决纠纷，但随着诉讼量的激增和诉讼本身的局限性，美国致力于发展ADR技术，主要包括仲裁、调解和谈判等，其注重在诉讼的内部设计纠纷解决方式，在诉讼内部解决纠纷。

（三）国外先进纠纷解决方式的移植对本国多元化纠纷解决机制产生影响

当代ADR制度运动起源于美国，随后迅速在世界各国引起回应，已经成为当代法律发展的一大趋势。1976年4月，在美国明尼苏达州召开的庞德会议提出的“多门法院”政策成为法院附设ADR的起源；英国通过司法改革促进了ADR大幅度替代诉讼，重塑了社会纠纷解决文化；各国法院在诉前调解、委托调解、司法辅助型ADR、非诉讼程序与司法程序的衔接等方面进行了大量的创新。[1] 起源于美国的ADR制度如同多米诺骨牌的第一张，在世界范围内引起了一系列的连锁反应。世界范围内的每一个国家因为本国的经济发展及其纠纷状况或早或晚、不可避免地受到了美国ADR制度的影响，对该制度进行移植和本土化，并因此深刻地影响了本国的纠纷解决机制。

三、我国多元化纠纷解决机制发展的实践与展望

（一）南宁市多元化纠纷解决机制的实践经验

南宁市法院在开展调解工作中，基本将诉讼调解贯穿于立案、审理、执行整个过程，并把调解理念从民事案件扩大融入到刑事、行政等各审判领域，有力地保障了社会的和谐发展。在刑事审判中，注意通过和解方式处理刑事自诉和刑事附带民事案件以及其他轻微刑事案件；注重保障被害人及家属的合法权益，以此化解矛盾积怨。在行政案件、执行工作中积极做好协调、和解工作。

各级法院都有不少成功的实践经验：南宁市兴宁区人民法院积极发挥司法资源的杠杆作用，理顺法律关系，拓宽调处渠道，治理矛盾源头，与社会各界形成合力，

〔1〕《中国法律年鉴》（2001年），法律出版社2002年版，第231页。

围绕信息化建设、司法联动、基层资源调度这三大理念，相应打造出诉讼服务平台、陪审员调解室、家事心理辅导、律师驻点服务和“族老”调解制度等多元化调解品牌。

2016年8月30日，兴宁区人民法院民一庭通过诉调对接平台，通过委托调解的方式，成功化解了一起涉案人数20人的民间借贷纠纷系列案，原告于当日到法院办理了撤诉手续。这是兴宁区人民法院今年推行多元化纠纷解决措施以来成功化解的又一起民事纠纷。涉案的原告是企业注册地址位于五塘镇上的一家民营企业，与该企业发生纠纷的二十多位被告，虽然并不居住在镇上，但大多通过五塘镇上的亲友与原告发生业务往来。由于该案涉案人数较多，兴宁区人民法院在立案前就启动了诉前调解，案件进入诉讼程序后，主办法官考虑到当事人在五塘镇均有联系点的特点，通过年初建立的诉调对接联络机制，委托熟悉当地风俗情况的五塘镇司法所所长作为特邀调解员主持调解，并与司法所所长一起约谈了部分当事人。经过两周的努力，最终帮助双方当事人厘清了法律关系，并达成了庭外和解，纠纷在短时间内得到了化解。

为进一步落实《最高人民法院关于人民法院进一步深化多元化纠纷解决机制改革的意见》，兴宁区人民法院民一庭作为该院构建多元化纠纷解决平台的牵头部门，自8月初起确定了与妇联、司法局（含司法所）、食药监局、教育局、公安交警部门、劳动仲裁委员会、人民调解委员会等多个单位的诉调联动方案。通过委托调解、联合调解等方式，大胆迈出了该院深入推行多元化纠纷解决机制改革的探索步伐。目前，兴宁区人民法院与司法所的诉调联动已经成效初显。接下来，该院将继续扩展多元化纠纷解决平台的运用范围，力争将更多矛盾纠纷化解在萌芽状态。

南宁市还在全区率先成立了独立于医院、患者之外的第三方调解机构——南宁市医疗纠纷人民调解委员会，并制定了《南宁市医疗纠纷人民调解工作实施办法（试行）》，明确了全市医疗纠纷人民调解工作的工作原则、组织机构、调解程序、法律责任等，这对全市医疗纠纷人民调解工作的开展具有重要的指导意义。

尽管如此，南宁市在多元化纠纷解决方面仍然存在许多问题，使得多元化纠纷解决方式的发展遭遇“瓶颈”和困难：一是各部门仍需从思想上更加重视多元化纠纷解决机制的作用；二是要加强多元化解决机制的建章立制，给予其发展的制度和法律保障；三是加大对多元化解决机制的经费投入，让其发展有物质保障；四是要加强多元化纠纷解决方式的宣传普及，让其成为老百姓解决纠纷的首选、优选。

（二）构建具有中国特色的多元化纠纷解决机制

在中国，多元化纠纷解决机制有着悠久的历史渊源和深厚的思想沉淀。但中国多元化纠纷解决机制建设的研究与实践却基于当时中国社会现实的需求，兴起于21世纪初，从整个脉络上看，理论研究和现实架构参考和移植了西方法治发达国家的该领域研究成果，并基于中国的现实情况进行了本土化。至今，“多元化纠纷解决机制建设”研究在我国经历了三个阶段：第一阶段（2000年前后至2005年），理论移植和研究摸索阶段，主要以范愉、沈恒斌等为代表的学者研究著述为主；第二阶段（2004年至2013年），机制建设阶段，主要见于中央和地方的政策规定及意见，以及全国各地包括各种诉讼体制、行政裁决复议与信访等行政体系、人民调解体系、劳动人事争议仲裁体系、仲裁委员会体制的设立及完善；第三阶段（2014年至今），机制的增强运行成效、效率和功能细化阶段。

2014年10月23日，“完善多元化纠纷解决机制”作为法治社会建设的重要内容被写入《中共中央关于全面推进依法治国若干重大问题的决定》，从而赋予这项改革更大的社会价值。2015年10月13日，习近平主持召开中央全面深化改革领导小组第十七次会议审议通过了《关于完善矛盾纠纷多元化解机制的意见》，进一步把完善纠纷多元化解决机制、深入推进多元化纠纷解决机制改革提上了更为重要和紧迫的位置；最高人民法院2016年6月28日通过了《关于人民法院进一步深化多元化纠纷解决机制改革的意见》，深入推进多元化纠纷解决机制改革，是人民法院深化司法改革、实现司法为民及公正司法的重要举措，是实现国家治理体系和治理能力现代化的重要内容，是促进社会公平正义、维护社会和谐稳定的必然要求。

遵从多元化纠纷解决机制的发展规律、结合南宁市多元化纠纷解决机制的实践经验，笔者认为，构建有中国特色的多元化纠纷解决机制应从以下三个方面努力：

1. 继续完善极富中国特色的信访制度、调解制度等

对国内外多元化纠纷解决机制比较研究表明，任何国家发展本国的纠纷解决机制都要符合本国国情，基于此，我国应继续完善极富中国特色的调解制度、信访制度，法制现代化中的一个重要环节是对传统文化精华的挖掘与改造。

调解在我国具有悠久的历史，它体现了我国公民通过非诉讼手段解决纠纷的传统观念，并始终在纠纷中发挥重要作用。调解按调解人的身份和性质可分为法院调解、民间调解、行政机关调解和仲裁调解。其中最值得一提的是具有中国特色、并被西方学者誉为司法制度中的“东方之花”的人民调解。人民调解制度与我国政治、经济和社会生活具有密切联系。人民调解始于第一次国内革命战争时期，是在广东农民运动中最早产生的，至抗日战争时期初步形成了人民调解的三项原则：调解必须双方当事人自愿（自愿原则）、调解必须以人民政府的法令和善良习俗为依据（合法原则）以及调解不是诉讼的必经程序（保护当事人诉讼权利原则）。中华人民共和国成立后，人民调解的组织形式是人民调解委员会。我国的人民调解委员会主要有三类：农村村民委员化的人民调解委员会、城市居民委员会的人民委员会、联合调解委员会。长期以来，人民调解在预防及解决民间纠纷方面发挥着重要作用，有效减轻了法院的负担，缓解了社会矛盾。仅在2000年，人民调解委员会调解的民间纠纷达503万件，其中防止矛盾激化的有51633件，防止自杀的有2730件。[1] 人民调

〔1〕《中国法律年鉴》（2001年），法律出版社2002年版，第231页。

解已经成为我国纠纷解决机制的重要组成部分，被誉为维护社会稳定的“防洪堤”。在完善现在调解机制的基础上，建议健全人民调解、行政调解、商事调解、行业调解、司法调解等的联动工作体系。

信访从中华人民共和国成立至今，分为不同发展时期：主动性表达与国家式动员时期、反应性表达与压力型治理时期、策略性表达时期。2003年的孙志刚事件成为信访发展的一个节点，群众对信访的制度化治理提出了要求；后于2005年《信访条例》被进行修订，增加了信访人有关权利方面的内容。在此背景下，民众的表达由反应性表达向策略性表达转变，即信访人通过给政治体系施压达到最大化，自身风险最小化，进入实现诉求目标的最大化。笔者在区信访局调研时接待的一个信访者就属于此类。他爱人因无证驾驶而遭遇某商城的障碍物，最终导致死亡，因死者无证驾驶，其如通过诉讼方式维权，存在法律风险，故转而通过信访加以解决。毋庸置疑，信访作为联系党和政府与人民群众之间的桥梁，对于化解社会矛盾、维持稳定具有不可替代的作用。因此，建议新时期的信访格局保持不变，引导民众有序信访；淡化信访问题的政治性，避免将信访的发生率与地方政绩挂钩。[1]

2. 兼顾国民的纠纷解决选择偏好

对中国近现代纠纷解决方式、机制及制度的研究表明，由于中国历史文化的沉淀，老百姓对行政机关和司法机关比较倚重，因此加强以行政机关为主导的劳动争议处理制度、消费者纠纷解决机制、行政机关的纠纷处理机制、交通事故处理机制、医疗纠纷处理机制，以及法院判决和法院调解为主的诉讼解决方式的纵深推进也是今后多元化纠纷解决机制发展的方向。各级人民法院要大力宣传多元化纠纷解决机制的优势，鼓励和引导当事人优先选择成本较低、对抗性较弱、利于修复关系的非诉讼方式解决纠纷。树立“国家主导、司法推动、社会参与、多元并举、法治保障”的现代纠纷解决理念，营造诚信友善、理性平和、文明和谐、创新发展的社会氛围。

3. 善用杠杆原理进行纠纷机制的改革，分流社会矛盾纠纷

当事人一旦发生纠纷，在解决纠纷时一般首先考虑两大问题：通过什么方式解决纠纷最快？通过什么方式解决纠纷费用最小？我国在构建多元化纠纷解决机制时，可以善用效率和经济这两大杠杆来分流社会矛盾纠纷。如商事仲裁一裁终裁，比较起法院的两审终审，方便快捷，事实上也分流了大量的商事纠纷到仲裁委员会。以南宁市仲裁委员会为例，2015年受理案件537起，在一定程度上分流了商事纠纷。与此相反，我国劳动人事争议仲裁裁决后，除针对小额诉讼标的（南宁为16000元以下）单位不可以起诉外，其他案件当事人对裁决不服，都可以起诉到法院，则事实上变成了一裁两审。而且在劳动人事仲裁和法院审判之间并不存在衔接机制，因此，案卷也没有移送的渠道，而只能将劳动人事争议案件作为一个新案件重新审理，

[1] 尹利民：《地方的信访与治理》，人民出版社2015年版，第211页。

原仲裁裁决的作用仅仅证明该案已经经过了必经仲裁程序而已。原被告对几乎完全相同的证据又一次进行举证质证，虽然北京等个别市对劳动人事仲裁裁决书中认定的事实可以不用举证质证，但也只是个别省份或地市的规定而已。多数地方的法院在一审程序审理时完全重复仲裁过程。此种制度的设置不仅是国家行政、司法资源的巨大浪费，也使作为弱势群体的劳动者不堪重负，所以在此建议：劳动人事仲裁实行一裁终裁，以提高效率和节约行政、司法资源。

合理设置诉讼费、律师费、公证费，也可起到分流纠纷的作用。以诉讼费为例，目前在诉讼阶段调解结案，可以退回一半的诉讼费，若将来调解结案可退回全部的诉讼费，则会引导当事人互谅互让，更多采取调解方式结案。最高人民法院 2016 年 9 月出台的《关于进一步推进案件繁简分流优化司法资源配置的若干意见》中规定：当事人存在滥用诉讼权利，拖延承担诉讼义务等明显不当行为，造成诉讼对方或第三人直接损失的，人民法院可以根据具体情况对无过错方依法提出赔偿合理的律师费用等正当要求予以支持。这一规定，就是通过一方的律师费由恶意提起诉讼的对方承担的方式来引导诉讼资源配置的合理流向。

4. 加强诉讼解决方式与非诉纠纷解决方式的无缝衔接

2016 年 6 月 28 日，最高人民法院公布了《关于人民法院进一步深化多元化纠纷解决机制改革的意见》，在深化多元纠纷解决机制改革，完善诉讼与非诉讼相衔接的纠纷解决机制等方面提出了系统的指导意见。人民法院要建设好诉调对接平台、完善与综治组织的对接、加强与行政机关、人民调解组织、商事调解组织、行业调解组织、仲裁机构、公证机构等的对接，使得我国多元化纠纷解决的各种方式能够无缝衔接，充分发挥各自的长处和优点，并形成合力；同时加强法院判决和法院调解为主的诉讼解决方式与诉讼外解决方式，完善调解、仲裁、行政裁决、行政复议、诉讼的有机衔接，并将市场化机制引入民间调解机制。

5. 提高多元化纠纷解决方式的实效性

我国多元化纠纷解决机制对当前多元化的社会矛盾冲突起到了很大的引导和分流作用，但随之出现的问题也让人们质疑该机制的公平效率和成效问题。在认识领域，人们只知道法院是解决纠纷的地方，对于其他纠纷解决的途径一无所知；或知道但不信任，不认可；在司法领域，立案难、审判难（如审判期限超过法定期限）、调解难、部分仲裁裁决的公信力不强……凡此种种，都在拷问着中国这一年轻而缺乏经验的多元化纠纷解决机制。因此，我们要着力从完善机制设置、落实机制、提升纠纷解决主体的专业和敬业精神、提高人们对多元化解决机制的认可度、增强纠纷解决主体的专业能力等方面入手，更有成效地处理调解工作；并引导全社会倡导协调性纠纷解决文化，鼓励当事人通过非诉讼的纠纷解决机制去处理问题以提高多元化纠纷解决方式的实效性。

[花育萍：国浩律师事务所律师（南宁），武汉大学法律硕士]

当事人申请确认仲裁协议效力制度的滥用及其防范

张 赛

一、由一起案例引起的困惑

对题述问题的困惑来自于笔者办理的一则案例：

针对A公司与香港B公司之间的合同纠纷一案，A公司根据仲裁条款向国内某仲裁委员会申请仲裁。在案件受理后仲裁庭组成前，A公司了解到B公司持有中国大陆C公司的股权，C公司即将分红，B公司很可能会将该笔分红款转移到香港。因此，A公司立即向仲裁委提出财产保全申请，几乎在同一时间，仲裁委收到了法院发来的《中止仲裁通知书》。B公司向法院申请确认仲裁协议无效。

仲裁委秘书处认为，仲裁程序中止后所有的仲裁活动都应中止，不再受理财产保全申请。笔者代理A公司，为此问题与仲裁委秘书处和负责财产保全的法院反复沟通，在此过程中发现现行法律法规以及司法解释对此问题并无明确规定，实践中各仲裁机构以及法院的理解也有所不同。该案例让笔者对申请确认仲裁协议效力制度产生了困惑，引发笔者对于司法实践中滥用申请确认仲裁协议效力制度这一现象的研究。

二、现行法律法规关于申请确认仲裁协议效力的规定

（一）申请确认仲裁协议效力的主体

根据《仲裁法》第20条的规定，当事人对仲裁协议的效力有异议的，可以请求仲裁委员会作出决定或者请求人民法院作出裁定。根据此规定，申请确认仲裁协议效力的主体必须是仲裁协议的当事人。

在仲裁实践中，一般是仲裁被申请人向法院或仲裁机构申请确认仲裁协议无效。当事人申请确认仲裁协议有效的情形比较少，但也存在这样的情况。例如，在陕西新华信房地产有限公司与北京中文时代教育投资有限公司申请确认仲裁协议效力纠纷〔1〕一案中，仲裁条款约定由“合同签署地仲裁机构仲裁”，当事人向法院申请确

〔1〕 2017年2月28日北京市第二中级人民法院（2017）京02民特38号民事裁定书。

认仲裁协议有效。这种情况，仲裁机构可能不受理当事人的仲裁申请，法院也可能因为合同中存在仲裁条款而不轻易受理当事人的起诉，当事人求告无门，只能先向法院申请确认仲裁协议的效力。

在最高人民法院《关于对上海市高级人民法院等就涉及中国国际经济贸易仲裁委员会及其原分会等仲裁机构所作仲裁裁决司法审查案件请示问题的批复》（法释〔2015〕15号，以下简称15号《批复》）颁布实施前，仲裁实践中存在一种较普遍的做法：申请人在申请仲裁的同时，向仲裁机构申请确认仲裁协议有效。仲裁机构在受理仲裁案件的同时做出确认仲裁协议有效的决定。根据《最高人民法院关于适用〈中华人民共和国仲裁法〉若干问题的解释》（法释〔2006〕7号，以下简称《解释》）第13条第2款的规定，仲裁机构对仲裁协议效力做出决定后，当事人再向法院申请确认仲裁协议效力的，法院不予受理。如此一来，仲裁申请人利用了时间上的优势，抢先一步申请确认仲裁协议有效，仲裁被申请人在收到仲裁通知的同时也收到了仲裁机构认定仲裁协议有效的决定，故不能再向法院申请确认仲裁协议无效。

2015年7月15日，最高人民法院颁布了15号《批复》，明确规定，“仲裁案件的申请人向仲裁机构申请仲裁的同时请求仲裁机构对案件的管辖权作出决定，仲裁机构作出确认仲裁协议有效、其对案件享有管辖权的决定后，被申请人在仲裁庭首次开庭前向人民法院提起申请确认仲裁协议效力之诉的，人民法院应予受理并作出裁定”。根据该规定，仲裁申请人主动向仲裁机构申请确认仲裁协议有效的做法意义不大，其不能再阻止被申请人向法院申请确认仲裁协议无效。

（二）当事人申请确认仲裁协议效力的期限

关于确认仲裁协议效力的期限，《仲裁法》第20条规定，当事人对仲裁协议的效力有异议，应当在仲裁庭首次开庭前提出；《解释》第13条第1款规定，当事人在仲裁庭首次开庭前没有对仲裁协议的效力提出异议，而后向人民法院申请确认仲裁协议无效的，人民法院不予处理。

而针对只进行书面审理的仲裁案件中当事人申请确认仲裁协议效力的期限问题，《仲裁法》及司法解释均没有规定。但部分仲裁机构的仲裁规则作了补充规定，例如，《中国国际经济贸易仲裁委员会仲裁规则（2015年）》第6条第4款规定：“当事人对仲裁协议及/或仲裁案件管辖权的异议，应当在仲裁庭首次开庭前书面提出；书面审理的案件，应当在第一次实体答辩前提出。”

当事人未在仲裁庭首次开庭前对仲裁协议的效力提出异议的，将视为放弃对仲裁协议的效力提出异议的权利。《解释》第27条第1款规定：“当事人在仲裁程序中未对仲裁协议的效力提出异议，在仲裁裁决作出后以仲裁协议无效为由主张撤销仲裁裁决或者提出不予执行抗辩的，人民法院不予支持”。《中国国际经济贸易仲裁委员会仲裁规则（2015年）》第10条规定：“一方当事人知道或理应知道本规则或仲裁协议中规定的任何条款或情事未被遵守，仍参加仲裁程序或继续进行仲裁程序而且不对此不遵守情况及时地、明示地提出书面异议的，视为放弃其提出异议的权利。”

（三）认定仲裁协议效力的机构及处理方式

根据《仲裁法》第20条的规定，法院和仲裁机构均有权认定仲裁协议的效力。具体由哪一个机构认定仲裁协议的效力，实际上由启动这一程序的当事人来选择，在仲裁机构认定仲裁协议的效力前，法院具有优先的管辖权。仲裁实践中，鉴于仲裁机构更倾向于认定仲裁协议有效，因此，仲裁被申请人大多会选择向法院申请确认仲裁协议无效，而不是向仲裁机构申请。

关于法院认定仲裁协议效力的程序，《解释》第15条规定：“人民法院审理仲裁协议效力确认案件，应当组成合议庭进行审查，并询问当事人。”《仲裁法》及其司法解释均未规定具体审限。一些地方法院对此问题作了具体规定，例如，《江苏省高级人民法院关于审理民商事仲裁司法审查案件若干问题的意见》（苏高法审委〔2010〕11号，以下简称《意见》）第1条规定：“仲裁司法审查案件包括申请确认仲裁协议效力、申请撤销或执行我国仲裁裁决以及申请承认和执行外国仲裁裁决的案件”；第3条规定：“人民法院审理仲裁司法审查案件实行一审终审。人民法院对当事人申请再审或人民检察院的抗诉，不予受理；也不得依职权提起审判监督程序”；第6条规定：“人民法院审理仲裁司法审查案件应当在立案之日起两个月内审结。”

关于仲裁机构如何认定仲裁协议的效力，我国《仲裁法》及其司法解释均没有作出规定，由各仲裁机构的仲裁规则作出规定。一般来讲，在仲裁庭组成前，对于事实清楚、法律规定明确的案件，仲裁机构可以直接作出仲裁协议是否有效决定；对于案情比较复杂，必须组成仲裁庭进行审理才能判断的仲裁协议是否有效的案件，仲裁机构可以授权仲裁庭进行审查，作出中间裁决或者与实体问题一并裁决。例如，《中国国际经济贸易仲裁委员会仲裁规则（2015年）》第6条第1款规定：“仲裁委员会有权对仲裁协议的存在、效力以及仲裁案件的管辖权作出决定。如有必要，仲裁委员会也可以授权仲裁庭作出管辖权决定”；第2款规定：“仲裁委员会依表面证据认为存在有效仲裁协议的，可根据表面证据作出仲裁委员会有管辖权的决定，仲裁程序继续进行。仲裁委员会依表面证据作出的管辖权决定并不妨碍其根据仲裁庭在审理过程中发现的与表面证据不一致的事实及/或证据重新作出管辖权决定”；第3款规定：“仲裁庭依据仲裁委员会的授权作出管辖权决定时，可以在仲裁程序进行中单独作出，也可以在裁决书中一并作出。”

（四）当事人申请确认仲裁协议效力对仲裁程序的影响

《最高人民法院关于确认仲裁协议效力几个问题的批复》（法释〔1998〕27号，以下简称27号《批复》）第4条规定：“一方当事人就合同纠纷或者其他财产权益纠纷申请仲裁，另一方当事人对仲裁协议的效力有异议，请求人民法院确认仲裁协议无效并就合同纠纷或者其他财产权益纠纷起诉的，人民法院受理后应当通知仲裁机构中止仲裁。人民法院依法作出仲裁协议有效或者无效的裁定后，应当将裁定书副本送达仲裁机构，由仲裁机构根据人民法院的裁定恢复仲裁或者撤销仲裁案件。”根据该规定，法院在受理当事人申请确认仲裁协议无效的案件后，应当通知仲裁机构中止仲裁程序，在法院作出认定后，仲裁机构再根据法院的裁定恢复仲裁或者撤销仲裁案件。

上述规定仅适用当事人向法院申请确认仲裁协议无效的情形，当事人向仲裁机构申请确认仲裁协议的情形并不导致仲裁中止。例如，《中国国际经济贸易仲裁委员会仲裁规则（2015 年）》第 6 条第 5 款规定：“对仲裁协议及/或仲裁案件管辖权提出异议不影响仲裁程序的继续进行。”

我国《仲裁法》并没有对“中止仲裁”作出规定，可参照《民事诉讼法》关于“中止诉讼”的相关规定。然而，令人遗憾的是，目前《民事诉讼法》第 150 条及相关司法解释也仅规定了中止诉讼的几种法定情形，并没有规定中止诉讼的效力，即没有规定中止诉讼的情况下哪些诉讼活动应当中止，哪些诉讼活动不应当中止。

仲裁实践中，各仲裁机构和法院对中止仲裁的效力有不同的理解。例如，在案例中，承办该案件的仲裁机构仲裁委员会秘书处认为，其已经收到了法院中止仲裁通知，仲裁活动应全部中止，不再受理财产保全申请。但我们和中国国际经济贸易仲裁委员会秘书处联系，该处就答复仲裁中止并不影响财产保全申请。

三、实务中当事人滥用申请确认仲裁协议效力制度的情况

笔者在中国裁判文书网站上随机查阅了 100 份 2016 年度中国法院就当事人申请确认仲裁协议无效作出的裁定。在 100 份法院裁定书中，只有 19 份法院裁定确认仲裁协议无效（占了 19%），其余 81 份法院均裁定驳回当事人的申请（占 81%）。

（一）当事人滥用申请确认仲裁协议无效制度的表现形式

当事人滥用申请确认仲裁协议无效制度的最明显的表现形式是：当事人提出的理由明显站不住脚。

在法院作出的 81 份裁定驳回当事人申请的裁定书中至少有 20 多个案例，已充分论证了上述观点。例如，有当事人认为仲裁条款“协商不成的由可向某某仲裁委员申请提起仲裁”中“由可”二字不能理解为同意；有当事人认为合同约定的仲裁机构名称中多了一个“市”字，仲裁机构约定不明确；有当事人甚至提出合同约定“可向某某仲裁机构申请仲裁”中的“可向”二字属于约定不明；还有当事人以签订合同时没有注意到有仲裁条款等理由向法院申请确认仲裁协议无效。笔者认为，这些案例可明显归为当事人滥用申请确认仲裁协议无效的情形。

当事人向法院申请确认仲裁协议无效的时间明显晚于合理期限，这也是当事人

滥用申请确认仲裁协议无效的表现形式之一。有的当事人在仲裁机构已经组庭、并通知首次开庭的时间以后，在首次开庭前一两天才向法院申请确认仲裁协议无效。在一些较为极端的案例中，当事人在仲裁庭确定首次开庭时间后，故意以申请仲裁员回避、申请延期开庭等手段来推迟首次开庭的时间，并在之后开庭前几天才向法院申请确认仲裁协议无效。例如，“陈英超、张佩清确认仲裁效力案件”〔1〕中，仲裁机构已通知于2015年12月16日首次开庭，被申请人于2015年12月13日（开庭前三天）以生病就医为由申请延期审理，仲裁庭表示被申请人已有代理人不同意延期开庭，仲裁被申请人于2015年12月15日（开庭前一天）向仲裁庭提交了中止仲裁申请书和解除委托代理关系的声明，并于2016年1月4日向法院提出申请确认仲裁协议无效。

（二）当事人滥用申请确认仲裁协议无效制度的影响

大部分“确认仲裁协议效力”案件法院在立案后两个月内就做出民事裁定。但由于目前法律及司法解释并未规定“确认仲裁协议效力”案件的审限，实务中，法院的审查期限可长可短，法院在立案后两个月以上才做出裁定的案例也不少见，少数案例中法院甚至在立案后一年以上才做出裁定。在笔者调查的100个案例中，有78个案例是在两个月内做出裁定的，其中最短的，法院在立案后13天就做出了裁定；有18个案例是在立案后两个月到半年内做出裁定的；有2个案例是在立案后半年以上一年以内做出裁定的；还有2个案例是在法院立案后一年以上做出裁定。例如，“浙江逸盛石化有限公司、英威达技术有限公司等申请确认仲裁协议效力”〔2〕案件中，法院于2012年10月立案受理，直至2014年3月才做出驳回当事人申请的裁定，审查时间近一年半。

如前文所述，当事人向法院申请确认仲裁协议无效，法院应通知仲裁机构中止仲裁。法院对仲裁协议的效力审查时间越长，仲裁程序被拖延的时间就越长，对仲裁程序的影响越大。当事人滥用申请确认仲裁协议无效制度的同时很可能还会做出故意转移财产的行为，在仲裁程序被严重拖延的情况下，即便最终得到仲裁的胜诉裁定，仲裁申请人也很可能遭受了不公平的损害。因此，仲裁中止表面上只是导致仲裁程序被拖延，但从更深的角度来说，这种拖延损害了仲裁的效率价值，并潜在地造成了对当事人正当权益的伤害。

（三）当事人滥用申请确认仲裁协议无效制度的原因分析

首先，当事人向法院申请确认仲裁协议无效没有任何实质条件限制，只要在仲裁庭首次开庭前提出即可。从法院判例来看，当事人可以利用仲裁协议的笔误，或者随意声称的仲裁协议是因受到欺诈、胁迫而签订，签订协议时没有注意到有仲裁

〔1〕 2016年1月22日，黑龙江省哈尔滨市中级人民法院（2015）哈民三商初字第208号民事裁定书。

〔2〕 2014年3月17日，浙江省宁波市中级人民法院（2012）浙甬仲确字第4号民事裁定书。

条款等理由，向法院申请确认仲裁协议无效，没有任何实质性条件限制。

其次，当事人向法院申请确认仲裁协议无效只需缴纳400元申请费，不会因为滥用申请确认仲裁协议无效制度而受到任何处罚。

最后，向法院申请确认仲裁协议无效能够立即产生仲裁中止的效果，达到拖延仲裁程序的目的，这是当事人滥用申请确认仲裁协议无效制度的最根本原因。通过拖延仲裁程序，当事人可以利用该时间转移财产，或者给对方当事人施加压力争取达到有利于自身的谈判效果等。

四、对完善申请确认仲裁协议效力制度的思考和建议

（一）进一步限制当事人申请确认仲裁协议效力的期限

《仲裁法》第20条规定，当事人可在仲裁庭首次开庭前向法院或仲裁机构申请确认仲裁协议效力。笔者认为，当事人提出申请确认仲裁协议效力的时间为“首次开庭前”不太符合仲裁效率的理念。在仲裁庭首次开庭前，已经经过了答辩、提交证据、仲裁庭组成等庭前活动，当事人在进行了这些庭前活动后到临近首次开庭时再向法院申请确认仲裁协议无效，又进一步拖延了仲裁程序。并且，《仲裁法》第20条也无法适用于不需要开庭审理的仲裁案件。

国际商事仲裁实践中，为防止当事人滥用异议权、拖延仲裁程序，通常做法是要求当事人在书面答辩期内对仲裁机构的管辖提出异议。这种规定可以适用于开庭审理的仲裁案件，也可以适用于当事人协议书面审理的仲裁案件。每个仲裁机构的《仲裁规则》都规定有仲裁答辩期限，并在答辩期内要求当事人对仲裁协议效力提出的异议是合适且充分的。在进行仲裁庭组成等庭前活动前，尽早解决关于仲裁协议的争议，防止仲裁程序被过分拖延。因此，笔者建议《仲裁法》明确规定，如果仲裁案件的当事人对仲裁协议效力有异议的，应在仲裁答辩期届满前向法院或仲裁机构书面提出；逾期提出的，视为认可仲裁协议的效力。

（二）限制法院对“申请确认仲裁协议效力”案件的审理期限

目前《仲裁法》及相关司法解释并没有规定法院对“申请确认仲裁协议效力”案件的审理期限。司法实践中，法院的审查时间可长可短，有的案件甚至长达一年以上，严重损害了仲裁的效率。

已有部分地方法院对此作出了一些具体规定，例如，江苏省高级人民法院颁布的《意见》明确规定法院应在立案之日起两个月内审结仲裁司法审查案件，并明确仲裁司法审查案件实行一审终审。笔者建议《仲裁法》或者最高人民法院出台司法解释明确规定，法院对于“申请确认仲裁协议效力”案件应在受理之日起两个月内作出民事裁定，并且，该裁定作出即生效，当事人不能提起上诉或申请再审。

《解释》第15条规定，法院审理仲裁协议效力确认案件，必须组成合议庭进行审查，并询问当事人。实务中，有相当大一部分案件当事人申请确认仲裁协议无效

的理由明显是没有任何依据的，笔者认为，对于这些案件法院完全可以进行独任制书面审查，没有必要一律组成合议庭并询问当事人。当然，对于案情比较复杂的仲裁协议效力确认案件，法院还是应当组成合议庭并开庭进行审理。放宽法院审理仲裁协议效力确认案件的形式要求，让法院针对具体案情决定审理的形式，这可以节省司法资源，也有利于法院尽早做出裁定。

（三）限制当事人申请法院确认仲裁协议无效对仲裁程序的影响

《仲裁法》没有规定当事人提出申请确认仲裁协议无效后应产生何种法律后果，仅在27号《批复》中规定，当事人向法院申请确认仲裁协议无效的情况下，法院应通知仲裁机构中止仲裁。仲裁被申请人正是利用27号《批复》的此项规定，通过向法院申请确认仲裁协议无效，达到拖延仲裁程序的目的。如果当事人向法院申请确认仲裁协议无效并不能达到中止仲裁的效果，当事人就不能利用此项制度拖延仲裁程序，也就丧失了滥用此项制度的动机。

在当事人向法院申请确认仲裁协议无效的情况下，如果仲裁程序继续进行，有两种可能的情况：第一种情况，法院认定仲裁协议有效，则仲裁程序继续进行并不存在任何问题；第二种情况，法院认定仲裁协议无效，仲裁程序继续进行浪费了当事人的金钱和精力。仲裁是否应中止，关键是判断出现第二种情况的可能性有多大。如果不论仲裁被申请人提出的申请确认仲裁协议无效的理由是什么一概中止仲裁，会使得当事人在没有任何合理理由的情况下故意向法院申请确认仲裁协议无效，这既拖延仲裁程序，也浪费司法资源。

因此，笔者建议，法院在受理当事人申请确认仲裁协议无效的案件后，将当事人的申请书以及法院的受理通知抄送给仲裁机构，由仲裁机构或仲裁庭来决定是否需要中止仲裁。仲裁机构或仲裁庭可以对具体案件中当事人申请确认仲裁协议无效的理由是否成立进行预判。如果申请确认无效的理由是没有法律依据的，则仲裁机构或仲裁庭可决定继续仲裁；如果申请确认仲裁无效的理由很可能成立，则仲裁机构或仲裁庭可以决定中止仲裁。

此外，如前所述，对于仲裁中止的法律效力目前也无具体规定。财产保全、证据保全措施具有临时性和紧迫性的特点，如果在仲裁中止期间申请人没有申请保全的权利，那么被申请人能够在仲裁中止的期间转移财产。这不仅导致申请人的合法权益受损，也会导致实践中被申请人越来越多地滥用“确认仲裁协议效力”的程序。仲裁中止并不是仲裁程序的终结，仲裁中止期间仍属于在仲裁过程中，当事人根据法律规定可以申请财产保全。

为避免仲裁中止影响财产保全、证据保全等程序，在进一步完善相应的法律措施时，不妨借鉴专利纠纷处理制度的做法。《最高人民法院关于审理专利纠纷案件适用法律问题的若干规定》第12条规定：“人民法院决定中止诉讼，专利权人或者利害关系人请求责令被告停止有关行为或者采取其他制止侵权损害继续扩大的措施，并提供了担保，人民法院经审查符合有关法律规定的，可以在裁定中止诉讼的同时一并作出有关裁定。”该规定明确了在诉讼中止的情况下，不影响专利权人或利害关系人向法院申请行为保全。笔者建议《仲裁法》明确规定，仲裁中止期间，不影响当事人申请财产保全、证据保全的权利。

参考文献

[1] 杨咏梅：《仲裁管辖权异议问题研究》，苏州大学2012年硕士学位论文。

[2] 李永国、管秀红：《浅析仲裁协议的基础与仲裁协议效力的认定》，载《中国仲裁与司法论坛暨2010年年会论文集》，第245～251页。

[3] 邓和军：《仲裁协议的实质内容、效力解释与认定机构》，载《经济与社会发展》2010年第10期。

[4] 叶丽花：《浅谈我国仲裁协议的效力认定机构》，载《中国高新技术企业》2008年第21期。

[5] 钟小燕：《我国仲裁协议效力的认定研究——兼谈我国仲裁立法的完善》，载《洛阳理工学院学报》（社会科学版）2013年第2期。

［张赛：国浩律师事务所律师（上海），上海交通大学法学硕士］

当前商事仲裁中的若干实务问题

车　捷　潘　骏

近两年来，国浩律师事务所南京办公室车捷团队以担任仲裁员（包括首席仲裁员或选任仲裁员）和仲裁案件代理人的形式，办理了数十件商事仲裁案件，涉案金额达数十亿元。在办理上述商事仲裁案件的过程中，发现在以往理论和实务界讨论的诸如仲裁协议效力、仲裁的承认与执行等焦点问题之外，尚有一些实务问题频繁出现且亟待明确。在此列举并简要分析如下：

一、仲裁条款中对外国仲裁机构、仲裁员数量的约定问题

近年来，随着仲裁示范条款的普及，各商事合同中对仲裁条款中仲裁机构、仲裁地、仲裁适用法律等内容的约定已不再成为主要问题。实务中，我们发现新出现的如下问题值得重视：

（一）不具有涉外因素的合同纠纷提交外国仲裁机构仲裁

由于国内仲裁裁决的撤销与涉外（外国）仲裁裁决的撤销及承认执行的法定事由不完全一致，所以，在实践中，判定某案件是否具有涉外因素成为一个重要问题。

案例1：在团队服务的某注册于南京的中外合资经营企业与上海某企业订立的、在南京交货的买卖合同中，其仲裁条款约定将该合同所引发之争议提交香港国际仲裁中心仲裁。尽管该单位系中外合资经营企业，但其在中国法语境下的性质还是国内企业，根据《最高人民法院关于适用〈中华人民共和国涉外民事关系法律适用法〉若干问题的解释（一）》第1条，本案并不具有涉外因素，则此种情形下能否约定提交境外仲裁机构仲裁引发争议。

实务中，法院在审查涉外因素时，对上述问题的态度处于变化之中：

1. 在江苏航天万源风电设备制造有限公司与艾尔姆风能叶片制品（天津）有限公司申请确认仲裁协议效力纠纷案中，当事人在双方之间的《贸易协议》中订立了仲裁条款，约定有关争议事项可提交国际商会在北京仲裁。对此，最高人民法院在（2012）民四他字第2号复函中确认：

订立《贸易协议》的双方当事人均为中国法人，标的物在中国，协议也在中国

订立和履行，无涉外民事关系的构成要素，该协议不属于涉外合同。由于仲裁管辖权系法律授予的权力，而我国法律没有规定当事人可以将不具有涉外因素的争议交由境外仲裁机构或者在我国境外临时仲裁，故本案当事人约定将有关争议提交国际商会仲裁没有法律依据。

在此之后的北京市高级人民法院审理的北京朝来新生体育休闲有限公司申请承认和执行大韩商事仲裁院仲裁裁决案[1]、上海市第二中级人民法院审理的上海科匠信息科技有限公司与范丝堂（上海）文化信息咨询有限公司申请确认仲裁协议效力案[2]、河北省高级人民法院审理的美铝渤海铝业有限公司与内蒙古霍煤鸿骏铝扁锭股份有限公司买卖合同纠纷二审案[3]中均以案件中无涉外民事关系的构成要素为由，认定相关仲裁协议的约定无效。

2. 在西门子国际贸易（上海）有限公司与上海黄金置地有限公司申请承认与执行外国仲裁裁决案中，当事人双方在《货物供应合同》中约定：合同争议须提交新加坡国际仲裁中心仲裁解决；实体问题适用中华人民共和国法律。对此，上海市第一中级人民法院于2015年11月27日作出的（2013）沪一中民认（外仲）字第2号民事裁定书中认定该案合同关系符合《涉外法律适用法司法解释》第1条第5项规定的“可以认定为涉外民事关系的其他情形”，故系争合同关系具有涉外因素。其主要理由是：

“第一，本案合同的主体均具有一定涉外因素。西门子公司与黄金置地公司虽然都是中国法人，但注册地均在上海自贸试验区区域内，且其性质均为外商独资企业，由于此类公司的资本来源、最终利益归属、公司的经营决策一般均与其境外投资者关联密切，故此类主体与普通内资公司相比具有较为明显的涉外因素。在自贸试验区推进投资贸易便利的改革背景下，上述涉外因素更应给予必要重视。第二，本案合同的履行特征具有涉外因素。合同项下的标的物设备虽最终在境内工地完成交货义务，但从合同的签订和履行过程看，该设备系先从我国境外运至自贸试验区（原上海外高桥保税区）内进行保税监管，再根据合同履行需要适时办理清关完税手续、从区内流转到区外，至此货物进口手续方才完成，故合同标的物的流转过程也具有一定的国际货物买卖特征。因此，本案合同的履行因涉及自贸试验区的特殊海关监管措施的运用，与一般的国内买卖合同纠纷具有较为明显的区别。”

在该案中，上海市第一中级人民法院对涉外因素的认定没有机械地套用最高人民法院的判例，而是从自贸区企业的立场上，采取灵活、宽松的解释方法，最终认定该案具有涉外因素。这一做法值得赞赏。

我们认为，尽管最高人民法院复函中对涉外因素作出了明确约定，但实务中仍

---

[1]（2013）二中民特字第10670号民事裁定书。

[2]（2014）沪二中民认（仲协）字第13号民事裁定书。

[3]（2015）冀立民终字第70号民事裁定书。

有继续探讨的空间。因为民事诉讼法和合同法中规定涉外纠纷可以提交境外仲裁机构仲裁，但没有明文禁止国内合同纠纷交由国外仲裁机构仲裁，一些国家如新加坡、德国也对该问题采取宽松的态度。随着我国法律服务业的开放，以自信宽容的态度，吸纳国际仲裁立法与实践的先进理念，有利于促进我国逐步成为国际法律服务中心。

（二）仲裁当事人涉及两个以上主体时仲裁员数量能否超过三名

案例2：在某空调设备公司与南京某商贸集团、南京某商城有限公司、北京某建设公司的承揽合同纠纷案中，中国国际经济贸易仲裁委员会仲裁裁决由被申请人向申请人支付4470余万元。此后，作为被申请人的南京某商贸集团、南京某商城有限公司向南京市中级人民法院提起不予执行仲裁裁决申请，其理由之一即是在仲裁过程中，因被申请人三名当事人未能就指定仲裁员形成一致意见，仲裁委直接委任三名仲裁员的做法剥夺了其指定仲裁员的权利，系仲裁程序违法。该案因尚在法院审理过程中，我们对相关问题暂不多做评述。但由此引发的一个问题是，当仲裁案件中双方主体涉及两个当事人时，仲裁员的数量能否超过三名以上。

现行《仲裁法》第30条对仲裁庭组成方式作了明确规定："仲裁庭可以由三名仲裁员或者一名仲裁员组成。由三名仲裁员组成的，设首席仲裁员。"我们认为，在当前中国推行一带一路、以更加开放的姿态走向世界的背景下，该规定限制了双方当事人间的意思自治，亦与国际商事仲裁的惯性做法相左。虽然有部分国家，如法国、荷兰和意大利，要求仲裁员人数为奇数，但并未对仲裁员人数上限作出规定。[1]这就意味着这些国家的仲裁当事人仍可以在奇数仲裁员的范围内自由行使决定仲裁员人数和组成方式的权利。而我国对于仲裁员作出了3人上限且为奇数的规定，导致当事人只能在一名或三名仲裁员这两种组庭方式之间作出选择，其决定仲裁庭组庭方式的决定权显然受到了极大限制。我们认为，应当允许仲裁双方所涉及的主体均享有指定仲裁员的权利；在申请人或被申请人一方为多人、而另一方为一人的情况下，允许一人的一方可指定多人方同样数量的仲裁员。如此，既可以保障仲裁案件中各方当事人指定仲裁员的权益，亦不会因为作为申请人或被申请人一方的多名当事人因无法对指定仲裁员形成一致而导致仲裁程序的迟延或引发关于仲裁裁决效力的诸多争议。

二、关于仲裁条款中的仲裁范围问题

在我们团队处理的多起仲裁案件中，存在双方当事人就同一案件事实订立了多个关联合同的情况，而各关联合同又约定了不同的管辖条款，从而产生了法院/仲裁机构主管管辖冲突或不同仲裁机构的管辖冲突，对案件的解决造成了较大的

---

〔1〕《法国民事诉讼法典》第809条；《意大利民事诉讼法典》第809条；1986年《荷兰民事诉讼法典》第1026条。

困扰。

案例3：申请人某国际广告发布商与被申请人国内某汽车制造企业因广告发布合同费用的支付产生争议。双方当事人间就专项广告发布和日常广告策划制作、网站管理分别订立了不同的广告服务合同。其中，就在指定媒体上发布专项广告的广告服务合同（以下简称专项广告合同）约定在上海国际经济贸易仲裁委员会仲裁，就日常广告策划制作、网站管理的广告服务合同（以下简称常规广告合同）约定在中国国际经济贸易仲裁委员会上海分会仲裁。

在仲裁过程中，两仲裁庭在审查案件事实及相关证据材料时发现，专项广告合同和常规广告合同的履行期限重合、双方当事人同一，甚至两个合同项下部分订单的金额也是同一的（如两个合同项下均有多笔金额为1680000元的订单）。而作为付款方的被申请人，在向申请人付款时，并未针对专项广告合同或常规广告合同项下相应的合同订单及订单金额进行区别付款，而是进行了笼统付款，其付款中亦有多笔金额为1680000元。上述事实导致两仲裁庭尽管分别清楚地知晓被申请人总欠款金额，但对于各合同项下分别欠款多少无法确认，仲裁裁决迟迟无法作出。

案例4：2012年10月至12月期间，某软件服务公司与某石油公司分别订立了11份软件采购合同。2013年12月，双方又订立《相关事项的协议》一份，协议约定：(1)该协议是对2012年签订的11份合同的进一步约定，如双方已签订的相关合同与本协议约定不一致的，以本协议为准；(2)双方在履行本协议过程中发生的争执，提交X市仲裁委员会仲裁。此后至2014年，某软件服务公司与某石油公司下属采油厂又陆续签订17份软件采购合同。该17份软件采购合同中，部分合同约定提交X市仲裁委员会仲裁，部分合同约定提交Y或Z市仲裁委员会仲裁，部分合同约定X或Y或Z市法院诉讼。后双方就上述所有合同最终欠款产生争议。

针对该起纠纷，某软件服务公司提交法院诉讼，而某石油公司则提起管辖权异议，坚持应当提交X市仲裁委员会仲裁。在庭审过程中，某软件服务公司认为，在2012年10月至2013年12月，双方不仅订立了11份书面合同，事实上还将其后所有合同内容全部履行完毕，形成多份事实合同，该事实合同不属于《相关事项的协议》的约定范围。而某石油公司则抗辩，双方之间所有履行合同的争议，均应受《相关事项的协议》约定的仲裁条款管辖。

案例5：申请人某环保工程公司与被申请人某纸业公司订立合同，约定由该环保工程公司为该纸业公司提供脱硫脱硝设备的采购、安装及相关工程的施工服务。双方曾于2013年1月订立了“一揽子”的技术协议，但出于被申请人避税的需要，于2013年5月针对脱硫项目和脱硝项目分别订立《采购合同》和《建设工程合同》，并约定两《采购合同》提交上海仲裁委仲裁，两《建设工程合同》提交中国国际经济贸易仲裁委员会上海分会仲裁，人为地将一项完整的环保工程拆分为四个合同、两个仲裁机构管辖。2017年，申请人因索要欠款无果，只得分别向两个仲裁机构提起仲裁。

在前期代理该申请人准备仲裁申请材料的过程中，我们发现，申请人分别针对四个合同项下的金额开具了相应发票，但被申请人未对《采购合同》和《建设工程合同》进行区分付款，而是针对脱硫项目（包含脱硫采购合同和脱硫建设工程合同）和脱硝项目（包含脱硝采购合同和脱硝建设工程合同）进行分别付款，且付款金额与开票金额也无法对应，上述做法不仅造成同一个案件被拆分为两个甚至四个案件分别处理，还导致申请人在确认仲裁申请金额和举证时的困难。

上述三个案件，均是由于当事人之间对同一案件事实订立多份关联合同，并约定不同的管辖条款所致。在实务处理中，我们在对案件事实进行充分还原的基础上，尽可能拆分、确认不同合同项下对应的案件事实；在确认无法拆分的情况下，针对付款混淆带来的举证困难，向同时受理的两仲裁机构分别提交我们在各仲裁机构提交的所有案件材料，并在仲裁机构的名单范围内，尽可能指定同样的仲裁员，积极向仲裁庭说明案件的特殊情况，按照合同金额的比例分别拆分欠款金额，并重点提示仲裁庭采购合同中的时间节点受制于建设工程合同中的时间节点，获得了两边仲裁机构的理解与配合。如果当事人订立关联合同时能够保持仲裁条款的一致，就会有效避免上述问题的发生。

三、关于仲裁主体变化带来的效力继受问题

案例6：2012年4月，第一申请人王某与被申请人石家庄市某学校签订《合作经营管理合同》，该合同约定，被申请人将土建完工后的学员住宿楼的后期施工投入和运行管理服务工作交由第一申请人完成，第一申请人以对该建筑进行装修和设备采购所需资金作为合作投入，双方共同合作经营管理，为便于合作经营管理，第一申请人投资注册成立公司进行餐饮和住宿运营。其后，第一申请人设立第二申请人石家庄市某会议服务公司，并由第二申请人与被申请人、某会计师事务所签订《审计业务约定书》，对涉案项目财务状况进行审计。后第一、第二申请人因与被申请人之间的合作经营管理合同纠纷提起仲裁。答辩期内，被申请人提出，第二申请人不是案涉《合作经营管理合同》的一方当事人，不具有仲裁申请人的主体资格。

对此，仲裁庭认为，《合作经营管理合同》约定，为便于合作经营管理，乙方（即第一申请人）投资注册成立公司进行餐饮和住宿运营。根据该条约定，案涉项目是由第一申请人投资注册的公司进行运营管理，事实上，第二申请人即是第一申请人为履行《合作经营管理合同》的约定、实现合同目的而设立的公司。因此，《合作经营管理合同》虽系由第一申请人与被申请人签订，但结合合同内容，在第二申请人成立后，案涉合同内容实际是由第二申请人履行的，第二申请人履行合同义务的依据也是基于《合作经营管理合同》约定。此外，根据《合作经营管理合同》的性

质，其合同内容也须由具有法人资格的公司来履行。所以，在《合作经营管理合同》签订后，第二申请人设立并履行合同内容，是《合作经营管理合同》的应有之义。第二申请人当然是《合作经营管理合同》预设的合同履行中不可或缺的一方，第二申请人有权依据《合作经营管理合同》的仲裁条款主张权利。此外，在各方长达五年的合作过程中，一直是由第二申请人履行《合作经营管理合同》，被申请人就案涉合同产生的结算相对方也是第二申请人，第二申请人承继了第一申请人的相关权利义务，而被申请人方从未对第二申请人为《合作经营管理合同》履行主体的身份提出质疑。据此，仲裁庭认为，第二申请人具有仲裁申请人的主体资格。

我们认为，对于仲裁协议一方当事人因发生承继等法律关系的变更而导致仲裁主体资格认定的问题，应综合考虑仲裁协议对应的合同条款有无对承继关系作出安排、承继主体与仲裁协议订立主体之间的关系、承继主体有无履行原合同义务、合同相对方对承继主体有无提出异议等因素综合认定。

四、关于仲裁中的保全、送达等程序问题

（一）仲裁的财产保全尚有部分问题需要明确

仲裁法、民事诉讼法司法解释、《最高人民法院关于人民法院办理财产保全案件若干问题的规定》等法律法规对仲裁案件的财产保全事项作出了规定，但实践操作中有以下问题有待明确：

案例7：团队代理的某新能源公司与某光电投资集团旗下三家控股公司EPC合同的系列仲裁案件中，三被申请人分别位于新疆哈密、新疆生产建设兵团和青海省海南藏族自治州共和县，在提交财产保全时申请人均提交了由中国人民财产保险股份有限公司江苏某地市分公司出具的保函。在财产保全过程中，新疆哈密、新疆生产建设兵团均确定由对应被申请人财产所在地的中级人民法院办理，但要求必须使用当地指定保险公司出具的保函（保费为江苏的十倍之多）；青海省海南藏族自治州中级人民法院则要求由共和县人民法院进行财产保全。

案例8：团队代理的某仲裁案件中，被申请人主要财产所在地为江苏某地级市，在向该地级市中级人民法院负责财产保全的立案庭出具了中国人保南京分公司的保函后，该院工作人员表示仅凭保险公司保函法院只能保全非现金账户，如土地、厂房等，如需保全现金账户还需要另外提供20%的现金担保。

目前仲裁财产保全中的主要问题存在于：一是实施财产保全的法院是主要财产所在地的中级人民法院还是基层人民法院有待明确，从目前办理案件的情况来看，江苏、新疆境内是中级人民法院受理，而浙江、青海等地又是基层人民法院受理，由于各地法院规定不一，造成仲裁程序上的迟延。二是部分法院对现金担保施加了额外的要求，即无论申请人是否提供了保函等担保形式，仍然要求申请人必须同时提交现金账户担保，该规定并无法律依据。三是部分法院出于地区保护主义，要求

必须使用本地指定保险公司或担保公司出具的保函等。

（二）送达问题应引起当事人及代理人的充分重视

案例9：某仲裁案件中，申请人以被申请人签订合同时的法定代表人为收件人、被申请人工商注册地址为送达地址，向仲裁机构提交了地址，被申请人出庭参加仲裁。但在仲裁裁决作出后，被申请人向法院申请不予执行仲裁裁决。其理由之一是送达时收件人已不再担任其法定代表人，因此被申请人一直未拆封收件人之信件，被申请人是因为其他被申请人通知才知道仲裁事项。因通知不及时，被申请人的程序性权利受到影响。

我们认为，仲裁机构对被申请人的送达，地址是申请人注册地、实际办公地及通讯地，送达时仍是申请人营业地，收件人是申请人原法定代表人，送达时仍是申请人副董事长。事实上，申请人正是通过该次送达收到了仲裁文书，可见，该次送达符合仲裁规则规定，申请人也已实际收到，该次送达不存在错误。

案例10：某光伏电站债权转让仲裁案件中，案涉债权转让通知没有送达至被申请人的注册地址A地址而是送到至被申请人控股股东注册地址的B地址。在之后的仲裁中，申请人通过仲裁机构向A地址投递仲裁通知，但显示无人接收。其后，申请人又向仲裁机构提交B地址为邮寄地址，被申请人出庭参加仲裁。但在仲裁庭审中，被申请人抗辩因债权转让通知送达地址并非被申请人注册地址，不能视为该通知已到达被申请人。

该案中仲裁庭认为，虽然债权转让的通知均寄往被申请人的控股公司的B地址，但通知已被签收，且快递单上均注明“××项目债权转让通知”，而被申请人在庭审中也确认收件人系其控股股东。此外，仲裁委秘书处向B地址寄送的、收件人为被申请人的《仲裁通知》及附件材料也被签收，且被申请人也据此前来应诉。据此仲裁庭认为被申请人辩称没有收到债权转让通知与情理不符，仲裁庭有理由相信被申请人已经收到债权转让通知。

当前，送达问题无论对于案件实体问题的认定还是仲裁程序是否违法的认定均具有十分重要的意义。[案例10]中的光伏电站项目因其无人值守、自动化操作且多处于新疆、青海地区的特殊性，在之前的送达中一直无人签收，如果机械地适用合同约定的送达地址，则当事人间的权利义务将处于严重不确定的状态。作为代理人，我们在向仲裁机构提供被申请人送达地址时，也充分考虑到这一特殊情况，在通过当事人法定注册地址、合同约定地址无法送达的情况下，以当事人间实际使用的、同时也是债权转让通知送达的地址进行送达，既保证了被申请人的程序权利，也使其无法对未收到债权转让通知这一实体问题进行抗辩。

[车捷：国浩律师事务所合伙人（南京），南京大学高级工商管理硕士
潘骏：国浩律师事务所合伙人（南京），南京大学法学硕士]

民办学校举办者诉讼主体资格问题

黄晓东

一、案情简介

2006年，林某与罗某共同合伙出资筹建某职业技术学校，每人各持有学校50%股份。2008年，某职业技术学校经某市教育局批准后成立，该校属民办非企业法人单位。2010年，某职业技术学校与某公司分别签订《土地使用权转让协议书》《房屋产权转让协议书》约定，将该校名下的某国有土地使用权及其上房产转让给某公司，现某公司已取得相应的《国有土地使用证》及《房屋所有权证》。某公司的法定代表人系由罗某胞弟担任。2015年，林某以某职业技术学校、某公司为被告，以罗某为第三人向一审法院提起诉讼，以罗某未经其同意擅自以某职业技术学校名义将该校资产转让给某公司，且未将相应转让价款汇付至某职业技术学校，明显属于恶意串通损害其合法权益的行为为由，请求法院判决确认某职业技术学校与某公司签订的《土地使用权转让协议书》《房屋产权转让协议书》无效。

一审法院经审理认为，罗某未经林某同意，擅自将某职业技术学校的国有土地使用权及其上房产转让给罗某胞弟担任法定代表人的某公司，其行为侵害了林某的合法权益。某职业技术学校与某公司所约定的转让价款明显低于市场价值，双方之间的交易对价明显不合理，该行为不但侵害了某职业技术学校的财产权益，亦侵害了举办者林某的合法权益，属于《合同法》第52条第2项规定的“恶意串通，损害国家、集体或者第三人利益”情形，据此认定上述《土地使用权转让协议书》《房屋产权转让协议书》均无效。

某公司不服一审判决，委托笔者作为其代理人负责本案二审诉讼事宜。笔者在二审阶段提出了一个一审诉辩审三方均未涉及的上诉理由，并成为二审争议焦点，即某职业技术学校系民办学校，属民办非企业法人单位，林某作为该校的举办者，对该校财产不享有直接的财产利益，其诉讼主体不适格，依法应撤销一审判决，改判驳回林某的起诉。即便参照2016年11月7日新修订的《民办教育促进法》（施行日期为2017年9月1日，一审时尚未施行）规定精神处理本案，林某对该校财产亦不享有直接的财产利益，参照《公司法》第151条规定的股东代表诉讼程序，林某需穷尽公司内部救济手段后方能提起诉讼，林某未履行前置程序直接提起本案诉讼，不符合法定起诉条件，依法亦应当裁定驳回林某的起诉。二审法院经审理，以一审法院认定基本事实不清为由，撤销一审判决将本案发回重审。

二、法律分析

笔者认为，上述争议问题可以从如下几个方面进行分析：

（一）民办学校是否具有独立的法人财产，享有法人财产权

本案一审时有效施行的2013年6月29日《民办教育促进法》（下文如无特别说明，均指该《民办教育促进法》）第35条规定，“民办学校对举办者投入民办学校的资产、国有资产、受赠的财产以及办学积累，享有法人财产权。”第36条第1款规定，“民办学校存续期间，所有资产由民办学校依法管理和使用，任何组织和个人不得侵占。”某职业技术学校章程第2条亦规定，“本学校的性质是根据《民办教育促进法》及其《实施条例》的有关规定，由罗某和林某自愿共同出资举办，从事非营利性教学服务的教育类民办非企业单位（民办学校），具备独立的民办非企业法人资格，享有自主招生和办学自主权，经费独立核算、自负盈亏，合法权益受国家法律、法规的保护。”因此，某职业技术学校有独立的法人财产，享有法人财产权当属无疑义。

（二）民办学校的举办者对学校资产是否享有财产利益

1. 最高人民法院公报案例的裁判观点

2016年第9期《最高人民法院公报》刊登的“李稳博诉上海虹口区艺术合子美术进修学校合同纠纷”案件，法院裁判观点认为：“对于经教育部门许可并通过民政部门登记设立的民办学校……因该类民办学校系公益性组织，对该类学校的出资在本质上属于向社会的捐赠，民办学校对于已投入的资产享有独立法人财产权，且投入的财产终极归属于社会而非归属于出资人，故出资人对学校财产不具有财产权益，其要求确认出资份额的诉请没有法律上的财产权依据。对于没有法律上的权利基础的事实确认，不能作为独立的诉讼请求。当事人诉请要求确认没有法律权利基础的某项事实的，人民法院应裁定不予受理或驳回起诉。”

2. 笔者观点

笔者认为，上述问题在实务中之所以有争议，系因我国现行法律未遵循传统民法理论对法人进行科学界定及分类所造成[1]。

---

[1] 2017年10月1日起生效施行的《民法总则》将法人分为营利法人、非营利法人、特别法人，鉴于本文系针对一审判决适用的法律问题进行探讨，而本案一、二审阶段《民法总则》尚未生效施行，故本文的讨论尚未论及《民法总则》的规定。

(1) 传统民法理论观点

依传统民法理论观点[1]，法人可分为公法人与私法人，凡依公法而设立者为公法人，如政府、地方自治团体（包括省、市、县市等地域团体）。依私法而设立者为私法人，民法上的法人属之。私法人可以再分类为社团法人与财团法人[2]，社团系以社员为其成立基础的法人（人的组织体），公司为其著例。财团系以捐助财产为其基础的法人（财产组织体），如私立学校、寺院等。财团法人系为社会公益而存在，必为公益法人。社团法人可以进一步分类为公益社团、营利社团与中间社团，所谓公益社团，指以社会上不特定多数人之利益为目的之社团，如农会、工会、商会、渔会等。所谓营利社团，指从事经济行为，并将利益分配于各社员为其目的之社团。而在社团中，有既非以公益、又非以营利为目的者，如同乡会、同学会、宗亲会、俱乐部等，则为中间社团。

有学者指出[3]，所谓营利，指积极的营利并将所得利益分配于其构成成员，即非指法人自身营利，而是指为其构成成员营利。因此，仅法人自身营利，如果不将所获得利益分配给构成成员，而是作为自身发展经费，则不属于营利法人，各种公司为典型的营利法人，而各种基金会为发展目的事业进行投资，慈善机构兴办营利事业，非此所谓营利，不属于营利法人。

因此，依据传统民法理论的划分标准，私立学校属财团法人，为公益法人。

(2) 我国现行法律规定

我国现行法律规定没有关于公法人与私法人、社团法人与财团法人的划分。《民法通则》以法人活动的性质为标准，将法人分为企业法人、机关法人、事业单位法人和社会团体法人。该分类下的社会团体法人，显然不同于传统民法理论分类下的社团法人。

《民办教育促进法》未将民办学校区分为“营利性”与“非营利性”两类进行分类管理，且根据1998年10月25日颁布施行的国务院《民办非企业单位登记管理暂行条例》（以下简称《暂行条例》）第4条第2款的规定“民办非企业单位不得从事营利性经营活动”，严格禁止民办学校从事营利活动。

《民办教育促进法》第51条规定，“民办学校在扣除办学成本、预留发展基金以及按照国家有关规定提取其他的必需的费用后，出资人可以从办学结余中取得合理回报。取得合理回报的具体办法由国务院规定”。可以将民办学校区分为要求取得合理回报和不要求取得合理回报两类。区分标准则是看其是在工商部门登记设立还是在民政部门登记设立，在工商部门登记的则划入要求回报类，在民政部门登记的则

---

[1] 王泽鉴：《民法总则》，北京大学出版社2009年版，第125~127页。

[2] 我国台湾地区“民法”第二章第二节“法人”下设第1款“通则”，第2款“社团”，第3款“财团”，但未有关于“社团”“财团”的专门定义条款。

[3] 梁慧星：《民法总论》，法律出版社2007年版，第122页。

归为不要求回报类。法律依据为《民办教育促进法》第66条规定，即“在工商行政管理部门登记注册的经营性的民办培训机构的管理办法，由国务院另行规定”；以及《暂行条例》第5条第1款规定，即“国务院民政部门和县级以上地方各级人民政府民政部门是本级人民政府的民办非企业单位登记管理机关（以下简称登记管理机关）”。

2016年11月7日新修订的《民办教育促进法》第2条明确将民办学校分为“营利性”和“非营利性”两类进行管理，非营利性民办学校的举办者不得取得办学收益，学校的办学结余全部用于办学，营利性民办学校的举办者可以取得办学收益，学校的办学结余依照公司法等有关法律、行政法规的规定处理，新修订的《民办教育促进法》第10条已删除上述《民办教育促进法》第51条的规定。据此，2017年9月1日新修订的《民办教育促进法》正式生效施行后，我国的民办学校将不存在要求回报和不要求回报两类的划分。

（3）小结

根据《民办教育促进法》的规定，民办学校存在要求回报和不要求回报两类划分，根据新修订的《民办教育促进法》规定，民办学校亦存在营利性和非营利性两种性质，均无法将民办学校定性为传统民法理论中的财团法人。而传统民法理论认为〔1〕，对社团法人与财团法人划分最为重要的区别实益在于社团法人有社员，以社员为其最高的意思机关，为自律法人。财团法人无社员，并无意思机关，为他律法人。若依照传统民法理论观点定性我国的民办学校，民办学校的举办者对学校资产当然不享有财产利益，亦不会产生题述问题的争议。

而在我国现行法律体系框架下，就会产生要求回报或者营利性的民办学校举办者，对民办学校资产是否享有财产利益的争议。依笔者观点，不要求回报及非以营利为目的的民办学校，应当认为其举办者对学校资产不享有财产利益，不能以民办学校低价转让学校资产侵害其合法权益为由提起诉讼。本案中，某职业技术学校章程第32条规定，“出资人不要求取得合理回报。经费必须用于章程规定的业务范围和事业的发展，盈余不得分红。”因此，林某不能提起本案诉讼。而要求回报以及以营利为目的的民办学校举办者，其身份类似于公司股东，因民办学校享有独立财产权，应当认为其对学校资产不享有直接的财产利益，其能否以其对学校资产享有间接财产利益为由提起诉讼，下文将进行分析。

（三）民法学校的举办者是否属于《合同法》第52条第2项规定的第三人

《合同法》第52条第2项规定，“有下列情形之一的，合同无效：……恶意串通，损害国家、集体或者第三人利益”。要求回报以及以营利为目的的民办学校举办

---

〔1〕 王泽鉴：《民法总则》，北京大学出版社2009年版，第126页；梁慧星：《民法总论》，法律出版社2007年版，第121页。

者能否以其对学校资产享有间接利益，系该法第 52 条第 2 项规定的第三人为由，提起与本案情况相同的诉讼呢？

笔者认为，《民事诉讼法》第 119 条第 1 项规定，“起诉必须符合下列条件：(一) 原告是与本案有直接利害关系的公民、法人和其他组织……”如上所述，要求回报以及以营利为目的的民办学校举办者至多仅对学校资产享有间接利益，若民办学校资产被低价转让，权益直接受到侵害者为学校本身，举办者以此为由提起诉讼，不符合法律规定的原告必须与案件存在直接利害关系的法定起诉条件，依法亦应当裁定驳回举办者的起诉。参照司法实践中类似案例的裁判观点，亦可得出该结论[1]：该案中，陆同仁、李泉系常盛玻璃公司的股东，陆同仁以李泉、常盛玻璃公司在陆同仁不知情的情况下恶意串通，签订所谓的《债权转让协议》，以常盛玻璃公司结欠李泉借款 940 万元，将常盛玻璃公司对南京衡达科技有限公司享有的 933.571816 万元的债权转让给李泉，损害了陆同仁的合法权益为由，起诉至法院，要求确认《债权转让协议》无效。南京市中级人民法院经审理认为，根据法律规定，原告是与本案有直接利害关系的公民、法人和其他组织。本案中，陆同仁主张案涉债权转让行为损害了常盛玻璃公司的利益，进而损害了作为股东的陆同仁的利益而提起本案诉讼。而陆同仁并非案涉合同相对方，对公司与他人签订的合同，公司股东亦不当然地具有直接利害关系，故其作为原告直接提起本案诉讼，其诉讼主体不适格，依法应裁定驳回陆同仁的起诉。

(四) 有关民办学校的法律适用问题能否参照适用《公司法》的相关规定

新修订的《民办教育促进法》发布前，对于民办学校等民办非企业单位所涉及的问题在法律无明文规定时，能否参照适用《公司法》的相关规定进行处理有争议。对此，新修订的《民办教育促进法》第 19 条第 3 款规定，“营利性民办学校的举办者可以取得办学收益，学校的办学结余依照公司法等有关法律、行政法规的规定处理”。第 59 条第 2 款规定，“非营利性民办学校清偿上述债务后的剩余财产继续用于其他非营利性学校办学；营利性民办学校清偿上述债务后的剩余财产，依照公司法的有关规定处理”。因此，笔者认为，在新修订的《民办教育促进法》生效后，可以将公司法的相关规定作为处理涉及营利性民办学校争议的法律依据。

本案发生在新修订的《民办教育促进法》生效前，且根据某职业技术学校章程规定，该校亦属于不要求回报的民办学校，不适用新修订的《民办教育促进法》。但即便参照新修订的《民办教育促进法》规定可以适用公司法的相关规定处理本案，林某提起的诉讼亦应当认为系“股东代表诉讼”，根据《公司法》第 151 条的规定，非经穷尽内部救济手段（注：某职业技术学校章程规定有董事会、监事会及其议事、

[1] 南京市中级人民法院（2016）苏 01 民终 5196 号民事判决书，载中国裁判文书网，最后访问日期：2018 年 7 月 1 日。

监督规则），亦不能直接提起诉讼，要求确认案涉《土地使用权转让协议书》《房屋产权转让协议书》无效，亦即林某原告主体资格不适格，应裁定驳回其起诉。最高人民法院的相关司法案例裁判观点亦可作为参考[1]：本案中，谭利兴的诉求实质是在主张黎经炜、黎桂芬、彩星公司低价转让案涉资产侵害了经纬公司的财产权益，并进而侵害其股权所代表的财产权益，而股东的财产权与公司的财产权相互分离，股东对公司的财产并不享有直接请求权，谭利兴只能按照《公司法》第151条规定，要求公司监事、执行董事提起诉讼，在公司怠于提起诉讼时，才能提起公司代表诉讼。

三、结语

不论是《民办教育促进法》项下规定的举办者要求回报与不要求回报两类民办学校，还是修订后的《民办教育促进法》项下规定的营利性与非营利性两类民办学校，举办者以民办学校资产被低价转让侵害其合法权益为由，直接起诉要求确认相关资产转让协议无效，均应当以原告主体资格不适格为由，不予受理或在已受理情况下径行裁定驳回其起诉。

［黄晓东：国浩律师事务所合伙人（福州），中南民族大学法学学士］

---

〔1〕 最高人民法院（2014）民申字第693号民事判决书，载中国裁判文书网，最后访问日期：2018年7月1日。

起诉后撤诉的行为是否属于诉讼时效中断事由

许红光　王　辉

一、引论

在司法实务中，经常有当事人拟通过向法院提交起诉状，然后在起诉状到达法院后，未缴纳诉讼费的情况下，以径行撤回起诉的方式，达到诉讼时效中断的目的。

对此，当事人的此种行为是否属于《民法总则》第195条的中断事由？假如属于，从何时重新计算新的诉讼时效？重新计算的诉讼时效期间有无变化？

二、立法之规定

（一）立法之沿革

1.《民法通则》

针对诉讼时效的中断事由，《民法通则》系规定在第140条，“诉讼时效因提起诉讼、当事人一方提出要求或者同意履行义务而中断”。该条对于起诉之后撤诉的行为是否属于中断事由，没有明确。

2. 最高人民法院〔1999〕民他字12号复函

最高人民法院〔1999〕民他字12号《关于四川高院请示长沙铁路天群实业公司贸易部与四川鑫达实业有限公司返还代收货款一案如何适用法（民）〔1993〕号批复中“诉讼时效”问题的复函》认为，根据《民法通则》第140条规定，长沙铁路天群实业公司贸易部向法院起诉，应视为诉讼时效中断。诉讼时效期间应从撤诉之日起重新计算。该条明确起诉之后撤诉的行为属于诉讼时效中断事由，且明确了中断之后新时效期间重新计算的时间节点。

3. 法释〔2008〕11号第12条

最高人民法院在《关于审理民事案件适用诉讼时效制度若干问题的规定》（法释〔2008〕11号，以下简称《规定》）第12条规定，“当事人一方向人民法院提交起诉状或者口头起诉的，诉讼时效从提交起诉状或者口头起诉之日起中断”。该条对于起诉之后撤诉的行为是否属于中断事由，尚未明确。

4. 法办〔2011〕42号《会议纪要》

最高人民法院在2011年作出了《全国民事审判工作会议纪要》（法办〔2011〕42号，以下简称《会议纪要》）第64条规定："当事人起诉后又撤诉或者人民法院依法裁定按撤诉处理，不引起诉讼时效的中断。但起诉后起诉状已送达相对人后又撤诉或被裁定按撤诉处理的，诉讼时效于起诉状送达相对人之日起中断。"该条原则上认为起诉后又撤诉的，诉讼时效不中断，例外规定起诉状副本送达给被告的，诉讼时效于送达之日起中断。

5. 《民法总则》

《民法总则》第195条规定："有下列情形之一的，诉讼时效中断，从中断、有关程序终结时起，诉讼时效期间重新计算：（一）权利人向义务人提出履行请求；（二）义务人同意履行义务；（三）权利人提起诉讼或者申请仲裁；（四）与提起诉讼或者申请仲裁具有同等效力的其他情形。"该条对于起诉之后撤诉的行为是否属于中断事由，没有明确。

（二）对立法规定之解读

笔者认为，通过前述立法沿革发现，《民法总则》第195条第3项的"起诉"，应是指当事人向人民法院提交起诉状或者口头起诉。该"起诉"的理解也与《民事诉讼法》第120条的规定相吻合。

当事人起诉之后撤诉的行为是否属于本条规定的"起诉"，则存在疑问，具体表现在：

1. 作为有效法律渊源的《民法通则》、《民法总则》以及《规定》第12条均没有对于该问题予以明确规定，故存在法官无法可依的情况。

2. 最高人民法院〔1999〕民他字12号复函和法办〔2011〕42号《会议纪要》本身并不属于正式的法律渊源，法律上对于法官没有拘束力。更为严重的系两个文件之间存在打架的情况。最高人民法院〔1999〕民他字12号复函原则上肯定起诉后撤诉的行为属于中断事由，而法办〔2011〕42号《会议纪要》则原则上否定起诉后撤诉的行为属于中断事由。

3. 从现行《民法总则》的立法表述和立法资料中，并没有发现立法机关对于该问题的态度或者倾向性意见，无法从立法目的的角度进行解读。

对此，笔者认为，我国现行《民法总则》并未就起诉之后撤诉的行为是否中断时效作明确的肯定或者排除规定，存在两种可能性：

1. 理论上有争议，学者对于该问题无法达成共识，回避直接规定。

2. 目前域外立法例，对于该问题也存在变化，故无法直接根据现有价值和经验，判断出何种立法或者学说更具有说服力，留待学界讨论或者司法积累。

这两种原因均属于立法上有意识的不规定，而非属于立法计划上的漏洞。

正因为这一立法上的不作为，方才给予学界讨论、争论的空间。同时，也带来了司法适用的不统一。[1]

三、我国现行司法实务的裁判观点及评释

霍姆斯法官说："法律的生命在于经验，而非逻辑。"立法只有在实际适用过程中，才能真正影响人民的生活。通过观察法律是如何适用的，对于我们真切地了解和评价法律，十分有益和必要。

（一）大数据检索概述

针对本文提出的问题，笔者通过关键词"诉讼时效中断" + "撤诉"，一共查找到1061份案例，判决1014份，裁定47份。其中合同类726份、侵权责任类132份、劳动争议类55份、与公司相关民事纠纷40份、物权纠纷32份。

其中，最高人民法院3份，高级人民法院50份，中级人民法院378份，基层人民法院630份。案件数量排名前五位的有四川省（86份）、山东省（85份）、江苏省（84份）、浙江省（77份）、广东省（57份），该五个地区均属于经济发达或者较为发达地区。

（二）样本分析

为了达到精准分析和统一裁判标准的效果，笔者拟选用审理级别在高级人民法院以上，且兼顾各个高级人民法院的原则进行取样分析。

1. 起诉后撤诉的行为原则上不属于时效中断事由

（1）最高人民法院

重庆港务物流集团实业有限公司与重庆冶金轧钢厂金融不良债权追偿纠纷再审案［（2016）最高法民申3020号］

观点：根据《最高人民法院关于审理民事案件适用诉讼时效制度若干问题的规定》第12条的规定，"当事人一方向人民法院提交起诉状或者口头起诉的，诉讼时效从提交起诉状或者口头起诉之日起中断"。该解释规定的当事人起诉引起诉讼时效中断之法律效力，应当以当事人合法起诉为前提，故在起诉被人民法院裁定驳回的情况下，通常并不引起诉讼时效期间中断，但在具体案件认定中，尚应考虑是否存在特殊情况。

（2）辽宁省高级人民法院

中国对外建设有限公司与刘世利、中国对外建设总公司东北分公司买卖合同纠纷二审案［（2015）辽民二终字第00037号］

观点：虽然刘世利在诉讼中提出撤诉申请，并由原审法院裁定准许撤诉，但因起诉状的送达，起到了刘世利于诉讼外向中外建公司和东北分公司主张权利的法律效果，诉讼时效于2010年11月15日中断。

〔1〕邓忠明：《撤诉与诉讼时效中断规定的变化与发展》，载《人民司法》（应用）2016年第4期。

2. 起诉后撤诉的行为属于时效中断事由

（1）四川省

刘保忠与四川天工建设工程有限公司合同纠纷再审案［（2014）川民申字第466号］

观点：被申请人天工公司曾经起诉了以申请人刘保忠为被告的（2010）眉东民初字第418号案件，后又撤诉。申请人认为撤诉即视为未起诉，不产生诉讼时效中断的法律后果。这一主张并不符合我国《民法通则》第140条“诉讼时效因提起诉讼、当事人一方提出要求或者同意履行义务而中断”的规定。只要当事人一方曾经起诉过，不管后来是撤诉还是其他结果，都要产生诉讼时效中断的后果。

（2）山东省

盖州市熊岳四通重型车部件厂、青岛青特众力车桥有限公司与盖州市熊岳四通重型车部件厂、青岛青特众力车桥有限公司产品责任纠纷再审案［（2015）鲁民提字第142号］

观点：在青特车桥公司与熊岳四通部件厂承揽合同纠纷一案中，青特车桥公司提出反诉及申请撤诉后于2010年被法院裁定准许撤诉的行为引起诉讼时效中断。

（3）江苏省

曹云飞与顾振球、龚锦辉等租赁合同纠纷再审复查与审判监督案［（2014）苏审二商申字第196号］

观点：曹云飞与顾振球的租赁关系既未约定租赁终止期限，又未约定租金支付期限，顾振球于2008年10月22日第一次起诉曹云飞，没有超过诉讼时效。此后，顾振球于2008年12月15日撤诉，于2009年3月9日第二次起诉，于2009年9月7日第二次撤诉，均发生诉讼时效中断的效力。

（4）浙江省

恒天重工股份有限公司与绍兴阳光差别化纤维有限公司买卖合同纠纷再审复查与审判监督案［（2014）浙民申字第159号］

观点：虽然在该案诉讼中经协商由恒天公司对机器进行了修复，但由于鉴定的因素，该案一直中止审理直至2010年8月10日阳光公司申请撤诉。根据法律的相关规定，阳光公司的撤诉行为具有诉讼时效中断的法律效力。

（5）广东省

广东省越发实业公司与深圳市富昌兴业投资有限公司金融借款合同纠纷再审案［（2016）粤民再106号］

《最高人民法院关于四川高院请示长沙铁路天群实业公司贸易部与四州鑫达实业有限公司返还代收贷款一案如何适用法（民）复（1990）3号批复中“诉讼时效期间”问题的复函》［（1999）民他字第12号］答复：“我院经研究认为，根据《民法通则》第140条的规定，天群贸易部向法院起诉，应视为诉讼时效中断，诉讼时效期间应从撤诉之日起重新计算。”还有《广东省高级人民法院关于印发〈关于涉外商事审判若干问题的指导意见〉的通知》（粤高法发〔2004〕32号）提及，“（六十一）在涉外商事诉讼中，原告起诉后又撤诉，诉讼时效是否中断根据最高人民法院（1999）民他字第12号《关于四川高院请示长沙铁路天群实业公司贸易部与四川鑫达实业有限公司返还代收货款一案如何适用法（民）复（1990）3号批复中“诉讼时效期间”问题的复函》的规定，当事人提起诉讼后又撤诉，仍构成诉讼时效中断，诉讼时效从撤诉之日起重新计算。从最高人民法院（1999）民他字第12号复函以及广东省高级人民法院粤高法发〔2004〕32号通知中不难看出，诉讼时效因提起诉讼而中断，中断后诉讼时效期间应于诉讼终结或法院作出裁判时重新计算；权利人申请执行程序的，诉讼时效期间应以执行程序完毕之时重新计算。

（6）重庆市

倪川江与周健、刘学英、徐艳、徐兵、黄建军、黄成友租赁合同纠纷再审案［（2014）渝高法民申字第00402号］

观点：周健于2011年5月第一次起诉，2011年11月撤诉，双方的租赁合同纠纷诉讼时效中断。周健于2012年7月再次起诉，因此本案并未超过诉讼时效。

（三）对裁判结果的评释

通过对前述最高人民法院及6个较发达地区高级人民法院案例的摘抄和阅读，发现目前司法实务对于本文研究主题的态度如下：

1. 多数法院认为，当事人起诉之后撤诉的行为属于诉讼时效中断事由。如四川省高级人民法院、山东省高级人民法院、江苏省高级人民法院、浙江省高级人民法院、广东省高级人民法院、重庆市高级人民法院。

2. 与多数法院观点不一致，最高人民法院认为：

（1）起诉之后撤诉的行为通常不中断诉讼时效，其虽然在（2016）最高法民申3020号案件没有直接陈述起诉之后撤诉不会导致诉讼时效中断，但根据其对类似情况的否定性意见，即起诉需要合法，且若起诉被法院裁定驳回的，不中断诉讼时效，最高人民法院间接否定了起诉之后撤诉属于中断事由。

（2）结合（2016）最高法民申3020号案件中，最高人民法院表达了另外一层含义，即若当事人起诉之后，法院已经将起诉状实际送达给对方当事人，可以认定为《民法通则》中的“请求”，产生中断诉讼时效的后果，也间接否定起诉之后撤诉属于中断事由，除非有起诉状送达到对方当事人。

3. 起诉之后又撤诉的，诉讼时效中断后从何时开始重新计算新的诉讼期间，存在不一致。

其中多数法院认为从起诉之日中断，如四川省高级人民法院（2015）川民终字第970号、浙江省高级人民法院（2015）浙民申字第1489号、浙江省高级人民法院（2016）浙民申210号；有的认为从法院准许当事人撤诉之日中断，如四川省高级人民法院（2016）川民终543号、山东省高级人民法院（2015）鲁民提字第142号。

四、笔者的观点

通过前述立法、实务的资料梳理和评析，笔者拟以实体性的论证规则为前提，遵循一定的论证规则和形式，运用妥当的方法，努力就该问题形成较为合理的价值判断[1]。

（一）该问题涉及的利益关系

讨论起诉后撤诉的行为是否属于中断事由，需要先判断诉讼时效中断制度调整何种利益关系。

诉讼时效之所以会发生中断，系因为在时效的进行过程中发生了推翻时效的事情，使得已经经过的期间完全失去意义。由此，时效期间归为零，又从头开始进行。其中，关于法定中断，围绕着这些事由为什么被规定为中断事由，存在争议。这一点，与有关时效存在理由的议论有密切的关系。[2]

针对诉讼时效存在的理由，主要有两种学说：一种学说为保护非权利人的实体法说；另一种学说为保护权利人的诉讼法说。[3]

与诉讼时效存在的理由相对应，时效中断事由也有两种不同的根据：根据一，诉讼时效中断的根据系真正的权利人行使了权利这一事实。根据二，诉讼时效中断的根据系真正的权利关系得到确定，持续的事实状态反映真实的盖然性被推翻。[4]

通过前述分析可知，起诉之后撤诉是否属于中断事由的问题，关涉的系权利人的真正权利行使和义务人的抗辩权利益。若肯定中断，之前经过的时效期间归为零，权利人的权利从头开始进行。义务人丧失之前经过的时效期间的利益。若否定中断，之前经过的时效期间持续进行，权利人的权利未能得到真正行使，义务人享有之前经过的时效期间的利益。

（二）论证一：对否定说的评价

目前学界的通说为中断否定说，否定起诉之后撤诉的行为将导致诉讼时效的中断，无疑直接否定了权利人起诉这一行为的价值。对此，否定者的理由如下：

1. 在程序意义上，撤诉是当事人撤回其向人民法院提起诉讼的行为，诉的撤回视为未起诉，其与未起诉具有相同的法律效果，权利人自不得因“提起诉讼”而发生时效中断的法律效果。[5]

2. 起诉无疑表明当事人在行使权利，但撤诉又表明了他表达了一个相反的意愿，

---

〔1〕 王轶：《民法原理与民法方法》，法律出版社2009年版，第29页。
〔2〕［日］山本敬三：《民法讲义Ⅰ：总则》（第3版），解亘译，北京大学出版社2012年版，第367页。
〔3〕［日］山本敬三：《民法讲义Ⅰ：总则》（第3版），解亘译，北京大学出版社2012年版，第431～434页。
〔4〕［日］山本敬三：《民法讲义Ⅰ：总则》（第3版），解亘译，北京大学出版社2012年版，第367页。
〔5〕 王利明主编：《中华人民共和国民法总则详解》（下册），中国法制出版社2017年版，第931页。

即不愿意行使其权利。[1]

3. 起诉不仅需要要求履行债务，而且还需要在有法院参与的正式程序中请求。通过这种程序确定权利的存在，是认定中断的根据。起诉之后撤诉，相当于权利没有确定就终了，不发生中断的效力。[2]

4. 外国立法例和学说，均认为起诉之后又撤诉不导致诉讼时效中断。我国立法上不应当作相反的理解。

否定者的前述理由能否成立，笔者拟对其一一分析和评价：

1. 在程序法上，撤诉与未起诉的法律效果系相同的。但诉讼时效的中断与否，严格意义上是属于实体法上的问题，其主要系考虑是否存在有权利人足以推翻以前不行使权利状态的事实。起诉之后又撤诉的行为，本身不仅仅包含撤诉，还包含起诉。故该理由存在以偏概全，否定当事人起诉事实的情形。

2. 否定者的第二个理由，显然注意要起诉的意义。但是通过将撤诉解释为当事人不想行使权利这一相反的意义，进一步否定起诉的意义，间接地又回到了第一个理由。对此，该理由存在如下两点不当之处：

(1) 当事人为何撤诉，现实中存在多种理由，如未缴纳诉讼费用、案由选择错误、案件证据不足、当事人选择错误、法院建议撤诉等情况，且这些撤诉的理由中很难推断出当事人有不想提起行使权利的意思。

(2) 假如当事人有两个在法律上有意义的行为，为何只选择第二个行为作为起诉之后又撤诉的行为为最终价值判断，存在评价遗漏的情况。

3. 否定者的第三个理由也是属于程序法上的理由，其考虑的系真正的权利关系得以确定，持续的事实状态反映真实的盖然性就被推翻。[3] 对此，该理由存在以下不足：

(1) 该理由认为撤诉意味着当事人的真正权利关系只能通过法院的程序方能最终确定，与实体法不相符合。

(2) 起诉后又撤诉意味着当事人没有真正的权利，与客观事实不相符合。

4. 否定者的第四个理由，实际上属于法律论证上的逃避。对此，笔者认为，该理由没有注意到如下趋势：

(1) 传统直接否定中断者的国家和地区，开始出现了中断缓和的观点。如日本民法学者认为起诉之后撤诉的行为可以解释为法律上的催告，在6个月内起诉的，时效中断的效力将得到维持。[4]

---

[1] 王利明：《民法总则研究》，中国人民大学出版社2003年版，第734页。

[2] [日] 山本敬三：《民法讲义Ⅰ：总则》（第3版），解亘译，北京大学出版社2012年版，第461页、第463页。

[3] [日] 山本敬三：《民法讲义Ⅰ：总则》（第3版），解亘译，北京大学出版社2012年版，第458页。

[4] [日] 山本敬三：《民法讲义Ⅰ：总则》（第3版），解亘译，北京大学出版社2012年版，第464页。

我国台湾地区民法学者现在认为起诉之后撤诉的行为可以视为当事人提出了请求，如权利人在6个月内另行起诉，仍应视为时效与诉状送达时中断。[1]

（2）传统否定中断者的国家和地区，开始出现了肯定中断的观点。如德国民法学者认为，起诉之后撤诉的行为可以理解为起诉发生停止计算的情况，即停止状态结束后须再经过法定期间始克完成。[2]

（3）将起诉作为时效中断的事由，降至为时效停止的事由，与《欧洲合同法原则》第14：302的规定一致。停止一直持续到作出判决为止，这特别适合于最初的诉讼由于程序原因而被撤销或者被驳回。[3]

综上所述，笔者认为，否定中断的理由均无法成立。

（三）论证二：对折中说的评价

针对否定中断学说，现在有学者提出，起诉之后撤诉，若起诉状副本已经送达到对方当事人，则发生中断的法律效果；若没有送达，则不发生中断的法律效果。持有该观点的理由如下：

1. 该观点的学者坚持以起诉之后撤诉不发生中断的法律效果为基本原则。

2. 起诉之后撤诉，若起诉状已经送达到对方当事人的，可按照“当事人一方提出请求”处理。而当事人向债务人提出请求，属于法定中断事由之一。此种情况下，起诉之后撤诉的行为发生中断法律效果。[4]

3. 该观点与日本民法、我国台湾地区“民法”的规定相一致。其中日本民法学者将起诉之后撤诉的行为等同于催告，我国台湾地区民法学者将起诉之后撤诉的行为等同于请求。[5]

鉴于该观点相较于否定说较为缓和，且未达到肯定说的标准，笔者将该种学说称为“折中说”。折中说的理由，能否成立，笔者拟一一分析：

1. 折中说以否定中断为大前提，对此，请读者参考否定说的分析和评价，此处不再重复。

2. 折中说的第二点理由，实际上系以起诉状副本送达作为判断时效中断与否的时间节点。该理由存在如下不足：

（1）当事人提出请求与起诉同属于中断事由之下的两种情形，分别独立。若认为起诉后撤诉可以在一定条件下转化为请求，不符合民法的立法技术。

---

[1] 王泽鉴：《民法总则》（最新版），北京大学出版社2009年版，第509页。

[2] 朱庆育：《民法总论》（第2版），北京大学出版社2016年版，第557页。

[3] ［德］莱因哈德·齐默曼：《德国新债法：历史与比较的视角》，韩光明译，法律出版社2012年版，第209～210页。

[4] 李开国：《民法总则研究》，法律出版社2003年版，第443页。

[5] ［日］山本敬三：《民法讲义Ⅰ：总则》（第3版），解亘译，北京大学出版社2012年版，第464页。王泽鉴：《民法总则》（最新版），北京大学出版社2009年版，第509页。

（2）当事人起诉之后，无法控制诉状的送达，若法院动作较快，在当事人撤诉前送达了，则中断；若法院动作较慢，当事人撤诉前未能送达，则不中断。该种观点，将当事人之外的因素作为判断中断与否的依据，存在价值上的随意评价问题。

3. 折中说的第三点理由，实际上忽略了日本民法和我国台湾地区“民法”的解释环境，仅仅截取了部分观点，存在以偏概全的情况。具体表现在：

（1）日本民法和我国台湾地区“民法”有不同于我国立法的规定。

（2）日本民法学者和我国台湾地区民法学者的观点，并非折中说，而系时效不完成的观点。

综上所述，笔者认为，折中说的理由均无法成立。

（四）笔者的观点：肯定说

经过前述论证，笔者认为起诉后撤诉的行为应当作为诉讼时效的中断事由，具体理由如下：

1. 起诉之后又撤诉的，符合《民法总则》第195条第3项规定的“提起诉讼”。这里的“提起诉讼”包括向人民法院提交起诉状或者口头起诉（由人民法院记录，并告知对方当事人）。参见《民事诉讼法》第120条和《诉讼时效司法解释》第12条。

2. 起诉之后又撤诉的，与其他中断事由在价值和作用上类似，尤其是与权利人向义务人提出履行请求。假如没有诉诸公权力的单方主张行为都可以中断，诉诸公权力的行为还不能中断，极容易造成价值评价不一样。

3. 原告向法院起诉之后，如何以及何时向被告送达民事起诉状，原告根本无法控制。故以民事起诉状是否送达给被告为准，不具备可操作性。

4. 原告向法院起诉之后，是否撤诉属于原告的程序性权利。至于撤诉的原因是什么，则存在多种的可能性，故无法直接否定该种行为的中断时效的价值。[1]

5. 提起诉讼，之所以会产生中断时效的效力，主要系基于起诉的价值判断。而判断起诉的价值，应当限于起诉到法院时原告的意思表示，不能因为后一行为而否定之前行为的价值。

五、旁论

除了前述起诉之后撤诉是否属于中断事由之外，还需要对此种事由所导致的法律后果进行分析。

（一）诉讼时效应当从法院作出准予撤诉的裁定之日重新计算

对于该问题，目前有两种观点：一种观点为当事人向法院提交起诉状之时；另一种观点为法院准予当事人撤诉之日。

---

〔1〕 夏利民：《民法基本问题研究》，中国人民公安大学出版社2001年版，第252页。

对此，笔者认为，应当以法院作出准予撤诉的裁定之日为宜，具体理由如下：

1.《民法总则》第195条明确规定，有下列情形之一的，诉讼时效中断，从中断、有关程序终结时起，诉讼时效期间重新计算……对此，既然起诉之后撤诉的行为属于该条规定的“起诉”，那么应当从有关程序终结时重新计算。起诉之后撤诉的行为，自法院作出准予撤诉的裁定为程序终结之时。[1] 需要注意的是，《民法总则》的该条规定已经改变了《规定》第12条规定的重新起算之日。

2. 当事人起诉之后至撤诉之前的这段时间内，权利人处于行使权利的期间。该段期间将会因为法律程序等原因而延长，若将时效中断的重新起算之日定位为起诉之时，则可能发生法律程序尚未终结，但新的诉讼时效期间已经届满的情况，导致法律评价的矛盾。法律不可能一方面肯定起诉可以中断诉讼时效，另一方面又在程序未终了时，以权利人的权利已经超过时效为由否定权利人的时效利益。[2]

3. 部分国家和地区的立法例和学说多肯定起诉情况下，时效的中断从程序终了之日重新起算。

立法上的规定，如旧《德国民法典》第211条、《日本民法典》第257条第2款、《瑞士债务法》第137条、我国台湾地区“民法”第17条第2款、《欧洲合同法原则》第14：302条第2款。

学者认为，因起诉而中断的时效自裁判生效之时起重新进行，这种观点背后存在这样的理由：权利的存在被公共机关确定之日，为新时效开始之时。[3]

4. 在操作层面上，当事人起诉之后撤诉的，法院在审查无误之后，均会制作准予撤诉的裁定书，该裁定书属于法律上的程序终结文书，且该裁定书在领取时，均需要填写送达回执。确定该时间作为重新计算的时间，较为方便。

（二）中断之后的诉讼时效期间应与原时效期间一致

针对该问题，存在两种观点：第一种观点，中断之后的时效期间应当与该请求权原来的时效期间一致[4]；第二种观点，中断之后的时效期间应当为普通诉讼时效期间[5]。

对此，笔者认为，应当以该请求权原来的时效期间一致，理由如下：

1. 诉讼时效中断制度，系发生权利人主张权利的事实，让已经经过的时效期间归为零，重新计算的制度。本身仅仅处理的系期间的中断与否、期间应否重新计算

---

[1] 李顺适主编、张荣顺副主编：《中华人民共和国民法总则释义》，法律出版社2017年版，第622页。

[2] [日] 山本敬三：《民法讲义Ⅰ：总则》（第3版），解亘译，北京大学出版社2012年版，第468页。

[3] [日] 山本敬三：《民法讲义Ⅰ：总则》（第3版），解亘译，北京大学出版社2012年版，第466页。

[4] 王利明、杨立新、王轶、程啸：《民法学》（第5版），法律出版社2017年版，第262页。（该部分的执笔人为王利明教授）

[5] 汪渊智：《我国民法诉讼时效制度之构想》，载《法学研究》2003年第3期。注意：《欧洲合同法原则》第14：401条第2款规定，无论请求权起初适用普通时效期间还是本原则第14：202条所规定的10年特殊时效期间，重新起算的时效期间都为普通时效期间。

的问题，并不改变请求权的性质和期间，故遵循立法的原有规定，符合诉讼时效中断制度的立法本意。

2. 若统一采用普通诉讼时效制度，则将会导致原来的请求权时效因中断而延长，或者因中断而缩短的情况，将会直接消减立法对不同请求权规定不同时效期间的价值评价。

3. 其他国家和地区的立法和学说上，也坚持时效期间的同一性。[1] 如日本民法学者认为，新时效的时效期间，原则上与以前的时效期间相同。[2] 我国台湾地区"民法"亦然[3]。

但是对于因生效判决而确定的权利，即使以前的时效期间短于10年或者5年的，新的时效期间仍为10年或者5年。[4] 之所以会有这样的规定，主要是基于：[5]

（1）实体上权利已经确定，不存在举证困难问题。

（2）债务人无力清偿的，免除债权人须不断地申请强制执行或为其他中断时效的行为。

（3）与强制执行的规定相配合。

具体到本文论述的问题，起诉之后撤诉的行为，法院本身并未就权利人的实体权利作出生效判决，故不存在该例外规定适用的范围。再加上，根据《民事诉讼法》的相关规定，若权利人的权利获得生效判决确定，则需要在判决生效后两年内向法院申请执行，该期间属于执行期间。[6]

六、结论

综上所述，笔者通过本文得出如下结论，现总结如下：

1. 起诉后撤诉的行为属于诉讼时效中断事由。

2. 起诉后撤诉的行为导致中断的，新的时效期间从法院作出准予撤诉的裁定之日重新计算。

3. 起诉后撤诉的行为导致中断的，新的时效期间与原来的时效期间相同。

---

〔1〕 值得注意的是：《欧洲合同法原则》第14：401条第2款规定，无论请求权起初适用普通时效期间还是本原则第14：202条所规定的10年特殊时效期间，重新起算的时效期间都为普通时效期间。该规定是否代表未来趋势，尚未可知。

〔2〕［日］山本敬三：《民法讲义Ⅰ：总则》（第3版），解亘译，北京大学出版社2012年版，第466页。

〔3〕 史尚宽：《民法总论》，中国政法大学出版社2000年版，第684页。

〔4〕 10年为《日本民法典》第174条第2款之Ⅰ规定，5年为我国台湾地区"民法"第137条第3款规定。

〔5〕 姚瑞光：《民法总则论》，中国政法大学出版社2011年版，第353页。备注：姚瑞光教授并不认可这三点理由，感兴趣者可具体查阅该书第353~354页的论述。

〔6〕 魏振瀛主编：《民法》（第7版），北京大学出版社、高等教育出版社2017年版，第218页。

参考文献

[1] 史尚宽：《民法总论》，中国政法大学出版社2000年版。
[2] 夏利民：《民法基本问题研究》，中国人民公安大学出版社2001年版。
[3] 李开国：《民法总则研究》，法律出版社2003年版。
[4] 王利明：《民法总则研究》，中国人民大学出版社2003年版。
[5] 王轶：《民法原理与民法方法》，法律出版社2009年版。
[6] 王泽鉴：《民法总则》（最新版），北京大学出版社2009年版。
[7] 姚瑞光：《民法总则论》，中国政法大学出版社2011年版。
[8] 朱庆育：《民法总论》（第2版），北京大学出版社2016年版。
[9] 王利明主编：《中华人民共和国民法总则详解》（下册），中国法制出版社2017年版。
[10] 王利明、杨立新、王轶、程啸：《民法学》（第5版），法律出版社2017年版。
[11] 魏振瀛主编：《民法》（第7版），北京大学出版社、高等教育出版社2017年版。
[12] 李顺适主编、张荣顺副主编：《中华人民共和国民法总则释义》，法律出版社2017年版。
[13] [日] 山本敬三：《民法讲义Ⅰ：总则》（第3版），解亘译，北京大学出版社2012年版。
[14] [德] 莱因哈德·齐默曼：《德国新债法：历史与比较的视角》，韩光明译，法律出版社2012年版。
[15] 邓忠明：《撤诉与诉讼时效中断规定的变化与发展》，载《人民司法》（应用）2016年第4期。
[16] 汪渊智：《我国民法诉讼时效制度之构想》，载《法学研究》2003年第3期。

[许红光：国浩律师事务所合伙人（重庆），西南政法大学法学大专
王辉：国浩律师事务所律师（重庆），西南政法大学民商法学硕士]

司法鉴定办理实务要点

王斌怡

司法鉴定对于诉讼案件的判决结果作用重大，本文概括总结了司法鉴定办理过程中的程序要点以及文书、建设工程、产品质量领域司法鉴定实践中的注意事项、办理要点和相关标准等内容。

一、诉讼案件中司法鉴定的定位与特点

司法鉴定一般是指司法机关在司法活动过程中就某项专门性问题，委托特定的鉴定机构用专业知识和行业经验等对案件中某些专门性的问题作出科学、客观的分析，并提出结论性意见的活动。2015 年 10 月 1 日起实施的《全国人民代表大会常务委员会关于司法鉴定管理问题的决定》（以下简称《决定》）第 1 条规定，“司法鉴定是指在诉讼活动中鉴定人运用科学技术或者专门知识对诉讼涉及的专门性问题进行鉴别和判断并提供鉴定意见的活动”，至此对司法鉴定的概念有了明确的概括。

在诉讼案件中，证据是案件实体内容的一个重要组成部分。双方当事人为了说服法院作出有利于自己的判决，都必须主张发生过或者存在能够作为这种判决根据的事实，又为了证明这些事实的曾经发生或者存在，是以必须提出证据。法院为了查明案情真相是否真如当事人所主张的事实那样，也必然依赖于对证据的运用，证据是诉讼活动中的关键环节。《民事诉讼法》第 63 条规定，“证据包括：（一）当事人的陈述；（二）书证；（三）物证；（四）视听资料；（五）电子数据；（六）证人证言；（七）鉴定意见；（八）勘验笔录”。本文主要论述的司法鉴定得出的鉴定意见属于上述法定证据类型之一。

鉴定意见作为一种法定证据类型，一般是指某些有资质的主体使用专业的知识及设备、技术等手段对与案件相关的材料实施技术性操作，以便获得与案件相关信息的鉴定过程，再通过书面或口头方式把通过鉴定获知的相关信息内容传达、表述出来的意见或结论部分。相较于刑事诉讼中的司法鉴定都与犯罪侦查紧密相关，在鉴定的机构和方式上都有较严格的规定，本文论述的司法鉴定主要着眼于民事诉讼中。

民事诉讼中的司法鉴定有如下特点：首先，鉴定的专业性或者其所需要的科学技术知识，使得通过这种技术性操作获得并传递出来的信息具有较强的客观性。其次，作为实施司法鉴定主体的机构和个人，必须是在某个特定领域拥有相应资质或者通过一定的“准入门槛”。最后，司法鉴定的实施既需要支出费用，往往也会占用诉讼过程中相当的时间，这些都可能成为影响民事诉讼程序之公平与效率的重要问题。

二、司法鉴定程序实务要点

（一）谁来启动鉴定

司法鉴定的启动有两种方式，即当事人申请鉴定和法院依职权决定交付鉴定。《民事诉讼法》第76条第1款规定，“当事人可以就查明事实的专门性问题向人民法院申请鉴定。当事人申请鉴定的，由双方当事人协商确定具备资格的鉴定人；协商不成的，由人民法院指定”。另外，该法条第2款规定了当事人未申请鉴定而法院又认为需要鉴定时由法院委托鉴定的情形。目前我国的民事司法实践中，由一方当事人提出鉴定申请，最后由法院协商确定或指定鉴定已经成为最常见的鉴定启动方式。

（二）如何确定鉴定机构和鉴定人

《决定》颁布后，我国的司法鉴定体制大致形成了几种类型的鉴定主体并存的格局。首先，国家机关内设的司法鉴定机构，如最高人民检察院司法鉴定中心，公安部物证鉴定中心，或者各地方的如北京市公安司法鉴定中心，上海市公安司法鉴定中心等，此类鉴定机构一般不接受民事案件的鉴定委托，所办司法鉴定基本上都是刑事案件；其次，司法行政机关核准登记并进行管理的司法鉴定机构及鉴定人，如依托高校的中国政法大学的法大法庭科学技术鉴定研究所，西南政法大学司法鉴定中心和中山大学法医鉴定中心，或者各地方省市司法行政机关制定的司法鉴定人和司法鉴定机构名册所记载的机构和人员；最后，一种是不属于前两者，其实际上是在某些特定领域如工程造价、资产评估、会计审计等方面接受委托从事鉴定业务的机构和个人。需要说明的是，最后一类司法鉴定机构和人员可能并未在名册中登记，但依据相关法律法规司法鉴定机构必须持有司法行政部门统一发放的《司法鉴定许可证》，鉴定人必须持有合法、有效的《司法鉴定人执业证》。根据《决定》，人民法院和司法行政部门不得设立鉴定机构。

在司法实务中，双方当事人根据需要鉴定的事项协商确定鉴定机构和鉴定人，上述鉴定主体只要有相应资质都在其备选范围内。如果双方当事人在鉴定人选择达成共识上存在障碍，法院的适当介入或提供帮助就很有必要。目前的司法实践中，一些法院在双方当事人协商不成的情况下采用抽签、摇号等随机确定鉴定人的方式的做法也值得推荐，这能够有效减少当事人对鉴定过程及结果所抱有的疑虑。当然，根据法律规定在双方协商不成时，法院直接指定鉴定人亦无问题，不过在指定时征询双方当事人意见的话，则效果可能更好。

（三）鉴定费用及鉴定周期

司法鉴定费用按照“谁主张，谁负担”的原则，一般由申请鉴定方在提出申请时或者在人民法院指定的期限内预交。双方均要求鉴定的，双方各预付一半。

谁败诉、谁承担是诉讼费用承担的一般原则，这是对败诉方消耗司法资源的一种制裁，是体现法律公平、公正的一个方面。因此，在最后的判决或裁决中，司法鉴定费用由败诉方负担，胜诉方自愿承担的除外。部分胜诉、部分败诉的，人民法院或仲裁庭根据案件的具体情况决定当事人各自负担的司法鉴定费用数额。

司法部颁布的《司法鉴定程序通则》第28条规定，“司法鉴定机构应当自司法鉴定委托书生效之日起三十个工作日内完成鉴定。鉴定事项涉及复杂、疑难、特殊技术问题或者鉴定过程需要较长时间的，经本机构负责人批准，完成鉴定的时限可以延长，延长时限一般不得超过三十个工作日。鉴定时限延长的，应当及时告知委托人。司法鉴定机构与委托人对鉴定时限另有约定的，从其约定”。在司法实务中，因为鉴定内容多种多样，如医疗鉴定、笔迹鉴定、对账簿或资产的审计评估或者亲子血缘的DNA鉴定等，故鉴定时间很难统一衡量，某些类型的司法鉴定时间可能长达数月。

（四）单方当事人委托鉴定的问题

在司法实务还存在的一种情况是，一方当事人在诉讼程序外单方委托具有某种资质的机构及个人就与诉讼案件有关的专门性问题进行鉴定并做出书面意见。关于如何确认此类鉴定及书面意见，笔者认为，对于一方当事人在诉讼中提出的这种证据，如果对方当事人不持异议，解释上可理解为双方已在鉴定的启动和鉴定人的确定上达成默示的合意，应视其为法律规定的“鉴定意见”的一种。退一步讲，只要对方当事人不否认其鉴定活动，即便对鉴定意见中部分内容有不同观点，也不妨碍将这种证据作为鉴定意见来展开质证等程序，其效力及证明力等由法院审查判断。但是当对方当事人明确反对把这种证据作为鉴定意见，尤其在对方就同一的专门性问题申请鉴定的情况下，单方在诉前诉外委托鉴定而形成的书面意见则至多只能作为书证的一种，适用有关书证的证据规则。《最高人民法院关于民事诉讼证据的若干规定》第28条规定基本佐证了笔者的观点，即“一方当事人自行委托有关部门作出的鉴定结论，另一方当事人有证据足以反驳并申请重新鉴定的，人民法院应予准许”。

三、司法鉴定分类实务要点

司法鉴定类型众多，刑事案件中常见的法医学司法鉴定、痕迹司法鉴定、声像资料司法鉴定等本文不展开论述，只就民事诉讼中常见的三种司法鉴定类型概述如下：

（一）文书司法鉴定

1. 文书鉴定的概念和作用

文书司法鉴定是指运用文件检验学的原理和技术，对文书的笔迹、印文的书写、印制工具及形成时间等问题进行鉴定；对油墨、纸张成分及打印或复印设备进行鉴定；对有价证券及证件的真伪进行鉴定的活动。

文书司法鉴定对民事案件的审理判决结果有着举足轻重的影响。从笔者经历的涉案司法鉴定来看，民事案件中的文书鉴定居绝对多数。由于社会的快速发展，经济往来增多，合同、借据、欠条等成为解决经济案件纠纷的决定性证据，如合同中对文字、印章、书写时间的鉴定等。民事案件的审理中，为鉴别文件物证的真实性，一般要求法定鉴定机构对文书上的笔迹（含签名）、文书的制成时间或形成的时序以及文书的变造事实等作出鉴定结论，以澄清案件事实。因为在民事案件的审理中，鉴定结论能够决定当事人的合法权益能否得到法律的公平保护，甚至能够决定一个公司或企业的存续，直接影响到社会稳定大局。在当前市场经济条件下，人民法院对各种社会矛盾调节的范围越来越广，对科学鉴定的依赖程度越来越高，案件当事人也都希望案件的判决结果建立在科学公正的基础上，因此，文书鉴定工作在审判实践中越来越重要。

2. 文书鉴定的类型和实务要点

文书鉴定一般包括印章印文检验和笔迹检验两大类，实务办理中的要点如下：

（1）印章印文检验。被检印文必须是原件；应将检材保存在物证袋或透明塑料袋内；切忌将检材粘贴、装订在案卷里；不要在检材上涂写或作任何标记等；收集样本印文最好是同期样本，同期样本一般在工商注册材料、档案材料里能找到。如果要做印文的形成时间，要多收集该印文在标称时间和怀疑时间段前后的历时样本。

（2）笔迹检验。笔迹检验是被检笔迹与当事人书写的笔迹之间，根据书写习惯的稳定性、特殊性和多样性确定两者的笔迹是否同一的一种技术手段。样本的收集是笔迹检验中的一项重要工作，选取样本的正确与否将直接影响到鉴定结论的准确性。应将检材完整地保存在物证袋或透明塑料袋内。切忌将检材粘贴、装订在案卷里；不要在检材上涂写做任何标记等，让检材保其原貌。长途运送要专人保管，切忌遗弃或代交保管。

（二）建设工程司法鉴定

1. 建设工程司法鉴定的概念和种类

建设工程司法鉴定是指依法取得有关建设工程司法鉴定资格的鉴定机构和鉴定人接受司法机关或当事人委托，运用建筑学理论和技术，对与建设工程相关的问题进行鉴定并提供鉴定意见的活动。

在有关建设工程纠纷的民事诉讼中，依据鉴定目的，常见的鉴定类型包括：建设工程质量司法鉴定、建设工程造价司法鉴定、工程质量事故鉴定三类。

2. 建设工程司法鉴定的评判标准

目前我国有关建设工程质量的技术标准大致可以分为四类：第一类是规划、勘察、设计规范，用来规范勘察、设计行为；第二类是施工质量验收规范，用来规范施工行为；第三类是可靠性鉴定标准，如《民用建筑可靠性鉴定标准》（GB 50292－1999）等，用来评价结构的可靠现状，包括安全性和使用性；第四类是管理的法律、法规，如《建筑法》《建筑工程施工质量验收统一标准》，用来规范建设工程各主体的管理行为。而用于确定工程造价的依据主要是诉讼当事人双方签订的工程施工合同、补充合同、招投标文件、中标通知书，合同约定的有关定额、标准、规范，工程有关图纸、技术资料及其他有关文件、资料等。因此，我国建设工程领域鉴定适用标准较为模糊，尤其是在建设工程造价中容易出现纰漏。笔者了解到住房和城乡建设部已颁布《建设工程造价鉴定规范》，于 2018 年 3 月正式实施，此项规定及随后相关标准的不断完善，对于建设工程司法鉴定的标准的统一适用具有很好的促进作用。

3. 申请建设工程质量司法鉴定的审查要点

（1）建设工程地基基础工程和主体结构工程的质量鉴定申请。如建设工程未经竣工验收合格的，对地基基础工程和主体结构的质量鉴定申请应予准许。如建设工程已经竣工验收合格或视为验收合格，对质量鉴定申请原则上不予准许，但在有初步证据证明地基基础工程和主体结构存在质量问题的，对地基基础工程和主体结构的质量鉴定申请应予准许。

（2）建设工程地基基础工程和主体结构工程外的其他工程如未经竣工验收合格的，对其他工程的质量鉴定申请应予准许；建设工程已经竣工验收合格或视为验收合格，对其他工程的质量鉴定申请不予准许。

（3）对未取得建设工程规划许可证的建设工程，因违反《城乡规划法》第 40 条规定，属于违法建筑，当事人申请对未取得建设工程规划许可证的工程进行质量鉴定，人民法院不予准许。或因种种原因导致客观上无法对建设工程进行质量鉴定的，对质量鉴定申请也不予准许。

（三）产品质量司法鉴定

1. 产品质量司法鉴定的概念

产品质量司法鉴定，是指在诉讼活动中依法取得有关产品质量司法鉴定资格的鉴定机构的鉴定人受司法机关或当事人委托，依据产品质量法律法规和有关国家、部门、行业标准、合同以及相关科学技术知识对某一特定产品的质量进行检验、鉴别和判断并提供鉴定意见的活动。

2. 产品质量司法鉴定的应用范围

对产品质量的鉴定意见应用范围可分为：产品质量是否检验合格、追溯产品问题原因的责任方归属、产品质量现状对应的实际价格评估等多个方面。

具体应用场景细分下来有：产品失效的原因，区分生产制造、设计、安装、使用环境因素对产品质量的影响，产品是否存在固有缺陷，是否以不合格产品冒充合格产品，工业产品是否符合保障人体健康和人身、财产安全的要求以及是否属于严重质量问题，是否具备产品应当具备的使用性能，是否符合在产品或者其包装上注明采用的产品标准的质量状况，是否伪造或者冒用他人的厂名、厂址的产品，是否掺杂、掺假，是否以假充真、以次充好，产品存在缺陷是否有生产者的过错等问题。

3. 产品质量司法鉴定的事项

产品质量司法鉴定一般包括产品质量检验与鉴定、合同符合性鉴定、产品失效鉴定、事故原因鉴定、产品残值及维修价格鉴定。

4. 产品质量司法鉴定的作用和意义

第一，通过产品质量司法鉴定，确定争议产品是否存在质量问题；第二，通过产品质量司法鉴定，确定质量问题与损害事实之间的因果关系；第三，通过产品质量司法鉴定，确定产品出现质量问题的环节，进而确定损害责任主体，为追究责任者提供依据；第四，通过产品质量司法鉴定，确定是否存在产品质量违约行为，为诉讼活动提供依据。

参考文献

[1] 王亚新、陈杭平、刘君博：《中国民事诉讼法重点讲义》，高等教育出版社2017年版。
[2] 戴永琦：《当前建设工程司法鉴定中的问题探析》，载《法制与经济》2014年第1期。

[王斌怡：国浩律师事务所律师（太原），忻州师范学院文学学士]

二、执行

诉讼财产保全责任保险中的承保风险与赔偿责任

贾逸鸥

一、诉讼财产保全责任保险概述

（一）诉讼财产保全责任保险的概念及其衍生过程

诉讼财产保全责任保险（以下简称诉责险），系指被保险人为申请诉讼财产保全而向保险人投保，在保险期间内，如因被保险人申请保全错误致使被申请人遭受损失，且被保险人对此依法应当承担损害赔偿责任的，保险人在保险条款规定的范围内予以赔付。

2015 年 9 月，天津市高级人民法院办公室印发《关于保全担保若干问题的审判委员会会议纪要》，指出“经银监会、保监会备案开展保全担保业务的大型商业银行、保险公司，具有较强的担保能力，其出具的保证书或者保函也是一种保证担保。申请人提供此种担保的，人民法院应予准许。但保证书应符合我院对形式及内容的具体要求”。自此，诉责险作为一种保险产品率先登陆天津市场，随后迅速覆盖全国，需求火爆。

笔者在该保险产品面世之初，即接受保险公司的委托负责审核该业务的承保风险，可谓是与该产品一同成长。在此，也和大家分享一个小插曲，在诉责险投放市场前的研究阶段，曾有不少法官对这种担保形式提出过质疑，认为该保险作为一种责任险，自然申请人才是被保险人，即需由申请人先向被申请人承担赔偿责任后，保险人才会将保险理赔款发放给申请人，保险人的保障力度难以直接惠及被申请人，而如果让保险人直接将赔偿款支付给被申请人，法律关系又似乎并不通畅。伴随着这些质疑，诉责险产品得以不断完善，并随后增加了保险人向法院出具保函或保证书的操作模式。2016 年 11 月，最高人民法院发布了《关于人民法院办理财产保全案件若干问题的规定》，以司法解释的形式确定了诉责险的法律效力。

（二）诉责险的操作模式

诉责险的操作模式为：申请人向保险人投保时，需提交起诉状、财产保全申请书、证据材料、保全标的物情况等，以便保险人进行核保。较为谨慎的保险人会额外委托律师对申请人提交的材料作出承保风险的分析，再内部评议是否承保，对于部分金额巨大的案件，还需提交保险人总部审批。保险人承保后，除了惯常的保单和保险条款外，还会向法院提交一份保函或保证书，并在该保证文件中承诺“如申请人申请保全错误，给被申请人或他人造成财产损失的，依法应由申请人承担的赔偿责任，由保险人在××元限额内〔1〕予以赔偿”。

（三）诉责险的存在具有合理性

因诉责险系平安保险公司首创，平安保险公司凭借该产品在“第十届中国保险创新大奖颁奖盛典”上斩获了“最具市场影响力保险产品”奖项，而诉责险能具有如此广阔的市场并非偶然，具有其合理性和必然性。

在诉责险出现之前，申请人要想向法院提供能被其接纳的担保往往存在各种困难，这与法律规定和司法实践的冲突不无关系。根据《最高人民法院关于适用〈中华人民共和国民事诉讼法〉的解释》之规定，利害关系人申请诉前保全的，应当提供担保，但对诉讼中的财产保全，法院则应根据案件具体情况决定是否要求当事人提供担保。换言之，申请人对诉讼中的财产保全是否需要提供担保是由案件的具体情况决定的，如果事实清楚、证据充分，则申请人无须提供担保。但为了避免因保全错误致使被申请人向法院提出索赔主张，法院出于慎重考虑，在申请人申请财产保全时绝大多数都会要求其提供担保。继而就产生了这样一个问题，何种形式的担保能够被法院采纳？

此前，比较常见的担保形式多为动产、不动产、现金、担保公司的保证和银行保函，但对申请人而言，要想让法院接纳这些担保形式却并非易事。首先，银行保函虽易于被法院接纳，但难在开立，银行通常只对在该行有等额现金担保或授信额度的客户方才对外出具保函。其次，对于房屋、土地、车辆等动产、不动产担保，不少法院担心难以变现或难以确定担保物价值，并不愿意采用这种担保形式，笔者甚至遇到法院要求申请人委托专业评估机构对房产价值进行评估，以确定担保物价值的情况。

而论及担保公司，因其多为民营企业，抗风险能力差，不排除担保期间尚未届满，就已出现资不抵债之情形，个别担保公司还会为了逃避债务溜之大吉，一些因此吃过亏的法院自然也就不愿意接纳担保公司的保函。故，在法院最通行无阻的也就只剩下了现金担保，但对标的金额较高尤其是诉讼周期也比较长的案件而言，无疑会给申请人造成巨大的资金压力。基于此，保险公司的保函恰好解决了法院和申请人双方的难题，法院既无须担心保险人缺乏承担保证责任的能力，也不会因此给申请人造成过多的资金压力。通常，保险人对诉讼财产保全责任保险的费率设定为千分之三，但同时会设定一个最低的固定收费，实则对承保金额较高的案件，申请

〔1〕该限额通常与申请保全的金额一致。

人多可申请到更低的费率。

（四）保险合同的射幸性特征决定了诉责险具有一定的承保风险

射幸性是保险合同的特征之一，指的是保险合同中约定的承保风险不确定是否发生，故相应的赔偿不是一定获得，反之，也不是必然不会获得。因此，凡是保险就均有一定的出险概率。在诉责险下，因保险人和被保险人的信息不对等，更要注意道德风险〔1〕的发生。保险人对案件的了解均只能来源于申请人的披露，而为了能投保成功以及诉请获得法院的支持，申请人往往会故意隐瞒对己方不利的证据，极易造成申请保全错误（对于何谓申请保全错误这一问题，笔者会在下文中详细阐述）。同时，由于申请人不再需要提供自有财产作为担保，只需支付较小的代价就可撬动诉讼保全程序的开启，进而也会引发申请人滥诉的情况。比如，笔者曾经审核过的一起案件，申请人系一笔债务的保证人之一，债务人同时向债权人提供了抵押物，后债权刚刚逾期，申请人就在尚未向债权人承担清偿责任的情况下提起了对债务人和其他保证人的诉讼，并申请财产保全，考虑到申请人并不必然会就该债务承担清偿责任，债权人亦有可能通过向债务人或其他保证人追索、对抵押物行使优先权等方式回款，申请人主张的损失此时还未现实发生，故其诉请能否被法院支持存在极大的不确定性，因此笔者对该案最终给出了不建议承保的意见。

通过上述案例不难看出，诉责险的核保需要很强的专业知识，个别案件还需要核保人员对一地的司法实践具备一定了解，故该类业务的核保最好是交由专业律师完成。有些保险公司并未意识到诉责险的风险，或者是为了控制成本，不由律师进行审核，只交由其内部法务人员核保，这种操作方式无形当中就会增加保险公司的承保风险，这是因为法务人员无论是在对法律法规的理解，对证据的把握，还是自身的诉讼经验上，都和专业律师存在明显的差距。

有些保险公司虽然委托了律师对承保风险进行审核，但对律师服务费用的支付方式设定不合理。这些保险公司的操作方式是，律师服务费用来源于业务本身，如果案件承保成功，则保险公司会在赚取的保险费中拨付相应的律师费，反之，如果案件未能承保，因为没有保险费收益，审核律师自然也就没有服务费用。但其实律师拒绝承保的案件才是其提供服务的核心价值所在，即最大可能地排除保险公司的承保风险。所以按照上述方式设定费率，不排除会有一些不太负责任的律师会出于赚取服务费的考虑，尽可能地同意承保，所以建议保险公司未来要对服务费用的支付方式进行更合理的规划。

---

〔1〕 道德风险是20世纪80年代西方经济学家提出的一个经济哲学范畴的概念，即从事经济活动的人在最大限度地增进自身效用的同时做出不利于他人的行动。

二、诉责险下保险人应承担赔偿责任的情形

（一）保险人承担理赔责任需满足三个前提要件

诉责险项下的保险条款和保险人向法院出具的保函通常会记载，申请人申请保全错误，造成被申请人或他人财产损失，经法院判决（有的保险公司会模糊处理为依法）应由被申请人承担损害赔偿责任的，保险公司予以赔偿。也就是说，诉责险下保险人承担理赔责任需要满足三个前提条件，分别是申请保全错误，被申请人存在财产损失，以及法院判令申请人或法律明文规定申请人此时应承担损害赔偿责任。在这三个要件中，最难理解且容易产生分歧的就是要件一，即申请保全错误。

申请保全错误是不是等同于保全错误呢？答案是否定的。申请人的诉讼请求未能被支持或未能被全部支持，就属于保全错误，但保全错误并不必然构成申请保全错误。根据最高人民法院民一庭撰写的《因财产保全引起的损害赔偿案件应当如何认定申请人申请财产保全错误》一文："对民事诉讼法规定的'申请有错误'，不应仅从字面上将其理解为申请人败诉或未完全胜诉则构成'申请有错误'，而是应当对这一'错误'作进一步的解读，探究申请人对申请财产保全出现错误的主观过错情况……财产保全的申请人仅在对财产保全出现错误存在一定主观过错的情况下，构成'申请有错误'……在财产保全损害赔偿的问题上，我们认为，首先应当明确的是，不应要求申请人尽善良管理人的注意义务，也就是说，不应对申请人设定过于严格的过错认定标准。而在普通人的注意义务与处理自己事物的同等注意义务之间，我们倾向于认为，前者是一个更为客观的标准，更容易在实践中予以证明和判断。而且，采取普通人的注意义务标准，将重大过失纳入申请人主观过错范围内，可以在申请人诉讼权利保护、权利滥用限制和被申请人合法权益维护之间进行合理平衡，保障民事诉讼活动的顺利进行，从而实现既避免权利滥用，又维护当事人民事诉讼行为自由这一侵权责任法律基点和价值取向，因而是较为适宜的。"故，根据最高人民法院民一庭的意见，申请人对财产保全错误主观上应存在故意或重大过失才属于申请保全错误，而不是保全错误一发生就构成申请保全错误，同时，即使申请人对保全错误存在过失，只要这种过失达不到重大过失的程度，申请人也并不构成申请保全错误。

而最高人民法院在审查南宁大自然花园置业有限公司、周继英因申请诉中财产保全损害责任纠纷再审审查与审判监督案，山西北星实业有限责任公司后泉沟煤矿与山西朔州万鑫煤业有限公司、朔州市万鑫有限公司汽修厂财产损害赔偿纠纷申请再审案等案件时，均是采用了该等观点。

（二）实例分析

笔者日前处理了这样一起案件：申请人张A为张B之弟，张B对陈C负有一笔债务，后因该债务逾期未还，陈C雇佣社会人员王D向张B催债。后张A陪同张B

和陈C、王D二人到派出所进行调解，张A向陈C出具承诺函，承诺“如果张B在6月21日前无法还款，张A以其所有的豪华车作为担保，交给陈C或陈C指定的其他人”。后张B未能及时还款，王D找到张A，出示了一张署名为陈C的授权委托书原件及承诺函的复印件，要求张A将豪华车交给他。王D开走豪华车时给张A打了收条，载明“今替陈C接收××牌汽车一辆，作为张B欠陈C借款的担保”。不久，张B向陈C还款并要求陈C归还豪华车，但陈C称未收到豪华车且未授权王D向张A索要车辆。此时，王D已被强制戒毒，各方均联系不上他，故张A起诉陈C还车并向保险公司投保了诉责险，借此冻结了陈C银行账户中的200万元（后获悉陈C用该款项偿还他人的高息借款，因未及时还款陈C多支付了20万元利息）。在该案的审理结果中，法院通过戒毒中心联系到王D，王D称已将车和钥匙交给陈C，但因其在强制戒毒，家人不知道该授权委托书的重要性已不慎遗失该文件。因陈C不认可授权委托书的真实性，后法院审理认为，张A并无证据证明豪华车在陈C处，驳回了张A对陈C的诉讼请求。因张A保全错误，陈C以张A和保险人为共同被告提起诉讼，要求赔偿其利息损失。

笔者认为，该案中张A申请保全陈C的财产，虽然客观上造成了陈C财产遭受到损失，但主观上并不具有故意或者重大过失，恰恰相反，张A还有合理的理由相信汽车系陈C委托王D开走，用以抵债。首先，张A之所以认识王D，是因王D协助陈C要债，并曾陪同陈C前往派出所这种公开、正式的场合。其次，王D找到张A将车辆开走时，向张A出示了陈C的委托书和张A交给陈C的承诺函复印件，王D同时向张A作出收条，说明是替陈C收车，其做出的行为和提供的文件内容都是围绕着替陈C收车以作为张B借款担保的意思表示。有鉴于此，张A相信王D是受陈C委托收车，车辆由陈C持有，遂以陈C为被申请人采取财产保全措施并无任何不妥，不应属于申请财产保全错误情形。在庭审中，陈C曾提出，张A未向陈C核实授权委托书的真实性，主观上就是存在重大过失，显然其混淆了重大过失和一般过失的概念。重大过失是指普通人在通常情况下均能注意到，但行为人却未注意到，比如普通人都知道红灯时不能过马路，行为人却在红灯时过马路就属于重大过失。

（三）司法实践结果并不尽如人意

但令人遗憾的是，虽然最高人民法院民一庭已经就何为申请保全错误明确地表达了观点，且基于这一观点对不少案件作出了裁判，但未将其上升到法律的层面上。故司法实践当中，一些对最高人民法院的观点不太敏感的法官仍机械地认为只要发生了保全错误，就构成申请人申请保全错误。尤其是在诉责险下发生的保全错误案件，部分法官还会出于“和稀泥”的心态，认为保险公司既然承保的是被申请人的损失，一旦损失发生，保险人就应当予以赔偿，却不问保险人赔偿的前提以及何种情况下这些前提方才成就。

（四）保险人赔付后是否有权对被保险人发起追偿

虽然笔者认为该问题并不复杂，道理也是浅显易懂的，但因常常被问及该问题，故在本文中也简单作一解释。诉责险下，对于善意的申请人，即使构成申请保全错误，保险公司在赔付后也不应当向申请人发起追偿，这是因为申请人承保的本就是其对被申请人的赔偿责任，如果保险人赔付后再向其追回赔款，显然就达不到投保目的了。

另有两种情况对保险人而言就比较难处理了。一种是申请人与被申请人恶意串通的情形，虽然有的保险人已在保险条款中规定对此情形保险人不负责赔偿，但实际上保险人要想获取到申请人与被申请人恶意串通的证据，难度非常大。另一种情形则是申请人故意隐瞒对己方不利的证据，根据保险法之规定，投保人故意不履行如实告知义务的，保险人对于合同解除前发生的保险事故，不承担赔偿或者给付保险金的责任，但是在诉责险项下，保险公司却同时会受到其向法院提供的保函或保证书内容的制约。笔者注意到，目前，市面上常见的保险公司的诉责险保险条款中均未涉及对这一问题的处理，建议考虑在申请人投保时要求其向保险人出具承诺书，承诺所提交的证据都是真实的，且已履行了如实告知义务，未故意隐瞒对己方不利的重大事实或关键证据，如违背该承诺给保险人造成损失的，保险人有权向申请人追回。

三、律师应如何审核诉责险业务的承保风险

因为司法实践的结果并不尽如人意，因此保险人委托的律师应当尽可能地控制诉责险下承保风险的发生。笔者的经验是，在审核诉责险业务时可将承保风险大致分为两个方面：

一方面，申请人的诉讼请求能否全部被法院支持，其中主要包括诉讼时效是否届满、原被告主体是否适格、请求金额是否合理、诉请事由是否有法律依据、提供的证据能否证明其诉请事项。同时在有些案件中，有经验的律师也可以通过前后证据大致看出是否有关键证据未被申请人披露。不少保险公司或律师认为管辖法院错误也存在承保风险，对此笔者倒持不同观点，根据民事诉讼法之规定，在申请人、被申请人之间不存在仲裁协议的情况下，如果受理案件的法院对案件并无管辖权，应当移送有管辖权的法院，因此立案法院选择不当并不会导致申请人败诉。

另一方面，律师需要审核保险标的物是否为高风险标的物，即保全标的物是否容易产生较高的致损风险，比如查封商品房将很可能导致企业的利润损失，尤其是在房地产市场下滑期间。但是像股权、自有不动产、自有动产等，如果保全方式是只查封所有权等权利，但不影响使用，除非这些财产在被保全之前就已由被申请人与其他单位签署转让合同，同时被申请人还因为未能完成转让而遭受了现实损失，否则不易产生保全损害。对于银行账户、到期债权这类标的物，虽然有可能产生损失，但一般损失金额有限，以笔者从业的天津地区为例，天津市第一、第二中级人民法院类似案件的判例结果显示，冻结银行账户时的损害赔偿责任多按同期贷款利

息和活期存款利息之差支持。

此外，笔者也想和大家分享一个小窍门，如果保全标的物是需要整体查封的财产，比如土地、单套房屋、一辆汽车等，那么可以不用太纠结于申请人的全部诉请金额是否合理。假设申请人申请保全的金额为100万元，而其合理的主张金额仅为20万元，如果申请人拟保全的标的物是不可拆分的，保险人仍可按照申请人主张的金额承保，因为只要申请人的部分主张能够得到法院支持，考虑到标的物无法拆分其中的一部分进行保全，故该保全也不存在错误。

最后，最高人民法院发布的《关于人民法院办理财产保全案件若干问题的规定》第5条规定，“人民法院依照民事诉讼法第一百条规定责令申请保全人提供财产保全担保的，担保数额不超过请求保全数额的百分之三十；申请保全的财产系争议标的的，担保数额不超过争议标的的价值的百分之三十”。因此，理论上申请人申请保全的金额只要为其请求保全数额的30%或争议标的的价值的30%即可，当然从法院和保险公司的角度上可能都并不愿意主动向申请人申明这一点，从法院的角度而言，需要考虑到保全错误导致损失金额超过30%的可能性，从保险公司的角度而言，投保金额高将会意味着更高的保险费收益。

四、结语

诉讼财产保全责任保险虽然仅仅面世两年，但其对我国的诉讼保全制度的影响是不容忽略的，该保险产品既解决了申请人无力提供能被法院接纳的担保形式的困局，也为法院解决了一旦保全错误，申请人无法承担损害赔偿责任的窘境。同时也应当看到，诉讼中的保险保障需求仍有上升空间，除财产保全外，仍有许多领域未能得到保险的覆盖，比如行为保全、强制令、反担保、先予执行等，建议未来保险公司可以针对这些领域测算承保风险及利润率后有序推行保险产品，为诉讼当事人提供更多的便利服务。

［贾逸鸥：国浩律师事务所合伙人（天津），南开大学金融学硕士］

我国财产保全及保全解除制度的立法现状与建议

——兼谈保全标的物置换

王　磊

一、财产保全担保的立法现状

（一）财产保全制度的立法用意

根据《民事诉讼法》第100条、第102条之规定，财产保全作为预防性救济措施，目的在于防止被保全方处分或损害其所有的本可以作为保全方胜诉判决的执行标的物的财产，以降低保全方在权利存在或权利受损害的不确定性得到解决前的诉讼过程中遭受权利无法实现的风险。

（二）财产保全担保的立法现状及利益平衡

根据《民事诉讼法》第105条之规定，“申请有错误的，申请人应当赔偿被申请人因保全所遭受的损失”，《民事诉讼法》在为保全方创设该项诉讼权利的同时，也明确规定了其滥用财产保全申请权的损害补偿的义务，避免被申请人的权利遭受侵害却难以得到救济。具体而言，即是《民事诉讼法》第100条第2款规定的“人民法院采取保全措施，可以责令申请人提供担保，申请人不提供担保的，裁定驳回申请”。该规定明确了法院必要时责令申请人提供保全担保系为平衡申请人与被申请人双方的利益。

从上述法律规定可知，保全方作为原告申请财产保全并不以提供担保为必要条件，只是在法院认为必要时才需要提供。但司法实践中，提供“有效而充分”的担保已成为法院进行财产保全的必备要件，“有效”即申请财产保全方提供的担保系真实的，“充分”即保全方提供的担保是足值的，具体表现为提供与保全金额等额的财产担保。对于保全方提供担保的必要性，笔者认为，法院作为中立的裁判机关，在保全方的权利未经依法确认处于不确定状态的情况下，要求保全方提供担保是合乎法理的，但对于法院要求保全方提供与保全金额等额的担保的状况，笔者认为，从财产保全的性质来看，其仅是对被保全方的财产的物权的限制，并不是消灭其物权或创设他项权。从常理及一般社会经验而言，保全措施可能对被保全方造成的损害与保全标的物的价值差距较大，要求保全方提供与保全金额等额的担保明显偏离了立法本意，出现了价值判断上的偏离。

2016 年 12 月 1 日，《最高人民法院关于人民法院办理财产保全案件若干问题的规定》公布施行，其中第 5 条第 1 款规定："人民法院依照民事诉讼法第一百条规定责令申请保全人提供财产保全担保的，担保数额不超过请求保全数额的百分之三十；申请保全的财产系争议标的的，担保数额不超过争议标的的价值的百分之三十"，明确了诉讼过程中的申请财产保全方提供担保的金额以保全金额的 30% 为最高限度，结合该条规定第 2 款"利害关系人申请诉前财产保全的，应当提供相当于请求保全数额的担保；情况特殊的，人民法院可以酌情处理"，已基本形成"诉前财产保全——提供与保全金额等额的担保""诉讼财产保全——提供不超过保全金额 30% 的担保""执行保全——无须提供担保"的财产保全担保立法设计。

笔者认为，《最高人民法院关于人民法院办理财产保全案件若干问题的规定》的施行，完善了财产保全制度的运作体系，与《民事诉讼法》共同构建了财产保全制度中担保的价值判断标准，即保全承担的担保责任的轻重程度与权利的存在或权利受损害的确定性及可期待性成反比，其具有内在的合理性。保全方提供了相应的担保后，财产保全制度在兼顾双方利益方面达到了临时性的平衡。

二、财产保全解除与保全标的物置换立法的比较分析

（一）财产保全解除

《民事诉讼法》第 104 条规定了解除保全制度，"财产纠纷案件，被申请人提供担保的，人民法院应当裁定解除保全"，根据该条规定，财产纠纷案件中解除保全的条件为被保全人提供担保，其结果是解除保全措施。

（二）保全标的物置换

保全标的物置换规定在《最高人民法院关于适用〈中华人民共和国民事诉讼法〉的解释》第 167 条规定："财产保全的被保全人提供其他等值担保财产且有利于执行的，人民法院可以裁定变更保全标的物为被保全人提供的担保财产。"由此可知，保全标的物置换的条件是被保全方提供与保全标的物等值的财产，并且有利于执行，其结果系解除对现有保全标的物保全措施，并对被保全方提供的其他担保财产采取保全措施。

（三）两者的关系

因为财产保全解除与保全标的物置换均会产生解除现有保全标的物的保全措施的结果，因此有观点认为《最高人民法院关于适用〈中华人民共和国民事诉讼法〉的解释》第 167 条系《民事诉讼法》第 104 条的解释结果。但实际上两个法条在名称、适用条件及法律效果等方面都是不同的，两者规定的是不同的法律制度。并且，如有将前者作为后者的解释结果来认定，则《民事诉讼法解释》第 167 条规定就违

背了司法解释的基本原则——依法解释原则。如果认为《民事诉讼法解释》第167条是《民事诉讼法》第104条的解释结果，那么就无异于宣称该司法规定是违法而无效的。

（四）担保的类型与适用规则

无论是申请财产保全所提供的担保抑或申请解除财产保全所提供的担保，其担保的类型不外乎两种类型：其一是物的担保（包括权利担保），其二是人（包括法人与自然人）的担保。《民事诉讼法》第104条的规定并未对担保的种类作出限制，故解除保全担保的范畴应包含物的担保与人的担保，而《最高人民法院关于适用〈中华人民共和国民事诉讼法〉的解释》第167条明确采用了“等值担保财产”的表述，笔者认为，其提供担保的范围仅限于物的担保，事实上，人的担保在实践中也不存在作为保全标的物被采取保全措施的可操作性。因此，在提供人的担保的情况下，只能适用《民事诉讼法》第104条关于解除财产保全的规定，《最高人民法院关于适用〈中华人民共和国民事诉讼法〉的解释》第167条并无适用的空间。而在提供物的担保的情况下，从规定上来看，两种制度均可以适用，但从司法实践中的适用结果来看，提供物的担保申请解除保全的，法院会依法对所提供的担保物进行保全，其实质的操作结果与《最高人民法院关于适用〈中华人民共和国民事诉讼法〉的解释》第167条所规定的保全标的物置换趋于同一，从这个角度而言，两者在适用上并不会发生不可调和的冲突。

（五）保全解除担保的价值判断与利益失衡

人的担保不同于物的担保，提供物的担保的情况下，保全方可以直接申请法院直接处分标的物以受偿，其所期待的将来被确认的权利具备了充分的保障，但人的担保并不具备此属性，这种担保的类型决定了保全人只能在权利确认后才能就提供担保的人的财产受偿，但这其实是使保全人的保全重新回到了保全前的无保障状态，区别仅仅是多了一个债权担保人，这明显不是保全人愿意得到的结果，也违背了财产保全制度的立法本意。但这并非是完全否定人的担保的可行性，毕竟人的担保有高效、便捷的优势。只是在对被保全方所提供的人的担保进行审查时，应适用更加严格审查标准。对此，最高人民法院出台的《关于人民法院办理财产保全案件若干问题的规定》第22条规定：“财产纠纷案件，被保全人或第三人提供充分有效担保请求解除保全，人民法院应当裁定准许。被保全人请求对作为争议标的的财产解除保全的，须经申请保全人同意。”该规定明确要求被保全方提供担保必须符合“充分有效”的条件，但在司法实践中，如何认定提供的担保的充分有效性并无明确的标准。物的担保的充分有效较易审查，毕竟物的价值具有核算的可行性，但人的担保如何认定“充分有效”，我国立法并未给明确且行之有效的规范，这也导致司法实践中解除保全的混乱。

而正如前文提及的财产保全中债权的确定性对提供担保的金额的决定性影响，

在解除保全的审查中，债权的确定性也有至关重要的作用。在执行程序中，解除保全的条件就十分严格。《最高人民法院关于人民法院民事执行中查封、扣押、冻结财产的规定》第31条第5项即规定，“有下列情形之一的，人民法院应当作出解除查封、扣押、冻结裁定，并送达申请执行人、被执行人或者案外人：……（五）被执行人提供担保且申请执行人同意解除查封、扣押、冻结的”。在提供担保的同时，明确将保全方的意志作为能否解除保全的要件，无疑较诉讼阶段的保全的解除的审查严格得多。笔者认为，债权的确定性是在立法时设计不同阶段审查标准的差异的最重要因素，但从各方利益的平衡和价值判断的角度看，正是因为债权在诉讼阶段存在不确定性，所以才要求保全方提供担保，在保全方提供担保后，保全方提供的担保已满足立法所要求的可能性的损害的弥补，各方的利益已得到平衡。那么，在解除保全时，仍然以债权的确定性作为差异化审查的决定性因素，对保全方有失公允。

三、立法建议

（一）以保全方的同意作为解除保全的要件

事实上，被保全方提供人的担保时，其充分有效性的确认均是复杂的过程，不可避免地造成司法资源的占用，并导致司法效率的降低。而以保全方的同意作为解除保全的要件，将法院独立进行核查的过程，转变为保全方与被保全方双方共同确认甚至是协商的过程，司法资源得到节约，效率得到提高。并且，由保全方对解除保全的担保进行审查并决定是否同意解除保全，意味着保全方要承受其意思表示的后果，也在客观上可以避免法院因此与保全方因是否应当解除保全发生矛盾与冲突的情形。

从概率的角度来看，财产纠纷案件中虚假诉讼、恶意诉讼毕竟所占比例较小。被保全方提供的人的担保在信用方面足以取得保全方的认可且使债权实现更加迅速（如大型保险公司提供的担保），保全方会依理性同意解除保全。同时，因审查的主体是保全方，也会促使被保全方提供更加可靠、更加便捷的信用担保以使保全方同意。

（二）赋予法院依职权解除保全的权力作为兜底条款

虚假诉讼、恶意诉讼的案件虽属少数，但亦不能排除在诉讼中保全方在被保全方提供了客观上充分有效的担保而仍然恶意不同意解除保全的情况，从被保全的利益角度出发，这显然是极不公平的，因此，在以保全方同意解除保全为主要审查标准的同时应当赋予法院依职权解除保全的权力。

（三）建立完善的解除保全提供的人的担保的审查法律体系

前文提及，我国在解除保全担保的审查方面的立法存在缺失，尤其是在人的担保方面。从司法实践而言，人的担保在金额的确定上及程序层面都有着简便、高效的优势，但其劣势也十分明显，根本原因在于物的保全向人的担保转变造成保全方权利的实现再次处于没有充分保障的状态。因此，建立完善解除保全提供的人的担保的审查法律体系是迫切的立法需求，以期能够以完善的立法审查体系弥补人的担保在保障债权实现风险方面较大的不足。

参考文献

[1] 韩象乾:《财产保全制度管见》，载《中国政法大学学报》（政法论坛）1995年第4期。

[2] 余文唐:《保全物置换四大疑问探辨》，载《人民法院报》（理论周刊）2016年11月23日。

[3] 徐建新、李德通:《关于民事保全担保的实践与思考》，载《法律适用》2013年第10期。

[4] 赵丽琴:《诉讼保全担保法律问题析议——兼评北京市高院与江苏省高院保全担保模式》，载《社科纵横》2013年第11期。

[5] 鲁建苗、薛祖望:《海事诉讼“解除保全担保”效力探析》，载《中国船舶报》2013年1月25日。

［王磊：国浩律师事务所律师（重庆），西南政法大学法律硕士］

民事调解书在强制执行中的疑难问题

车　捷　潘　骏

民事调解制度是我国民事诉讼程序中的一项重要制度，尤其在近年来法院收案大幅增加、结案压力不断加大的背景下，各地法院均高度重视调解结案，有的地区和法院甚至将调解率、调撤率作为重要审判绩效指标考核法官。同时，从法官的角度出发，除了受到考核指标这一“指挥棒”的影响，对于案情复杂的案件，调解结案也有利于服判息诉，可以避免上诉潜在的改判、发回风险。在上述主客观多重因素的作用下，调解在民事诉讼程序中被赋予了极大的期待，而强制执行民事调解书也成了各级法院的家常便饭。

一般而言，民事调解书基于双方当事人意思表示而成，法院以其公信力为其效力背书，其强制执行本不应该成为问题（司法实践中亦有当事人利用民事调解书进行虚假诉讼逃避债务的情形，本文不做讨论）。但在处理部分案件的过程中，我们发现，随着案情事实的纷繁复杂，以及后续进展的千变万化，民事调解书在强制执行中还存在种种“真”问题亟待厘清。以下就结合两个办理案件分别阐述。[1]

一、拒不履行民事调解书，是强制执行还是另行起诉

【案情介绍】 华普公司因购买赛雷公司坐落于南京市济南北路5号的房产及土地而与塞雷公司产生纠纷，原告诉至南京市中级人民法院，经法院调解，双方就房产、土地过户达成一致意见，南京市中级人民法院于2015年3月2日出具《民事调解书》，确认被告应将上述房产及土地过户至原告，原告支付剩余购房款项。如任何一方违约，均应按照剩余房款的10%向守约方支付违约金。民事调解书生效后，现因赛雷公司拒不履行办理房产、土地过户之义务，致使华普公司向南京市中级人民法院申请强制执行并已完成房产、土地过户，现华普公司向法院提起诉讼，要求赛雷公司承担10%违约金、房屋、土地无法过户之损失，并赔偿其强制执行中所交房产、土地过户税费、代赛雷公司清偿的银行贷款、已付第三人某公司之违约金等损失。

---

〔1〕 为保护当事人隐私，文中所有相关当事人名称、地址、日期及具体案情均做了处理。

【分析评判】本案的案情较为复杂，导致民事调解书无法执行的原因是双方对民事调解书中约定双方义务的履行顺序产生争议，本文并不讨论该案涉及的实体问题。我们关注的重点是，对于申请执行人华普公司所称的其在强制执行民事调解书过程中遭受的相关损失，能否另行诉讼进行主张。

对上述观点，实务界有不同观点，甚至在最高人民法院也有不一判例：

在伊宁市华强新型建材有限责任公司（以下简称华强公司）与李正伯买卖合同纠纷一案中，伊宁市人民法院作出（2010）伊民初字第1514号民事调解书，在后续强制执行过程中，历经伊宁市人民法院（2012）伊执异字第31－1号执行裁定、新疆维吾尔自治区高级人民法院伊犁哈萨克自治州分院（2012）伊州执复字第00012号执行裁定、新疆维吾尔自治区高级人民法院（2013）新执二监字第148号执行裁定、最高人民法院（2014）执监字第80号执行裁定即四级法院审理，就民事调解书中确定的违约责任承担问题，最高人民法院在裁定书中表述如下："……由此可见，因调解书并没有明确一方当事人已经违约所应承担的责任，需要对该调解书所约定的违约责任的确定性予以判断，不属于本应在该案诉讼中应当解决而没有解决的问题，不可通过审判监督程序予以解决，且本案当事人李正伯已分别向新疆维吾尔自治区高级人民法院伊犁哈萨克自治州分院和新疆维吾尔自治区高级人民法院申请再审，均因不符合法律规定的条件而被驳回。本案调解书中所确定的基于双方违约责任而导致的给付义务，取决于未来发生的事实，即当事人双方在履行生效调解书过程中是否违约以及违约程度等，属于与案件审结后新发生事实相结合而形成的新的实体权利义务争议，并非简单的事实判断，在执行程序中直接予以认定，缺乏程序的正当性和必要的程序保障。为能够更加有效地保障各方当事人的合法权益，应允许当事人通过另行提起诉讼的方式予以解决……"

而在蔡念学与铜陵联发置业有限公司房屋拆迁安置补偿合同纠纷一案中，历经铜陵市中级人民法院（2013）铜中民一初字第00002号、安徽省高级人民法院（2013）皖民四终字第00178号、最高人民法院（2015）民申字第1230号即三级法院审理，最终法院裁定驳回原告起诉，最高人民法院亦驳回了原告对此的再审申请。该案中，安徽省高级人民法院认为：原告要求被告承担因不履行民事调解书而对其造成的房屋重置费、装潢费、搬家费、停产停业费的主张，"系对前案生效裁判文书的履行提出的异议，属执行程序中解决的问题，不应通过新的诉讼加以解决。现蔡念学诉请追加安置补偿款、停业损失费以及其他赔偿，属重复起诉，法院不应受理"。

在上述两个案件中，针对第一个案件，最高人民法院认为，对于民事调解书中约定的违约金条款，如约定不明确、双方当事人对于谁承担违约责任存有争议，应允许当事人通过另行提起诉讼的方式予以解决；而针对第二个案件，最高人民法院则认为，因一方当事人不履行调解书而造成守约方的其他损失，是执行程序中应当解决的问题而不应在新的诉讼中解决。我们同意最高人民法院在第二个案例中的观点，对于第一个案例中的裁定意见我们认为不应过度解读，以防在实践中被滥用。双方当事人在民事调解书中约定的违约责任条款本来就是针对未来事实的一种提前约定，而这里的“未来事实”尽管并非原案中的相关事实，但的确是原案事实的执行程序中的延续，如果当事人对于民事调解书中约定的违约条款动辄以“不明确”“理解不一”“新的案件事实”等理由另行提起诉讼解决，则不利于民事调解书的确定性，更会大幅增加重复诉讼、增加法院诉累，使本已不堪重负的法院审判、执行工作雪上加霜。

我国民事诉讼法针对生效的法院裁判和调解书，明确赋予守约方针对拒不履行生效裁判和调解文书一方具有提起强制执行之权利。对此，本案《民事调解书》中“违反本调解书各方同意承担的责任”中亦有明确规定：“如赛雷公司违反本调解书约定，华普公司可申请法院强制执行，将涉案房屋和土地过户至华普公司及其制定的第三方名下……”有鉴于此，华普公司如因赛雷公司不履行调解书而追究其责任，应当提起强制执行程序并在强制执行中一并要求赛雷公司给付10%赔偿金，而无权就执行中产生的问题再行提起新的诉讼。同时，针对本案诉争的相关事实，即使华普公司基于强制执行程序追究赛雷公司责任，也仅有权针对民事调解书约定的部分，而无权主张房屋、土地无法过户的损失，垫付之税金，代偿之贷款，已付第三人公司之违约金等损失。

民事调解书的执行并非是债发生的法定原因，被执行人不履行民事判决书或调解书确定的义务，产生的是公法上的责任，而不是私法上的民事责任。公法上的责任，并非民事审判的标的。以当事人应当承担的公法责任提起的诉讼，民事审判不应受理，已经受理的，应当驳回起诉。故此，如华普公司认为赛雷公司拒不履行民事调解书对其造成损失的，应通过强制执行程序解决，如认为法院强制执行存在问题的，不应通过民事诉讼，而应寻求执行复议等执行救济方式。

故此，我们认为，在第一个案例中，华普公司无权以赛雷公司拒不履行民事调解书提起新的诉讼，法院应裁定驳回华普公司起诉。

二、民事调解书内容不明确，原审判机构释明效力如何

【案情介绍】巨石公司原系大华公司的全资子公司，分别被两个自然人实际控制，两公司之间因股权纠纷诉至南京市中级人民法院，双方在庭审后经过多次协商于2015年8月9日达成了调解协议，同日合议庭依据原被告双方签署的调解协议制作了民事调解书。其后，巨石公司和大华公司分别以对方拒不履行民事调解书而在2016年9月向南京市中级人民法院申请强制执行，均被法院立案。2017年9月7日，南京市中级人民法院执行局召集双方谈话，告知由于（2014）宁商初字第94号民事调解书的内容不明确，已依法向审理该案件的南京市中级人民法院某民事审判庭要

求释明，并依据该庭释明的主要意见，要求大华公司按照该庭释明意见向巨石公司支付经济赔偿金1000万元。

【分析评判】本案亦涉及众多实体法律问题，在此不一一赘述。值得注意的是，因双方当事人对民事调解书内容理解不一，均提起强制执行申请，法院执行部门要求审理该案件的原合议庭对民事调解书的相关内容进行释明，并依据该释明意见对一方当事人作出强制执行决定。问题是，原审判机构对民事调解书释明的效力如何？

人民法院制作的调解书不仅是对当事人在合法的基础上通过自愿、协商达成权利义务协议内容的确定，也是具有强制执行效力的法律文书。根据《最高人民法院关于人民法院执行工作若干问题的规定（试行）》第18条、《最高人民法院关于适用〈中华人民共和国民事诉讼法〉的解释》第463条的规定，申请强制执行依据的法律文书必须具有给付内容，且执行标的和被执行人应当明确。具备上述条件，在一方当事人不按照确定的给付内容履行时，人民法院即可根据申请予以强制执行。本案双方当事人均以涉案民事调解书为执行依据，申请法院执行，所涉及的给付内容均明确具体。本案具有可执行性，属于具有执行内容的案件。

但是，在各类执行依据中，与法院判决书、裁定书相比，调解书具有特殊性，不宜简单采用由原审判机构释明的方法。根据我国《合同法》的规定，合同的内容由当事人约定，该法第62条规定："当事人就有关合同内容约定不明确，依照本法第六十一条的规定仍不能确定的，适用下列规定：（一）质量要求不明确的，按照国家标准、行业标准履行；没有国家标准、行业标准的，按照通常标准或者符合合同目的的特定标准履行。（二）价款或者报酬不明确的，按照订立合同时履行地的市场价格履行；依法应当执行政府定价或者政府指导价的，按照规定履行。（三）履行地点不明确，给付货币的，在接受货币一方所在地履行；交付不动产的，在不动产所在地履行；其他标的，在履行义务一方所在地履行。（四）履行期限不明确的，债务人可以随时履行，债权人也可以随时要求履行，但应当给对方必要的准备时间。（五）履行方式不明确的，按照有利于实现合同目的的方式履行。（六）履行费用的负担不明确的，由履行义务一方负担。"因此，民事调解书建立在当事人之间所签调解协议的基础上，对于调解协议的解释，应当从合同目的和合同文本出发，根据合同法的上述解释规则去进行解释，而不得由第三人进行解释。

由原审判机构释明的解释执行依据的方法，来源于最高人民法院（2014）执申字第33号执行裁定书。在该裁定书中，最高人民法院指出："在当事人对执行依据判项存在不同理解的情况下，执行部门应当先行征询本案原贵州高院民事审判合议庭意见，请其对违约金金额计算方式作出正式解释，再依据该解释实施执行行为，而不应由执行部门对存在巨大争议的民事判项迳行作出解释。"

最高人民法院针对贵州省高级人民法院（2007）黔高民二终字第60号民事判决书的执行，作出上述判断，无疑具有妥当性。首先，判决书为合议庭在认定当事人双方有争议的事实基础上，适用法律所作出的判断，原审合议庭对自己的判断当然有权作出权威性的解释。其次，原审合议庭亲历了审理程序，查明了案件事实，所依据的证据经过质证，在此基础上确定当事人之间的权利义务及责任分配方案，由原审合议庭负责解释内容不明确的执行依据，也符合民事诉讼法的直接审理原则。但正因为这种理由，也限定了这种解释方法适用的范围，不能将适用对象扩展到照搬到调解书在执行中的释明。因为调解书的制作以作为当事人双方合意的调解协议为基础，原审合议庭虽然可以根据自己进行调解的经历对达成协议的过程等进行说明，但这种释明不具备与对判决释明一样的权威性，在原理上不能作为分配当事人之间权利义务的执行依据。因此，原审合议庭对调解书的释明不应具有作为执行依据的法律效力。

三、民事调解书的释明应当遵循怎样的原则

上述两个案例均存在双方当事人对民事调解书理解不一的情形，在第一个案例中，一方当事人选择另行起诉；而在第二个案例中，双方当事人均选择强制执行，并由执行机构要求原审判机构作出了释明意见。由此可见，对民事调解书的释明问题，司法实践中并不鲜见。

我们认为，退一步说，即使法院执行部门认为就本案调解书的内容，有邀请原审合议庭成员予以释明或解释的必要，这种释明在性质上也应当是参考性的，且应当遵循对当事人合意进行解释的一般原则及方法。民事调解书本质上属于对当事人在合法基础上通过自愿协商达成的权利义务协议内容的确认。因此，在解释调解书时，应当遵循合同解释的基本原理，最大限度地还原当事人自己之间的真实意思。为此，这种释明在程序上、实体上应遵循以下规则：

1. 释明的主体：只能是原合议庭。若原合议庭成员已离岗不再具有审判员资格，则不应参与释明；合议庭成员个人也不是释明的主体，原审判机构其他人员因未参与案件的审理则根本不能进行释明。

2. 释明的依据：必须考虑并建立在原诉讼程序中事实已查清、责任已明确的基础上。若当事人是在事实尚未查清、责任尚未明确时即已达成调解，则原合议庭释明缺乏依据。

3. 释明的方法：民事解调书在实质上亦属当事人之间协商确定的合同，应按照《合同法》第125条“当事人对合同条款的理解有争议的，应当按照合同所使用的词句、合同的有关条款、合同的目的、交易习惯以及诚实信用原则，确定该条款的真实意思”的规定处理。

4. 释明的对象：只能是审理过程中或调解书签署之前已发生的事实情况，以此依据相关的证据采用合法的方法进行释明，调解书签署之后发生的事实情况，不属于原合议庭审理的范围，原合议庭也不能将其作为释明的根据。

5. 释明的效力：调解书是当事人之间的协议，即便是原合议庭对调解书内容的理解进行释明，从实体法上看，其释明的效力也与一般人对该调解书的解读一样，并非具有法定的效力，不应将释明作为强制执行的执行依据。

作为律师，在当事人订立民事调解书时，应当提醒当事人警惕这份民事调解书可能在之后强制执行过程中存在的隐患，严格审核民事调解书中约定的给付标的、对象、时间、方式、流程是否明确具体，是否具备可操作性。唯此，调解方能发挥其真正效用，争端方能“案结事了”。

［车捷：国浩律师事务所合伙人（南京），南京大学高级工商管理硕士
潘骏：国浩律师事务所合伙人（南京），南京大学法学硕士］

从一起案外人执行异议之诉案窥视收益权质押法律风险

曹会杰　杨亚会

随着金融市场的改革深入和融资需求的不断扩张，收益权质押被越来越多的融资者所选择，成为一项新的广泛流行的增信措施。收益权的法律性质究竟为何，收益权质押的合法性以及收益权质押的法律风险应该引起人们的关注。本文我们以房屋租金收益权质押为例，采取以小见大的方式，列举其面对房屋抵押权时的多种情况，分析租金收益权质押的法律风险，希望给予从业者一定的风险提示。

近年来，收益权渐渐走进了人们的视线。实践中，收益权质押的使用主要是基于避免对基础权利人及其相对方的打扰、在不进行实体权利转让情况下的资金交易、规避不能办理相关手续的缺陷等原因。依据不同的基础资产划分，收益权可分为债权收益权、股权收益权、科技成果收益权、电费收益权、土地经营收益权、各类租金收益权等。本文以租金收益权质押为例，对收益权质押的法律性质、法律依据、司法认定作简要介绍，同时结合执行中正面遭遇房屋抵押权实现的尴尬处境，对租金收益权质押存在的法律风险作一定的提示。

一、收益权的法律性质

我国现行法律法规对收益权并无明确的界定。收益权是在金融市场实践过程中产生并创设的。理论界和实务界对于收益权的性质是物权还是债权，甚至是其他权利范畴的讨论观点一直层出不穷。

（一）有关收益权的法律规定

关于收益权，以下法规或者政策性文件中涉及了“收益权”或“收益权质押”的概念。

我国最早提到“收益权质押”的是1999年4月26日国务院在对交通部和中国人民银行下发的《关于收费公路项目贷款担保问题的批复》，[1]但是此批复并未明确收

---

〔1〕 参见《国务院关于收费公路项目贷款担保问题的批复》，1999年4月26日生效实施。

益权的概念和法律性质。

2000年3月1日，国家计委、中国人民银行发布《农村电网建设与改造工程电费收益权质押贷款管理办法》，[1]明确电费收益权是指电网经营企业，按照国家有关规定，经国家有关主管部门批准，以售电收入方式获取一定收益的权利。

2000年12月31日，《最高人民法院关于适用〈中华人民共和国担保法〉若干问题的解释》施行，[2]其中第97条规定："以公路桥梁、公路隧道或者公路渡口等不动产收益权出质的，按照担保法第七十五条第（四）项的规定处理。"根据该条款规定，特殊不动产收益权属于可以出质的其他权利。

之后，证监会、保监会、财政部以及各地方政府规章中"收益权"的表述逐渐增多，但均未对"收益权"概念、法律性质作出明确的界定。

（二）有关收益权的理论争议

有的学者认为"收益权"是一种将来的债权，即融资方在其对特定资产经营管理中将来所享有的对第三人的金钱债权[3]（以下简称将来债权说）。有的学者认为"收益权"是指所有权四大权能中的"收益"权能，只是称呼不同，实质上是并无区别[4]（以下简称收益权能说）。还有的学者认为"收益权"其实是一种用益物权（以下简称用益物权说）。[5] 这类观点以公路收益权为例，公路收益权的获得和拥有，不是因为特殊的债权关系，而是国家利用各种投资建成公路，又将公路所有权和经营权分开，将经营权赋予专门成立的公路经营公司经营管理，其经营管理权限就是公路收益权，为此将之定性为用益物权较为妥当。[6] 其中，收益权是财产所有权四大权能之一的说法是我国民法理论的主流观点。

（三）笔者的观点

对于以上三种观点笔者均不赞成。笔者认为，收益权是一项与物权、债权并列的权利。收益权是指因基础资产要求义务人履行返还所有款项请求权的权利总称。[7]

首先，收益权不属于债权的范畴，债权的产生是基于一定的契约关系，具有相对性。而收益权的产生是基于一定的基础资产，基础资产的所有者天然地享有收益

---

[1] 《农村电网建设与改造工程电费收益权质押贷款管理办法》，2000年3月1日发布执行。

[2] 《最高人民法院关于适用〈中华人民共和国担保法〉若干问题的解释》，2000年12月31日生效实施。

[3] 秦悦民、夏亮：《关于特定资产收益权投资信托产品中"资产 收益权"的法律性质初探》，载《信托周刊》第48期。

[4] 薛丽珍：《浅论收益权》，载《运城高等专科学校学报》2001年第2期。

[5] 薛丽珍：《浅论收益权》，载《运城高等专科学校学报》2001年第2期。

[6] 孙淑云：《刍议不动产收益权质押》，载《西北政法学院学报》2003年第3期。

[7] 李玉峰：《资产收益权的法律属性分析》，载《金融经济》2017年第20期。

权。[1] 其次，权能是指权利的具体作用或实现方式，是权利的具体内容。[2] 收益权是一项具体的权利，而不仅仅是所有权的一个权能。最后，用益物权利用的物是不动产，而收益权的基础资产不仅包含不动产还有许多其他的权利，将收益权解释为用益物权稍显狭隘。

值得注意的是，收益权与收益权能有本质的区别，收益权能是所有权的一项权能，无法单独转让；收益权是一项权利，可以任意处置。但是，我国民法领域的主流观点将收益权视为所有权的收益权能，这就为收益权融资带来了极大的风险。

二、房屋租金收益权质权法律依据及司法认定

笔者前几日接到咨询：甲公司以其拥有对天津和平区某某广场全部商业物业现时及以后的租金收益权提供质押，直至借款方付清借款本息，质权人为某小贷公司。该等出质事宜办理了质押登记。经查询，该广场所有房产前序抵押给某商业银行。此时，质权实现是否存在障碍？此种现象在自持物业的房地产企业、物业企业中较为普遍，除了将房屋抵押给一手金融机构外，还会选择将租金收益权质押给其他可接受此种增信措施的小贷公司或其他出资方。那么，租金收益权能否作为质物呢？如何评价质权是否设立？如何实现？

《物权法》第223条规定，债务人或者第三人有权处分的应收账款可以出质。第228条规定，以应收账款出质的，当事人应当订立书面合同。质权自信贷征信机构办理出质登记时设立。[3] 2017年12月1日实施的《应收账款质押登记办法》第2条规定"本办法所称应收账款是指权利人因提供一定的货物、服务或设施而获得的要求义务人付款的权利以及依法享有的其他付款请求权，包括现有的和未来的金钱债权，但不包括因票据或其他有价证券而产生的付款请求权，以及法律、行政法规禁止转让的付款请求权"，[4]同时该条款以列举的方式将"出租不动产产生的债权"以及"能源、交通运输、水利、环境保护、市政工程等基础设施和公用事业项目收益权"列入可办理质押登记的应收账款范畴。

根据上述规定，结合房屋租金收益权的内容，出租房屋获得租金收益的权利属于未来的金融债权，可以出质。以租金收益权出质的，当事人应当订立书面合同，质权自中国人民银行征信中心办理出质登记时设立。

诚如本文开头所说，收益权质押的使用主要是基于避免对基础权利人及其相对方的打扰。设立房屋租金收益权质押，无须通知承租人，亦无须在房地产权证上作任何登记或说明。在房屋已经设定抵押的情况下，权利人能够用来作为增信措施的

---

[1] 孟勤国、刘俊红：《论资产收益权的法律性质与风险防范》，载《河北学刊》2014年第34卷第4期。
[2] 龙卫球：《民法总论》，中国法制出版社2001年版。
[3] 《物权法》，2007年10月1日生效实施。
[4] 《应收账款质押登记办法》，2017年12月1日生效实施。

只剩下房屋租金。这在经营性物业（如商场、酒店等）中较为常见。如江苏省南京市中级人民法院在黎文超与被上诉人葛杨、胡金陵、罗福平、罗春桃应收账款质权纠纷案［（2016）苏01民终8712号］中所说“依照物权法的相关规定，大陆公司有权将其依据上述合同对黎文超享有的应收账款债权出质给葛杨、胡金陵、罗福平、罗春桃，且案涉《租金收益权质押合同》已在信贷征信机构办理了出质登记，质权依法设立。黎文超（承租人，笔者注）是否明确知晓质押事宜，不影响案涉质权依法设立”[1]，房屋租金收益权质权在司法中要得到有效性的确认，需要办理相应的出质登记，出质登记后，质权方依法设立。

三、租金收益权质权与房屋抵押权实现的冲突[2]

租金收益权不是法定概念，而是在金融实务中“创造”出来的概念。由于缺乏足够的法学理论和立法实践，实务运作中存在一定的法律风险，这将导致租金收益权质权人无法实现优先受偿权。

（一）案情

甲公司与乙银行签订最高额抵押合同，将A房屋抵押给乙银行并办理了抵押登记。后甲公司又与丙银行签订最高额应收账款质押合同，将A房产的租金收益权质押给丙银行并办理了质押登记。因甲公司不能偿还到期借款，乙银行向法院起诉。取得胜诉判决后，乙银行申请强制执行，法院查封了A房屋并冻结了该房屋租金。同时期，丙银行亦向法院起诉，并获得生效判决“有权就甲公司质押的应收租赁款项在上述第一项债务金额范围内享有优先受偿权”。丙银行据此向法院提出执行异议，被驳回后，提起执行异议之诉。

一审法院判决：驳回丙银行的诉讼请求。丙银行不服，经二审法院判决：驳回上诉，维持原判。

（二）法院观点

法院认为，根据《物权法》第197条的规定，债务人不履行到期债务或者发生当事人约定的实现抵押权的情形，致使抵押财产被人民法院依法扣押的，自扣押之日起抵押权人有权收取该抵押财产的天然孳息或者法定孳息，但抵押权人未通知应

〔1〕 黎文超与被上诉人葛杨、胡金陵、罗福平、罗春桃应收账款质权纠纷案民事判决书，江苏省中级人民法院，（2016）苏01民终8712号，载 http：//wenshu. court. gov. cn/content/content？DocID = f7d33d0b - c293 - 45d0 - 8dc6 - a7060098a973&KeyWord = %EF%BC%882016%EF%BC%89%E8%8B%8F01%E6%B0%91%E7%BB%888712，最后访问日期：2018年7月1日。

〔2〕 广发银行股份有限公司杭州文三支行与中国工商银行股份有限公司义乌分行等案外人执行异议之诉二审民事判决书，浙江省金华市中级人民法院，（2017）浙07民终4189号，载 http：//wenshu. court. gov. cn/content/content？DocID = ce372541 - 1d62 - 46f6 - 93db - a7fe00a7356f&KeyWord = %EF%BC%882017%EF%BC%89%E6%B5%9907%E6%B0%91%E7%BB%884189%E5%8F%B7，最后访问日期：2018年7月1日。

当清偿法定孳息的义务人的除外。[1] 房屋所有者抵押房屋后，将房屋租金收益权出质并不违反法律规定。这两项权利在抵押权实现之前并不存在冲突，但是当抵押权人依法实现抵押权时，基于《物权法》第197条的规定，抵押权人有权收取房屋的孳息租金，房屋所有者丧失对房屋租金的权益。质权人的优先权以房屋所有者对应收租金的收取权益为基础，在执行法院对案涉房地产裁定带租拍卖成交后，甲公司即失去案涉房地产的所有权，并进而丧失其对该房地产享有的其他权利，法院据此驳回丙银行要求确认丙银行与甲公司签订的《房屋租赁合同》项下自法院裁定案涉房地产所有权转移之日起至2030年11月9日止的房屋租金归其所有的请求。

（三）不得不说的话

通过上述案例可以推知，如果房屋未设置抵押权，仅是对房屋租金收益权设置了质权，当房屋所有权被转移后，房屋受让者享有包括收益权在内的完整的所有权，房屋租金收益权的质权归于消灭。

司法实践与民法理论对收益权的理解是一致的，将其视为所有权的权能之一，房屋抵押权的实现以及房屋所有权的转移都将导致房屋租金收益权质权的丧失。但是，司法实践往往认定基于合同当事人自由意志的收益权转让合同合法有效，这与收益权作为所有权四大权能之一不能单独转让相矛盾。

四、结语

笔者认为，收益权与收益权能是两个概念，收益权是一项独立的权利。收益权基于基础资产而产生，但又超越基础资产而存在，表现之一就是可以单独转让。而我国司法实践和理论均将收益权视为所有权的收益权能，当基础资产所有权发生变化或设置了抵押权时，收益权的质权面临无法实现的风险。将收益权视为收益权能就表明收益权无法转让，这又与司法实践中认定收益权转让合同合法有效相矛盾。

收益权的概念及法律性质应通过立法的方式加以明确，将收益权界定为一种具体的权利，这就解决了上述矛盾。基础财产所有权发生转移或基础财产设置抵押权，与基础财产收益权设置质押权是两种不同的行为，当基础财产抵押权实现时，基础财产收益权质权并不必然丧失。

但是，我们不得不认识到司法实践将收益权理解为收益权能，各金融机构接受收益权质押时，应审查基础财产上是否设置了抵押权，即便当时没有抵押权，也应考虑到收益权质权无法实现的上述风险。

---

[1] 《物权法》，2007年10月1日生效实施。

参 考 文 献

［1］秦悦民、夏亮：《关于特定资产收益权投资信托产品中“资产收益权”的法律性质初探》，载《信托周刊》第48期。

［2］薛丽珍：《浅论收益权》，载《运城高等专科学校学报》2001年第2期。

［3］孙淑云：《刍议不动产收益权质押》，载《西北政法学院学报》2003年第3期。

［4］李玉峰：《资产收益权的法律属性分析》，载《金融经济》2017年第20期。

［5］孟勤国、刘俊红：《论资产收益权的法律性质与风险防范》，载《河北学刊》2014年第34卷第4期。

［6］龙卫球：《民法总论》，中国法制出版社2001年版。

［曹会杰：国浩律师事务所合伙人（天津），天津大学法学学士
杨亚会：国浩律师事务所律师助理（天津），南开大学法学硕士］

执行和解协议中第三人担保问题的若干思考

姚 丹

一、问题的提出

在执行中，申请执行人为更快、更便捷地实现债权，通常会达成和解协议，变更生效法律文书确定的履行期间、标的物及其数额、履行方式等，同时，为保障其债权的实现，申请执行人会要求被执行人或案外第三人提供担保。如和解协议合法有效并已履行完毕的，人民法院即作出执行结案处理；如被执行人不履行或不完全履行和解协议且案外第三人也不履行的，根据《民事诉讼法》第230条第2款“申请执行人因受欺诈、胁迫与被执行人达成和解协议，或者当事人不履行和解协议的，人民法院可以根据当事人的申请，恢复对原生效法律文书的执行”以及《最高人民法院关于执行和解若干问题的规定》第9条“被执行人一方不履行执行和解协议的，申请执行人可以申请恢复执行原生效法律文书，也可以就履行执行和解协议向执行法院提起诉讼”的规定，申请执行人可申请人民法院恢复对原生效判决的执行或就执行和解协议起诉。但在实践中，申请执行人在申请法院恢复执行时，常常直接将案外第三人一并列为被执行人，申请执行案外第三人的财产。各地法院对和解协议中案外第三人提供担保的性质定性不一，在笔者接触到的一个执行和解协议案件中，法院不仅支持了申请执行人申请执行案外第三人财产的请求，而且驳回了利益相关人的执行异议，驳回理由是，和解协议中案外第三人提供的担保，可视为《民事诉讼法》第231条“在执行中，被执行人向人民法院提供担保，并经申请执行人同意的，人民法院可以决定暂缓执行及暂缓执行的期限。被执行人逾期仍不履行的，人民法院有权执行被执行人的担保财产或者担保人的财产”规定的执行担保情形。笔者认为，该法院在案外第三人担保的定性上不正确。接下来，笔者通过分析该案例来具体论述执行和解协议中案外第三人担保能否充分保障申请执行人债权的实现以及案外第三人恶意担保导致他人权益受损时的担保效力问题。

【案情简介】A公司与B公司买卖合同纠纷经X区法院审理，A公司胜诉。判决生效后，A公司向该法院申请强制执行，后A公司与B公司经协商，双方自愿达成和解，约定B公司自该和解协议签订后一年内归还全部货款本金及利息共2000万元，约定案外第三人C公司对上述全部债务承担担保责任，即如被执行人B公司未依约还款，则C公司应承担连带清偿责任，后执行人员将该和解协议附卷。半年后，B公司未按时还款，A公司向法院申请恢复执行，将C公司列为共同被执行人。随后，该法院对C公司送达执行裁定书。C公司接到裁定书后才知道，原来是其两个月前辞职的总经理在未经股东大会同意的情况下私带公章对外签订了和解协议，提供了案外第三人担保，C公司股东对此担保事项一概不知。据查，该份和解协议书没有签署人签字，也未记载协议的签订日期。

二、执行和解协议中案外第三人担保能否充分保障申请执行人债权的实现

根据《民事诉讼法》第230条以及参考浙高法执〔2013〕4号文件“申请执行人、被执行人及第三人签订的执行和解协议是三方主体为履行生效法律文书，经自愿协商达成的新协议，具有民事合同的性质。执行和解协议中第三人所作的提供担保或代为履行债务的意思表示，是向执行当事人作出的，故不属于执行担保。申请执行人、第三人不履行执行和解协议的，申请执行人应当根据《民事诉讼法》第230条的规定，申请恢复原生效法律文书的执行。申请执行人要求第三人承担担保或清偿责任的，可告知其通过另行诉讼解决”的规定，被执行人未履行和解协议的，人民法院依据申请执行人的申请，仅可恢复对原生效法律文书的执行。因执行和解协议无强制执行力，法院不能依照执行和解协议中的担保条款裁定追加担保人为被执行人。因此，笔者认为，法院追加C公司为被执行人无法律依据，执行和解协议中案外第三人担保不能充分保障申请执行人债权的实现。

首先，依照执行担保制度的规定，要在执行中追究担保人责任的，应该构成执行担保。执行担保应当向法院提出，而不是在执行和解协议中向申请执行人提出，所以此担保不能构成执行担保。其次，此案的执行和解协议，没有公权力的介入，此协议属双方当事人自愿签订。双方自行签订的和解协议并非法定的执行依据，且当事人不履行和解协议时，执行机构无权在恢复执行过程中对涉及双方当事人实体权利义务内容的和解协议及担保条款予以审查，并据此追究担保人的担保责任。因此，和解协议是双方当事人的意思自治，在公权力没有介入的情况下，直接执行案外第三人的财产，属于公权力的扩大化。最后，当事人自行签订的和解协议通常都会对法律文书确定的履行事项进行变更，和解协议中担保是针对变更之后的事项进行的担保，如果执行法院依照执行和解协议中的担保条款要求担保人承担原生效法律文书确定的义务，将与担保人提供担保时的意思相违背。

综上，当事人自行签订的执行和解协议中，第三人提供担保的，不能作为恢复执行原法律文书时追加其为被执行人的依据。因此，笔者认为，执行和解协议中案外第三人担保不能充分保障申请执行人债权的实现。

三、案外第三人恶意担保的法律效力认定

根据《公司法》第16条的规定，“公司向其他企业投资或者为他人提供担保，依照公司章程的规定，由董事会或者股东会、股东大会决议；公司章程对投资或者担保的总额及单项投资或者担保的数额有限额规定的，不得超过规定的限额”，凡未经董事会或股东（大）会决议的通过，公司的对外担保无效。首先，这是对法定代表人或授权代理人在担保事项上的代表权做出的明确限制，这种法定限制是和解协议相对人知晓的，应推定和解协议相对人知晓加盖C公司公章代表人的代表权有瑕疵，故其担保行为无效。同时，未经公司股东大会决议对外进行的2000多万元的巨额担保，无疑损害了公司本身以及股东的财产权益，对不知情股东来说，此协议显失公平。从协议性质上来说，其侵害了第三人的合法财产权。其次，该条款对公司的投资和担保行为进行限制是为了保障股东的合法权益，依法确认违法担保合同无效能够更好地规范公司行为，规避商业风险。从事实看，C公司对外提供担保，并没有经过股东大会同意，故该擅自对外担保的行为因违反此条文的强制性法律规定，应为无效担保。虽然《最高人民法院关于执行和解若干问题的规定》第18条规定，“执行和解协议中约定担保条款，且担保人向人民法院承诺在被执行人不履行执行和解协议时自愿接受直接强制执行的，恢复执行原生效法律文书后，人民法院可以依申请执行人申请及担保条款的约定，直接裁定执行担保财产或者保证人的财产”，但根据《最高人民法院关于执行担保若干问题的规定》第5条“公司为被执行人提供执行担保的，应当提交符合公司法第十六条规定的公司章程、董事会或者股东会、股东大会决议”的规定可知，公司主体为被执行人提供担保的，法院应该审查该担保意思是否真实，是否符合公司章程的规定或者经该公司的股东会、股东大会表决同意，而不是仅凭据法定代表人的签字、盖章，就认可担保的效力，直接裁定第三人为被执行人。最后，根据《合同法》第48条“行为人没有代理权、超越代理权或者代理权终止后以被代理人名义订立的合同，未经被代理人追认，对被代理人不发生效力，由行为人承担责任，相对人可以催告被代理人在一个月内予以追认。被代理人未作表示的，视为拒绝追认，合同被追认之前，善意相对人有撤销的权利，撤销应当以通知的方式作出”的规定可知，公司法定代表人或授权代理人越权对外提供担保的，对公司不发生效力。同时，和解协议签订方都是公司法人，理应知晓相关法律规定，在办理该担保事宜时应审查相关资料，但其却忽视上述强制性法律规定，在C公司总经理未提供C公司股东会决议与授权的情况下，就与其签订和解协议，未尽到审查义务。因此，依照相关法律规定，C公司提供的担保无效。

综上，笔者认为前例中第三人恶意对外担保损害他人权益的，应认定为无效担保。

四、相关人利益的维护

正如上文所提到的，执行和解的启动以及和解协议的达成都是双方当事人的意思表示，执行和解的一大优势就是充分尊重双方当事人的合意，彰显当事人意思自治原则。然而，事物往往都会具有两面性，这种解纷机制在发挥其优势时，也逐渐显露了其弊端，即当前我国虚假执行和解与担保法律处罚制度有所缺失，执行和解在发挥其优势的同时，也会被一些当事人所利用。因此，执行和解试图通过当事人双方协商，让被执行人自觉履行义务以缓和双方矛盾，有效实现申请执行人权利的良好初衷难以实现。同时，我们不乏看到一些当事人利用执行和解转移财产或是恶意侵犯他人财产权益，严重损害国家社会利益以及他人合法权益的情况。那么在执行和解中，相关人利益应该怎么维护呢？

笔者认为，为保障申请执行人的权益，在达成执行和解时，被执行人或者案外第三人应向人民法院提供财产担保，提交担保保证书，并参照物权法、担保法的有关规定办理相应的手续，以确保被执行人不履行和解协议时有可供执行的财产。同时，利益相关人权益受到损害的，向人民法院提异议时，法院应对和解协议进行全面审查，而不应仅从程序上进行认定，从而轻易驳回案外人的执行异议申请书。如案外第三人确实进行了虚假、恶意担保，就应追回利益相关人的财产并追究案外第三人的法律责任，加大惩罚力度，以维护执行和解制度的有序运行。

五、结语

执行和解制度是申请执行人实现债权的一大途径，其具有很大的价值意义，至今，“执行难”的现状一直困扰着执行工作者，民事案件执行和解担保便是在司法实践中探索出的解决“执行难”现状的有利路径，但司法实践中借着执行和解担保去侵害别人合法权益的情形并不少见，因此，我国相关法律制度从程序法和实体法角度都应当给予权益受损的利益相关人救济。但是我国现行的法律体系，对利益相关人在程序法上的救济是存在法律障碍的，且是被动和滞后的，对实体法上的救济也是极为有限匮乏的。实现申请执行人的合法权益是执行程序的根本，若出现第三人利用执行和解担保的漏洞去侵害其他利益相关人合法权益，从而造成新的纷争的情况，站在公平正义的角度，我们也应该及时寻求相关的制度设计来填补这一漏洞，满足司法实践的需要。

参考文献

[1] 李凯蒙：《论民事执行和解制度的完善》，载《法制与社会》2017年第27期。
[2] 杨毅：《民事执行和解制度研究》，广西师范大学2016年硕士学位论文。

[3] 史明洲：《执行和解的法解释论展开——〈民事诉讼法〉第230条评注》，载《当代法学》2017年第1期。
[4] 白雪成：《我国执行异议之诉的程序性审判难点问题及其解决》，吉林大学2014年硕士学位论文。
[5] 程雪松、杨军：《执行担保的适用与完善》，载《人民司法》2014年第13期。
[6] 周建良：《民事执行担保疑难问题初探》，载《人民法院报》2014年1月15日，第8版。
[7] 谭兰芳：《论民事执行和解担保》，湘潭大学2012年硕士学位论文。
[8] 汪鹏：《浅析执行和解中的担保效力》，载《法制与经济》（中旬）2011年第10期。
[9] 夏克明、何建荣：《执行担保理论与实务疑难问题研究》，载《法制与经济》2011年第2期。

［姚丹：国浩律师事务所律师助理（贵阳），中国政法大学法学硕士］

中国民商事判决在境外申请强制执行之实务操作

——以以色列为例

刘国林　陈　卓

2017年8月14日，以色列高等法院作出二审判决，维持特拉维夫法院一审判决，以互惠原则承认和执行中国南通市中级人民法院的判决（以下简称南通案件）。这是以色列法院在两国没有司法协助协议、没有共同参加的国际公约的情况下，首次基于互惠原则承认和执行中国法院判决。

在该案件中，以色列法官秉承了英美法系法官独立裁判的传统，通过严谨的推导，翔实的说理，得出了令人信服的结论。研究该案，不但可以更加深刻地了解承认和执行外国判决案件的一般法定标准和裁量尺度，更可以借鉴他国法官的先进司法理念和工作作风，进一步提升我国的司法水平。

一、以色列法律规定的执行外国判决的条件

在以色列申请执行外国法院判决，主要依据执行外国法院判决的法律（the Law for the Enforcement of Foreign Judgments，1958）。根据该法律规定，以色列执行外国法院的民商事判决同时必须满足以下条件：

（一）判决由外国有管辖权的法院作出

"管辖权"（Jurisdiction），是指法院或公共机关处理纠纷的一种权力。从世界各国的国家间判决承认和执行的立法和司法实践来看，管辖权问题无疑是最先和最为重要的标准。[1] 也就是说，一国法院在承认和执行外国法院的裁判时，首先会审查该外国法院是否具有审理相关案件的管辖权。设置这一标准的原因是，只有在裁决法院因与被告存在实质上的密切联系而取得管辖权的前提下，法院的审理活动才是满足"程序公正"的要求的，这样的裁判才有可能被他国法院所承认。

以色列法院一般会根据当事人的约定、中国民事诉讼法的规定及国际私法规则，

---

〔1〕 宣增益：《国家间判决承认与执行中的管辖权标准比较研究》，载《比较法研究》2005年第3期。

判断中国法院是否具有管辖权。如果存在被告在中国境内被送达、居住在中国或者自愿接受中国法院的管辖等事实，以色列法院可能会认为中国法院具有管辖权。

在南通案件中，原、被告对涉案合同纠纷的解决存在仲裁协议，但是，原告在向南通市中级人民法院就涉案合同纠纷起诉后，被告对南通市中级人民法院的受理未提出异议，并且应诉答辩，南通市中级人民法院据此取得管辖权。

原告在向以色列法院申请执行南通市中级人民法院判决时，被告对南通市中级人民法院的管辖权提出了两点异议：一是仲裁协议的存在；二是南通市中级人民法院在向其送达诉讼文书时其已被法院依原告的申请而限制离境，并非自愿居住在中国，故法院与其并不存在真正的密切联系。

以色列法院没有采纳被告关于南通中院不具有管辖权的抗辩，对于被告的第一点抗辩意见，以色列法院与南通市中级人民法院的意见相同，认为被告在诉讼中没有及时声明仲裁条款的存在并且积极应诉的行为可以视为被告自愿接受了南通市中级人民法院的管辖；对于被告的第二点抗辩，以色列法院认为由于被告是基于自由意志前往中国开展商务活动，而不是被原告“诱骗”至中国然后限制其离境的，所以被告的短暂或临时的居留同样可以建立起其与裁决国之间的密切联系。

（二）判决效力具有确定性

向外国法院申请执行的判决的效力应当具备确定性，这也是世界各国承认和执行外国法院判决的基本条件之一。[1] 至于何谓“确定判决”，《选择法院协议公约》中规定，“如果判决在原审国是复审的对象，或者申请一般性复审的时限未过，可以推迟或者拒绝承认或者执行”。

依据中国民事诉讼法，中国实行两审终审制，民商事案件经过两级法院的审理，二审法院的判决将是终审判决。当然，如果当事人对一审判决在上诉期限内不上诉的，判决也将生效。

南通案件所涉判决即是由南通市中级人民法院作出的一审判决，由于在上诉期内被告并未上诉，期限届满判决即发生效力，符合以色列法院对“确定判决”的要求。

（三）送达合法，被告有机会进行抗辩和举证

公平公正地保护当事人双方的权利是法院的基本职责，当事人的诉讼权利如果得不到有效保护，很可能导致法院的判决不公，所以，法院在审查外国判决时会重点关注相关判决的诉讼程序是否公正，核心是裁决法院是否履行了正当的送达程序，保障了被告的抗辩权利。

在送达问题上，针对在中国领域内没有住所的外国当事人，由于中国和以色列都是《关于向国外送达民事或商事司法文书和司法外文书公约》（《海牙送达公约》）

---

〔1〕 刘圣杰：《论关于外国法院判决的承认与执行条件的最新进展》，载《旅游纵览》2012年第9期。

的成员国，中国法院向以色列或《海牙送达公约》成员国的当事人送达民商事案件的司法文书应符合《海牙送达公约》《最高人民法院关于依据国际公约和双边司法协助条约办理民商事案件司法文书送达和调查取证司法协助请求的规定》《最高人民法院、外交部、司法部关于执行〈关于向国外送达民事或商事司法文书和司法外文书公约〉有关程序的通知》等相关规定。

在南通案件中，以色列法院注意到南通市中级人民法院向被告送达诉状时被告身处中国境内，且其接收诉状时也未受到欺诈，被告随后委托了代理人提交答辩状并申请听证，因此以色列法院认为南通市中级人民法院已经充分保障了被告的诉讼权利，程序正当。

（四）在以色列法律下，判决中包含的义务是可执行的，判决内容不违反以色列国家的公共政策、安全或主权

公共政策条件的作用是消极保护，主要是为维护内国的基本政策及道德与法律的基本观念和原则，使他们不至于因为外国法院判决在内国的承认与执行而受到威胁和动摇。[1]

判决内容是否违反以色列的公共政策、安全或主权只能由以色列法官作出裁量，根据我们的理解，以色列法院对当事人之间的经济纠纷一般不会轻易作出违反本国公共政策、安全或主权的决定。

本案中南通市中级人民法院的判决内容是判令被告返还原告欠款1000余万元，系单纯的金钱债务，判决中也明确了利息的计算标准和方法，以色列法院未对判决内容提出公共秩序方面的异议。

（五）互惠原则

在国际私法中，互惠原则是基本原则之一，被许多国家作为承认和执行外国法院判决的基础。互惠原则包含两方面的含义：首先，外国拒绝承认和执行本国法院判决的，本国也拒绝承认该外国法院的判决。其次，本国承认和执行外国法院判决的条件与外国承认和执行本国法院判决的条件必须相对等，即对外国承认和执行本国法院判决的条件与本国承认和执行外国法院判决的条件相比较，如果在同样的情况下外国承认和执行本国法院判决的条件与本国法律规定的条件相一致或更宽松，则本国就承认和执行该外国法院判决；否则，本国将拒绝承认和执行该外国法院判决。[2]

由上可知，互惠原则在运用中具有两面性。一方面，如果存在外国法院拒绝承认本国判决的案例，则本国法院可能会运用互惠原则的报复功能，拒绝承认该外国法院的判决；另一方面，互惠原则又是使得国际司法合作得以开展的工具，即两国

---

〔1〕 李双元：《市场经济与当代国际私法趋同化问题研究》，武汉大学出版社1994年版，第413页。

〔2〕 杜涛：《互惠原则与外国法院判决的承认与执行》，载《环球法律评论》2007年第1期。

间即使不存在司法合作协议或共同参加某一相关国际公约，本国仍得以借助互惠原则，承认和执行外国法院判决。所以，在实践中，互惠原则的两面性究竟何者居主导，很大程度上取决于一国的法律规定和司法理念。

以色列法律中关于互惠原则的规定体现在《外国裁判执行法》第4（a）条，“如果依据外国法律的规定，以色列法院的裁判可以在该外国得到执行，则以色列也可以执行该外国法院的裁判”。以色列的学者对此作出过阐释，认为该互惠要求的本意在于促进外国执行以色列裁判，达到“你帮我，我也帮你”的良性互动效果。以色列法院在Double Kay案例中进一步阐明，只要外国法院具有执行以色列裁判的合理可能性，即使实际上并不存在该外国法院执行以色列裁判的先例，以色列法律中规定的互惠要求依然可以被视为已得到满足。

在南通案件中，以色列法院认为被告虽然提出存在中国法院拒绝承认以色列法院判决的案例，但是由于被告在合理时间内并未向法庭提交其所提及的生效中国法院裁定书，因此，以色列法院认为被告的举证责任没有完成。那么，在不存在中国法院拒绝承认以色列法院裁判的实际案例的情况下，以色列法院认为，如果坚持要求对方在互惠上走出第一步，将会导致无休止的恶性循环，这将极大地损害中以两国商业合作的稳定性，也会给两国的司法互助和商业合作前景投下阴影，必将损害两国的经贸关系。在此背景下，以色列法院认为依照创设互惠原则的司法理念，以色列应当在互惠关系上迈出第一步，承认中国法院的判决。

除上述条件外，以色列法院在审查外国判决时还会考虑其他因素，如外国判决是否是通过欺诈手段获得，是否存在当事人相同且标的相同的其他可能有冲突的生效或未决裁判，以及承认和执行的申请是否在法定期限内提出等。

二、向以色列法院申请执行中国法院判决的程序

（一）申请

外国判决的执行申请应依照所在地及相关条款向经授权的地区法院提出。以色列地区法院同时负起上诉法院和地方法院的功能，分布于五座城市：特拉维夫、耶路撒冷、海法、贝尔谢巴以及拿撒勒。执行申请应明确要求被告履行债务的内容，同时向法庭提交中国法院的判决。

（二）提交证据

由于中以两国在司法协助领域尚属空白，没有任何协议、公约约束，因此，根据我们的经验，以色列法院会严格掌控对于中国法院判决在以色列的执行问题。故，在以色列申请执行中国法院作出的具有给付内容的民商事判决时，由于中国法院在案件审理过程中是否符合中国法的相关规定可能对能否成功申请执行具有决定性影响，因此，为了证明中国法院对案件的管辖权、送达程序合法以及判决的效力等相关条件在中国法项下已经得到满足，聘请中国法律专家就上述相关问题出具法律意

见书并作为证据提交是必要的，往往会事半功倍。

中国法律专家意见书可以由中国执业律师出具，主要包含以下内容：

1. 对证词真实性的保证。法律意见书的出具者首先要明确自己证词的证明目的，并承诺证词的真实性。出具者还需简要介绍自己的专业身份以及与法律工作有关的学习、工作经历和所获荣誉与职称。

2. 对中国判决的简要介绍。法律意见书中应当简要介绍中国判决的基本情况，包括原被告、诉讼性质及审理机关等。

3. 对中国判决可执行性的论证。法律意见书的核心内容是结合以色列法律，论证中国判决的可执行性，主要包括中国法院管辖的正当性、判决的确定性、判决不违反以色列的公共秩序以及判决在中国的有效性等方面。此外，意见书还应就中国法律允许承认和执行外国法院判决的具体依据作出陈述。

（三）开庭或者听证

以色列法院在受理申请后，会将相关材料送达给被申请人，由被申请人提出答辩意见，如果被申请人不同意执行的，法院会召集当事人进行开庭或者听证，听取各方当事人的陈述。为此，应当聘请以色列律师出庭参与。

庭审对于法官裁决结果至关重要，必须充分做好庭审的准备工作，特别是专家证人或者事实证人的出庭准备及对对方证人的盘问。

（四）裁决

如果以色列法院认为应当执行中国法院的判决，将对申请人的执行申请予以确认，否则将驳回申请人的执行申请。

不同于中国的诉讼程序，就地区法院作出的裁定，败诉方可以向以色列最高法院提出上诉。

值得注意的是，以色列法院作出承认和执行外国判决的一审裁判即使被上诉，仍具有一定的效力。申请人可以依据该一审裁判，委托以色列当地的专业调查机构，调查被申请人在以色列的财产并采取查封、冻结等保全性质的措施。

三、在其他国家申请承认和执行外国民商事判决的一般程序和要求

以色列法律对承认和执行外国法院判决的要求和法院处理程序与其他发达法治国家具有共性，反映了目前世界主流国家对于处理类似案件的理念上的相似性。

综观美国、加拿大、英国和澳大利亚等国的法律规定，对于承认和执行外国判决的法定标准一般可以概括为以下几条：

1. 外国法院需对案件具有管辖权；
2. 判决内容可执行；
3. 外国法院的诉讼程序应符合正当程序要求，特别是送达程序应当合理完成；
4. 外国判决须为终局判决；

5. 不存在与该外国判决相冲突的其他内国或外国判决；
6. 执行该外国判决不会违反内国的公共秩序；
7. 该外国判决不是通过欺诈手段获得；
8. 满足互惠要求。

当然，各国在具体标准的适用上有所差异，如在对取得管辖权的密切联系性的要求的严格程度，可执行的判决是否仅限于金钱债务判决，对送达程序是否正当的审查依据是内国法还是外国法，判决终局性的理解（是否受再审等复查制度的影响），公共秩序是否具有法定内容，对互惠要求掌握的保守程度等方面均会有各自特色。

就程序而言，各国法院一般都会经过申请或起诉、举证、开庭或听证和裁决几个环节。需要注意的是，各国法院对于承认和执行外国判决的申请大都会做时效上的限定。判决获得承认后，一般就会获得与内国判决相同的效力。但是由于各国的体制不同，在美国等某些联邦制国家，被某一州法院承认的判决若需在另一州执行可能仍需履行一定的手续，所以在诉讼伊始就应该选择合适的诉讼策略，方便日后的判决执行工作。

［刘国林：国浩律师事务所合伙人（南京），华东政法大学民商法学硕士
陈卓：国浩律师事务所律师（南京），华东政法大学法律硕士］

后　记

律师业是与诉讼制度相伴而生的一种职业，无论是从“定分止争”的现实角度看，还是从“必也使无讼”的理想高度看，在法治社会，要想有效地维护民事权益、彰显公平正义、促进社会经济发展，还需通过以争止争、以讼止讼来实现。所以，在今后很长一段时间里，以诉讼、仲裁为主的争议解决业务，始终都会是律师业务中最重要的组成部分。根据最高人民法院工作报告披露的数据，2013～2017年，最高人民法院受理案件82383件，审结79692件，分别比前五年上升60.6%和58.8%；地方各级人民法院受理案件8896.7万件，审结、执结8598.4万件，结案标的额20.2万亿元，同比分别上升58.6%、55.6%和144.6%。可见，随着社会经济的发展，与争议解决相关的法律业务也在日益增多。可以说，争议解决既是律师行业的立身之本，也是律师职业的使命所在。

国浩律师事务所作为中国最大的法律服务机构之一，在致力于提供投融资领域尤其是资本市场法律服务的同时，也非常注重诉讼仲裁业务的发展，并力求实现不同业务门类之间的密切合作与无缝对接。国浩律师事务所设有民商事诉讼与仲裁法律研究和执业指导机构，通过开展法律研究、律师实务培训、诉讼业务交流及合作等活动，不断增进律师间的相互沟通与协作，持续提升国浩的诉讼法律服务水平，力争使其成为继国浩占据资本市场法律服务领军地位之后的又一优势业务领域，为社会提供更加系统、更加全面、更加专业的优质法律服务。

为加强沟通、提升技能、促进协作，国浩律师事务所创办了“民商事争议解决论坛”，迄今已在福建武夷山、北京香山和南京钟山举办了三届。这个被国浩首席执行合伙人吕红兵律师称作“登山之旅”的业务研讨和交流活动颇具人气，后两届规模达三百之众。在第三届论坛期间，我们有幸邀请到北京大学法学院教授、博士生导师陈瑞华，江苏省人大法制委副主任委员、常委会法工委副主任李后龙，南京师范大学法学院教授、博士生导师李浩等著名法学家、资深教授等到会演讲，纵论司法体制变革背景下的争议解决之道，共探新时代诉讼律师合作共赢的发展之路。来自全球各办公室的国浩律师踊跃参与，并提交了大量优秀的论文。本书即是这届论坛的优秀研究成果以及国浩律师近期撰写的相关文章的集萃。

全书分为实体篇和程序篇，内容包括对民商事实体问题的理论研析、对民商事诉讼仲裁等程序问题的实务探讨等，其中不乏对民商事诉讼仲裁规律的深刻总结，在一定程度上展示了国浩律师在这一领域里的业务水平和发展后劲。

君子务本，本立而道生。律师个人发展需要格物致知，知行合一；律师行业的振兴也需要立住根本，尊法守道，在继承传统的基础上发展创新、不断开拓。我们希望本书能对从事民商事争议解决业务的同行和研究人员有所助益，并起到抛砖引玉的作用，以引起更多业内外人士对民商事争议解决法律事务的关注和探讨。欢迎广大专业人士提出宝贵意见。

国浩律师事务所执行合伙人
国浩民商事诉讼与仲裁法律专业委员会主任　于宁杰

图书在版编目(CIP)数据

民商事争议解决之道. 第2辑 / 国浩律师事务所编著
. -- 北京 : 法律出版社, 2018
ISBN 978-7-5197-2795-6

Ⅰ. ①民… Ⅱ. ①国… Ⅲ. ①民事纠纷-调解(诉讼法)-研究-中国 Ⅳ. ①D925.114.4

中国版本图书馆CIP数据核字(2018)第237302号

民商事争议解决之道(第2辑)
MINSHANGSHI ZHENGYI JIEJUE ZHIDAO(DI-2 JI)

国浩律师事务所 编著

责任编辑 慕雪丹
装帧设计 李 瞻

出版 法律出版社
总发行 中国法律图书有限公司
经销 新华书店
印刷 固安华明印业有限公司
责任印制 胡晓雅

编辑统筹 法商出版分社
开本 720毫米×960毫米 1/16
印张 24.75
字数 491千
版本 2018年11月第1版
印次 2018年11月第1次印刷

法律出版社/北京市丰台区莲花池西里7号(100073)
网址/www.lawpress.com.cn
投稿邮箱/info@lawpress.com.cn
举报维权邮箱/jbwq@lawpress.com.cn
销售热线/010-83938336
咨询电话/010-63939796

中国法律图书有限公司/北京市丰台区莲花池西里7号(100073)
全国各地中法图分、子公司销售电话:
统一销售客服/400-660-6393
第一法律书店/010-83938334/8335
西安分公司/029-85330678
重庆分公司/023-67453036
上海分公司/021-62071010/1636
深圳分公司/0755-83072995

书号:ISBN 978-7-5197-2795-6
定价:78.00元